utb 5459

D1922168

Eine Arbeitsgemeinschaft der Verlage

Böhlau Verlag · Wien · Köln · Weimar
Verlag Barbara Budrich · Opladen · Toronto
facultas · Wien
Wilhelm Fink · Paderborn
Narr Francke Attempto Verlag / expert Verlag · Tübingen
Haupt Verlag · Bern
Verlag Julius Klinkhardt · Bad Heilbrunn
Mohr Siebeck · Tübingen
Ernst Reinhardt Verlag · München
Ferdinand Schöningh · Paderborn
transcript Verlag · Bielefeld
Eugen Ulmer Verlag · Stuttgart
UVK Verlag · München
Vandenhoeck & Ruprecht · Göttingen
Waxmann · Münster · New York
wbv Publikation · Bielefeld

Wolfgang Bonß (Prof. Dr.), geb. 1952, lehrte bis 2019 Allgemeine Soziologie an der Universität der Bundeswehr München. Seine Arbeitsschwerpunkte sind Unsicherheits- und Risikoforschung, Soziologische Theorie, Modernisierungstheorie, Wissenschafts- und Verwendungsforschung sowie Soziologie der Arbeit und Arbeitslosigkeit.

Oliver Dimbath (Prof. Dr.), geb. 1968, lehrt Allgemeine Soziologie an der Universität Koblenz-Landau (Campus Koblenz). Seine Forschungsschwerpunkte sind Wissenssoziologie, Gedächtnissoziologie, Filmsoziologie und Methoden der qualitativen Sozialforschung.

Andrea Maurer (Prof. Dr.), geb. 1962, lehrt Soziologie mit dem Schwerpunkt Wirtschaftssoziologie an der Universität Trier. Sie forscht zum Erklären in der Soziologie, theoretischen Grundlagen der Wirtschaftssoziologie und neuen Institutionentheorien.

Helga Pelizäus (PD Dr.), geb. 1961, lehrt Allgemeine Soziologie an der Universität der Bundeswehr München. Neben ihren Arbeiten zur Allgemeinen Soziologie und zur (Un-)Sicherheitsforschung beschäftigt sie sich mit der Alter(n)ssoziologie, mit Themen zu Alter und Technik sowie der Qualitativen Sozialforschung.

Michael Schmid (Prof. Dr.), geb. 1943, lehrte bis 2008 Soziologie an der Universität der Bundeswehr München. Er veröffentlichte mehrere Bücher und zahlreiche Artikel zu den Themen Geschichte und Systematik der soziologischen Theorie und Philosophie der Sozialwissenschaften.

Wolfgang Bonß, Oliver Dimbath,
Andrea Maurer, Helga Pelizäus, Michael Schmid

Gesellschaftstheorie

Eine Einführung

transcript Verlag, Bielefeld

Bibliografische Information der Deutschen Nationalbibliothek
Die Deutsche Nationalbibliothek verzeichnet diese Publikation in der Deutschen Nationalbibliografie; detaillierte bibliografische Daten sind im Internet über http://dnb.d-nb.de abrufbar.

© 2021 transcript Verlag, Bielefeld

utb-Bandnr. 5459
Print-ISBN 978-3-8252-5459-9
PDF-ISBN 978-3-8385-5459-4

Alle Rechte vorbehalten. Die Verwertung der Texte und Bilder ist ohne Zustimmung des Verlages urheberrechtswidrig und strafbar. Das gilt auch für Vervielfältigungen, Übersetzungen, Mikroverfilmungen und für die Verarbeitung mit elektronischen Systemen.

Einbandgestaltung: Atelier Reichert, Stuttgart
Satz: Michael Rauscher, Bielefeld
Druck: Friedrich Pustet GmbH & Co. KG, Regensburg

Gedruckt auf alterungsbeständigem Papier mit chlorfrei gebleichtem Zellstoff.
Besuchen Sie uns im Internet: *https://www.transcript-verlag.de*
Unsere aktuelle Vorschau finden Sie unter *www.transcript-verlag.de/vorschau-download*

Inhalt

Einleitung

Vielen gilt die Soziologie als die Königsdisziplin, wenn es um die Erklärung und Analyse moderner Gesellschaften geht. Gesellschaftstheorien sind meist einem erkenntnis- und sozialtheoretischen Programm zuzuordnen. Aus diesem Hintergrund beziehen die meisten Theorien und Analysen moderner Gesellschaften ihre Grundannahmen, das heißt ihre Prämissen darüber, wie Erkenntnis und Wissen in den Sozialwissenschaften gewonnen werden können, wie das Soziale konstituiert wird und was die relevanten Faktoren und Prozesse des Sozialen sind. Als relativ junge Disziplin ist die Soziologie durch die Umbrüche zu Beginn der Neuzeit und das damit verbundene Wissenschaftsverständnis geprägt, das einer aufgeklärten Gestaltung der Welt verpflichtet ist. Darüber hinaus hat sich die Soziologie zu Beginn des 20. Jahrhunderts als eine Wissenschaft des Sozialen etabliert, die ihre Erkenntnismittel reflektiert und vor allem die Entstehung und die Besonderheiten der modernen Gesellschaften zu erklären und zu analysieren sucht (Weber 1985).

Die Begründung der Soziologie als Wissenschaft

Vielen klassischen Soziologen war es ein besonderes Anliegen, die Soziologie einerseits als Wissenschaft zu etablieren und andererseits das Besondere der modernen Gesellschaften in den Blick zu nehmen und deren Spezifika zu erfassen. Von Anfang an rückte dabei der Bedeutungsverlust familialer wie religiöser Formen sowie der enorme Bedeutungszuwachs von Staat, Recht und Wirtschaft in den Mittelpunkt. So hat die frühe Soziologie Gesellschaftstheorie auf die Entstehung der modernen westlichen Gesellschaften fokussiert und die dafür relevanten Institutionen und Prozesse zum Gegenstand ihrer Arbeit gemacht. Insbesondere Max Weber, Georg Simmel und Émile Durkheim war es immer auch ein Anliegen, eine wissenschafts- und sozialtheoretische Fundierung vorzunehmen, um die Soziologie als eigenständige Einzelwissenschaft mit spezifischen Mitteln auszuarbeiten.

Soziologie und Gesellschaft

Mit dem Heraufziehen der westlichen Moderne seit dem 16. Jahrhundert wurden die Gestaltbarkeit sowie die Gestaltungsbedürftigkeit des sozialen Zusammenlebens erkannt und zunehmend zum Gegenstand von Wissenschaft. Massive Umbrüche, Transformationen und Auflösungsprozesse führten zur Suche nach neuen Formen und Grundlagen stabiler sozialer Ordnung. Die Abkehr von Theologie und Philosophie, mit ihren religiösen oder metaphysischen Ordnungsbegründungen, hat zu den frühen Gesellschaftslehren der europäischen Aufklärer geführt, welche in der Annahme formal freier und grundsätzlich vernünftiger Akteure nicht nur die Grundlage wissenschaftlicher und praktischer Erkenntnis ausmachten, sondern daraus auch Probleme und Möglichkeiten sozialer Ordnungsbildung folgerten; grundlegend dafür wurden die Fragen der ungeregelten Gewaltausübung und der materiellen Existenzsicherung. Das hat neben der Beschäftigung mit vorteilhaften Integrations- und Ordnungsformen letztlich auch den Blick auf ungeplante, sich hinter dem Rücken der Akteure durchsetzende Makroprozesse sowie auf die Krisenanfälligkeiten und die negativen Effekte moderner Gesellschaften geöffnet.

Geschichte und Ausbau der soziologischen Gesellschaftstheorie

Schon in den Arbeiten von Auguste Comte, Karl Marx oder Herbert Spencer und dann vollends bei Max Weber, Émile Durkheim und Georg Simmel wird der Umbruch von traditionalen Gesellschaften hin zur modernen westlichen Gesellschaft begrifflich vorgenommen, und man versucht, dafür zentrale Erklärungsfaktoren zu benennen. Vor allem Weber und Durkheim haben dazu soziale Integrations- und Ordnungsformen thematisiert. Demgegenüber haben Marx und auch Simmel Konflikte als treibenden Motor gesellschaftlicher Entwicklung und als Kern soziologischer Gesellschaftsanalyse eingeführt. Diese ›Klassiker‹ haben allesamt massive Umbrüche und die Auflösung traditionaler Sozialformen offengelegt, seit dem 19. und 20. Jahrhundert den Siegeszug des Kapitalismus als zentrale Größe der soziologischen Gesellschaftstheorie begriffen und davon ausgehend den Übergang zur modernen Gesellschaft beschrieben. Anfang des 20. Jahrhunderts stehen lange Entwicklungsprozesse im Zentrum der Gesellschaftstheorie. Als Gegenreaktion auf die klassischen Gesellschaftstheorien, die vor allem auf die Entstehung der modernen Gesellschaft abheben und auf Ordnungsbildung sowie ein gelingendes soziales Zusammenleben durch Institutionen fokussieren, entwickelten sich in den 1930er Jahren und verstärkt nach dem Zweiten Weltkrieg Gesellschaftstheorien, welche erstmals die Ausdifferenzierung der modernen Gesellschaft zum Thema machen und zunehmend auch negative Begleiterscheinungen kritisch hinterfragen.

Der Ausgangs- und Bezugspunkt kritischer Gesellschaftstheorie innerhalb der Soziologie war zwar seit den 1920er Jahren das Institut für Sozialforschung in Frankfurt. Allerdings wurden kritische Analysen der gesellschaftlichen und politischen ›Lage‹ seit der Weimarer Zeit auch von anderen Theoretikern angestellt. Insbesondere die Kritische Gesellschaftstheorie aber erlebte in den 1960er und 1970er Jahren eine Renaissance, die durch die Erfahrung des Faschismus, des Exils und des Wiederaufbaus in Deutschland befördert war und vor allem mit den Namen Max Horkheimer und Theodor W. Adorno verbunden ist. Die weitere Entwicklung der soziologischen Gesellschaftstheorie war denn auch lange durch den Konflikt zwischen den klassischen, sozial- und erfahrungswissenschaftlichen und den kritischen Theorien geprägt. Er fand seinen Höhepunkt Ende der 1960er Jahre in der missverständlich als ›Positivismusstreit‹ etikettierten Debatte um die Frage, ob und inwieweit Gesellschaftsanalysen normativ auszurichten und zu begründen sind (vgl. Adorno et al. 1975). Zwar setzte sich in der erkenntnistheoretischen Debatte ebenso wie in der Soziologie die erfahrungswissenschaftliche Position mit dem Prinzip der Werturteilsfreiheit nach Max Weber weitgehend durch, aber die soziologische Gesellschaftstheorie differenzierte sich entlang dieser Frage doch aus, so dass sich bis heute beide Linien im Sinne eines Nebeneinanders erhalten haben.

Eine weitere Differenzierung der soziologischen Beschreibung und Analyse moderner Gesellschaften erfolgte in Form von Theorieansätzen, die sich sowohl mit dem systematischen Aufbau als auch mit der historisch zu erklärenden Entstehung und Wandelbarkeit sozialer Ordnung auseinandersetzten. Hierzu gehören die stark an historischen Sachverhalten orientierte Analyse des Zivilisationsprozesses von Norbert Elias, die Untersuchungsperspektive Karl Polanyis, der die Transformation traditionaler Gesellschaften hin zur Marktgesellschaft beschreibt, und die Systemtheorie nach Talcott Parsons, die eingedenk der Wandelbarkeit der Verhältnisse nach unveränderlichen und universellen Grundstrukturen des Zusammenlebens fragt.

Nachdem der Werturteilsstreit in den 1980er Jahren langsam verebbte, wurde der Gegensatz zwischen reinen Makro- und reinen Mikrotheorien als eigentliches Problem soziologischer Theoriebildung offensichtlich, so dass Ende der 1980er Jahre auch die letzten großen Gesellschaftstheorien auf die Überwindung dieser Dichotomie abstellten. Das Habitus- und Feldkonzept von Pierre Bourdieu sowie die rationalistische Sozialtheorie von James S. Coleman sind dafür namhafte Vertreter.[1] Diesen beiden ›Großtheorien‹, ergänzt um die historisch begründete Perspektive von Michel Foucault, markieren den Neuzuschnitt der gesellschaftstheoretischen Debatten am Ausgang des 20. Jahrhunderts. Bourdieu hat die soziologische Gesellschaftstheorie wieder an Praxistheorie und vor allem an die marxistische Tradition angeschlossen, Foucault an historisch-strukturalistische und damit sprachwissenschaftliche Überlegungen und Coleman an moderne Rationalitätskonzepte. Foucault wie Coleman thematisieren bei aller Unterschiedlichkeit die Freiheitsverluste der Individuen in der modernen Gesellschaft, wogegen Pierre Bourdieu deren sich verstärkenden Ungleichheiten thematisiert.

Versuch einer Systematisierung und Typologie soziologischer Gesellschaftstheorien

Die Gesellschaftstheorien des 20. Jahrhunderts können zum einen im Hinblick auf ihr Anliegen und ihre normative Ausrichtung unterschieden werden; in Frage steht dann, ob sie ihre Aufgabe in der Erklärung und Analyse realer Verhältnisse sehen oder in der kritischen Hinterfragung von Macht- und Unterdrückungsverhältnissen. Sie können zweitens aufgrund der zugrundeliegenden sozialtheoretischen Annahmen über die kausalen Kräfte des Sozialen in individualistische oder strukturalistische Ansätze beziehungsweise in beide Ebenen verbindende Programme unterteilt werden. Und drittens

1 In diesem Kontext muss auch die hier nicht behandelte Strukturationstheorie von Anthony Giddens (1992) angeführt werden, weil auch diese den ausdrücklichen Versuch beinhaltet, Handeln und Struktur zu verbinden.

können Gesellschaftstheorien danach geordnet werden, ob sie Stabilität und Integration oder aber Konflikt und Wandel in den Mittelpunkt stellen (vgl. hierzu auch Smelser 2000). Diese drei Argumente und die damit verbundenen Pole, die sich aus erkenntnis- und sozialtheoretischen Bezügen herleiten, helfen gesellschaftstheoretische Angebote zu systematisieren, das heißt Unterschiede und Gemeinsamkeiten kenntlich zu machen. Eine solche Systematisierung hilft vor allem dabei, die komplexe Lage und die große Zahl vorliegender Gesellschaftstheorien zu überblicken und dominante Linien und Programme auszumachen. Seit Ende des 20. Jahrhunderts finden sich auch verstärkt Konzepte und ›Theorien mittlerer Reichweite‹, die vor allem aus der Kritik an den klassischen Gesellschaftstheorien hervorgegangen sind und die sich gegen das Paradigma linearer Entwicklung und eine als stabil angenommene Moderne wenden. Dies betonen nach Luhmann, dessen auf Parsons aufbauende Systemtheorie ohnehin einen evolutionären und damit permanenten Wandel gesellschaftlicher Ordnungen durch fortschreitende funktionale Differenzierung unterstellt, vor allem Ulrich Beck und Zygmunt Bauman, die Ende des 20. Jahrhunderts innerhalb der modernen Gesellschaft massive Auflösungs- und Umbruchprozesse diagnostizieren, die sie durchaus auch als Auflösung der klassischen Moderne sehen. Alle diese Autoren akzentuieren aus je unterschiedlicher Position Probleme der De- und Restabilisierung gesellschaftlicher Ordnungen, wobei das Spektrum von notwendigen Anpassungsleistungen über reflexive Strukturbrüche bis hin zur völligen Auflösung gewachsener Ordnungen durch fortschreitende Modernisierung reicht.

›Landkarte‹ der Grundpositionen

Der kurze Abriss der Entwicklung soziologischer Gesellschaftstheorien entlang zentraler Debatten und Themen macht deutlich, dass sich Einschnitte und Positionen angeben lassen, die sich zu einem Gesamtbild fügen, das in Form einer ›Landkarte‹ dargestellt werden kann. So ist erstens festzuhalten, dass es *die* soziologische Gesellschaftstheorie nicht gibt, sondern dass sich, ausgehend von unterschiedlichen erkenntnis- und sozialtheoretischen Annahmen, verschiedene Linien und Themenschwerpunkte gebildet haben. Während im Kontext der Aufklärung und eines erfahrungswissenschaftlichen Verständnisses das zentrale Thema der soziologischen Gesellschaftstheorie der Umbruch in die Moderne ist und soziale Integrationsformen sowie Ordnungsbildung im Mittelpunkt stehen, ändert sich dies seit den 1930er Jahren und verstärkt nach 1945. Auf der Ebene der erkenntnistheoretischen Debatten war vor allem in den 1960er Jahren die Frage virulent, welche Rolle Werturteilen bei der Analyse von Gesellschaften zukommt und welche Art empirischer Forschung dabei zur Anwendung gelangen sollte – ein Thema, das im letzten Viertel des 20. Jahrhunderts an Bedeutung verliert, nachdem sich die Auseinandersetzung um normative Aussagen weitgehend beruhigt hat. An deren Stelle tritt mehr und mehr die Frage nach der sozialtheoretischen Position und nach der Ausrichtung auf Handeln und/oder Struktur. Diese neuere Debatte war einerseits durch reale politische Umbrüche hervorgerufen worden, welche die bis dato unhinterfragte Dominanz der marxistischen Makrotheorie in Frage stellten, sowie andererseits durch Gesellschaftstheorien, welche das Verhältnis von Individuum und Gesellschaft vermehrt und kritisch reflektierten. Daneben wird in den 1980er Jahren auch der Konflikt zwischen umfassenden Theorieentwürfen, wie zum Beispiel denen von Bourdieu, Coleman oder auch Luhmann und Konzepten mittlerer Reichweite deutlich, wie zum Beispiel von Ulrich Beck und Zygmunt Bauman, die statt einer allgemeinen Theorie eher auf Orientierungshypothesen wie jene von der *Risikogesellschaft* setzen. Mit solchen neueren Arbeiten verbindet sich darüber hinaus auch die Diagnose der Auflösung der modernen Gesellschaft und der Übergang zur Postmoderne. Solche Entwicklungen weisen darauf hin, dass zumindest in einigen gegenwärtigen Neuausrichtungen der soziologischen Gesellschaftstheorie die Ordnungsthematik an Bedeutung verliert und sich auch die Struktur der Theorie selbst auflöst.

Anliegen dieses Buches

Das vorliegende Einführungsbuch will manches anders machen als die schon zahlreich verfügbaren. Hier soll überblicksartig eine aufeinander bezogene Darstellung wichtiger soziologischer Gesellschaftstheorien und der damit verbundenen Analysen gegeben werden. Dazu werden einschlägige soziologische Gesellschaftstheorien so präsentiert, dass wichtige Fragestellungen und Entwicklungslinien, aber auch Brüche kenntlich werden. Dabei können nicht alle soziologischen Gesellschaftstheorien behandelt werden. Wichtig ist, dass Argumentationsstrukturen und Entwicklungslinien sichtbar hervortreten. Bei allen hier aufgenommenen Positionen geht es um grundlegende Fragen nach der Konstitution und Wandelbarkeit gesellschaftlicher Ordnung – eben um Gesellschaftstheorien. Aus diesem Grund fehlen die mannigfachen soziologischen Theoriearbeiten, die sich als Zeit-, Gegenwarts- und Gesellschaftsdiagnosen an zeitspezifischen gesellschaftlichen Problemen abarbeiten.

Die Struktur des Buches folgt der des ähnlich konzipierten Bandes *Handlungstheorie: Eine Einführung* (Bonß et al. 2013). Auch der vorliegende Band zur Gesellschaftstheorie ist *historisch* und zugleich *systematisch* angelegt. Das bedeutet zum einen, dass die präsentierten Gesellschaftstheorien und -analysen so ausgewählt und angeordnet sind, dass wichtige Debatten, Kontroversen und daraus hervorgehende Weiterentwicklungen innerhalb und zwischen verschiedenen Theoriesträngen sichtbar werden. Das bedeutet zum anderen, dass sowohl Ausgangspunkte als auch Weiterführungen entlang von Kritik und Verbesserung an vorgängigen Arbeiten dargestellt werden. Das wurde vor allem durch die Auswahl möglichst repräsentativer Vertreter für wichtige Positionen und Entwicklungen erreicht, wobei auch den frühen Gesellschaftslehren und den klassischen Positionen der Soziologie Platz eingeräumt wird. Letzteres erscheint erforderlich, um eine systematisierende Perspektive zu gewinnen, in der jene Fragestellungen und Positionen sichtbar werden, welche die Theoriebildung von Anfang an prägen und noch heute kenntlich sind.

Das zentrale Anliegen des Buches ist es, einen breiten aber systematischen Überblick zu geben, der es erlaubt, sich in der verwinkelten und unübersichtlichen Landschaft der soziologischen Gesellschaftstheorie zurechtzufinden. Es soll einen Kompass darstellen, der immer wieder die Richtung und die Position des gesellschaftstheoretischen Denkens kenntlich macht.

Gliederungsstruktur

Das Einführungsbuch gliedert sich in sieben Abteilungen, in denen jeweils drei Gesellschaftstheorien gebündelt werden, die sich einem spezifischen Thema oder Anliegen zuordnen lassen. Dieses Anliegen wird jeweils zu Beginn in einer kurzen Einführung skizziert und versteht sich so als Rahmung der dann folgenden Darstellungen. Im ersten Abschnitt finden sich frühe Gesellschaftslehren, die erstmals das Problem sozialer Ordnungsbildung durch vernunftfähige und formal freie Individuen erfassen. In der zweiten Abteilung sind solche Ansätze zusammengestellt, welche die Erkenntnis der grundsätzlichen Wandelbarkeit gesellschaftlicher Ordnung und damit Evolution und Revolution behandeln. Die dritte Abteilung wird von für die Soziologie ›klassischen‹ Gesellschaftstheorien bestimmt, die die Möglichkeiten und Formen sozialer Integration bearbeiten. Die vierte stellt Gesellschaftstheorie als Kritik vor. Im der fünften geben Gesellschaftstheorien Auskunft über die Strukturbedingungen und langen ›Wellen‹ gesellschaftlicher Entwicklung. Die jüngeren und aktuell noch immer sehr einflussreichen umfassenden Theorieentwürfe in Abteilung sechs zeichnen sich durch die Verbindung von Makro- und Mikroebene aus und fokussieren Machtverhältnisse sowie die Position von Individuen in den modernen Gesellschaften. Dem entweder eigensinnigen oder disruptiven Wandel im Sinne einer permanenten Veränderung, plötzlichen Transformation oder schrittweisen Auflösung von gesellschaftlichen Mustern und dem Übergang zu neuen, postmodernen Formen widmen sich die in der letzten und siebten Abteilung versammelten Theoriefiguren.

Die einzelnen Abteilungen sind einheitlich strukturiert und wie schon in *Handlungstheorie. Eine Einführung* gegliedert. Jedes Unterkapitel beginnt mit einem Abschnitt ›zur Person‹, der eine knappe Skizze deren Lebensweges umfasst und geistes- und sozialgeschichtliche Hintergründe aufdeckt. Im darauffolgenden Abschnitt ›Fragestellungen und Erkenntnisse‹ werden zentrale Themenstellungen und gesellschaftstheoretische Einsichten vorgestellt sowie gegebenenfalls auf andere, im Buch vorgestellte Ansätze bezogen. Anschließend folgen drei einheitliche Leitfragen welche eine grundlegende Vergleichbarkeit aller vorgestellten Theorien gewährleisten sollen. Es wird dargestellt wie 1) Gesellschaft konzeptualisiert wird, 2) wie das Verhältnis von Mikro- und Makroanalyse angelegt ist und 3) wie die Veränderung beziehungsweise die Entwicklung von Gesellschaft beschrieben und analysiert werden. Den Abschluss bilden Lernkontrollfragen und Angaben zur Primär- und Sekundärliteratur.

Literatur

Adorno, Theodor W./Dahrendorf, Ralf/Pilot, Harald/Albert, Hans/Habermas, Jürgen/Popper, Karl R. (1975 [1969]). Der Positivismusstreit in der deutschen Soziologie. 4. Aufl. Darmstadt, Neuwied: Luchterhand.

Bonß, Wolfgang/Dimbath, Oliver/Maurer, Andrea/Nieder, Ludwig/Pelizäus-Hoffmeister, Helga/Schmid, Michael (2013). Handlungstheorie. Eine Einführung. Bielefeld: transcript.

Giddens, Anthony (1992). Die Konstitution der Gesellschaft. Grundzüge einer Theorie der Strukturierung. Studienausgabe. Frankfurt a. M.: Campus.

Smelser, Neil (2000). Soziologische Theorien. In: Bögenhold, Dieter (Hg.): Moderne amerikanische Soziologie. Amerik. Orig. 1994. Stuttgart: Lucius & Lucius (UTB), S. 67–92.

Weber, Max (1985 [1922]). Wirtschaft und Gesellschaft. Grundriß der verstehenden Soziologie. Tübingen: Mohr.

1. Entdeckung und Suche nach gesellschaftlicher Ordnung

Es ist anzunehmen, dass Menschen sich von jeher mit den Formen und Schwierigkeiten ihres sozialen Zusammenlebens auseinandergesetzt haben. Bemerkenswert ist, dass dies bis zur griechisch-römischen Antike und noch im europäischen Mittelalter im Rahmen vornehmlich mystischer oder religiöser Vorstellungen geschah. Erst mit Beginn der Moderne geraten diese Begründungen nicht zuletzt aufgrund naturwissenschaftlicher Erkenntnisse ins Wanken und werden vor allem von europäischen Aufklärern, zu denen auch die im nachfolgenden Kapitel vorgestellten Autoren zählen, durch Gesellschaftslehren ersetzt, die in der Annahme menschlicher Vernunftfähigkeit begründet sind.

Dabei werden zwei Gesichtspunkte wichtig. Zum einen setzt sich die Einsicht durch, dass die Geschichte menschlicher Gesellschaften nicht durch transzendentale beziehungsweise kollektiv wirksame Kräfte vorangetrieben wird, sondern dass die soziale Welt von Menschen gestaltet wird. Die Erklärung gesellschaftlicher Vorgänge kann – wie seit der Renaissance feststeht – in logischer Konsequenz nur unter Berücksichtigung der ›menschlichen Natur‹ und damit mit Hilfe empirisch ausgelegter Handlungstheorien erfolgen. Zum anderen stellt sich die Frage, ob Gesellschaft und gesellschaftliche Dynamiken Gesetz- und Regelmäßigkeiten aufweisen und inwieweit diese auf die Ausbildung und Erhaltung der gesellschaftlichen Ordnung hinwirken können. Mehrere, sich wenigstens teilweise ergänzende Überlegungen halfen, diese Fragen zu beantworten: Zum einen – in dieser Tradition steht in der vorliegenden Textsammlung Thomas Hobbes – kann man Gestalt und Verlauf gesellschaftlicher Prozesse auf den vernunftgeleiteten Willen der Gesellschaftsmitglieder zurückführen, der sie dazu befähigt, einen gesellschaftsgründenden Vertrag abzuschließen. Zum anderen kann die gesellschaftliche Ordnung als unbeabsichtigtes Ergebnis von sich spontan und ›hinter dem Rücken der Akteure‹ wirksamen Prozessen der Gewohnheitsbildung betrachtet werden. Hierfür stehen – unterschiedliche Gesichtspunkte akzentuierend – David Hume und Adam Smith.

Die Gründer der sozialwissenschaftlichen Gesellschaftstheorie hatten überdies – wie die von uns berücksichtigten drei Denker – der Hoffnung angehangen, dass die beiden Grundmechanismen der Vertrags- wie der Gewohnheitsbildung Anlass und Beginn einer stabilitätsförderlichen Evolution seien, deren Zielpunkt seit der Renaissance in Rückgriff auf den alt-römischen Begriff als ›bürgerliche Gesellschaft‹ beschrieben wurde. Wie wir in den nachfolgenden Kapiteln sehen können, hat sich diese Sehnsucht nach einer ordnungssichernden Gesellschaftsentwicklung nicht durchweg bestätigt und Gesellschaftsanalysen Platz gemacht, welche auch die immer wieder aufdrängenden Krisen, Gefährdungen und Verfallsformen gesellschaftlicher Ordnungen zum Gegenstand ihrer Untersuchungen machen.

1.1 Thomas Hobbes: Herrschaft und soziale Ordnung

Thomes Hobbes' Werk steht an der Zeitenwende von der spätmittelalterlichen zur neuzeitlichen Philosophie. Sein Versuch, ein vereinheitlichendes Weltbild auf naturwissenschaftlicher Grundlage zu schaffen, ist mittlerweile fast gänzlich in den Hintergrund getreten. Unvergessen aber bleibt sein *Leviathan*; dessen Herrschaftsanalyse ist noch heute Ausgangspunkt jeder politischen Theorie des Staats.

Zur Person

Thomas Hobbes wurde am 5. April 1588 in Malmsbury (Grafschaft Wiltshire) geboren. Trotz seiner »plebeischen Abkunft« (Aubrey 1896: 322) konnte er in Oxford studieren und fand – unterbrochen durch eine Tätigkeit als Sekretär bei Francis Bacon – eine Anstellung als »Tutor« bei einer führenden englischen Adelsfamilie, den Cavendishs. Zwei Canvendish-Söhne begleitete er auf deren ›grand tour‹ durch Europa und lernte dabei – neben Galilei und Descartes, mit dem ihn eine herzliche Feindschaft verbinden wird – die ihn protegierenden Naturphilosophen Marin Mersenne und Pierre Gassendi kennen. Seinen Plan, eine »umfassende Naturphilosophie« (Schuhmacher 1997: XXXI) zu verfassen, die aus drei Büchern – über den *Körper*, den *Menschen* und den *Bürger* – bestehen sollte, konnte er nur verzögert realisieren (von 1642 bis 1658), da er infolge des Bürgerkriegs für zehn Jahre ins französische Exil ging. Um nach England zurückkehren zu können, arrangierte er sich mit der Cromwell'schen Herrschaft. Dazu bewogen hatte ihn die Veröffentlichung seines – aus heutiger Sicht – berühmtesten Werks: der *Leviathan* (Hobbes 1651 [dt. 1984]), das viele seiner Zeitgenossen als »gegen die Royalisten geschrieben« betrachteten (Lips 1970: 97). In der Restaurationszeit nach 1660 fand er die Unterstützung von Charles II, dem er im Exil Mathematikunterricht erteilt hatte, wenngleich die lateinische Version seiner philosophischen Werke wegen der Zensur des königlichen Hofs 1668 in Amsterdam erscheinen musste.

Sein noch heute nachhallender Ruf als politischer Denker gründet in seinen Schriften zur Legitimation monarchischer Herrschaft (vgl. Hobbes 1642, 1681, 1640) und denen zur Geschichte des englischen Bürgerkriegs (Hobbes 1682), die zunächst nur als Manuskripte und Privatdrucke zirkulierten. Da zu Hobbes' Lebzeiten Philosophie, Wissenschaft und Theologie kaum getrennt behandelt wurden, geriet sein Werk aus allen möglichen Richtungen ins Kreuzfeuer der Kritik, gegen die er sich in endlosen Debatten wehrte. 1683 kam es sogar zu einer Verbrennung seiner Bücher in Oxford. Andererseits fehlte es ihm aber auch nicht an Zuspruch. Nur als Mathematiker scheiterte Hobbes, weil er 1669 – sturköpfig wie er war – einen tatsächlich unmöglichen Beweis für die Quadratur des Kreises vorlegte. Seine Verdienste als Aristoteleskritiker, Physiker, Sprachtheoretiker, Bibelexeget und Literat sind heute nur mehr Spezialisten bekannt. Hobbes starb am 4. Dezember 1679 nach kurzer Krankheit, hochbetagt, in gesicherten finanziellen Verhältnissen und als unerschütterlicher Anhänger der anglikanischen Kirche, in Hardwick Hall in Derbyshire, einem Ferienanwesen der Cavendishs.

Fragestellungen und Erkenntnisse

Thomas Hobbes kann in Anspruch nehmen, eines der letzten ›Universalgenies‹ gewesen zu sein, das auf der Basis einer allgemeinen Erkenntnistheorie und einer allen Wissenschaften gemeinsamen Methode verschiedenste Sachgebiete des Denkens zu einem ›enzyklopädischen Werk‹ zusammenfügen wollte. Wie man dieses Werk als Gesamtsystem rekonstruieren kann, ist strittig. Seine ›Elemente‹ indessen lassen sich leicht identifizieren. Grundlage und Ausgangspunkt seines philosophischen Systems ist die Einsicht, dass man Natur und Geist zusammen betrachten muss. Für Hobbes hatte dies – in Verallgemeinerung der Galileischen Physik – zur Voraussetzung, dass alle Ereignisse der Welt in Bewegungen »materieller Natur« gründen, die Veränderungen physikalischer Körper ebenso wie die (animalischen) »Lebensbewegungen« des Menschen (Hobbes 1997: 263 ff.), (moralrelevante) »Gemütsbewegungen« (ebd.: 81 ff.) und die »Denkbewegungen des Geistes« (ebd.: 258). Alle diese Bewegungsformen müssten als eine (körpervermittelte) Folge orts- und zeitbedingter Aktivierung von Potenzialitäten analysiert werden. Träger aktiver Potenzen seien dabei die Ursachen des Bewegungsgeschehens, während sich passive Potenzen in deren jeweiligen Wirkungen realisierten (ebd.: 132 ff.). Die wissenschaftliche Bearbeitung derartiger Bewegungsvorgänge besteht entsprechend in der kausalen Analyse ihrer »Erzeugungsweisen« (ebd.: 16 ff.).

»Kausalanalysen« (ebd.: 74 ff.) lassen sich nach Hobbes allerdings nicht induktiv betreiben. Nur im Fall seiner Gemütsbewegungen gesteht Hobbes dem Menschen die Möglichkeit zu, Ursachen unvermittelt zu »erfahren« (ebd.: 82). In allen anderen Fällen müsse jede sinnvolle Kausalanalyse durch richtiges Schließen aus dafür geeigneten (universalen) Definitionen zustande kommen. Um dies leisten zu können, müssten die Definitionen eine doppelte Aufgabe erfüllen: Sie müssten einerseits jene Begriffe liefern, die uns eine deutliche Vorstellung von der Sache ermöglichen (vgl. ebd.: 92), an deren Erklärung wir interessiert sind. Dabei steht uns nach Hobbes frei, die Sachverhalte mit »willkürlichen Namen« zu belegen (ebd.: 93). Jeder Willkür entzogen seien jedoch Behauptungen über Ursachen- und Wirkungszusammenhänge der Dinge, die in Form »erster Sätze« (ebd.: 50), Prämissen oder Axiome (ebd.: 50) Eingang in erklärungstaugliche »Syllogismen« (Hobbes 1976: 54) fänden. Haben wir die Definitionen richtig gewählt und können wir infolgedessen die Identifikation »falscher Ursachen« (ebd.: 96) ebenso ausschließen wie logische Fehler, werden sich die Folgerungen sicher und unzweifelhaft ergeben. Die Logik seiner Erklärungen folgt der Beweislehre der euklidischen Geometrie. Wichtigste Konsequenz dieser Vorgehensweise ist, dass die Prämissen der Syllogismen keine empirischen, sondern logische Hypothesen enthalten. Sie beschreiben keine Realitäten, sondern dienen als idealisierendes »Gedankenexperiment« (Martinich 2012: 218), was den Weg eröffnet, die Implikationen der hypothetischen Unterstellungen zu entdecken, zu prüfen und zu bewerten.

Damit sind die ersten Grundlagen des ›Hobbes'schen Systems‹ gelegt. Seine Ontologie ist auf die Existenz von ›Körpern‹ angewiesen, deren Bewegung kausal verursacht ist. Einen Sachverhalt kausal zu erklären heißt für Hobbes, seinen ›Erzeugungsmechanismus‹ zu erkennen. Darin besteht sein ›mechanistisches‹ Programm. Aber gilt dies auch für »Hobbes's science of Human nature« (Sacksteder 1990)?

Hobbes betrachtet die menschliche Natur auf zwei Ebenen: Auf einer ersten bestimmt Hobbes die »Fähigkeiten der Seele« (Hobbes 1994: 8), die dem Menschen erlauben würden, selbsterhaltungsdienlich zu handeln. Auf einer zweiten untersucht er, womit man rechnen muss, wenn Menschen es miteinander zu tun bekommen (vgl. ebd.). Dazu gehöre das Vermögen des Menschen, die Umwelt wahrzunehmen – »optisches Sehen« (ebd.: 8 ff.) –, Sinneseindrücke zu verarbeiten, diese zu Erscheinungsbildern auszugestalten, die dann eine Grundlage für Erwartungen bildeten. Dabei ist ihm wichtig zu betonen, dass auch irrige, tatsachenferne Phantasien entwickelt werden können, die er gerne in Kapiteln über Religion abhandelt (vgl. Hobbes 1976: 82 ff.). Ebenso wesensbestimmend für den Menschen sei aber auch seine Begabung zu sprechen; Sprache sei das Medium zwischenmenschlicher Vergesellschaftung (vgl. ebd.: 91 ff.), wobei sie beispielsweise zur Belehrung, Wertschätzung, zu Lob und Tadel, zur Bestrafung und Belohnung, aber auch zur Täuschung eingesetzt werden könne.

Damit sind die Rahmenbedingungen des menschlichen Handelns genannt. Der Hobbes'schen Theorie folgend kann der Mensch auf der Basis seiner Vorstellungen und Erwartungen planvoll und absichtsgeleitet handeln. Sein Wille ist durch externe Gegebenheiten oder interne ›Vorstellungen‹ verursacht. Auf welche Ziele das menschliche Begehren gerichtet ist, wird nach Hobbes durch seine »Leidenschaften« bestimmt, einerseits durch sein Streben nach »Macht, Reichtum, Wissen und Ehre« (Hobbes 1984: 66 ff.), andererseits durch seine Sehnsucht nach »Frieden und Selbsterhaltung« (ebd.: 164). Ebenso aber wirken auch ›Affekte‹ wie Freude und Zuneigung, Abscheu und Zorn, Furcht und Rachegelüste et cetera auf den Willen ein, weswegen Handeln der »weitblickenden Vorsicht« (Hobbes 1994: 30) durch die Vernunft bedürfe (vgl. ebd.: 30 ff.). Diese habe drei Aufgaben zu erfüllen: Sie solle die Dinge mit »passenden Namen belegen« und dem Handelnden damit »Tatsachenwissen« zur Verfügung stellen (vgl. Hobbes 1984: 36, 63). Sie solle ihn in die Lage versetzen, geeignete Mittel zur Realisierung seines Willens zu finden. Und sie müsse die Schlussfolgerungen garantieren, denen die Entscheidungen folgen (Hobbes 1994: 36). Dabei gilt: »Gegenstand (jeder) willentlichen Handlung (eines) Menschen ist ein *Gut für ihn selbst*« (ebd.: 101). Damit vertritt Hobbes eine *streng individualistische* Theorie des Entscheidens und Handelns, die es dem einzelnen überlässt, wie er seine Handlungssituation *wahrnimmt* und *bewertet* und deren zentrale nomologische Annahme dem Menschen unterstellt, seinen Nutzen zu mehren und in diesem Sinne *eigenmächtig* und *eigeninteressiert* zu handeln.

Gleichzeitig seien die Menschen aufgrund ihrer gleichartigen Natur in ein spezifisches Wechselverhältnis gesetzt, das Hobbes mit Blick auf daraus resultierende Gefährdungen als den »reinen Zustand der Natur« (Hobbes 1984: 237) definiert. In seinen Augen verfügt jeder Mensch über die Kraft und Möglichkeit, andere zu schädigen (vgl. ebd.: 94) und er müsse dies tun, weil er nach Macht, Reichtum, Wissen und Ehre strebe und damit nach Positionsgütern, derer er sich nur solange erfreuen kann, wie die übrigen

Wettstreiter mit den umkämpften Gütern unterausgestattet sind (Hobbes 1994: 78). Das dazu ultimativ geeignete Instrument sind die erfolgreiche Androhung von Gewalt und die physische Vernichtung des Gegners. Daher arten Verteilungsverhältnisse regelmäßig in wechselseitige Gewalt und damit in einen unvermeidbaren »Krieg eines jeden gegen jeden« aus (Hobbes 1984: 96). Jeder »Mensch ist Wolf für den anderen Menschen«, so Hobbes (1994: 59). Und auch der »gute Mensch« habe jederzeit Anlass, seinen Mitmenschen zu misstrauen, weil er beständig im Gefolge des Kampfes mit anderen seine Freiheit einbüßen und sein Leben verlieren könne. Da derartige Eingriffe nur dann enden, wenn einer der Kämpfer alle Machtmittel an sich reißt, herrschten auch dann Angst und Lähmung, wenn aktuelle Kämpfe gar nicht stattfänden.

> »In einer solchen Lage ist für Fleiß kein Raum, da man sich seiner Früchte nicht mehr sicher sein kann; und folglich gibt es keinen Ackerbau, keine Schiffahrt, keine Waren, die auf dem Seeweg eingeführt werden können, keine bequemen Gebäude, keine Geräte, um Dinge, deren Fortbewegung viel Kraft erfordert, hin- und herzubewegen, keine Kenntnis der Erdoberfläche, keine Zeitrechnung, keine Künste, keine Literatur, keine gesellschaftlichen Beziehungen, und es herrscht, was das Schlimmste von allem ist, beständige Furcht und Gefahr eines gewaltsamen Todes – das menschliche Leben ist einsam, armselig, ekelhaft, tierisch und kurz.« (Hobbes 1984: 96)

Solange vorausgesetzt bleibt, dass die Vermeidung eines gewaltsamen Todes die dringlichste Präferenz eines jeden darstellt (vgl. Hobbes 1994: 24), sich keiner den Auseinandersetzungen entziehen kann und zudem der Machtzugewinn eines jeden den Machtverlust anderer bedeutet, münden die Wettkämpfe des Naturzustands – spieltheoretisch gesprochen – in ebenso stabile wie suboptimale Verteilungsgleichgewichte, wie sie für das sogenannte »Gefangenendilemma« (vgl. z. B. Kavka 1986: 111 ff.) oder für ein »Hawk-Dove-Game« (vgl. Boulting 2005: 31) kennzeichnend sind. Zu diesem garstigen Gleichgewicht trägt nicht zuletzt bei, dass keiner einseitig auf den Einsatz von Gewalt- und Machtmitteln verzichten kann, da er dann sofort zur »Beute« der anderen würde, die genau dazu nicht bereit sind (Hobbes 1984: 121).

Das Problem besteht also darin, dass keiner die Sicherheitsbedürfnisse der anderen anerkennt und alle sicherheitsrelevanten Güter für sich beanspruchT (vgl. Hobbes 1994: 82 f.). Um dem daraus resultierenden Schicksal zu entgehen, müssten alle bereit sein, auf ihre Forderungen zu verzichten, und zugleich jeder wissen, dass dieser Verzicht glaubhaft ist (vgl. Hobbes 1984: 100). Nach Hobbes (1984: 124 ff.) wird dieser Wechselverzicht denkbar, wenn alle einer allmächtigen Institution zustimmen, die erwarten lässt, dass sie das ihr zugestandene Gewaltmonopol zur Friedensicherung einsetzt. Die weitere Frage ist dann nur, wie man diese »willkürliche Einrichtung« (Hobbes 1976: 128) schaffen kann.

Hobbes diskutiert verschiedene mögliche Antworten. So beschreibt er einerseits einen Gewaltunternehmer, der auf die Eroberung einer bereits bestehenden Gemeinschaft aus ist, um deren Konflikte durch die Unterdrückung aller internen Kämpfe zu moderieren. Diese Art der Machtübernahme führe allerdings zu einem »despotischen Staat« (ebd.: 130). Andererseits aber könnten »sich die Menschen (auch) untereinander verbinden, um sich jemandem zu unterwerfen, den sie sich selbst ausersehen« (ebd.). Eine derartige »freiwillige Konstituierung einer politischen Gemeinschaft« (ebd.: 132) ist aus seiner Sicht dann wahrscheinlich, wenn sich ihre »Erzeugungsweise« folgendermaßen gestalten ließe: Zunächst könnten die Menschen darauf verzichten, Gewaltmittel zu benutzen, um ihre Interessen durchzusetzen, indem sie sich den anderen gegenüber in diesem Sinne »erklären« (Hobbes 1984: 101). Allerdings entsteht infolgedessen solange ein Vertrauensproblem, wie unsicher bleiben muss, ob diese Erklärung ernst gemeint ist. Besser wäre es, wenn sich die Protagonisten darauf einigten, auf ihr Recht auf Gewaltanwendung zu verzichten und es einer (zentralen) Instanz zu übertragen (vgl. ebd.: 102). Dazu müsste diese Instanz indessen bereit sein, das Gewaltverzichtsübereinkommen gegen jede Verletzung mit dem »Schwert (der Gerechtigkeit)« (Hobbes 1984: 131) zu schützen und Vertragsbrüchige zu bestrafen. Rechtverfolgung und Rechtsprechung müssten zu diesem Zweck der alleinigen Befehlsgewalt der Zentralinstanz unterliegen (vgl. Hobbes 1992). Zum anderen aber muss diese Instanz Anreize dazu haben und fähig sein, jene Leistungen bereitzustellen, die die Menschen deshalb nicht länger selbst erbringen können, weil sie sich den Einsatz von Gewaltmitteln unmöglich gemacht haben und deshalb andere zu nichts zwingen können. Das gilt im Besonderen für die Bereitstellung der inneren und äußeren Sicherheit des zwischenmenschlichen Verkehrs, die Herstellung und Schutz einer unstrittigen Eigentumsordnung, Steuergerechtigkeit und gemeinwirtschaftlich organisierte Wohlfahrtsleistungen wie Kranken-, Gesundheits- und Armenversorgung. Zu guter Letzt müssten sich die Menschen durch die genannte Instanz in ihrem Bestreben geschützt wissen, schädigungsfrei ihren privaten Freiheiten und ihrem »Handel und Gewerbe« (Hobbes 1996: 129) nachzugehen. Zu alledem bedarf der Herrscher einer wirksamen Militär- beziehungsweise Zivilverwaltung.

Dieses ›freiwillige Übereinkommen‹ – im Original: »covenant« – muss nach Hobbes als eine Art zweistufiger »Kontrakt« (Hobbes 1976: 103) angelegt werden. Im ersten Vertrag, den man als ›Gesellschaftsvertrag‹ kennzeichnen kann, müssten sich die Menschen darauf einigen, unter Verzicht auf den individuellen Einsatz von Gewaltmitteln eine »Gesellschaft zum Zweck gegenseitiger Hilfeleistung zu bilden« (Hobbes 1994: 84). In einem nachgelagerten Vertrag sollten sich die Gesellschaftsmitglieder darauf verständigen, einen politischen Herrschaftsverband beziehungsweise einen »politischen Körper« (ebd.: 130) in Form eines Staats zu gründen. In der Vorstellung von Hobbes sollte infolgedessen ein (individueller oder kollektiver) »Souverän« entstehen, der das Recht für sich beansprucht, für alle »jene zu sprechen«, die zum Gewaltverzicht bereit sind. Die Gesellschaftsmitglieder würden damit zu »Untertanen« (vgl. Hobbes 1976: 130), die teils aus wohldefiniertem Eigeninteresse, teils unter dem Druck der staatlichen »Zwangsgewalt« (Hobbes 1984: 231) die Pflicht akzeptierten, deren Befehlen zu gehorchen. Voraussetzung wie Resultat dieser Staatsbildung sei eine »Verfassung« (Hobbes 1976: 131 ff.), die das Einvernehmen darüber formuliert, in welcher Weise die Handlungsrechte zwischen Untertanen und Herrscher aufzuteilen sind.

Hobbes hatte in seiner Furcht davor, dass religiöse und politische Zwistigkeiten zwischen den Untertanen zu Streit, Feindschaft und Krieg führen könnten, eine »absolute Herrschaft« (Hobbes 1994: 137 ff.) vorgesehen, die gänzlich eigenwillig und eigenmächtig die Verkehrs- und Eigentumsrechte ihrer Untertanen ebenso festzulegen hatte, wie universitäre oder religiöse Lehren, Rechtsprechung und Gesetzgebung, Krieg und Frieden (Hobbes 1992). Da er zudem meinte, der Herrschaftsvertrag sei ohne Vertragspartnerschaft des Herrschers zustande gekommen, weshalb dieser auch nicht gegen ihn verstoßen könne, stufte er jede entsprechende Kritik seitens der Untertanen als unzulässig ein. Mit dem gleichen Ziel lehnte Hobbes jede Gewaltenteilung (Hobbes 1976: 139) ebenso ab, wie die Idee, die Herrschaftsausübung durch

»eine gemischte Verfassung« (vgl. ebd.: 159 ff.) zu beschränken. Die erfolgreiche staatliche Bereitstellung von Frieden und Sicherheit konnte sich Hobbes zunächst nur als Produkt eines einheitlichen und unbeschränkten »Befehlsmechanismus« (Schmitt 1982: 53) vorstellen. Dass es zum Problem werden könnte, ob der mit der Ordnungs- und Rechtswahrung betraute Herrscher willens bleibt, die von ihm zugesagten Betreuungs- und Kontrollaufgaben tatsächlich zu erfüllen, oder gar »seine Macht verkehrt gebraucht« (Hobbes 1976: 163), fand vorerst nicht seine Aufmerksamkeit. Später indessen finden sich Listen von »Pflichten« und »Obligenheiten« (Hobbes 1984: 253 ff.) des Herrschers, deren Vernachlässigung den »Glauben des Volkes« (vgl. Hobbes 2015: 19) in die Erträglichkeit seines Handelns gefährden kann (vgl. Hobbes 1992: 75 f.). Hobbes setzt indessen auf das Eigeninteresse des Herrschers, jeden derartigen Legitimationsverlust vermeiden zu wollen.

Wie wird Gesellschaft konzeptualisiert?

Hobbes sah keinen Bedarf, sich um eine verallgemeinernde ›Theorie der Gesellschaft‹ zu bemühen. Vor allem dürfte die These in die falsche Richtung weisen, Hobbes' beiläufige Beobachtung des Bestrebens Londoner Kaufleute, »Profit zu ihrem Beruf« zu machen (Hobbes 2015: 145), seine Entdeckung des konflikthaften Charakters von Positionsgüterwettbewerben oder sein Postulat, der Herrscher müsse eigenwillig über die Verteilung von Eigentumsrechten entscheiden, mache ihn zum Theoretiker eines »Eigentumsmarktes« (MacPherson 1973: 68 ff.). Sein Problem, um dessen Lösung er besorgt war, bestand vielmehr darin, die Katastrophe (wissenschaftlich kontrolliert) zu erklären und (auf einem praktisch gangbaren Weg) zu bewältigen, in die der Bürgerkrieg sein Land gestürzt hatte. Zu diesem Zweck – und weil er glaubte, dass streitsüchtige Theologen und Moralphilosophen in ihrem unbegründbaren Glauben an die natürliche Soziabilität des Menschen (vgl. Hobbes 1994: 75) zur »Erkenntnis der Wahrheit nichts beigetragen haben« (ebd.: 61) – hatte er das idealisierte Modell eines herrschaftszentralistisch verfassten Staats entworfen. Wohl wissend, dass es zu Hobbes' Zeiten keine Sozialwissenschaften gab, muss es im Rückblick nicht falsch sein, die Entwicklung dieses Modells als einen Beitrag zur Analyse eines ausdifferenzierten – im vorliegenden Fall: ›politischen‹, seinerseits arbeitsteilig organisierten – gesellschaftlichen Subsystems zu bewerten (vgl. Wieland 1996: 49). Und es entbehrt auch nicht der Plausibilität, Hobbes' Idee, die Lösung gesellschaftlicher Konflikte sei in der Etablierung vertragsbasierter Herrschaftsverhältnisse zu suchen, in die bis in die Antike zurückreichende ›Vertragstheorie der Gesellschaft‹ einzureihen. Die theoriegeschichtliche Bedeutung seines Vorschlags reicht aber weiter. Zum ersten Mal wollte ein Philosoph die naturale, die geistige wie die soziale Welt als ein – im wahrsten Sinn: gottverlassenes – Feld verstehen, auf dem sich ebenso unwissende, wie empfindsame und selbstverliebte Menschen um ihr irdisches wie himmlisches Wohlergehen selbst sorgen müssen. Zur Bewältigung dieser Aufgabe meinte er zum einen, eine (empirisch wahre) Theorie über die ›Funktionsweise‹ des menschlichen Denkens und Handelns zu benötigen, und zum anderen, eine störgrößenbereinigte Darstellung jener – wie wir heute sagen: ›kollektiven‹ oder ›strukturellen‹ – Verhältnisse, in die die Menschen gerade deshalb geraten, weil sie über eine keinesfalls beliebig veränderbare ›Natur‹ verfügen. Dass infolgedessen alle Bemühungen um einen geordneten Sozialverkehr mit vielgestaltigen Abstimmungsproblemen durchtränkt sind, definiert eine über den engeren Bereich seines Lösungsvorschlags hinausgreifende Themen- und Fragestellung, an deren theoretischen Durchdringung die Sozialwissenschaften bis heute arbeiten. Mit seiner Suche nach ›geregelten‹ und friedensstiftenden Lösungen jener Abstimmungsproblem hat Hobbes dem ›Problem der sozialen Ordnung‹ seinen – noch heute – paradigmatischen Charakter verliehen, auch wenn bereits seine unmittelbaren Nachfolger die ›egozentrischen‹ Vorgaben seiner Handlungstheorie kritisierten und darüber hinaus vorschlugen, seine Gesellschaftsanalyse – die ausschließlich Konsumrivalitäten und deren politisch organisierte Beseitigung fokussierte – durch Blicke auf weniger herrschaftslastig geregelte Verkehrsverhältnisse (wie konventionsintegrierte Gemeinschaften, vgl. Hume in diesem Band) und Tauschmärkte (vgl. Smith in diesem Band) zu erweitern.

Wie gestaltet sich das Verhältnis von Mikro- und Makroanalyse?

Als eigens akzentuiertes Problem spielt die Trennung von handlungstheoretisch angeleiteter Mikroanalyse und gesellschaftstheoretisch zu behandelnder Makroanalyse keine erkennbare Rolle. Man kann seinem Herrschaftsmodell aber jederzeit eine Antwort auf die – ungestellte – Frage nach dem Verhältnis beider Analyseformen entnehmen. Wenn wir sagen, dass Hobbes sich auf die Suche nach den Bedingungen sozialer Ordnung machte, dann identifiziert er diese offensichtlich mit dem Vorhandensein spezifischer Verteilungsstrukturen (an Gütern und Nutzungswerten) für den Fall, dass die Menschen sich bereitfinden, ihre Interessen ohne Gewaltschädigungen ihrer Mitmenschen zu verfolgen. Umgekehrt bleiben bestimmte Güter unerreichbar, wenn ihnen dies nicht gelingt. Das Auftreten oder Ausbleiben spezifischer Verteilungsfolgen hängt also davon ab, *in welcher Weise* sich die Menschen ›vergesellschaften‹. Im Naturzustand herrscht ›Anomie‹ – wie sie späterhin auch Durkheim analysieren wird – insoweit vor, als die Menschen *keine Regeln* akzeptieren beziehungsweise ihren Mitmenschen *keine Rechte* zugestehen wollen, um Gewaltverzichte zu erreichen. Aber auch, weil eine Überwachungsinstanz fehlt, die die obwaltende ›Anarchie‹ beenden könnte, bleiben wechselseitige Übergriffe auf Leib und Leben, Eigentum und Sicherheit an der Tagesordnung. Hobbes' Theorie interessiert sich demnach für den Zusammenhang zwischen dem Bestehen beziehungsweise dem Nichtvorhandensein sanktionsgeschützter Regeln (oder Institutionen) und dem Auftreten unterschiedlicher kollektiver Verteilungseffekte. Hobbes unterstellt – anders als später Hume und Smith – den betroffenen Menschen nicht, dass sie nur ungenau wüssten, welche Regeln welche Kollektiveffekte nach sich ziehen werden, vermutet aber, dass es ihnen schwer fällt, sich auszudenken, unter welchen Bedingungen es für jeden vernünftig ist, einer »herrschenden Gewalt« zuzugestehen, ihre »natürlichen Freiheiten (zu beschneiden)« (Hobbes 1976: 210). Hobbes' Herrschaftsmodell schildert demnach ein handlungstheoretisch fundiertes Verfahren (oder einen Mechanismus), in dessen Erfolgsfall sich Kollektiveffekte einstellen, die es jedem erlauben, Vertrauen in die Friedfertigkeit seiner Mitmenschen und die Bereitschaft des Herrschers zu gewinnen, jeden Rückfall in den Naturzustand des »Kriegs aller gegen alle« (Hobbes 1994: 69) zu verhindern. Die Sozialanalyse wird damit zum Anwendungsfall der Hobbes'schen Forderung, die »Erzeugungsweise der Dinge« (Hobbes 1997: 90) aus dem dynamischen Beziehungsgeflecht ihrer »Komponenten« (ebd.: 76) zu (er)klären. Herbert Spencer (vgl. Spencer in diesem Band) wird diese Idee aufgreifen.

Wie wird die Veränderung beziehungsweise die Entwicklung von Gesellschaft gedacht?

Damit ist zugleich auch die – von Hobbes desgleichen ungestellte – Frage nach der Gestalt einer möglichen Entwicklungstheorie der Gesellschaft beantwortet. Jenseits der These, jeder anomische Naturzustand strebe – unter den von Hobbes genannten Bedingungen – nach seiner verfassungsgeleiteten Aufhebung, finden sich in seinem Werk keine Hinweise auf Regelhaftigkeiten der Gesellschaftsentwicklung. Zwar beobachtet Hobbes eine »Kreisbewegung der souveränen Gewalt« (Hobbes 2015: 234), die von Monarchen zum Parlament und wieder zurück zum Monarchen verläuft, aber dahinter verbergen sich keine entwicklungstheoretischen Zwangläufigkeiten, politische Gesetzmäßigkeiten, final-teleologische Betrachtungen des Geschichtsverlaufs oder anders geartete Makrokausalitäten. Darauf hat auch keinen Einfluss, dass das Einzelhandeln einem affekt-, wunsch- und denkdeterminierten Geschehen entstammt. Der gesellschaftliche Entwicklungsgang ist stattdessen das offene und aus Sicht der Menschen höchst ungewisse, mit Selbsterfüllungsphänomenen (vgl. ebd.: 215) durchsetzte Ergebnis politischer Kämpfe zwischen (ideologisch engagierten) Fraktionen (vgl. Hobbes 1984: 6 f.).

Lern- und Kontrollfragen

- Inwiefern kann Hobbes als Begründer der Nutzentheorie verstanden werden?
- Welche Probleme blendet Hobbes' Theorie der Installierung eines Herrschers aus?
- Worin besteht das Problem des Hobbes'schen ›Naturzustands‹ und inwieweit wird seine Lösung dadurch präformiert?

Literatur

Primärliteratur

Hobbes, Thomas (1976 [1640]). Naturrecht und Allgemeines Staatsrecht in den Anfangsgründen, übersetzt und mit einer Einleitung versehen von Peter Schröder. Darmstadt: Wissenschaftliche Buchgesellschaft (Neudruck der deutschen Erstausgabe 1889, herausgegeben von Ferdinand Tönnies).

Hobbes, Thomas (1984 [1651]). Leviathan oder Stoff, Form und Gewalt eines kirchlichen und bürgerlichen Staates, eingeleitet und herausgegeben von Iring Fetscher. Frankfurt a. M.: Suhrkamp.

Hobbes, Thomas (1992 [1681]). Dialog zwischen einem Philosophen und einem Juristen über das englische Recht, kommentiert und herausgegeben von Bernard Wills. Weinheim: VCH.

Hobbes, Thomas (1994 [1658 und 1642]). Elemente der Philosophie. Zweite und dritte Abteilung: Vom Menschen und Vom Bürger, eingeleitet und herausgegeben von Günter Gawlick. Hamburg: Felix Meiner.

Hobbes, Thomas (1997 [1655]). Elemente der Philosophie. Erste Abteilung: Der Körper, übersetzt, eingeleitet und herausgegeben von Karl Schumann. Hamburg: Felix Meiner.

Hobbes, Thomas (2015 [1679]). Behemoth oder Das lange Parlament, übersetzt und herausgegeben von Peter Schröder. Hamburg: Felix Meiner.

Sekundärliteratur

Aubrey, John (1896 [1669–1696]). ›Brief Lives‹, herausgegeben von Andrew Clark. Band 1. Oxford: Clarendon Press, S. 321–403.

Lips, Julius (1970 [1927]). Die Stellung des Thomas Hobbes zu den politischen Parteien der großen Revolution, mit Erstübersetzung des »Behemot« und einer Einführung von Ferdinand Tönnies. Darmstadt: Wissenschaftliche Buchgesellschaft.

MacPherson, Crawford B. (1973). Die politische Theorie des Besitzindividualismus. Frankfurt a. M.: Suhrkamp.

Martinich, Aloysius P. (2012). Egoism, Reason, and the Social Contract. In: Hobbes Studies 25, S. 209–222.

Sacksteder, William (1990). Hobbes's Science of Human Nature. In: Hobbes Studies 3, S. 35–53.

Schmitt, Carl (1982 [1938]). Der Leviathan in der Staatslehre von Thomas Hobbes. Sinn und Fehlschlag eines politischen Symbols. Stuttgart: Cotta'sche Buchhandlung.

Schuhmacher, Karl (1997). Einleitung, zu Thomas Hobbes, Elemente der Philosophie. Erste Abteilung: Der Körper. Hamburg: Felix Meiner, S. IX–LXXXVI.

Wieland, Josef (1996). Ökonomische Organisation, Allokation und Status. Tübingen: J. C. B. Mohr (Paul Siebeck).

1.2 David Hume: Natürliche Moral und gesellschaftliche Konvention

David Hume gilt als Mitbegründer einer ›empirischen‹, der prüfbaren Erfahrung verpflichteten Denkweise. Seine in diesem Sinne verfasste Handlungs- und Moraltheorie steht am Anfang einer erfahrungswissenschaftlichen Sozialwissenschaft, der er wichtige Themen vorgegeben hat.

Zur Person

David Hume wird im Mai 1711 als Sohn einer wohlsituierten Rechtsanwaltsfamilie in Edinburgh geboren (vgl. zur Biographie Streminger 2011). Er nimmt ein Studium der Rechtwissenschaften auf, wendet sich aber alsbald der »Philosophie und allgemeinen Gelehrsamkeit« (Hume 1989: 9) zu. Um Vorhaltungen gegen diese ›brotlose‹ Karriere zu entgehen, reist er 1735 nach Frankreich und beginnt seinen später berühmten *Treatise of Human Nature* zu schreiben, der in zwei Schüben 1739 und 1740 erscheint. Allerdings fällt dieses Buch zunächst »als Totgeburt aus der Presse« (Hume 1989: 11) und veranlasst ihn, sich als Tutor eines verrückten Lords und als Privatsekretär und Gesandtschaftsbegleiter eines Generals zu verdingen, um endlich das Amt eines Bibliothekars am Edinburgher Juristenkolleg zu übernehmen. Ab 1748 verfertigt er eine leserfreundlichere Neufassung seines *Traktats* (Hume 1964; 1984) und veröffentlicht die ersten ›Essays‹ (Hume 1988; 2014). Diese Versuche begründen zusammen mit seiner umfangreichen *Geschichte Englands* (erschienen von 1754 bis 1961) seinen zeitgenössischen Ruhm und sichern ihm (endlich) das erwünschte Einkommen. Dem zuträglich waren auch die *Vier Abhandlungen* von 1757, deren bekannteste die *Naturgeschichte der Religion* sein dürfte (vgl. Hume 2000).

Derart abgesichert lässt er sich 1763 vom britischen Botschafter Graf Hertford dazu überreden, ihn als Sekretär nach Paris zu begleiten, wo er neben Mitgliedern des französischen Hochadels die Geistesgrößen der dortigen Salons wie d'Alembert, Diderot und Turgot kennenlernt. Nach einer einjährigen Tätigkeit als Unterstaatssekretär im Londoner Außenministerium kehrt er 1769 nach Schottland zurück, erbaut ein Haus, überarbeitet seine Werke und widmet sich der kulinarischen und geistigen Betreuung seines Freundeskreises. Nach duldsam ertragener, einjähriger Krankheit verstirbt David Hume am 25. August 1776.

Adam Smith, mit dem ihn eine enge Freundschaft verbindet, verleiht seiner Trauer in einem Epitaph Ausdruck (vgl. Smith 1986). 1779 übergibt Humes Neffe die *Dialoge über die natürliche Religion* (Hume 1968) der Öffentlichkeit, die an ihnen bis heute ein Interesse bekundet.

Fragestellungen und Erkenntnisse

David Hume ist in einem kulturell-politischen Milieu groß geworden, das durch zwei große Debatten charakterisiert ist. Zum einen finden sich unter einander verfeindete, gewaltbereite religiöse Lager, die sich »in blindem Religionseifer« (Hume 1814: 110) um den rechten Gottesglauben und die wahre Moral streiten. Zum anderen stößt er auf europaweite Diskussionen über die Bedingungen des menschlichen Erkenntnisvermögens. Nach gründlicher Prüfung beider Themenfelder ist sich Hume sicher, dass weder das Wohl der Gesellschaft noch das der Person durch »Aberglaube und Schwärmerei« (Hume 2000: 73 ff.) zu sichern sind. Zudem teilt er die von Hobbes und Descartes popularisierte Zuversicht nicht, gültige Naturerkenntnis allein mit Hilfe der menschlichen Vernunft gewinnen zu können. Stattdessen solle sich die Philosophie der Voraussetzungen darüber, wie sich der Mensch die natürliche wie die soziale Welt zugänglich mache, mit Hilfe einer »Wissenschaft vom Menschen« (Hume 1980: 11) versichern, die sich um die »Anatomie der menschlichen Natur« (ebd.: 9) bemüht. Diese Wissenschaft soll, wie es bereits Thomas Hobbes angeraten hatte, nach möglichst sparsamen axiomatischen Prinzipien Ausschau halten, welche die Zusammenhänge des menschlichen Denkens und Handelns zum Gegenstand haben. Über deren Existenz oder Nichtexistenz könne nicht abstrakte Vernunft, sondern allein Erfahrung und Beobachtung entscheiden (Hume 1973 I: 4). Diese Prinzipien müssten wir bei allen Fragen, die wir an die »Praxis des (menschlichen) Lebens« (Hume 1973 II: 44) richten, und bei allen damit zusammenhängenden Erklärungen konsultieren. Demgegenüber seien Substanz- oder Wesenserklärungen, die die Erfahrungsbasis verlassen, ebenso unzulässig wie dunkle Verweise auf das Wirken göttlicher Kräfte.

> »Wir müssen unsere Erfahrungen in dieser Wissenschaft also aus einer sorgfältigen Beobachtung des menschlichen Lebens gewinnen, und sie nehmen, wie sie im gewöhnlichen Lauf der Welt, in dem Benehmen der Menschen in

Gesellschaft, in ihren Beschäftigungen und Vergnügungen sich darbieten.« (Hume 1973 I: 7)

In genau diesem Sinne versteht sich Humes Theorie – in Übernahme der Newton'schen Erkenntnisauffassung – als eine empirische und experimentelle.[1] Mit seiner Unterstützung dieses Erkenntnisprogramms wird Hume zum einflussreichen Mitbegründer der so genannten ›Schottischen Aufklärung‹. Diesem Programm folgend möchte Hume das System der Wissenschaften, das für ihn Logik und Moral ebenso umfasst wie Ästhetik und Politik, auf »fast völlig neuer Grundlage« (Hume 1973 I: 4) errichten. Worin aber besteht diese?

Folgt man dem thematischen Aufbau des *Traktats* und seiner Nachfolgeschriften, dann lassen sich drei Funktionskreise unterscheiden: der Bereich des menschlichen Verstandes (Hume 1973 I: 1–364), der Bereich der Affekte (Hume 1973 II: 3–194) und der Bereich der Moralität (Hume 1973 III: 195–375). Humes Theorie über die Funktionsweise des menschlichen Verstandes verfährt streng subjektiv und empirisch. Zugang zur (inneren wie äußeren) Welt gewinnen wir nur anhand unserer Perzeptionen. Damit ist das unserem Bewusstsein zugängliche Tatsachenwissen ebenso angesprochen wie affektuell gesteuerte Bewertungen. Diese Perzeptionen lassen sich in *Eindrücke* (impressions) und *Ideen* (ideas) unterteilen. Eindrücke kommen durch Sinnesempfindungen und Selbstwahrnehmung zustande, Ideen hingegen bezeichnen die Inhalte unserer *Vorstellungen* (imaginations). Wahrnehmungen wie Vorstellungen weisen verschiedene Grade der Dringlichkeit, Direktheit und Komplexität auf. Unser Bewusstsein verdankt sich in der Folge der Fähigkeit (des menschlichen Verstandes), Eindrücke zu registrieren, zu erinnern und anhand von Assoziationsprinzipien (oder Gesetzen der Ähnlichkeit, der zeitlichen und räumlichen Nachbarschaft und der Kausalität) miteinander zu verknüpfen (vgl. Hume 1973 I: 20 ff.).

Die epistemischen Konsequenzen dieser ›Theorie des Verstandes‹ sind skeptische. Da wir der Ergebnisse unseres Erkenntnisprozesses nur insoweit sicher sind, als wir auf lebhafte *beliefs* zurückgreifen können, bleiben alle Zusammenhänge in Gefahr, als frei phantasiert beziehungsweise fiktional zu

1 Die deutsche Übersetzung des *Traktats* (Hume 1973) unterschlägt dessen Untertitel (*Being an Attempt to introduce the Experimental Method of Reasoning into Moral Subjects*), der die Anlehnung an Newton belegt.

erscheinen. Und dies gilt auch für die zur Ordnung unserer Sicht der Welt benötigten Idee, letztere weise konstante Zusammenhänge auf. Die Wahrheit dieser These muss ungeklärt bleiben, da sie sich aus unseren Einzelkenntnissen alleine nicht herleiten lässt, weil es gültige (logische) Induktionen vom Erfahrungseinzelfall auf darüber hinausweisende Urteile nicht gibt (vgl. ebd.: 171 ff.). Insofern wir Ursachen und Wirkungen eben so wenig vollständig erheben können, gilt dasselbe für die Verallgemeinerung von Kausalitätsbeziehungen (ebd.: 178 ff., 210 ff.). Gleichwohl, so Humes Hoffnung, reichen erlernte und im Prinzip revidierbare *Gewohnheiten* des Denkens und Schließens aus, um unser gewöhnliches Leben erfolgreich zu gestalten.

Der Erfolg unserer *Lebensführung* (Hume 1973 III: 211) hängt indessen nicht alleine von unserem Verstandesvermögen, sondern auch von unseren Gefühlen (oder Affekten) ab. Ausgangspunkt der Hume'schen Theorie der Affekte ist seine Mutmaßung, dass

> »dem menschlichen Geist das Gefühl der Lust und Unlust eingepflanzt [ist]; und [dass] dies Gefühl die hauptsächlichste Triebfeder und den hauptsächlichen bewegenden Faktor bei allen unseren Handlungen [bildet]« (Hume 1973 II: 162).

Gefühle repräsentieren nichts, kommen aber »vermöge eines ursprünglichen Instinkts« (ebd.: 177) auf und setzen uns darüber in Kenntnis, wie wir uns selbst und die Gegebenheiten unserer Umwelt einschätzen (vgl. ebd.: 6). Die daraus resultierenden angenehmen wie unangenehmen Empfindungen werden in Form einer Gefühlserregung zur Ursache der Bewertung, mit der jemand den Gegenstand des Affekts registriert.

Solche Bewertungen richten sich – so Humes Unterstellung – auf Gesinnungen, Motive oder den Charakter eines Menschen und nicht auf die (individuellen wie kollektiven) Konsequenzen seiner Handlungen. Hume ist kein Utilitarist. Nützlichkeit bezeichnet bei ihm immer nur die Gefälligkeit beziehungsweise Missliebigkeit, anhand derer ein Handelnder sich und seine Beziehungen zu anderen bemisst. Das damit verbundene Gefühlsgeschehen folgt einer mehrdimensionalen Dynamik: So verliert sich der Wert eines Handlungsertrags bei wiederholtem Handlungserfolg (vgl. ebd.: 21 f.). Ebenso neigen Handelnde dazu, zeitlich nahe zugängliche Lustempfindungen höher zu bewerten als fernerliegende (vgl. ebd.: 78.) Oder sie tendieren zur Relativierung von Bewertungen im Licht eines feststehenden Referenzwertes (vgl. ebd.: 21). Auch befinden sich Handelnde nach Hume bisweilen in einem auflösungsbedürftigen Widerstreit der Affekte (Hume 1973 II: 180 f.), wenn ihre Einbildungskraft unsicher ist, wie sie bestimmte Zustände bewerten soll (vgl. ebd.: 185).

Diese beiden Teiltheorien über die Verstandestätigkeit und die Funktionsweise von Gefühlen fließen zu einer Handlungstheorie zusammen, deren Basistheorem noch heute debattiert wird. Offensichtlich richtet sich die menschliche Vernunft im Rahmen ihrer durchweg engen Grenzen ausschließlich auf die Herstellung von Überzeugungen darüber, wie die Welt (tatsächlich) beschaffen sein könnte. Aufgrund dieser Leistung aber kann »(sie) allein niemals Motiv eines Willensaktes sein« (ebd.: 151). Um zum Agieren motiviert zu sein, muss ein Handelnder zudem Neigungen oder Abneigungen empfinden, die ihrerseits allein »der Aussicht auf Lust und Unlust« (ebd.: 152) entspringen. Dann erst gewinnt die jeweilige Gemütserregung einen handlungsbestimmenden Impuls. Die Wahrnehmungs- und Denkfähigkeiten des Handelnden müssen sich mit den affektuellen Triebkräfte(n) des Handelns verbinden, um seine Ziele, Zwecke, Vorsätze und Absichten festzulegen. Daraufhin trifft er Entscheidungen, die ihm die »Macht [verleihen] zu handeln oder nicht zu handeln« (Hume 1964: 113). In einer berühmten Wendung konstatiert Hume ein deutliches Ungleichgewicht dieser beiden Faktoren: »Die Vernunft ist nur der Sklave der Affekte und soll es sein; sie darf niemals eine andere Funktion beanspruchen als die, denselben zu dienen und zu gehorchen.« (Hume 1973 II: 153) Hingegen ist es nach Hume möglich, dass ein Mensch gegen seinen Vorteil handelt, sofern er seine Handlungssituation falsch einschätzt oder weil er sich von Gefühlen leiten lässt, die der Handlungssituation unangemessen sind. In jedem Fall bleibt Handeln ein Produkt bewerteter Zielsetzungen und umstandsabhängiger Informationen, ein Zusammenspiel von Zielen und Mitteln, und stiftet in diesem Sinn ein Nützlichkeitsverhältnis.

Hume hat seine Auflistung möglicher Gefühlslagen anhand der Unterscheidung von eigen- und fremdbezogenen Affekten entworfen. Damit ist zugestanden, dass »die Lust, welche uns das Lob anderer bereitet, aus dem Miterleben der Meinung, die andere von uns haben, entsteht« (Hume 1973 II: 55). Mit dieser Beobachtung eröffnet er seiner Theorie der Gefühle die Möglichkeit, sich der erweiterten Frage zuzuwenden, ob und wie sich der Aufbau zwischenmenschlicher Beziehungen auf der Basis wechselwirksamer Affekte bewerkstelligen lässt. So untersucht Hume, inwiefern soziale Wechselbeziehungen mit Hilfe von Moral und Sittlichkeit gesteuert werden (können). Dies bedeutet nicht, dass Hume eine Ethik darüber entwerfen möchte, was Handelnde tun sollten. Vielmehr strebt er eine »naturalistische Theorie der moralischen Urteile« an (Craig 1979: 111), die auf den Nachweis aus ist, dass und wie die Stabilität sozialer Verhältnisse davon abhängt, ob es den Handelnden gelingt, »Verstand und Gefühl bei [...] moralischen Entscheidungen und Schlüssen (derart) zusammenwirken« zu lassen, dass sie sich zu »sozial tugendhaftem Handeln« bewegen können (vgl. Hume 1984: 91). Misslingt ihnen dies, bleiben sie für die Gesellschaft untauglich. Damit spricht Hume das Problem an, dass jeder Mensch für den Fall, dass er auf andere trifft, entscheiden muss, ob er sein Handeln selbstsüchtig auf die Sicherung eigener Belange ausrichten möchte oder ob er jenen Grad an Wohlwollen und Mitgefühl (sympathy) aufbringt, um im Sinne des anderen (und der Gesellschaft) zu handeln. Auf diesem Weg möchte Humes Sozialtheorie klären, welche Mechanismen zur »Förderung von Friede, Harmonie und Ordnung der Gesellschaft« (Hume 1984: 155) beitragen.

Um die gesellschaftstheoretische Reichweite dieser Themenstellung abzuschätzen, wird die Unterscheidung zwischen ›natürlichen‹ und ›künstlichen (sozialen)‹ Tugenden (oder Motiven) relevant. Humes Affekttheorie impliziert, dass sich Gefühle sich wiederholenden Umständen – zumal in Verwandtschafts- und Freundesgruppen – anpassen, weshalb sie sich ›naturwüchsig‹ (oder ›instinktmäßig‹) einstellen, sobald die Handelnden sich in den betreffenden Intimsituationen zu bewähren haben (vgl. Hume 1973 III: 327 ff.). Humes These ist dabei weniger, dass Handelnde egoistisch als dass sie ›parteiisch‹ sind. Er erkennt an, dass in Intimgruppen Selbstliebe und Wohlwollen solange moralbildend zusammenwirken, als die Bereitschaft, für das Wohl anderer Beschwernisse auf sich zu nehmen, dem eigenen Reputationszuwachs und der Erhöhung des Selbstwertgefühls dient. Zur Aufrechterhaltung dieser Mischung aus Selbstinteresse und Mitgefühl trägt auch das Wissen bei, für unterlassene Beitrags- und Hilfeleistungen zur Rechenschaft gezogen zu werden. Humes Vorstellung ist, dass zu engen Bezugspersonen natürliche Affektneigungen entstehen, und dass es kommunikationsbasierte Mechanismen gibt, die mit Hilfe eines Abtausches von Lob und Tadel, Billigung und Missbilligung, Achtung und Verachtung oder Belohnung und Strafe auf den Erhalt der bestehenden Intimbeziehung hinzielen.

Allerdings »[macht] eine so edle Zuneigung die Menschen nicht für ausgedehnte Verbindungen geeignet« (Hume 1973 III: 230), weil es keinen für alle verbindlichen allgemeinen Maßstab sittlichen Handelns gibt. Denn – wie bereits Hobbes unterstellt – je fremder sich die Handelnden sind und umso weniger sie einander vertrauen, desto mehr überwiegt die Eigenliebe und umso weniger lassen sich die Affekte aller Beteiligten konfliktfrei gestalten. Ein derart »unkultivierter Zustand« (ebd.: 231) wäre auszuhalten, bestünde nicht die Gefahr, dass in ihm Übergriffe auf »unsere Seele, [auf] die Vorzüge unseres Körpers und [auf] den Genuß des Besitzes, den wir durch Fleiß und gut Glück gewonnen haben« (ebd.) zunehmen. Und infolgedessen würden wir die Vorteile verlieren, so Hume, um derentwillen wir den Versuch unternommen haben, uns jenseits von Familien- und Freundschaftsbanden zu vergesellschaften. Die Vorteile bestehen darin, dass wir durch Gesellschaftsbildung die »Not des Lebens« (ebd.: 228) überwinden können und zur »Vermehrung von Kraft, Geschicklichkeit und Sicherheit« und vor allem der »Güterversorgung« (vgl. ebd.: 231) beitragen können.

Glücklicherweise erlaubt ihre Vernunft den Menschen einzusehen, dass alle diese Mängel überwunden werden können, wenn sie ihren natürlichen Neigungen durch eine Übereinkunft oder Konvention eine neue Richtung geben. Die Anerkennung und Einhaltung allgemeiner Regeln würde die Beteiligungsinteressen aller Handelnden schützen (vgl. ebd.: 236). Allerdings muss dies unter ganz heterogenen Bedingungen gelingen. Im einfachen Fall benötigen die Handelnden dazu ein allgemeines Bewusstsein des gemeinsamen Interesses, das ihnen vor Augen führt, dass die Existenz einer konfliktfrei geordneten Gesellschaft dem Wohlergehen aller dient (vgl. ebd.: 235). Darüber hinaus müssen sie wissen, dass die anderen sich an der Realisierung dieser Interessen beteiligen werden. Mit der Herstellung dieses ›gemeinsamen Wissens‹ entstehen sich stützende Erwartungen bezüglich des Handelns der anderen und am Ende die einklagbare Verpflichtung, sich an dem gemeinsamen Unternehmen zu beteiligen (vgl. Hume 1984: 208 ff.). Derartige Wechselerwartungen bleiben solange stabil, als es den Handelnden gelingt, ihren Verkehrsformen die Gestalt eines ›Koordinations-‹ (vgl. Lahno 1995, Hardin 2007) beziehungsweise ›Versicherungsspiels‹ (vgl. Chong 1991) zu verschaffen, das alleine deshalb fortgeführt wird, weil sich jeder der Beteiligten durch die Missachtung der Spielregeln selbst schadet. Humes Vermutung, dass die

Entstehung von Geld, Versprechen und Sprache (Hume 1973 III: 234) einer parallelen Logik folgt, hat die Nachfolgeforschung bestätigt.

Allerdings weiß Hume, dass nicht alle Abstimmungsprobleme auf diese sich selbst stabilisierende Weise zu lösen sind; nicht immer können Regeln etabliert werden. Das misslingt insbesondere dann, wenn es sich lohnt, den oder die anderen zu übervorteilen. In paradigmatischer Weise gilt dies für die Aufrechterhaltung von Eigentumsrechten, wozu auch das Recht des Eigentumserwerbs beziehungsweise der Eigentumsnutzung in der Form von Tausch- und Vererbungsrechten gehört (vgl. ebd.: 249 ff.). Täuschungen, Raub und Hinterlist könne sich unter diesen Bedingungen lohnen. Umso mehr sollte sich in diesen Fällen die ›Übereinkunft‹ vernünftig Handelnder darauf richten, gemeinsame und durchsetzungsfähige Normen der Rechtsordnung zu finden, deren Einhaltung die Eigentumsinteressen der Handelnden voreinander schützt.

Hume merkt zurecht an, dass zur Errichtung einer solchen Rechtsordnung zwei zusammenhängende Probleme zu lösen sind: Einerseits ist es schwierig abzusichern, dass sich die anderen an gegenseitige Versprechen halten. Infolgedessen besteht für jeden die Gefahr, zum »Gefoppten der eigenen Ehrlichkeit« (ebd.: 285) zu werden. Andererseits kann Hume nicht übersehen, dass die Etablierung einer Herrschaftsinstanz, die sich zur Aufgabe macht, eine Rechtsordnung aufzubauen und durchzusetzen, sowohl ein Agentur- wie ein Machtverteilungsproblem aufwirft (vgl. ebd.: 286 ff.). Hume merkt zwar an, dass sich das zweite Problem leicht durch die Aneignung von Kontrollrechten durch einen Herrschaftsinteressenten bewältigen lässt, wenn dieser die von jedermann erwünschte Verteidigung gegen kriegerische Fremdgesellschaften koordiniere (vgl. Hume 1973 III: 289). Dabei gelte allerdings, dass Kontrollrechtsmonopolisierungen nur selten zur Minderung der Korruptionsneigungen einer Autorität oder zu deren Zurückhaltung bei der Besteuerung der Herrschaftsunterworfenen führt, wofür Hume aber keine abschließende Lösung sieht. Sicher ist er sich nur, dass die Einhaltung derartiger Rechtsvorschriften »Friede und Ordnung« (ebd.: 241) schafft und auf diesem Weg eine Zivilisierung der Gesellschaft vorbereitet. Eine friedensstiftende Rechtsordnung besitze Eigenschaften eines öffentlichen Gutes, das seine Nutzer dadurch schützen könne, dass sie ihre Verpflichtungen der Rechtsordnung gegenüber moralisieren und den Herrscher für den Fall, dass er seine Aufsichtspflichten übermäßig vernachlässigt, entmachten könnten (vgl. ebd.: 301 ff.). In allen anderen Fällen, in denen der Nutzen eines geregelten Rechtsverkehrs die Kosten der Herrschaftsorganisation übersteigt, werden die Handelnden fortfahren, »ihren eigenen Vorteil in der Mitarbeit an allgemeinen Zwecken oder Ziele [n] zu suchen« (Hume 1973 III: 288).

Wie wird Gesellschaft konzeptualisiert?

Ein systematischer Text darüber, wie eine ›zivile Gesellschaft‹ gestaltet sei, findet sich in Humes Werk nicht. Gleichwohl bietet seine im letzten Abschnitt skizzierte Darstellung einer rechtlich abgesicherten – und insoweit ›gerechten‹ – Eigentumsordnung den Nukleus einer ausbaufähigen Gesellschaftsauffassung. Wenn sich die Handelnden tatsächlich einer Rechtsordnung unterwerfen, so Hume, dann kann daraus »ein System des Verhaltens und der Lebensführung« (Hume 1973 III: 278) entstehen, das auch selbstverliebt Handelnden Anreize schafft, sich an einmal etablierte Regeln zu halten. Insoweit gleicht die ›zivile Gesellschaft‹ einer friedfertigen Vertrags- beziehungsweise Tauschgesellschaft. Weniger bedeutsam ist für Hume der Gesichtspunkt, dass die Schaffung friedfertiger Verkehrsverhältnisse bisweilen auch davon abhängen mag, dass die Handelnden ihre Leistungen zusammenlegen. In jedem Fall bleibt der zwischenmenschliche Verkehr ohne gemeinsame Rechtsgrundlagen anarchisch und anomisch.

Zugleich fasst Hume die Zivilgesellschaft als eine differenzierte Gesellschaft auf, deren politischer und wirtschaftlicher Bereich sich getrennt untersuchen lassen (Hume 1988 I und II). So können sich die Mitglieder der ›Handelsgesellschaft‹ solange der Mehrung des nationalen Reichtums widmen, als die Autorität den binnenpolitischen Kampf um Ämter hinter die »Aufrechterhaltung der Rechtsordnung« (Hume 1973 III: 287) und die militärische Abwehr feindlicher Übergriffe zurückstellt. Damit ist zu rechnen, wenn die jeweils geltende Verfassung Verfahren der Gewaltenteilungen und des Machtausgleichs vorsieht. Demgegenüber beschäftigt sich das ›ökonomische System‹ mit eigenen Erfordernissen wie der Etablierung von Geld, um Arbeit wie Waren zu bewerten und deren Tausch zu erleichtern, den Ertragseffekten von Zins- und Geldpolitik oder den Bedingungen eines freien Außenhandels und dessen binnenpolitische Folgen (Hume 1988 II). Betrachtet man diese Themen zusammen, so plädiert Hume – wie später auch sein Freund Adam Smith – dafür, Privateigentum, Märkte und Geld als die primären Institutionen einer *commercial society* zu betrachten (Wennerlind 2002: 253). Indem sich Hume aber auch um das konfliktbeladene Zusammenspiel von Staat und Wirtschaft kümmert, erweitert er seine These über die Ausdifferenzierung von Teilsystemen durch vielschichtige Betrachtungen zu deren Wechselverhältnis und erweist sich damit als früher Verkünder einer politik-ökonomischen Botschaft.

Die Ausdifferenzierung eines ›religiösen Systems‹ mit einer eigenwilligen zyklischen Dynamik der jeweils vertretenen Überzeugungen und Imaginationen könnte man Hume ebenso unterstellen (vgl. Hume 2000) wie eine eigenständige Wertsphäre der Gelehrsamkeit. Die später vieldiskutierte Existenz eines (autonomen) ›kulturellen‹ Subsystems der Gesellschaft ist damit (im Prinzip) zugestanden.

Eher am Rande finden sich bei Hume Beobachtungen darüber, dass diese teilsystemischen Wechselbeziehungen ihre Grundlage im Klassencharakter der Zivilgesellschaft finden. So unterscheidet er verschiedene Produktiv- und Vermittlerklassen (wie Bauern und Handwerker oder Kaufleute und Seefahrer) und kategorisiert sie nach den jeweils zugänglichen Vermögen (Großgrundbesitzer, ›die mittlere Schicht‹ der Händler et cetera) (Hume 1988 II: 175 ff.), denen er die vornehmlich an maximalen Steuereinnahmen, Autoritätserhalt und Machtzuwachs interessierten Politiker gegenüberstellt. Die Dynamik der Klassenbeziehungen und deren Verteilungsfolgen untersucht er – anders als später Karl Marx – indessen nur fallweise. Unschwer aber kann man seine *Geschichte Englands* als Schilderung des internen Kampfes der verschiedenen ›herrschenden Klassen‹ um Macht- und Einflussvorteile deuten (vgl. Hume 1814).

Wie gestaltet sich das Verhältnis von Mikro- und Makroanalyse?

Der Hume'sche Theorienentwurf geht von zwei Prämissen aus: Zum einen ist die menschliche Natur insoweit unveränderlich, als zwischen den jeweiligen Motiven und Handlungen »beständige Verbindungen« (Hume 1973 II: 141) existieren. Zum anderen kann der Mensch als solitäres Wesen nicht überleben. Demzufolge steht Humes Sozialtheorie vor der Frage, wie menschliche Absichten, Pläne und Anschauungen so aufeinander abgestimmt werden können, dass der kollektive Nutzen die Verfolgung eigenverliebter oder gruppenpartikulärer Interessen überwiegt. Hume diskutiert zwei Fälle:

Zum einen behandelt er – in Vorwegnahme evolutionstheoretischer Überlegungen – die Entstehung verallgemeinerbarer Regeln des zwischenmenschlichen Interaktionsverkehrs als ›natürliches‹ Resultat der auf wechselseitiger Bekanntheit und Vertrautheit ruhenden Zusammengehörigkeit von Freunden und Verwandten. Zum anderen erklärt er die ›künstliche‹ Erfindung von Rechtsinstitutionen aus dem sich entwickelnden Interesse auch einander fremder Handelnder daran, die Schädigungsgefährdungen ihres Tauschverkehrs zu überwinden. In beiden Fällen erfolgt die Erklärung der Genese beziehungsweise der Funktionsweise der Beziehungsverhältnisse nicht unter Zuhilfenahme makroskopischer Gesetze oder unter Verweis auf einen göttlichen Heilsplan, sondern mit Hilfe der These, wonach Handelnde in Verfolgung ihrer Eigenversorgungsinteressen

> »gleichsam im Dunkeln auf Einrichtungen [stoßen], die zwar durchaus das Ergebnis menschlichen Handelns sind, jedoch nicht die Durchführung irgendeines menschlichen Planes« (Ferguson 1986: 258).

Dabei bleibt vorausgesetzt, dass die Handelnden im Rahmen der jeweils ausdifferenzierten Lebensverhältnisse agieren müssen und dass sie in Abhängigkeit von ihren dort jeweils erwartbaren Handlungserträgen entscheiden, sich anderen gegenüber wohlwollend zu verhalten oder nicht. Wie später auch Adam Smith setzt Hume sich damit für eine – wie wir heute sagen – mikrofundierende Erklärung ein. Die Treibkräfte des Handelns sind in den unabänderlichen Gesetzen der menschlichen Natur verankert, dessen Restriktionen und Verlauf indessen in den »Lebensumständen« (Hume 1973 II: 140), die die Handelnden durch ihr Tun (und Unterlassen) erschaffen und immer wieder verändern.

Wie wird die Veränderung beziehungsweise die Entwicklung von Gesellschaft gedacht?

Da Humes Sozialtheorie darauf besteht, dass (überall gleich ausgestattete) Akteure ihre Handlungen angesichts sich unvorhersehbar wandelnder Umstände wählen, kann er nicht davon ausgehen, dass sich die Gesellschaftsgeschichte in vorgefertigten Bahnen und auf ein fixiertes Ziel hin vollzieht. Eine deterministische und/oder teleologische Entwicklungstheorie liegt außerhalb seines Augenmerks. Auch darf man seine verstreuten Hinweise auf verschiedenartige Gesellschaftsformationen nicht als Beleg dafür lesen, Hume habe nach einem »einfachen Zusammenspiel von notwendigen und hinreichenden Bedingungen für das Aufkommen der Zivilisation« gesucht (vgl. Miller 1981: 127). Ebenso wenig sollte man ihm – was auch Spencer erdulden musste – unterschieben, er vertrete eine »Stufentheorie der Gesellschaftsentwicklung«, in deren unumkehrbarem Verlauf sich zunehmend komplexer verfasste Gesellschaftsformationen ablösten, zumal aus zahlreichen Argumenten hervorgeht, wie wenig er an die Geschichtswirksamkeit »überindividueller Kräfte« (vgl. McRae 1951) oder »völkischer« Ideen (vgl. Streminger 1986: 180) glaubt. Auch weigert sich Hume nachdrücklich, seine Gesellschaftstheorie auf der Basis nachweislich fiktiv-falscher Annahmen zu entwickeln (Hume 1988 II: 301 ff.). In der Summe sind damit weder die Menschheits- noch die Nationalgeschichte theoriefähig. Unsere »Imagination« kann sich erklärungs- und gestaltungstaugliche Konstruktionsprinzipien der Gesellschaftsentwicklung nicht ausmalen, so Hume (1988 II: 339 ff.). Wir können aber jederzeit untersuchen, mit welchen Resultaten des menschlichen Zusammenlebens wir dort rechnen können, wo ausgewählte Struktur- und Verteilungsbedingungen die Erfolgschancen des Handelns bedingen, und unter welchen Veränderungsdruck die Gruppen einer Gesellschaft geraten, wenn sich ihre Rahmenbedingungen verschieben. Zur Beantwortung dieser Fragen stellt die Hume'sche Philosophie zwar keine Theorie des sozialen Wandels bereit, sie bietet aber eine Analysemethode an, die wir zur abstrakt-spekulativen Modellbildung einzelner Verfassungs- oder Ordnungsmechanismen ebenso verwenden können wie zur theoretisch angeleiteten Rekonstruktion der Geschichte.

Lern- und Kontrollfragen

- Worin liegt der Unterschied zwischen ›natürlichen‹ und ›künstlichen‹ Tugenden?
- Wann sprechen wir davon, dass Handelnde einer ›Konvention‹ folgen?
- Wie lässt sich die Ordnung einer *commercial society* aufrechterhalten?

Literatur

Primärliteratur

Hume, David (1814 [1754–1761]). Geschichte Englands. Teilübersetzung in zwei Bänden von Gottlieb Meißner. Wien: Anton Doll.

Hume, David (1964 [1748]). Eine Untersuchung über den menschlichen Verstand, herausgegeben von Raoul Richter. Hamburg: Felix Meiner.

Hume, David (1968 [1779]). Dialoge über natürliche Religion, neu bearbeitet von Günter Gawlick, Hamburg: Felix Meiner.

Hume, David (1973 [1739/1740]). Ein Traktat über die menschliche Natur, herausgegeben von Reinhard Brandt. Hamburg: Felix Meiner. (In den Zitationen dieses Werkes beziehen sich die Ziffern I–III wegen ihrer unstimmigen Paginierung auf die drei »Bücher« des Traktats.)

Hume, David (1980 [1740 und 1745]). Abriß eines neuen Buches betitelt: Ein Traktat über die menschliche Natur et cetera; Brief eines Edelmanns an seinen Freund in Edinburgh, herausgegeben von Jens Kulenkampff. Hamburg: Felix Meiner.

Hume, David (1984 [1751]). Eine Untersuchung über die Prinzipien der Moral. Übersetzt und herausgegeben von Gerhard Streminger. Stuttgart: Reclam.

Hume, David (1988 [1741]). Politische und ökonomische Essays. Zwei Teilbände, herausgegeben von Udo Bermbach. Hamburg: Felix Meiner.

Hume, David (1989 [1777]). Humes Leben, dargestellt von ihm selbst. In: Kulenkampff, Jens (Hg.): David Hume. 2. Auflage. München: C. H. Beck, S. 9–16.

Hume, David (2000 [1757]). Die Naturgeschichte der Religion. Über Aberglauben und Schwärmerei – Über die Unsterblichkeit der Seele – Über Selbstmord, herausgegeben von Lothar Kreimendahl. 2. Auflage. Hamburg: Felix Meiner.

Hume, David (2014 [1741/42]). Vom schwachen Trost der Philosophie. Essays. Auswahl, Übersetzung und Nachwort von Jens Kulenkampff. Göttingen: L. S. D. (im Steidl Verlag).

Sekundärliteratur und weitere, im Text zitierte Literatur

Chong, Dennis (1991). Collective Action and Civil Rights Movement. Chicago/London: The University of Chicago Press.

Craig, Edward (1979). David Hume. Eine Einführung in seine Philosophie. Frankfurt a. M.: Vittorio Klostermann.

Ferguson, Adam (1986 [1767]). Versuch über die Geschichte der bürgerlichen Gesellschaft, Frankfurt a. M.: Suhrkamp.

Hardin, Russell (2007). David Hume: Moral and Political Theorist. Oxford: Oxford University Press.

Lahno, Bernd (1995). Versprechen. Überlegungen zu einer künstlichen Tugend. München: Oldenbourg.

McRae, Robert (1951). Hume as Political Philosopher. In: Journal of the History of Ideas 12, S. 285–290.

Miller, David (1981). Philosophy and Ideology in Hume's Political Thought. Oxford: Clarendon Press.

Smith, Adam (1986 [1777]). Brief an William Strahan. In: Streminger, Gerhard (Hg.): David Hume mit Selbstzeugnissen und Bilddokumenten. Reinbek bei Hamburg: Rowohlt, S. 145.

Streminger, Gerhard (1986). David Hume als Historiker. In: Zeitschrift für philosophische Forschung 40, S. 161–180.

Streminger, Gerhard (2011). David Hume. Der Philosoph und sein Zeitalter. München: C. H. Beck.

Wennerlind, Carl (2002). Davis Hume's Political Philosophy: A Theory of Commercial Modernization. In: Hume Studies 28, S. 247–270.

1.3 Adam Smith: Moral – Markt – Politik

Adam Smith gehört zur Gründergeneration einer Sozialwissenschaft, die den Zusammenhang zwischen Psychologie, Recht, Staat, Ökonomie und Moraltheorie noch nicht aus den Augen verloren hatte. Ihn vornehmlich als ›Theoretiker der Marktwirtschaft‹ zu lesen, ist deshalb einseitig. Zurecht aber gilt er als (einer) der ›Erfinder‹ der einflussreichen gesellschaftstheoretischen Leitidee, dass sich Marktbeziehungen – wie alle menschlichen Verkehrsformen – als ›selbstorganisierte‹ und gleichgewichtsorientierte Beziehungssysteme analysieren lassen.

Zur Person

Adam Smith wird im Juni 1723 als Sohn einer wohlsituierten Advokatenfamilie in Kirkcaldy, nahe Edinburgh, geboren (vgl. zur Biographie Streminger 2017). Er durchläuft eine in diesen Kreisen übliche Erziehung, indem er nach dem Besuch der heimatlichen Grundschule mit 17 Jahren an die Universität Oxford übersiedelt. Smith erwirbt auf diesem Wege eine an ›antik-klassischen‹ sowie naturphilosophischen Texten geschulte Bildung, was ihm die Beschäftigung mit Themen wie die ›Entstehung der Sprachen‹ oder der ›Geschichte der Astronomie‹ und der *ancient physics* erlaubt, deren Einordnung in sein Gesamtwerk noch immer Anlass zur Debatte ist.

1748 beginnt er in Edinburgh viel besuchte Vorlesungen über Literatur und Jurisprudenz zu halten. Zu dieser Zeit lernt er David Hume kennen, mit dem ihn eine lebenslange Freundschaft verbindet. Seine Vorlesungserfolge münden 1751 in eine Professur für Logik an der Universität Glasgow, während der er sich vornehmlich mit Fragen der Erkenntnistheorie beschäftigt. 1752 wechselt er dort auf eine Professur für Moralphilosophie. Für die folgende Karrierephase entwickelt er ein Curriculum, das die vier Fächer: Natürliche Religion, Ethik, Rechtslehre und Ökonomie umfasst. Als erstes sichtbares Ergebnis der damit verbundenen Forschungen erscheint 1759 seine noch heute aufgelegte *Theory of Moral Sentiments* (deutsch Smith 1973), die ihn in kurzer Zeit zur europaweiten Berühmtheit macht und ihm die Mitgliedschaft in der *Royal Society* einbringt.

1764 gibt er seine Professur auf, um als gut dotierter Privatlehrer des Herzogs von Buccleugh Frankreich und die Schweiz zu bereisen, wo er führende französische Wirtschaftsdenker (wie Turgot, Necker und Quesnay) und andere Geistesgrößen (wie Helvetius, d'Alembert und d'Holbach), aber auch Voltaire kennenlernt. Während seines Frankreichaufenthalts setzt er die Vorarbeiten zu seiner *Inquiry on the Nature and Causes of the Wealth of Nations* fort, die 1776 in erster Auflage erscheint (deutsch Smith 1974) und seinen noch heute nachwirkenden Weltruhm als Sozial-, Politik- und Wirtschaftswissenschaftler begründet.

1778 wird er zum Zollrevisor ernannt, was seine Arbeitskraft derart beansprucht, dass er zur Veröffentlichung seines lange geplanten, dritten Hauptwerks *Über die allgemeinen Prinzipien des Rechts und der Regierung* nicht mehr kommt. Die Entwürfe zu diesem Werk lässt er verbrennen, weil sie seinen Ansprüchen nicht genügen. Am 17. Juli 1790 stirbt Adam Smith in seinem Haus in Edinburgh.

Fragestellungen und Erkenntnisse

Adam Smith gilt zusammen mit Thomas Hobbes und David Hume als einer der Gründerväter einer empirisch ausgerichteten »Wissenschaft von der menschlichen Natur« (Hume 1973: 1 ff.), die jede »Hirngespinstigkeit« (Smith 1974: 654) meidet. Eine solche Sichtweise betont die Möglichkeit, die inneren Mechanismen des menschlichen Gefühls- und Verstandeslebens zu erforschen und erwartet dabei, menschliche Verhaltenskonstanten zu entdecken, die ihrerseits sichtbar werden lassen, wie sich verändernde Situationen oder Lebensumstände der Menschen auf deren Zielsetzungen und Handlungen auswirken. Die Systematisierung der sich aus den Interdependenzen ergebenden Handlungsfolgen will Smith im Rahmen einer »umfassenden Theorie der menschlichen Gesellschaft« (Kurz/Sturn 2013: 36) vorlegen. Als deren Aufgabe gilt die objektive Untersuchung des Zusammenspiels gesellschaftlicher Wirkmechanismen und den oftmals nur schwer durchschaubaren Nebenfolgen des Handelns. Mit empirischer Theoriebildung und dem Hinweis auf verdeckte Zusammenhänge versucht er sein Publikum über die Bedingungen einer kontrollierten Gesellschaftsgestaltung zu informieren, die auf die Gewährleistung eines ›Systems der menschlicher Freiheit‹ auszulegen sei.

Darüber, wie eine wissenschaftliche Theorie aufgebaut sein müsse, informiert Smith in eindeutiger Weise. Jede Theorie soll in der Lage sein, auf Basis empirisch kontrollierter »Imaginationen« möglichst sparsam angelegte allgemeine Prinzipien eines Gegenstandsbereichs zu identifizieren. Diese wiederum sollen es erlauben, die »invisible chains« zwischen den interessierenden Faktoren zu erklären, um im »chaos of jarring and discordant appearances« deren »Ordnung« zu erkennen (Smith 1980: 45 f.). Smith verschreibt sich damit einem Newton'schen Erkenntnis- und Theorieideal, das nicht nur für die Erkundung der Naturerscheinungen, sondern auch für die Erforschung der »Grundsätze des menschlichen Zusammenlebens« (Smith 1974: 653) und deren »Ordnung« (Smith 1973: 426) Geltung beanspruchen darf. Er verwirft damit das auf Descartes zurückgehende Erkenntnisprogramm, die zu erforschende Welt in eine physikalische und eine geistig-moralische aufzuteilen und beide Bereiche anhand jeweils unterschiedlicher Theorieformen zu durchleuchten. Er vertritt damit eine – wie wir heute sagen – ›einheitswissenschaftliche‹ Erkenntnisauffassung.

Smith hat diese Forschungsprogrammatik allen der vier oben genannten Felder seines Studien- und Arbeitsplans zugrunde gelegt. Allerdings sind seine Darlegungen zur natürlichen Religion nicht überliefert, und die Ausarbeitung seiner Theorie der Politik und des Rechts war ihm nicht mehr vergönnt. Deutlich wird seine Newton'sche Vorgehensweise aber sowohl in seiner Moraltheorie als auch in seiner Untersuchung über den *Wohlstand der Nationen*.

Es wäre ein Missverständnis, wenn man die *Theorie ethischer Gefühle* (Smith 1973) als eine Abhandlung darüber auffassen würde, wie sich Menschen verhalten sollen. Stattdessen stellt sie eine Untersuchung über die

> »Prinzipien [dar], mittels welcher die Menschen naturgemäß zunächst das Verhalten und den Charakter ihrer Nächsten und sodann ihr eigenes Verhalten und ihren eigenen Charakter beurteilen.« (Smith 1973: LXXXIII)

Die Prämisse dieser Untersuchung des moralischen Urteilsvermögens ist, dass kein Mensch so selbstverliebt (beziehungsweise so ›egoistisch‹) sei, dass er nicht dazu neigen würde, am Schicksal anderer Anteil zu nehmen (Smith 1973: 1). Das dazu erforderliche »Vermögen« (ebd.: 535) nennt Smith »Sympathie«, mit deren Hilfe Menschen die Gefühle anderer erkennen *und* bewerten können. Zur Wahrnehmung der Gefühlslage ihrer Mitmenschen sind sie darauf angewiesen zu beobachten, wie sich diese verhalten und vor allem, was sie vermittels ihrer Sprechakte von sich mitteilen (vgl. Smith 1983: 215). Die Bewertung der Fremdgefühle hingegen richtet sich nach einem Maßstab der

»Billigung« beziehungsweise der »Missbilligung« (Smith 1973: 329 f.), der daran ausgerichtet ist, inwieweit man mit den Gefühlen des anderen übereinstimmt; wenn sie sich decken, werden sich Einvernehmen und Anerkennung einstellen, bei Nichtübereinstimmung hingegen »Haß und Vergeltungsgefühle« (Smith 1973: 44).

Da jeder weiß, dass der andere mit dem gleichen Urteilsvermögen begabt ist wie er selbst, muss er auch unterstellen, dass das eigene Verhalten in den Augen des anderen eine Würdigung erfährt. Aus diesem Grund wird sich jeder, solange er an positiver Zuwendung seines Gegenübers interessiert ist, dazu entschließen, dessen Missfallen zu vermeiden, was er vor allem dann erreicht, wenn er darauf verzichtet, den anderen zu schädigen (vgl. ebd.: 115 ff.). Wohingegen er mit »Dankbarkeit« (ebd.: 95 ff.) des anderen rechnen kann, wenn er sich so verhält, dass er dessen Beifall erlangt. In diesem Zusammenhang vertritt Smith die These, dass Gerechtigkeit für die Aufrechterhaltung der gesellschaftlichen Ordnung wichtiger ist als wechselseitiges Wohlwollen, gerade weil es nicht erzwungen werden kann (vgl. ebd.: 118 ff.). Die Notwendigkeit von Gerechtigkeitsmaßstäben wird vor allem in Konkurrenzsituationen sichtbar. So hat im »Wettlauf nach Reichtum, Ehre und Avancement« zwar jeder das Recht, die eigenen Interessen zu verfolgen, er wird aber nicht die Zustimmung der Zuschauer finden, wenn er seinen Gegner dabei »nieder rennt oder umwirft« (ebd.: 124). Auch kann nach Smith eine Gesellschaft bestehen, wenn die Menschen ihre Beziehungen ohne die »schönen Bande der Liebe und der Zuneigung« (ebd.: 127), alleine aus einem Gefühl ihrer Nützlichkeit heraus organisieren, nicht aber, wenn sie jederzeit bereit sind, einander zu verletzen und zu beleidigen. Folglich gilt:

> »Solange jemand nicht seine Leidenschaften und seinen Willen zügeln und sie denjenigen der anderen anpassen kann, dass diese sich damit abfinden können, ist es für ihn unmöglich, in der Gesellschaft Frieden und Freude zu erlangen.« (Smith 1996: 97)

Die Neigung, sich »gerecht« zu verhalten, steigt infolge der Wirksamkeit einer Einflussgröße, die Smith zum Mitbegründer einer Gewissenslehre macht: des »unparteiische(n) Zuschauer(s)« (Smith 1973: 28). Er denkt sich diesen als eine Urteilsinstanz, die dem Akteur einen unverstellten Blick auf die Anerkennungswürdigkeit eines Handelns ermöglicht, so dass ihm die

Grenze zwischen »unsinniger Selbstliebe« (ebd.: 143) und rechtfertigungsfähiger Eigeninteressiertheit deutlich bleibt. Ein solches Eigeninteresse gesteht Smith jedem Menschen insoweit zu, als er sich um »bessere Lebensbedingungen« und »privaten Wohlstand« kümmern darf (Smith 1974: 283). Er solle sich aber immer um die »kluge Erwägung der schlechten Folgen« seines Treibens bemühen und »Selbstbeherrschung« (Smith 1973: 401 ff.) üben. In jedem Fall gründen moralische Verhältnisse auf gegenseitigen Ansprüchen und allgemeinen Regeln darüber, was zu tun oder zu meiden ist. Die gesellschaftliche Ordnung rückt noch näher, wenn sich die Achtung vor den Regeln zu einem Pflichtgefühl verdichtet, das durch Strategien des Tadels und des Beifalls bestärkt wird. Die daraus resultierenden »Verhaltensgewohnheiten« (Smith 1974: 334) sowie das »Gefühl der Selbstbilligung« (Smith 1973: 271), das jedem angemessenen Handeln entspringt, stabilisieren die soziale Ordnung zusätzlich.

Diese Tugendlehre der Beachtung gerechter und insoweit »zwingender Regeln« (Smith 1974: 692) stimmen mit drei zu Smiths Zeiten verbreiteten Lehren nicht überein (vgl. Smith 1973: 447 ff.). Zum einen verwirft er die These seines Kollegen Hutchesons, es gebe einen (angeborenen beziehungsweise erfahrungsbasierten) »moral sense«, der als unfehlbarer Kompass im Gewirr moralischer Gefühle dient. Zum anderen kann er aber auch der von de Mandeville popularisierten Annahme, dass sich für alle ertragreiche Verhältnisse gerade dann einstellen, wenn jeder seinen Lastern freien Lauf lässt, nichts abgewinnen. Und zudem wendet er sich gegen die Überzeugung, die er Hume unterzuschieben scheint, dass sich jedes ethische Verhalten letztlich und ausschließlich aufgrund seiner – öffentlichen wie privaten – Vorteilhaftigkeit beurteilen lassen sollte (vgl. Smith 1973: 323).

Seit Langem wird die Frage diskutiert, ob Smiths Theorie der ethischen Gefühle mit seinen handlungstheoretischen Überlegungen zum »Reichtum der Nationen« verträglich ist. Hier befasst er sich mit dem Verhältnis von Produktion und Handel in einer auf dem Einsatz von Kapital beruhenden Waren- und Verkehrswirtschaft und dem diese Verhältnisse steuernden politischen System. Genauer besehen geht es ihm um die Ursachen gesellschaftlichen Reichtums, der »in der Menge der Waren und der Leichtigkeit des Tausches« (Smith 1996: 201) besteht und sich keinesfalls unter allen Bedingungen steigern lässt. Smith beginnt seine Darstellung mit der aristotelischen These, dass der Mensch nur in Gesellschaft mit anderen überleben kann (Smith

1974: 16). Dann aber – so ergänzt er – bietet es sich an, die Lebensnotwendigkeiten arbeitsteilig zu produzieren, um auf diese Weise die Produktivität zu erhöhen (vgl. ebd.: 662 f.). Diese Steigerung des »Wohlstands der Nationen« ließe sich in Gang setzen, wenn die Gesellschaftsmitglieder die Möglichkeit haben, Kapital in Form von Geld, Maschinen, Grund und Boden, Arbeitskraft et cetera eigentumssicher zu akkumulieren und in den Produktionsprozess einzubringen. Beides wirke sich auf Art und Reichweite der Arbeitsteilung ebenso wie auf die Beschäftigungsmenge aus, führe aber auch zu unterschiedlichen Erwerbsinteressen und damit zur Bildung von »drei großen Klassen« (ebd.: 211), auf die der gesellschaftliche Gesamtertrag in der Form von Profiten, Renten und Löhnen verteilt werden muss. Smith sieht, dass das Verteilungsproblem keine natürliche Lösung kennt, denn »die Teilung des Reichtums erfolgt nicht entsprechend der (zu seiner Schaffung benötigten) Arbeit« (Smith 1996: 180). Gleichwohl hofft er – anders als Marx –, dass eine »unsichtbare Hand« die »freiheitliche Ordnung« (Smith 1974: 450) nicht dadurch gefährdet, dass bestehende Eigentumsverhältnisse unter Druck geraten (Smith 1973: 316 f.).

Diese Verteilungsverhältnisse haben weitere Folgen. Zum einen können sich Gesellschaftsmitglieder immer weniger eigentätig versorgen. Sie müssen tauschen, wofür ihnen Smith (1974: 18) eine (natürliche) »Neigung und Anlage« zuschreibt. Entsprechend werden Tauschmärkte entstehen. Diese funktionieren allerdings nur unter spezifischen Voraussetzungen. So bedarf es eines Tauschmittels, um den lokalen Naturaltausch in einen am Ende internationalen Warentausch überführen zu können. Zum selben Zweck müssen sich Preise bilden können, in dem man zwischen »Gebrauchswert« und »Tauschwert« (ebd.: 27) unterscheidet, und die Marktgängigkeit eines Gutes danach bemisst, in welchem Umfang es produziert und nachgefragt wird. Das gilt auch für die Produktionsfaktoren Investitionskapital, Grund/Boden und Arbeitskraft selbst. Für alle Fälle unterstellt Smith, dass sich der Marktwert eines Angebots auf seinen »realen« beziehungsweise »natürlichen Preis« (ebd.: 31) einpendelt, der den für die Herstellung der Ware benötigten Arbeitsaufwand wiederspiegelt. Diese Preisbildung gelingt, wenn überschüssige Angebote verbilligt werden und auf Nachfragesteigerungen mit Produktionserhöhungen reagiert wird, die ihrerseits zu Preisnachlässen führen, wenn das Angebot die Nachfrage übersteigt (ebd.: 48 ff.). Smith liefert damit die mittlerweile klassische Ausgangsformulierung für die Entwicklung des sogenannten »Angebots-Nachfrage-Gesetzes«. Dessen Wirksamkeit erfordert das Recht eines jeden Marktteilnehmers, im Rahmen derartiger Transaktionen seine »eigenen Interessen« (Smith 1974: 17) zu verfolgen und damit die Erfüllung seiner »natürlichen Bedürfnisse« (Smith 1996: 175) im Auge zu behalten. Auf deren Befriedigung ausgerichtete Tauschakte bleiben allerdings solange prekär, als bei ihrer Anbahnung Täuschungen und Hinterlistigkeit nicht auszuschließen sind. Tauschabmachungen, deren Nichteinhaltung zu Schädigungen führen kann, müssen entsprechend einklagbar werden (Smith 1996: 150 f.). Wie in der »Theorie ethischer Gefühle«, gelingt dies dann, wenn Vereinbarungen einer wechselseitigen »Einwilligung« (ebd.: 213) entstammen, in deren Rahmen sich die Tauschinteressenten wechselseitig von der Güte ihrer Angebote (argumentativ) »überzeugen« (ebd.: 186 f.), statt ihre Erwerbsinteressen mit Gewalt durchzusetzen. Ein solcher Gewaltverzicht dient der Anerkennung der jeweiligen Eigentumsrechte und signalisiert die Bereitschaft, Tauschverträge (ebd.: 150 ff.) zu achten. Angebot und Nachfrage führen nach Smith aber nur dann zu einem vernünftigen Ausgleich der Interessen, wenn Märkte als offene Konkurrenzmärkte funktionieren und keine Monopole eingerichtet werden (Smith 1974: 513).

Der Kritik an Monopolen liegt auch Smiths Beurteilung der Reichweite wirtschaftspolitischer Maßnahmen zugrunde, die zur Vergabe von Einkommensprivilegien neigen, indem sie die Entstehung frei zugänglicher Märkte behindern (Smith 1974: 347 ff.). Daraus folgert Smith aber nicht, dass jede Form staatlicher Wirtschaftsregulierung unterbleiben muss. Vielmehr zählt er eine Reihe von Interventionen auf, ohne deren Bestellung die Sicherheit und Reibungslosigkeit des Marktverkehrs nicht zu gewährleisten ist (ebd.: 587 ff.). Die Bereitstellung öffentlicher Einrichtungen gehört nach ihm ebenso zum Pflichtbereich staatlichen Handelns wie die Sorge dafür, dass Fremdmächte keinen Anreiz haben, eine nach Reichtum strebende Nation zu überfallen und ihrer Erträge zu berauben. Der Staat hat weiterhin die Aufgabe, durch die Finanzierung der Rechtspflege »Delikte« – ohne in Privatjustiz zu verfallen – sühnbar zu machen (Smith 1973: 568), für »Sauberkeit und Sicherheit in den Städten« (Smith 1996: 173 ff.) zu sorgen und eine brauchbare Infrastruktur bereitzustellen. Zudem muss ärmeren Bevölkerungskreisen und der Jugend ein ebenso menschenwürdiges wie ihre Marktverwertungschancen erhöhendes Bildungs- und Unterhaltungsangebot unterbreitet werden (Smith 1974: 645 ff.). Mit dieser Aufgabenliste weist er den »Weg von einem Machtstaat, der wenig mehr ist als eine Agentur von ständisch-feudal-korporativ geprägten Partikularinteressen, hin zu einem Rechts- und Leistungsstaat« (Kurz/Sturn 2103: 160). In diese Richtung weisend hat Smith auch die Grundzüge einer als gerecht geltenden Steuergesetzgebung und einer darauf basierenden Haushalts- und Schuldenpolitik skizziert (Smith 1974: 695 ff., 781 ff.).

Wie wird Gesellschaft konzeptualisiert?

Mit den obigen Ausführungen sind die Grundzüge der Smith'schen Gesellschaftstheorie schon aufgelistet. Für Smith sind Gesellschaften durch Versorgungsinterdependenzen und die Existenz von Erwerbsklassen charakterisiert, deren Mitglieder ihre Kapitalvermögen produktiv und in arbeitsteiliger Weise zusammenlegen und die entstehenden Güter auf Warenmärkten tauschen. Hierdurch wird jedem möglich, sich mit überlebensnotwendigen Waren zu versorgen, ohne den Gesellschaftsbestand zu gefährden. Gesellschaften sind demnach markt-dynamisch organisierte Erwerbs- und Marktgesellschaften.

Smith weiß genau, dass sich solche Gesellschaften nur unter der zusätzlichen Bedingung erhalten können, dass sie sich politisch zentralisieren und das heißt im konkreten Fall seines Untersuchungsgegenstandes *nationalstaatlich* organisieren. Nur dann sind sie in der Lage, sich jene »Autoritäten« (Smith 1996: 41) zu beschaffen, die befähigt sind, die Aufrechterhaltung der Produktion und des Handelsverkehrs zu finanzieren. Dass der privatwirtschaftliche Markt durch staatliche »öffentliche Einrichtungen« gestützt und geschützt werden muss, kann man – aus heutiger Sicht – als Hinweis darauf lesen, dass Smith eine Art *funktionale Differenzierung* zwischen Verwaltung und Ökonomie vorsieht. Dabei fällt ihm auf, dass die staatliche Verwaltung zu erweiterten Binnendifferenzierungen neigt, wenn er von der »Trennung des Staats« in einen zivilen und einen militärischen Teil (ebd.: 95) spricht. Man kann Smith auch die These unterschieben, dass sich der Staatsapparat entlang jener Aufgaben ausdifferenziert, die er übernehmen muss, um den ungestörten Herstellungs- und Verkehrsablauf tauschfähiger Waren sicherzustellen. Dabei steht fest, dass das ausdifferenzierte politische Teilsystem seine eigenen Bestandsbedingungen erfüllen muss. Erwerbs- oder Marktgesellschaften sind also differenzierte Gesellschaften.

Aber auch eine intern ausdifferenzierte, herrschaftlich integrierte Nationalstaatsverwaltung wird nicht die »örtlichen Umstände« (Smith 1974: 442) der Transaktionen in Erfahrung bringen können, um jede von ihnen inhaltlich zu steuern oder zu kontrollieren. Gleichwohl sollte ihre Tätigkeit den öffentlichen Frieden und damit die »Harmonie der Gesellschaft« (Smith 1973: 25) durch eine brauchbare, jeden privaten Gewaltgebrauch verhindernde Rechtsprechung ebenso sichern wie durch die Unterstützung jener Regeln, auf die sich Tauschinteressierte geeinigt haben, um ihre Beziehungen schädigungsfrei zu gestalten (Smith 1973: 120). Kurz: Ihre der Selbsterhaltung dienenden Grundlagen finden Markt- und Erwerbsgesellschaften in den durch Rechtsprechung und Ethik gleichermaßen eingeforderten »Gesetzen der Gerechtigkeit« (ebd.: 570). Diesem Bestreben folgend sind Marktgesellschaften weder Kleptokratien noch Ausbeutungsgesellschaften.

Die Kombinatorik dieser Merkmale lässt eine Erwerbs- und Marktgesellschaft, solange sie den Zuteilungsausgleich zwischen den Schichten und Erwerbszweigen durch »liberale Vorstellungen über Gleichheit, Freiheit und Gerechtigkeit« (ebd.: 560) ermöglicht, sich selbst erhaltend immer wieder auf ein »natürliches Gleichgewicht« zustreben. In methodologischer Folge müssen Gesellschaftsanalysen als Gleichgewichtsanalysen angelegt werden.

Wie gestaltet sich das Verhältnis von Mikro- und Makroanalyse?

Adam Smith gilt als Mitbegründer der Makroökonomie, der es darum geht, in welchem Verhältnis Verteilungsgrößen wie Bevölkerungswachstum und Arbeitsteilung, Lohnquoten und Profitraten, Geldmengen und Außenhandelsbilanzen, Marktpreise und Reichtumsverteilung und so folgt zueinanderstehen (Schumpeter 1963, Bd. 1). Diese Zuordnung bleibt unstrittig, solange sie nicht den Blick darauf verbaut, dass Smith zwei bis in die jüngste Zeit verbreitete Auffassungen nicht teilt. Zum einen glaubt er nicht, dass makroökonomische Erklärungen ausschließlich – wie Hume (1973: 93 ff.) lehrte – auf »assoziative« Kausalverknüpfungen von Makroverteilungen zurückzuführen sind; es existieren also keine »Makrogesetze«. Ebenso wenig traut er der These, wonach sich der Reichtum der Nationen als eine naturwüchsige Folge eherner geschichtlicher Gesetze über den Verlauf gesellschaftlicher Entwicklung ergibt. Gegen einen solchen Historizismus spricht der oftmals bedenkenlose Opportunismus der Politik (Smith 1974: 18) ebenso wie die Tatsache, dass die Akteure die Fernfolgen ihrer myopischen Interessensverfolgung – nicht zuletzt wegen des Wirkens der »unsichtbaren Hand« (Grampp 2000) – gar nicht kennen können.

Smiths gelegentliche Bemerkungen, dass gesellschaftliche Schichtungsbildung »von selbst entsteht« (ebd.: 604) oder sich Investitions- und Verteilungsprozesse ganz von selbst vollziehen, lassen sich nicht als Hinweis darauf lesen, er verfolge eine makroskopisch-teleologische Erklärungspraxis. Er will das Schicksal einer Gesellschaft keiner naturgesetzlich funktionierenden »wonderful social machine« (Heilbroner 1967: 62) anvertrauen. Vielmehr setzt er sich für eine – wie wir heute sagen – mikrofundierende Erklärung ein, deren Grundmuster an seinen Vorstellungen darüber, wie ein Markt funktioniert, deutlich wird. Smiths Akteuren steht es offen, ihren Handlungsneigungen zu folgen, auch ihrer ausschließlichen »Selbstliebe«. Tun dies alle, sind Konflikte unvermeidbar, wenn die beteiligten Akteure Güter begehren, die ihre Mitakteure kontrollieren. Erfolgt die Güterproduktion arbeitsteilig, ist dieser Konflikt unabweisbar. Erwartbare Übergriffe lassen sich reduzieren, wenn es gelingt, einen friedfertigen Tauschverkehr zu etablieren. Wie bereits geschildert, geschieht dies teils auf Basis eines staatlich protektionierten Konkurrenzmarktes, teils mit Hilfe einer gemeinsamen, verbindlichen Pflichtethik, die gewaltsame Veränderungen marktvermittelter Vermögenszuteilungen ausschließt. Smith erklärt damit das Entstehen einer stabilen Vermögensverteilung als kollektive Konsequenz des durch Gesetz und Ethik aufeinander abgestimmten Tauschhandelns. Um zu diesem Ergebnis zu gelangen, greift er auf ein – wie ihm scheint – »natürliches Prinzip« (Smith 1973: 447) zurück, auf die Annahme, dass »jeder Mensch«, um sich selbst zu versorgen, »im eigenen Interesse handelt« (Smith 1974: 289). Dass er von dieser Prämisse ausgeht, hat zwei Vorteile: Zum einen kann er das Problem identifizieren, vor dem Akteure stehen, wenn sie versuchen, ihre Tauschbeziehungen interessensausgeglichen zu gestalten. Zum anderen gewinnt er eine Leitlinie für die Beantwortung der Frage, unter welchen Voraussetzungen seine Markttheorie erlaubt, Gleichgewichtseffekte logisch abzuleiten und damit – im Sinne seiner Wissenschaftsauffassung – zu erklären. Damit ist nicht behauptet, dass es Smith gelungen ist, die erklärungsrelevanten Situationsvoraussetzungen des Marktgeschehens erschöpfend und zugleich zutreffend anzugeben. In jedem Fall stellt er aber ein ausbaufähiges Erklärungsmodell zur Diskussion, das im Verlauf der Forschung fortwährend ergänzt und revidiert wurde (Ingrao/Israel 1990).

Wie wird die Veränderung beziehungsweise die Entwicklung von Gesellschaft gedacht?

Mit Hilfe der mikrofundierenden Erklärungen kann sich Smith um die Voraussetzungen kümmern, unter denen Nationen zu Ansehen und Reichtum gelangen, ohne soziale Makrogesetze oder historische Gesetze voraussetzen zu müssen. Dieser Verzicht impliziert aber nicht, dass er sich keine Gedanken über den geschichtlichen Prozess gemacht hat, in dessen Verlauf sich die Anhäufung gesellschaftlichen Reichtums vollziehen kann. Ganz im Gegenteil bemüht er sich als einer der ersten Theoretiker seiner Periode, die »natürliche Entwicklung« des historischen »Verlaufs der Dinge« (Smith 1974: 314) so zu rekonstruieren, dass die sich wandelnden Voraussetzungen der Reichtumsakkumulation erkenntlich werden. Zu diesem Zweck unterscheidet er – in Erweiterung des Dreistadienmodells von Montesquieu – »vier Stadien der Gesellschaft« (Smith 1996: 46 ff.) anhand differierender Ausprägungen dreier Variablen: Zum einen wollte er klären, welche natürlich-materiellen und organisatorischen Bedingungen für die Versorgung mit lebensnotwendigen Gütern vorherrschen. Zum anderen muss die Frage beantwortet werden, ob und auf welche Weise Eigentumsrechte existieren und welche Vermögen und Fähigkeiten akkumulierbar sind. Darüber hinaus muss der Umfang an Macht- und Autoritätsbeziehungen abgeschätzt werden, die den gesellschaftlichen Entwicklungsgang vorantreiben. Bei der letztgenannten Variable skizziert er eine Theorie der »Unterordnung« (Smith 1974: 602 ff.), die Autoritätsdifferenzen und Überlegenheitsansprüche auf das Vorhandensein ungleicher Fähigkeiten, auf Vorteile des Alters, auf mit der Geburt einhergehende Anrechte und auf Vermögensvorteile zurückführt.

Unterschiedliche Formen der Machtausübung werden nach Smith parallel zur stufenweisen Entwicklung der Gesellschaftsformationen wirksam. Auf unterster Stufe der Gesellschaftsentwicklung sind nach ihm *Jägergesellschaften* anzusiedeln. Dort besteht keine Machtkonzentration. Jede Familiengruppe ist im Prinzip Selbstversorger und jeder Jäger ist zugleich Krieger, wobei herausragende Jäger und Krieger besondere Achtung finden. Gleichzeitig sind Raubüberfälle auf Nachbargesellschaften nur schwer zu organisieren, solange ein Konsens aller dafür erforderlich ist. All dies ändert sich in *Hirtengesellschaften*. Hier wird eine Akkumulation reproduktiver Ressourcen (in der Form von Viehherden) möglich. Damit entsteht auf Seiten der Herdeneigentümer das Bedürfnis sich »gegen die Übergriffe der Besitzlosen zu schützen« (ebd.: 605). Da sich zudem äußere Bedrohungen aufdrängen, entsteht ein Herrschaftsgefüge, »eine Art Staat« (Smith 1996: 47), an dessen Spitze sich Häuptlinge setzen, die zugleich als Kriegsherrn fungieren. Die Möglichkeit, die Basisressource (Vieh) ungleich zu verteilen, führt darüber hinaus zu Vermögensschichtungen, mit der Folge, dass Bessergestellte Arme gegen Lohnzahlungen beschäftigen können und sie damit von sich abhängig machen. Daraus resultierende Konflikte werden abgefangen, indem Häuptlinge als Richter agieren, worin Smith die Anfänge »einer regelmäßigen Rechtspflege« erblickt (Smith 1974: 601). Indem wandernde Hirtengesellschaften immer bevölkerungsstärker und endlich sesshaft werden, entstehen zunächst Gruppierungen, die sich dem »primitiven Ackerbau« (ebd.: 589) zuwenden. Daran anschließend entwickeln sich höherstufige *Agrargesellschaften*, die es im Erfolgsfall erlauben, Monarchien und entsprechende Kriegerkasten auszubilden. Eine weitere Machtkonzentration erfolgt in Form eines Feudalsystems, innerhalb dessen sich adlige Grundeigentümer auf Kosten Höriger Vermögensvorteile sichern. Daneben entwickelt sich eine Schicht von zunehmend arbeitsteilig produzierenden Handwerkern, die die Adeligen mit Luxusgütern versorgen. Steigt die Güterproduktion über das existenzsichernde Niveau ihrer Produzenten hinaus, entsteht ein Anreiz zum Austausch der Überproduktion. Damit ist der Übergang für die Durchsetzung *»kommerzieller«* (ebd.: 23), *»zivilisierter«* (ebd.: 16) beziehungsweise *»höherer* Gesellschaften« (ebd.: 589) geebnet. Das in diesen Gesellschaften durch arbeitsteilige Produktion und Handel erhöhte Nationaleinkommen kann in Berufsheere, in Infrastruktur, Erziehungsinstitutionen und auch in den Ausbau des Staatsapparats investiert werden. Solche Gesellschaften können sich endlich – auch aufgrund ihrer zunehmenden Bevölkerung – auch koloniale Abenteuer erlauben (ebd.: 454 ff.). Am Ende dieses Wegs steht ein System weltumspannender Wirtschaftsbeziehungen (vgl. das Kapitel »Wallerstein« in diesem Band).

Smith weiß, dass er mit seiner »Vierstadienlehre« keine tatsachengerechte Darstellung historischer Ereignisse vorlegt (Smith 1974: 314), sondern allenfalls eine »theoretische oder konjekturale Geschichte« (Stewart 1811: 49). Aber er bezieht mit seinen Überlegungen Front gegen jede Art theologischer oder metaphysischer Deutung der Menschheitsgeschichte und bahnt damit der Einsicht einen Weg, dass im Kampf miteinander liegende Nationen ihre einmal gewonnene Position bei veränderten Umständen verlieren können (Smith 1974: 819). In Smiths Augen verläuft die Gesellschaftsgeschichte ebenso unvorhersehbar wie selektiv, weshalb er zu Recht als einer der Wegbereiter eines evolutionistischen Institutionen- und Gesellschaftsverständnisses gelten darf (vgl. Hodgson 1999: 138; das Kapitel Spencer und 9 in diesem Band).

Lern- und Kontrollfragen

- In welchem Sinne kann man Smith als einen Theoretiker des Marktes verstehen?
- Welches sind seine hauptsächlichen Thesen darüber, wie Märkte funktionieren?
- In welcher Weise nutzt Smith dazu seine These von den vier Stadien der historischen Entwicklung?

Literatur

Primärliteratur

Smith, Adam (1973 [1759]). Theorie ethischer Gefühle, übersetzt und eingeleitet von Walter Eckstein. Hamburg: Felix Meiner.

Smith, Adam (1974 [1776]). Der Wohlstand der Nationen. Eine Untersuchung seiner Natur und seiner Ursachen, übersetzt und eingeleitet von Horst Claus Recktenwald. München: Deutscher Taschenbuch Verlag.

Smith, Adam (1978). Lectures on Jurisprudence, herausgegeben von Ronald L. Meek/David D. Raphael/Peter G. Stein. Oxford: Clarendon Press.

Smith, Adam (1980). Essays on Philosophical Subjects, herausgegeben von William P. D. Wightman/John C. Bryce/Ian S. Ross, with Dugald Stewart's Account of Adam Smith. Oxford: Clarendon Press.

Smith, Adam (1983). Lectures on Rhetoric and Belles Lettres, herausgegeben von E. C. Mosser/Ian S. Ross. Oxford: Clarendon Press.

Smith, Adam (1996). Vorlesungen über Rechts- und Staatswissenschaften, übersetzt, eingeleitet und kommentiert von Daniel Brühlmeier. St. Augustin: Academia (Auszüge aus Smith 1978).

Sekundärliteratur

Grampp, William D. (2000). What Did Smith Mean by »invisible Hand«? In: Journal of Political Economy 108, S. 441–465.

Heilbroner, Robert L (1967). The Worldly Philosophers. The Lives, Times and Ideas of the Great Economic Thinkers. 2. Auflage. New York: Simon & Schuster.

Hodgeson, Geoffrey M. (1999). Evolution and Institutions. On Evolutionary Economics and the Evolution of Economics. Cheltenham/Northampton: Edgar Elgar.

Hume, David (1973 [1739/1740]). Ein Traktat über die menschliche Natur, herausgegeben von Reinhard Brandt. Hamburg: Felix Meiner.

Ingrao, Bruna/Israel, Giorgio (1990). The Invisible Hand. Economic Equilibrium in the History of Science. Cambridge, MA/London: The MIT Press.

Kurz, Heinz D./Sturn, Richard (2013). Die größten Ökonomen: Adam Smith. München: UVK/Lucius.

Schumpeter, Joseph A. (1963). Geschichte der ökonomischen Analyse. 2 Bände. Göttingen: Vandenhoeck & Ruprecht.

Streminger, Gerhard (2017). Adam Smith. Wohlstand und Moral. Eine Biographie. München: C. H. Beck.

Stuart, Dugald (1811). Biographical Memoirs of Adam Smith, William Robertson (and) of Thomas Reid. Edinburgh: George Ramsey and Co.

2. Die Entdeckung der Wandelbarkeit gesellschaftlicher Ordnung

Eine zweite Phase der soziologischen Vorklassik und gleichsam die Geburtsstunde sozial- und gesellschaftstheoretischen Denkens als Soziologie lässt sich um die Mitte des 19. Jahrhunderts ausmachen. Der historische Hintergrund für die hier nur beispielhaft versammelten und doch repräsentativen Theoretiker ist, dass sowohl die Philosophie der Aufklärung als auch die Französische Revolution ihre Wirkung entfaltet haben. Aus der Erkenntnis der Fragilität gesellschaftlicher Ordnung und der Frage nach den Bedingungen ihrer Wiederherstellung scheint sich nun als neues Problem die Frage nach den Entstehungs- und Bestandsbedingungen von Gesellschaften aufzudrängen. Man entdeckt, nachdem sich die Selbstverständlichkeit etwa einer gottgegebenen Gesellschaftsordnung durch das aufkommende Bürgertum aufgelöst hat, dass gesellschaftlicher Wandel nicht einmalig krisenhaft erfolgt. Vielmehr sucht man nach den Bedingungen oder Gesetzen, vermittels derer die Veränderung gesellschaftlicher Ordnung verstanden werden kann. Damit verbunden ist auch die Einsicht, dass es Kräfte, Mechanismen und Zusammenhänge geben muss, die der Reflexion der Individuen nicht ohne weiteres zugänglich sind. Strukturen als gesellschaftliche Ordnungsmomente scheinen vielmehr hinter dem Rücken der Subjekte zu wirken. Zugleich gibt es vor dem Hintergrund der Revolutionserfahrung die Einsicht, dass die Verhältnisse durchaus auch geändert werden können. In diesem Spannungsfeld stehen die drei im folgenden Abschnitt vorgestellten Autoren Auguste Comte, Karl Marx und Herbert Spencer. Sie geben recht unterschiedliche Antworten auf die Frage des Werdens von gesellschaftlicher Ordnung und die dabei den Menschen zukommenden Eingriffsmöglichkeiten. Comte ist in bester Tradition der Aufklärung der Idee einer erkenntnisspezifischen Verbesserung des Denkens verbunden, die allerdings nur erreicht werden kann, wenn sich auch die sozialen Verhältnisse – weg von irrational begründeten Herrschaftsverhältnissen hin zu rational begründeten – ändern. Marx erkennt, dass sich vor dem Hintergrund historisch-ökonomischer Entwicklungen ein bestimmtes Herrschaftsverhältnis im Sinne eines ungerechten Klassengegensatzes herausbildet, was nur auf dem Weg einer Revolution gestoppt und verhindert werden kann. Spencer geht vor dem Hintergrund der Annahme sozialer Differenzierungsprozesse davon aus, dass sich Gesellschaften evolutionär ändern, wobei der Beitrag der Menschen nur darin besteht, Arbeitsteilung zuzulassen oder nicht. Ein Organismus bildet demnach – je nach Anpassungsbedarf – neue Glieder aus, die sich nicht ähnlich sind, gleichwohl aber zusammenwirkend ergänzen.

2.1 Auguste Comte: Ordnung und Fortschritt

Auguste Comte ist der Philosophie der Aufklärung verpflichtet. In dieser Tradition stehend fordert er eine faktenbasierte Wissenschaft, die nicht nur auf die Entdeckung von Naturgesetzen gerichtet ist, sondern in gleicher Weise soziale Ordnung ergründen will. Der Namengeber des Faches Soziologie zählt zu den frühen Verfechtern empirischer Forschung als Erkenntnisgrundlage. Seine Theorie der Gesellschaft ist eine Theorie der Geistesentwicklung beziehungsweise eine Entwicklungstheorie geistigen Fortschritts weg von magischen und theologischen Weltdeutungen hin zur naturwissenschaftlich fundierten Erkenntnis – und Religion.

Zur Person

Isidore-Auguste-Marie-Francois-Xavier Comte erblickt am 19. Januar 1798 als Sohn eines Steuerbeamten in Montpellier das Licht der Welt.[1] Nach einer Gymnasialausbildung besteht er im Alter von 16 Jahren die Aufnahmeprüfung an der Pariser *Ecole Polytechnique*, die allerdings zwei Jahre später aus politischen Gründen geschlossen wird. Comtes Berufsziel ist das des akademischen Lehrers an einem Polytechnikum. Vorübergehend verdingt er sich als Privatlehrer für Mathematik, um im Jahr 1817 als Sekretär in die Dienste des Sozialreformers Saint-Simon zu treten, mit dem er sich anfreundet und der ihm Zutritt zu Kreisen der Politik, Industrie und des Finanzwesens verschafft. Als er 1824 den ersten Teil seines Werkes *Système de politique positive* an Saint-Simon verkauft, der den Text ohne Verfasserangabe in seiner Zeitschrift *Catéchisme des industriels* veröffentlicht, kommt es im gleichen Jahr zum Bruch. Im Frühjahr 1826 startet Comte in seiner Wohnung mit einer öffentlichen Vorlesungsreihe über die *Philosophie positive*; unter den Hörern befindet sich unter anderem Alexander von Humboldt. Allerdings muss er dieses Vorhaben bereits nach kurzer Zeit aufgeben, da er an einem Nerven- und Gemütsleiden erkrankt, welches ihm einen Aufenthalt in einer Nerven-

1 Dieser kurze biographische Abschnitt entnimmt Informationen von Otwin Massing (1976), Roger Repplinger (1999), Michael Bock (2003) und Wolf Lepenies (2010) – allein diese drei Quellen unterscheiden sich in der Einschätzung und Bewertung einzelner Ereignisse aus Comtes Leben.

heilanstalt einträgt, aus der er acht Monate später als nicht geheilt entlassen wird. Nach einem Suizidversuch verordnet er sich eine strenge Arbeits- und Lebensdisziplin, durch die er sein Leben wieder in den Griff zu bekommen versucht. 1829 nimmt er seine Vorlesungen wieder auf und veröffentlicht ein Jahr später den ersten Band des *Cours de philosophie positive*, der letztlich fünf Bände umfassen wird. In den folgenden Jahren hält er weitere, zum Teil populärwissenschaftliche Vorlesungen, wird Bürgermeister des 3. Arrondissements und bewirbt sich mehrfach ohne Erfolg auf Lehrstühle an der *Ecole Polytechnique*, an der er zunächst als Repetitor und Examinator wirkt, wobei er aus letzter Tätigkeit 1844 wieder entlassen wird. Seinen Lebensunterhalt bestreitet er fortan durch englische Mäzene, zu denen auch der Philosoph John Stuart Mill gehört, sowie durch Spenden von Schülern und Gönnern. 1844 lernt er auch die an Tuberkulose erkrankte Schwester eines seiner Schüler kennen, verliebt sich, bleibt aber unerhört. Über ein Jahr schreibt Comte ihr täglich Briefe und trifft sie zweimal wöchentlich bis zu ihrem Tod im Jahr 1846, über den er kaum hinwegkommt. Die verblichene Geliebte wird ihm zum Gegenstand eines Kultes, der sich auf sein weiteres Denken auswirkt. So ruft er 1847 die Religion der Menschheit aus, innerhalb derer er selbst die Funktion des Hohepriesters innehat, gründet 1848 die Positivistische Gesellschaft und veröffentlicht zwischen 1851 und 1854 sein Hauptwerk, das *Système de politique positive ou Traité de sociologie, instituant la religion de l'humanité*. Indes verliert er aufgrund seiner Zuwendung zum religiösen Mystizismus auch die Stellung als Repetitor und vergrämt einige seiner Schüler, die daraufhin die Positivistische Gesellschaft verlassen. Comte stirbt am 5. September 1857 in Paris. Von seiner ›Gemeinde‹ wird er weiterhin wie ein Heiliger verehrt, seine Lesart der Philosophie des Positivismus leistet einen noch immer vernehmbaren Beitrag zu einer Weltanschauung, die Politik mit Szientismus verbindet. Eine solche Spur ist beispielsweise die Flagge des Staates Brasilien, die der Wahlspruch Auguste Comtes ziert: *Ordem e Progresso* (Ordnung und Fortschritt).

Fragestellungen und Erkenntnisse

Comtes Denken steht unter dem Einfluss der Aufklärung einerseits und des naturwissenschaftlich-empirischen Erkenntnisweges sowie der Mathematik. Vor diesem Hintergrund ist es leicht nachvollziehbar, dass er sich für das bereits von Turgot formulierte und von Saint-Simon aufgenommene Drei-

Stadien-Gesetz der Menschheitsentwicklung, auf das wir später zurückkommen, begeistern konnte. Grundmotiv ist, dass Comte das bis dato vor allem vonseiten der Philosophie vorgenommene Reflexion über soziale Gegenstände für spekulativ hält und ablehnt. Wolle man zu gesichertem Wissen über gesellschaftliche Phänomene gelangen, müsse man sich vielmehr der naturwissenschaftlichen Methoden bedienen und diese auf das Soziale anwenden. Eines der Etiketten, die Comte für einen solchen Zugang vorsieht, ist neben *Science politique* oder *Science sociale* daher das einer *Physique sociale*.[2] Mit dieser Setzung rückt er das Nachdenken über Gesellschaft in den Bereich einer auf Beobachtungs- oder Erfahrungsdaten gestützten und damit empirisch vorgehenden Tatsachenwissenschaft. Im Jahr 1835 wird ihm jedoch diese ›Marke‹ entrissen, als der belgische Statistiker und Anhänger Saint-Simons Adolphe Quetelet ein Buch unter diesem Titel veröffentlicht. Die darin verhandelten Positionen stehen jedoch nicht im Einklang mit Comtes Ideen, woraufhin dieser im 1838 erschienenen vierten Band seines *Cours de philosophie positive* eine eigene Wortschöpfung einführt, die er wie folgt rechtfertigt:

> »Ich glaube von jetzt ab dieses neue Wort wagen zu dürfen, das meinem bereits eingeführten Ausdruck *Soziale Physik* völlig gleichkommt, um mit einem einzigen Namen diesen Ergänzungsteil der Naturphilosophie bezeichnen zu können, der sich auf das positive Stadium der sämtlichen, den sozialen Erscheinungen zugrunde liegenden Gesetze bezieht. Die Notwendigkeit einer solchen Bezeichnung, die dem besonderen Endzwecke dieses Bandes entsprechen soll, wird hoffentlich dieser letztmaligen Ausübung eines legitimen Rechts zur Entschuldigung dienen, dessen ich mich stets mit der gebührenden Einschränkung und nicht ohne tiefen Widerwillen gegen jede gewohnheitsmäßige systematische Wortneuerungssucht bedient zu haben glaube« (Comte 1923: 184, Hervorh. i. Orig.).

Die neu geschaffene Bezeichnung ist *Soziologie*. Aufgabe der nun erstmals als solche bezeichneten Wissenschaftsdisziplin ist, soziale Phänomene aus zwei Perspektiven zu untersuchen, nämlich hinsichtlich ihrer »Harmonie mit den gleichzeitigen Erscheinungen« sowie unter Berücksichtigung ihrer »Verket-

2 Vergleiche zu diesen Informationen vor allem die Ausführungen bei Werner Fuchs-Heinritz (1998: 156 ff.).

tung mit dem vorhergehenden und nachfolgenden Entwicklungszustande der Menschheit« (vgl. Fuchs-Heinritz 1998: 157 sowie Comte 1923: 297). Es geht also sowohl um den Blickwinkel eines synchronen auf der einen und eines diachronen Vergleichs auf der anderen Seite.

Aus dieser Aufgabenbestimmung gehen die zwei Perspektiven hervor, die Comtes soziologische Arbeit von Grund auf bestimmen: Gemäß der zentralen Prinzipien Ordnung und Fortschritt sucht er einerseits nach den grundlegenden und unveränderlichen Bedingungen oder Gesetzen menschlichen Seins und andererseits nach den Möglichkeiten der Veränderung, die sich vor seinem Horizont als Möglichkeit zur Gestaltung und Verbesserung darstellen. Es geht um die Frage der sozialen Statik, »die die einzelnen Phänomene als aufeinander abgestimmte Elemente des größeren sozialen Lebenszusammenhangs betrachtet,« und die Frage der sozialen Dynamik, welche »die Phänomene als durch Vergangenheit und Gegenwart in die Zukunft hinein miteinander verkettet und in Abfolgen geordnet untersucht« (Fuchs-Heinritz 1998: 157).

Das Konzept der *sozialen Statik* lässt sich am besten begreifen, wenn man sich Comtes Inspiration durch die Biologie in Erinnerung ruft.[3] So bedient er sich der Organismus-Metapher, die nahelegt, dass man das Funktionieren eines Organs kaum ohne Berücksichtigung seiner Eingebundenheit im ganzen Organismus verstehen kann. Soziale Statik meint somit die ›anatomische‹ Analyse der Struktur der Gesellschaft zu einem bestimmten Zeitpunkt sowie die Untersuchung des Beitrags einzelner Elemente zur Herstellung einer gesellschaftlichen Einheit. Ein soziales Phänomen gilt dann als erklärt, wenn der Nachweis dieses Beitrags erbracht ist. Man hält dann ein Gesetz in Händen, das zur Erklärung des gesamten Sozialen beiträgt. Im Gegensatz zu den anorganischen Wissenschaften, die, von der Betrachtung einzelner Teile ausgehend, auf ein Ganzes schließen, nehme die Soziologie den umgekehrten Weg. Sie hat es mit Ganzheiten zu tun, deren Elemente noch zu erforschen sind. Den auf diese Weise zu untersuchenden Zusammenhang beziehungsweise Zusammenhalt der einzelnen Teile bezeichnet Comte – im Gegensatz zu unserem heutigen Verständnis im Sinne von willentlich herbeigeführter

3 Zwar war Comte von Beruf Mathematiker; die Biologie war allerdings seine Leidenschaft – in ihr gründet das Comte'sche Grundmotiv, die lebende Natur gegen die tote Natur zu lenken, um diese nutzbar zu machen, und zu einer Beherrschung der unbelebten Natur zu gelangen (vgl. Canguilhem 1981).

Übereinstimmung – als *consensus*, was auch als nicht bewusste Solidarität zwischen Elementen interpretiert werden kann. Die Untersuchung der sozialen Statik setzt an zwei Ebenen an.[4] Zum einen geht es um die Erforschung der Struktur der menschlichen und zum anderen der sozialen Natur. Dabei bezieht sich Comte auf Bereiche wie Individuum, Familie, Gemeinde, Nation, Klasse oder Gesellschaft, wobei er sich nicht so sehr für das Individuum als Subjekt interessiert, sondern für ›den‹ Menschen im Sinne von Wesensmerkmalen der gesamten Menschheit.

Mit Blick auf das Unveränderliche beim Menschen entfaltet er eine Theorie, die bestimmte Wesensmerkmale in der Anatomie des Gehirns verortet. Dass er sich hierbei aus medizinisch-biologischer Sicht auf dünnem Eis befindet, räumt er selbst ein, indem er diese Überlegungen als spekulativ bezeichnet. Aufschlussreicher ist allerdings seine Taxonomie der Wesensmerkmale selbst. So unterscheidet Comte zwei grundlegende Empfindungen des Menschen: Den egoistischen Gefühlen, zu denen er den Hungertrieb, den Geschlechtstrieb und den Mutterinstinkt zählt, stehen die altruistischen Gefühle, Freundschaft, Verehrung und Güte gegenüber. In erster Linie folge der Mensch den egoistischen Empfindungen, jedoch nicht ausschließlich; die altruistischen Neigungen seien ebenfalls von Anfang an vorhanden (Aron 1965: 98). Grundlegende Eigenschaften des Menschen – Comte ergänzt die emotionalen Anlagen noch um ein differenziertes Verständnis von Intelligenz sowie Aktivität – sind unveränderlich und allgemeingültig.

Nicht wandelbar sind auch die Grundstrukturen des Sozialen. Der Familie attestiert Comte, dass sie die Keimzelle alles Sozialen sei. Sie ist durch zwei asymmetrische Beziehungsverhältnisse geprägt. So geht er davon aus, dass die Frau dem Mann sowie das Kind seinen Eltern naturgemäß untergeordnet ist. Von der Gesellschaft unterscheidet sich die Sozialform der Familie darin, dass sie nur im Ansatz arbeitsteilig organisiert und von Sympathie und Innigkeit bestimmt sei. Da die Familie und nicht die Gesellschaft die Grundform des Zusammenlebens darstelle, seien Versuche die Familie nach gesellschaftlichen Maßgaben zu gestalten ›unnatürlich‹ und von vornherein zum Scheitern verurteilt. Auf derselben Linie mit der Familie liegen die Gemeinde und die Nation – auch hier steht die Bindungskraft gemeinsamer Vorstellun-

4 Vergleiche hierzu die Ausführungen bei Raymond Aron (1965: 96).

gen im Vordergrund, die die Interessen der Individuen einhegt und bündelt (Fuchs-Heinritz 1998: 177 ff.).

Es sind vor allem die Überlegungen zur sozialen Statik, die bereits auf Zeitgenossen unterreflektiert, unvollständig und auf die Heutigen geradezu schrullig wirken.[5] Vor dem Hintergrund der großen Revolutionen in Verbindung mit dem fundamentalen Umbau europäischer Gesellschaften geben sie jedoch den Hinweis, dass das Umgestaltungspotenzial begrenzt und immer von gattungsspezifischen Grunddispositionen abhängig ist.

Die Erörterung unveränderlicher Gattungsmerkmale des Menschen dient Comte in erster Linie dazu, die ihn tatsächlich umtreibenden sozialen Phänomene zu verstehen. Der Prozess der Menschheitsgeschichte und die mit ihm verbundene Möglichkeit der menschlichen Gattung, ihre Geschicke bewusst zu lenken, führt ihn zur Frage der *sozialen Dynamik*. Dynamik meint nicht, dass Gesellschaften beliebig gestaltbar wären und dass beispielsweise durch Revolutionen einzelne völlig konträre Regimes einander ablösten; sozialer Wandel folgt bei Comte vielmehr einer Tendenz, die sich aus dem Grundinstinkt ableitet, die Lage des Menschen immer weiter zu verbessern, bis der Mensch völlig im Einklang mit der Natur sei. Da der Wandel bei Comte einer bestimmten Richtung folgt und letztlich zwingend auf ein Ziel hinläuft, ist sein Ansatz der Geschichtsphilosophie zuzuordnen, die er seiner Soziologie zugrunde legt (vgl. z. B. Jonas 1968: 98). Im Vordergrund steht dabei die Geistesentwicklung des Menschen, die allerdings in jedem weiteren Schritt neue gesellschaftliche Strukturen hervorbringt.

Das oft als erstrangig philosophisches oder wissensanalytisches Schema behandelte Drei-Stadien-Gesetz erhält damit auch eine gesellschaftsstrukturelle Perspektive. Auf den ersten Blick behandelt es die historische Weiterentwicklung maßgebender Bezugspunkte menschlichen Denkens, die seit jeher eng mit religiösen Vorstellungen verbunden waren, aber eben auch das gesellschaftliche Leben beziehungsweise die soziale Ordnung auf je spezifische Weise formten. Comte konstruiert die drei Phasen nicht schrittweise und gemäß ihrer Entwicklungslogik, sondern denkt im Grunde bipolar. Das heißt, dass er eine scharfe Grenze zwischen dem magischen Denken der Vergangenheit und dem aufgeklärten Denken der Zukunft zieht. Damit sind das

5 Vergleiche hierzu die bei Fuchs-Heinritz (1998) erwähnten Kritiken von John Stuart Mill und Friedrich A. von Hayek sowie die Einschätzungen von Michael Bock (2007).

erste Stadium und das dritte benannt. Das zweite Stadium benötigt er demgegenüber als Übergangskonstruktion um die fundamentalen Unterschiede auch entwicklungsgeschichtlich besser nachvollziehen zu können. Im Folgenden werden die drei Stadien, das theologische, das metaphysische und das positive, näher beschrieben, wobei ein besonderes Augenmerk auf den gesellschaftstheoretischen Aspekten dieses Entwicklungsgesetzes liegt.

Das erste Stadium beschreibt eine *theologische Phase,* in der die Menschen über personifizierte Abstraktionen versuchten, sich das Geschehen in der Natur zu erklären. Entsprechend beginnen sie zunächst damit, natürlichen Gegenständen menschliche Eigenschaften zuzuschreiben und den Baum, den Berg oder das Gewitter zu verehren. Diese frühe Phase bezeichnet Comte als Zeitalter des *Fetischismus.* Als Heiligung äußerer Dinge geht dieser Form von Theologie nichts voran – es gibt also keine Episode fehlender Religiosität beziehungsweise kein vorangehendes Zeitalter, in dem die Menschen nicht zur Personifizierung von ihnen unerklärlichen Gegenständen geneigt hätten. Der Fetischglaube ist die Religionsform der nomadischen Kleinstgruppen, welche eine besondere Konsequenz mit sich bringt: Indem die Dinge beseelt sind, verspüren die Menschen eine Hemmung, mit ihnen ganz nach Belieben umzuspringen. Nützliche Tiere werden als erhaltenswert erkannt, was letztlich auch die Rohheit des Charakters systematisch einhegt. Das Ende dieses Stadiums sieht Comte in der Erfindung des Ackerbaus, der die Menschen zur Sesshaftigkeit zwingt und ihnen ein höheres Maß an Organisation abverlangt. Dabei werden religiöse Glaubenspraxis und gesellschaftliche Struktur in Wechselwirkung begriffen. Mit der besseren sozialen Organisation verändert sich auch die religiöse Organisation, indem sich langsam eine Klasse an Personen herausbildet, der die Befassung mit geistigen Gegenständen vorbehalten ist. Zu diesem Zeitpunkt beginnen auch eine schrittweise Verringerung der überwiegenden Ausrichtung auf das Gefühlsleben zugunsten der Ausbildung des geistigen Lebens und damit die erste Hinwendung zu abstrahierendem Denken. Comte (1933: 188) hält fest, dass der Fetischismus zahlreiche Einrichtungen ermöglicht habe, »die das Verhältnis des Menschen zur Welt und besonders zu den Tieren regeln.«

Die zweite Entwicklungsstufe innerhalb der theologischen Phase ist die des *Polytheismus,* einer Epoche, in der von der Existenz mehrerer Götter ausgegangen wird. Comte erkennt den Übergang vom Fetischismus zum Polytheismus als einen gewaltigen Entwicklungsschritt, da er mit einem fundamentalen Umdenken verbunden ist: War zunächst die Materie als lebendig betrachtet worden, so wird sie nun als träge und unbelebt begriffen. Man kann diesen Übergang mit der Entwicklung des wissenschaftlichen Geistes hin zu Beobachtung und Induktion zusammendenken. Die Gottheiten des Fetischismus werden verallgemeinert und abstrahiert; der Aufenthalt der neuen Götter muss daher unbestimmt sein. Als Materie, die den Übergang zur Entrücktheit nahegelegt haben könnte, nennt Comte die Gestirne, deren Verehrung sich auf ein zumindest nicht greif- oder erreichbares Objekt richtete.

> »Jeder von ihnen verwaltet eine Klasse von Vorgängen, aber für viele Erscheinungen. So hat jeder einen mehr oder weniger ausgedehnten Bezirk, während der demütige Fetischgott nur über *einen* Gegenstand gebietet, von dem er sich nicht trennen kann. Nachdem aber der menschliche Geist die Ähnlichkeit gewisser Vorgänge bei verschiedenen Körpern erkannt hatte, hat er deren Fetische einander genähert und sie ihrem vornehmsten untergeordnet, der sich damit zum Range eines Gottes erhob, d. h. zu einem idealen und unsichtbaren Wesen.« (Comte 1933: 190 f., Hervorh. i. Orig.)

Die Phase des Polytheismus begreift Comte als die höchste Entwicklungsstufe des theologischen Stadiums. Hier konstatiert er die eindrucksvollsten Entwicklungen des Geisteslebens in wissenschaftlicher, politischer, künstlerischer und industrieller Hinsicht. Das wissenschaftliche Denken prägt der Polytheismus dahingehend, dass er die Menschen zur Beobachtung der Natur ermächtigt und zugleich die Fähigkeit zur Abstraktion ausbildet. Dies stimulierte auch die schönen Künste, die nun den Zweck erfüllten, die neuen abstrakten Größen mit entsprechenden Geschichten zu versehen und der Entwicklung eine volkstümliche Grundlage zu gewähren. Damit erklärt sich auch, dass sich die Künste nicht gleichzeitig, sondern nacheinander entwickelten – zuerst die Poesie, dann die Musik, danach die Malerei, die Bildhauerei und schließlich die Baukunst. Aus politischer Sicht ist dem Polytheismus eigen, dass die verallgemeinerten Götter das Potenzial nationaler Identifikation entfalten, was wiederum eine Veränderung der Kriegsmotivation mit sich bringt. Größere Gemeinschaften, unter bestimmte Gottheiten geeint, treten gegeneinander an, wobei die siegreiche die unterlegene einverleibt und ihr das eigene Göttersystem aufzwingt. Polytheismus verstärkt den Geist der Eroberung, ersetzt Kannibalismus durch Versklavung, was zu einem moralischen Verfall führt, da die der Willkür ausgelieferten Sklaven einem System absoluten Gehorsams auf der einen Seite unterworfen sind und sich auf der anderen Seite ein System der Schmeichelei sowie der Anfälligkeit für Schmeichelei entwickelt. Zu einer umfassenden Zentralisierung der Gewalten ist der Polytheismus jedoch aufgrund der Differenzierung der Götter nicht in der Lage.

Comte betrachtet den Übergang zum Monotheismus als Folge der Ausdehnung des römischen Reiches. Dort ist aufgrund der mannigfachen Religionen und Kulte die Notwendigkeit einer Homogenisierung entstanden. Die Beschränkung auf eine einzige religiöse Lehre, welche die bestehenden Glaubenslehren nicht nur zu ersetzen, sondern die vorgängige Vielfalt in sich aufzunehmen vermag, nimmt ihren Ausgang in dem Teil des römischen Reiches, dessen Glaubenspraktiken ohnehin schon länger auf eine singulär-universelle Gottheit ausgerichtet sind: in der jüdischen Theokratie. Als treffendstes Beispiel für eine monotheistische Herrschaft identifiziert Comte allerdings den Katholizismus, der das,

> »was an Nützlichem und Ausführbarem in den politischen Meinungen der verschiedenen Philosophenschulen enthalten war, verwirklicht, indem er mit großer Weisheit die Bestimmungen annahm, die sie sich zur Ehre anrechneten, und die verkehrten und schädlichen Vorschläge zurückwies, die die Anwendung jener entstellt hätte« (Comte 1933: 231).

Zahlreiche gesellschaftliche Veränderungen gehen mit dem Aufkommen und der Durchsetzung des Katholizismus in Europa einher. Bemerkenswert ist dabei, dass diese Variante des Monotheismus etwa 1.000 Jahre brauchte, um sich zu etablieren, dann eine mit 200 Jahren kurze Blütezeit zu erfahren und schließlich wieder zu verfallen. Als wichtigste Innovationen erkennt Comte die Umstellung von aggressiven auf defensive Gesellschaften. Aufgrund der zunehmenden Sesshaftigkeit der Völker verliert die Landnahme an Bedeutung; umgekehrt erscheinen nomadisierende Völker als Bedrohung, der begegnet werden muss. Durch diesen Wandel verändert sich der militärische Charakter dieser Gesellschaften grundlegend. Hinzu kommt, dass die Moral in politischen Entscheidungsprozessen Bedeutung erlangt, indem sie ein Gegengewicht zur politischen Macht bildet. Mit der Einrichtung eines umfassenden – möglichst alle gesellschaftlichen Schichten erfassenden – Bildungssystems erhalten viele Teile der Bevölkerung ein Gefühl von Würde und Erhebung, da nun auch der Arme den Herren an die Vorschriften einer für alle verbindlichen Lehre erinnern kann. Praktische Konsequenzen zeitigten außerdem die vielen institutionellen Innovationen des Katholizismus. Die Übereinkunft in die Unfehlbarkeit des Papstes verschaffte diesem Amt eine Autorität, die für die Beilegung von Richtungs- und Deutungsstreitigkeiten dringend erforderlich war. Der Zölibat ermöglichte nicht nur die soziale Unabhängigkeit und Freiheit des Geistes – er blockierte auch jedes Streben nach Amtsvererbung. Durch die Beichte wurde ein Kontrollsystem eingeführt, das den Geistlichen die Rolle der Anleiter und praktischen Berater zukommen ließ und die für das soziale Zusammenleben nicht unbedeutende Einsicht verbreitete, dass man sich durch ein Geständnis reinigen und durch Reue bessern könne. Durch die Sakramente schließlich konnte ein System der allgegenwärtigen Erinnerung an Glaubenspflichten im alltäglichen Leben installiert werden. Soziale Ungleichheit wurde durch das Wohltätigkeitsgebot des Katholizismus neu ausgerichtet, da vermittels einer Umverteilung des Reichtums die krassesten Notlagen des sozialen Lebens gemildert werden konnten. Der Verfall des Monotheismus setzte schließlich damit ein, dass der Fortschrittsgedanke, der durch die anfängliche Befreiung des Denkens erst ermöglicht worden war, seine eigene Dynamik entfalten konnte. Die Organisationsstruktur des Katholizismus musste auf die Beschleunigung der Entwicklungen durch einen Rückzug auf statische oder gar rückschrittliche Momente reagieren. Der einmal entfesselte Fortschritt suchte sich neue Wege.

Mit der Ablösung des theologischen Systems werden für Comte dann jedoch zwei Entwicklungen erkennbar: Die eine besteht in der Herausbildung des *metaphysischen Geistes*, der als Kritik und Negation die bisherige Ordnung ablöst. Die andere richtet sich auf das Erwachen des für die moderne Gesellschaft charakteristischen *positiven Systems*. Beide Prozesse verlaufen parallel, wobei die Metaphysik als Zwischenstadium letztlich nur dazu dient, das Aufkommen des positiven Zeitalters vorzubereiten.

Den Beginn des revolutionären, metaphysischen Zeitalters datiert Comte auf das 14. Jahrhundert. Der Katholizismus hat hier seinen Zenit gerade überschritten, und erste Anzeichen des Verfalls, etwa mit Blick auf das Aufkommen des ketzerischen Geistes werden spürbar. Eine Antwort auf diese Entwicklungen ist beispielsweise die Einrichtung des Franziskaner- und des Dominikanerordens, die das bestehende System schützen sollten. Comte hält hierzu fest:

> »Gleichzeitig waren die starken Mittel, die bei der Ausrottung der Ketzereien über ganze Gegenden angewendet wurden, das am wenigsten mißverständliche Zeichen eines vorbestimmten Untergangs. Jede geistliche Herrschaft ruht auf der freiwilligen Zustimmung der Verständigen, und die Zuhilfenahme materieller Gewalt wird zum Anzeichen des bevorstehenden Verfalls.« (Comte 1933: 270)

Die revolutionäre Periode bleibt über zwei Jahrhunderte latent. In dieser Zeit entwickelt sich die kritische Lehre, ohne jedoch, wie vielfach angenommen, schließlich das überkommene System abzulösen. Der Wandel erfolgt nicht in Form der Überwindung eines Geistesregimes durch ein anderes als vielmehr durch den in sich selbst angelegten Verfall des älteren. Gleichwohl dient die revolutionäre Lehre, welche auf dem Nährboden des Katholizismus erst gedeihen konnte, der Beschleunigung seines Zerfalls und verstärkt das Bedürfnis nach sozialer Reorganisation. Konkret entwickelt sich im Katholizismus durch die Teilung von politischer und moralischer Gewalt ein Bewusstsein des Überprüfens, das letztlich zum Protestantismus als der ersten revolutionären Philosophie führt. Die manifeste Phase des kritischen oder revolutionären Zeitalters beginnt mit dem Aufkommen der unterschiedlichen Formen des Protestantismus, wobei sich der Gestus der Kritik vor allem auf das System der Priesterherrschaft beschränkt. Ab dem 18. Jahrhundert setzt sich das Recht zur Prüfung als allgemeines Prinzip durch, wenngleich es zunächst noch unter dem Deckmantel monotheistischer Ordnung praktiziert wird. Im selben Zeitraum büßt der Katholizismus auch an weltlicher Macht ein, da sich die Königshäuser zunehmend emanzipieren. Angesichts dieses Machtverfalls blieb den Geistlichen nichts anderes übrig, als sich an den Höfen unterzuordnen, um noch einen Rest an Einfluss zu bewahren. Zugleich wurden die Anstrengungen verstärkt, von innen heraus die Einheit zu erhalten – etwa durch die Gründung des Jesuitenordens. Comte sieht in dieser politischen Entwicklung die Entstehung reaktionären, rückwärtsgewandten und de facto rückschrittlichen Denkens. Rückschrittlichkeit und das Streben nach Machterhalt sind allerdings nicht dem Katholizismus vorbehalten. Stets mit Herrschaft verbunden, bilden es protestantische Völker ebenfalls aus, sobald es um die Absicherung bestehender Verhältnisse geht.

Dennoch war es der Protestantismus, der die Zersetzung der alten geistigen und sozialen Ordnung wenn nicht initiiert, so doch vorangetrieben hatte. Mit seinem Aufkommen verbindet Comte die Schaffung der Grundlage der späteren verneinenden Philosophie sowie der revolutionären Metaphysik. Die Reformation habe somit ein »unvermeidliches Zwischenstadium« (Comte 1933: 294) geschaffen. Allerdings begleite den Aufstieg des Protestantismus von Anfang an eine irreligiöse Philosophie, aus deren Blickwinkel bereits dessen Ziele infrage gestellt würden. Als wichtigsten Vertreter einer solchen irreligiösen und zugleich negativen Philosophie erkennt Comte den Philosophen Thomas Hobbes. Metaphysisch an dessen Denken sei, dass Gott lediglich durch ›Natur‹ ersetzt, die Erkenntnis jedoch nicht auf allgemeine Gesetze zurückgeführt werde. Der politische Eintrag bestehe somit in der Ersetzung einer geistlichen durch eine weltliche Ordnung; allerdings werde dadurch einer vergänglichen Bedingung ewige Dauer verliehen. Allgemeine Verbreitung findet das kritische Denken dann aber nicht in erster Linie durch Philosophen, sondern durch die neu aufkommende Gruppe der Literaten, also durch philosophisch orientierte Schriftsteller wie Voltaire, Rousseau und andere.

Während Comte das metaphysische Stadium als Zeitalter des Verfalls der mittelalterlichen Gesellschaftsordnung begreift, identifiziert er Anzeichen des Aufkommens einer neuen, ›positiven‹ Ordnung, die sich zur selben Zeit einstellen. Die Entwicklung beginnt ebenfalls im 14. Jahrhundert, als sich abzeichnet, dass die Umstellung auf Verteidigung praktische Kräfte und die politische Entmachtung des Geistlichen geistige Kräfte freisetzt. Zum Ausgleich richtet sich das praktische Potenzial auf die Entwicklung industrieller Fähigkeiten, das geistige auf ästhetische und wissenschaftliche Entfaltung. Damit sind die drei Grundlinien benannt, die das Heraufkommen des positiven Zeitalters bestimmen: die industriell-praktische Orientierung, die mit der Frage nach der Güte oder Qualität verbunden ist, die ästhetisch-künstlerische Orientierung, welcher es um die Frage nach der Schönheit zu tun ist und schließlich die philosophisch-wissenschaftliche Orientierung, bei der das Problem der Wahrheit im Mittelpunkt steht. Den maßgebenden Motor der umfassenden gesellschaftlichen Veränderungen erkennt Comte in der sich zwischen dem 8. und 11. Jahrhundert durch den Katholizismus vollziehenden Umstellung von Sklaverei auf Hörigkeit. In der Abschaffung der Leibeigenschaft sieht er eine umfassende Befreiung, neben der sich beispielsweise die wachsende Autonomie der Städte als Nebenschauplatz ausmacht. Erst durch die persönliche Befreiung sei die Grundmotivation industrieller Tätigkeit denkbar und als Fortschritt in ganzer Breite wirksam geworden.

Die durch Industrie langsam verbesserte Grundversorgung schaffe die Bedingungen für eine breitenwirksame Entwicklung des ästhetischen Sinnes. Der Wissenschaft schließlich leistete die sich abzeichnende Trennung von Staat und Religion Vorschub. Maßgebliche Fortschritte bestanden in mathematischen und astronomischen Entdeckungen – Comte bezeichnet sie als wissenschaftlich beziehungsweise ›positiv‹ – sowie in der sich im Bereich der Philosophie vollziehenden Emanzipation des wissenschaftlichen Geistes von den antiken Lehren.

> »Der positive Geist begann seinen gesellschaftlichen Charakter und seinen Einfluß auf die Bevölkerungen zu erweisen. Die moderne Richtung, die nur den Theorien vertraut, die auf sachliche Beweise gestützt sind, nimmt am Ende dieses Zeitraums durch die Annahme der doppelten Bewegung der Erde erheblich zu, und zwar schon ein Jahrhundert, bevor das Papsttum diese inkonsequenter- und überflüssigerweise erlaubte. Auf diese Weise wurde der Untergang des alten geistigen Gehorsams von einer Art neuen Glaubens begleitet, der durch das Eintreffen wissenschaftlicher Vorhersagen bestimmt wurde.« (Comte 1933: 371)

All diese Entwicklungen, die Comte unter Bezug auf historische Prozesse und Errungenschaften rekonstruiert, münden in das positive Zeitalter, welches jedoch durch eine konsequente Ausrichtung des Erziehungssystems stabilisiert werden muss. Im Zuge seiner Durchsetzung, die zum Zeitpunkt von Comtes Analysen zwar vollständig vorbereitet, nicht aber realisiert ist, ergibt sich folgende Programmatik:

> »Der positive Geist wird ebenso feste wie allgemeine Überzeugungen ergeben und die Errichtung einer geistigen Autorität gestatten, die unabhängig genug ist, um deren Anwendung auf die Gesellschaft zu regeln. Indem die positive Philosophie der Kenntnis der menschlichen Natur das Übergewicht gibt, kann sie allein die Entwicklung sozialer Gefühle leiten, die bis jetzt nur in mittelbarer, ja widersprechender Weise unter dem Einfluß der theologischen Philosophie gepflegt worden ist. Die positive Moral, die das Guthandeln vorschreiben und dabei verkünden wird, daß daraus oft kein anderer Lohn hervorgehen werde als die sichere innere Befriedigung, wird auf die Neigungen des Wohlwollens viel günstiger wirken als jene Lehren, nach denen die glei-

che Hingebung immer aus eigennützigen Berechnungen hervorgeht. Doch wird die blinde Gewohnheit, die von starken Interessen aufrechterhalten wird, auch fernerhin nicht die Möglichkeit anerkennen, daß die Moral ohne irgendwelchen Eingriff der Religion auf Regeln gebracht werden könne, bis endlich die Tatsachen von selbst alle dergleichen leere Streitfragen beseitigen werden. Daher hat kein anderer Teil der philosophischen Arbeit eine gleiche Bedeutung für die Erneuerung des gesellschaftlichen Lebens. Die Menschheit wird in einem Zustand der Kindheit verharren, solange ihre wichtigsten Lehren für die Lebensführung sich auf Einbildungen stützen, anstatt allein aus der Kenntnis ihrer Natur geschöpft zu werden.« (Comte 1933: 454 f.)

Die letzte Konsequenz, die sich vor allem in Comtes Spätwerk entfaltet, ist die Entstehung einer *Menschheitsreligion*. Da der Katholizismus als Initialzündung der neuen Gesellschaft begriffen wird, bleibt die institutionelle Struktur des Religiösen auch in der positivistischen Gesellschaftsordnung von großer Bedeutung. Allerdings muss sie völlig neu ausgerichtet werden. So bleibt es Aufgabe der geistlichen Gewalt, dem gesellschaftlichen Leben Stetigkeit zu geben und Vereinzelung zu verhindern. Dies erfolgt durch die Einrichtung eines neuen Systems öffentlicher und privater Gewohnheiten, das sozialen Zusammenhalt auch weiterhin gewährleisten soll. Durch die Aufhebung des Katholizismus entstehe ein Vakuum nicht zuletzt an Geschichtlichkeit, das durch einen bedeutend höheren Aufwand an Erinnerungsfeiern zum Gedenken der menschlichen Entwicklung und Fortschrittsinitiatoren ausgeglichen werden muss. Dass sich dieser Kultus auch stark um seine eigene Person zu ranken habe, erwähnt Comte anfangs nur implizit. Später stellt er sich jedoch selbst auf eine Stufe mit den wichtigsten Religionsstiftern.

Wie wird Gesellschaft konzeptualisiert?

Comtes Verständnis von ›Gesellschaft‹ umfasst zunächst einmal alle Menschen, die in dem gleichen Kulturraum und derselben Sprachgemeinschaft, gegebenenfalls unter der identischen Herrschaftsform leben. Dabei integriert sein Gesellschaftskonzept bereits die soziale Vielfalt, die eine Bevölkerung aufweist und trägt den unterschiedlichen Beziehungen der wechselseitigen Beeinflussung sowie der Über- und Unterordnung sozialer Gruppen Rechnung.

Gesellschaft wird als bedingt wandelbar begriffen, wobei der Wandel nicht notwendig von einer bestimmten Elite ausgehen muss und immer mit der Entwicklung kulturellen Wissens verbunden ist. Mit anderen Worten stehen Überlegungen im Mittelpunkt, die sich am Einfluss neuer Denkungsarten bezüglich der gesellschaftlichen Ordnung, die sich in spezifischen einflussreichen Gruppen oder Milieus etablieren konnten, entzünden. Durch sein Konzept der ›Statik‹ legt Comte jedoch auch fest, dass gesellschaftliche Ordnungen in einigen fundamentalen Prinzipien – zum Beispiel der familialen Gesellungsform – universell festgelegt sind. Nur in bestimmten, ›dynamischen‹ Bereichen ist die Gestaltung der Gesellschaft möglich. Im Mittelpunkt steht hierbei das sich in unterschiedlichen kulturellen Zusammenhängen ungleich entwickelnde Reflexionswissen über die materielle und die menschliche ›Natur‹. Immer wenn dieses Wissen eine grundlegende Neuausrichtung erfährt, verändert es auch die Bedingungen des gesellschaftlichen Zusammenlebens, die soziale Ordnung und damit auch die gesamte sich aus allen Schichten oder Klassen in einem festlegbaren Einflussbereich von Herrschaft – etwa einer Grafschaft, einem Königreich oder einer Nation – zusammensetzende Gesellschaft.

Wie gestaltet sich das Verhältnis von Mikro- und Makroanalyse?

Im Grunde ist Comte einem streng empirischen Programm verpflichtet und lehnt jede von ihm als spekulativ oder metaphysisch bezeichnete Theoriekonstruktion strikt ab. So sehr er jedoch eine soziale Physik fordert, die induktiv Theorien auf der Grundlage gesellschaftlicher Realitäten produziert, bleibt er jedoch mit seinen theoretischen Reflexionen auf allgemeiner Ebene. Empirisch wäre damit nur das von ihm immer wieder herangezogene Historikerwissen zu nennen, aus dem er die konkreten Ausformungen sowie seine Interpretationen des Drei-Stadien-Gesetzes gewinnt. So betrachtet ist sein Ansatz, was die Prinzipien positivistischer Theoriebildung angeht, eher epistemologisch und methodologisch. Der Erkenntnisgegenstand bleibt mit Blick auf die langen Wellen institutionellen Wandels immer makrosoziologisch. Indem das sozialreformerische Denken gesellschaftliche Veränderungen als von der ›breiten Masse‹ ausgehend begreift, ist Comte jedoch auch völlig klar, dass es – vor allem mit Blick auf die alltägliche Religionspraxis und das Erziehungssystem – immer auch um die Änderungen im Kleinen und Einzelnen gehen muss, wenn sozialer Wandel nachvollzogen werden soll.

Wie wird die Veränderung beziehungsweise die Entwicklung von Gesellschaft gedacht?

Comte geht davon aus, dass dem Wandel oder Fortschritt der Menschheit bestimmte Grenzen gesetzt sind, die durch die Gattung ›Mensch‹ bestimmt sind. Diese Grenzen müssen im Sinne von ›Statik‹ erkannt werden, wenn man die grundsätzlichen Veränderungsmöglichkeiten einschätzen will. Möglich sind solche Veränderungen lediglich im Bereich der sozialen ›Dynamik‹, auf die sich Comtes Analyse dann im Wesentlichen bezieht.

Im Zentrum der Wandelbarkeit von Gesellschaften steht die Entwicklung von Potenzialen des Denkens, die sich mit der Auseinandersetzung des Menschen mit der ihn umgebenden Natur ausbilden. Zunächst ist die Reflexion über die Natur eng mit der Entwicklung der Religion verbunden. Mithilfe des Drei-Stadien-Gesetzes zeigt Comte aber, dass im Laufe der Menschheitsgeschichte nicht nur das Abstraktionsniveau metaphysischer Bezugspunkte zunimmt; er zeigt auch, dass mit jeder Veränderung dieser epistemologischen Orientierungen ein Wandel gesellschaftlicher Ordnungsmomente einhergeht.

Dabei ist jedoch die Art und Weise, in der Comte gesellschaftliche Veränderung denkt, durchaus kritisch zu betrachten. So gerät der ursprünglich aufklärerische Positivismus unter der Feder Comtes zu einem technokratisch-konservativen Programm, das die Errungenschaften der bürgerlichen Revolution, die in Gerechtigkeit, Vernunft und Glück als legitime Grundlagen der gesellschaftlichen Ordnung bestehen, umdeutet.[6] Nicht mehr positive Erkenntnis steht im Mittelpunkt, sondern eine formalisierte Methodologie sowie klassifikatorische Faktenbeobachtung. ›Positiv‹ bei Comte meint damit ›nützlich‹ im Gegensatz zu ›müßig‹, ›genau‹ den Gegenpol zu ›ungewiss‹, ›relativ‹ steht im Kontrast zu ›absolut‹, ›tatsächlich‹ ist der Gegenbegriff zu ›eingebildet‹ und schließlich ›gewiss‹ ein Gegensatz zu ›unentschieden‹. Dieter Prokop (1974: 141) stellt hierzu fest, dass es sich bei einer solchen Interpreta-

---

6 Eine ausführliche Behandlung dieses kritischen Standpunkts findet sich bei Dieter Prokop (1974).

tion um eine »Instrumentalisierung der positiven Philosophie auf ordnungsstiftenden Nutzen« handle. Dies zeige sich mitunter daran, dass Comte zwar beispielsweise Nutzenabwägungen gestatte, aber eine grundsätzliche Reflexion des bestehenden Gesellschaftssystems ablehne. Dies führe dazu, dass der Kulturproduktion die Aufgabe zukomme, die ohnehin für die Logik der gesellschaftlichen Entwicklung unempfänglichen Massen für die Unumgänglichkeit der Naturgesetze zu begeistern.

Lern- und Kontrollfragen

- Welche Entwicklungsmöglichkeiten sieht Comte im Hinblick auf geistigen und sozialen Fortschritt?
- Welchen Einfluss nehmen die drei theologischen Entwicklungsphasen auf die gesellschaftliche Ordnung?
- Wie und durch was wird das theologische Stadium abgelöst?

Literatur

Primärliteratur

Comte, Auguste (1923 [OJ]). Soziologie. Eingeleitet von Heinrich Waentig. Band I: Der dogmatische Teil der Sozialphilosophie. 2. Auflage. Jena: Fischer.

Comte, Auguste (1933 [OJ]). Die Soziologie. Die positive Philosophie im Auszug. Leipzig: Kröner.

Sekundärliteratur

Aron, Raymond (1965). Hauptströmungen des klassischen soziologischen Denkens. Montesquieu, Comte, Marx, Tocqueville. Reinbek b. Hamburg: Rowohlt.

Bock, Michael (2003). Auguste Comte. In: Kaesler, Dirk (Hg.): Klassiker der Soziologie. Band 1. Von Auguste Comte bis Norbert Elias. 4. Auflage. München: C. H. Beck, S. 39–57.

Bock, Michael (2007). Auguste Comte. Système de politique positive ou Traité de sociologie. In: Kaesler, Dirk/Vogt, Ludgera (Hg.): Hauptwerke der Soziologie. Stuttgart: Kröner, S. 74–80.

Canguilhem, Georges (1981). Auguste Comtes Philosophie der Biologie und ihr Einfluß im Frankreich des 19. Jahrhunderts. In: Lepenies, Wolf (Hg.): Geschichte der Soziologie. Studien zur kognitiven, sozialen und historischen Identität einer Disziplin. Band 3. Frankfurt a. M.: Suhrkamp, S. 209–226.

Fuchs-Heinritz, Werner (1998). Auguste Comte. Einführung in Leben und Werk. Wiesbaden: Westdeutscher Verlag.

Jonas, Friedrich (1968). Geschichte der Soziologie II. Sozialismus, Positivismus, Historismus. Reinbek b. Hamburg: Rowohlt.

Lepenies, Wolf (2010). Auguste Comte. Die Macht der Zeichen. München: Carl Hanser.

Massing, Otwin (1976). Auguste Comte. In: Kaesler, Dirk (Hg.): Klassiker der Soziologie. Band 1. Von Comte bis Durkheim. München: C. H. Beck, S. 19–61.

Prokop, Dieter (1974). Massenbewußtsein und praktischer Positivismus. Über Auguste Comte. In: Ders.: Massenkultur und Spontaneität. Zur veränderten Warenform der Massenkommunikation im Spätkapitalismus. Frankfurt a. M.: Suhrkamp, S. 134–152.

Repplinger, Roger (1999). Auguste Comte und die Entstehung der Soziologie aus dem Geist der Krise. Frankfurt a. M.: Campus.

2.2 Karl Marx: Veränderbarkeit und Entwicklungsfähigkeit der Gesellschaft

Obwohl Marx sich weder selbst als Soziologen begreift, noch als solcher gesehen wird, hat er nicht nur den Nimbus einer »Ikone« (Stedman Jones 2017: 9) des Sozialismus. Als eine »Kolossalfigur des 19. Jahrhunderts« (Norbert Elias, zit. n. Korte 2017: 38) gilt er zugleich als ein »Mitbegründer und Klassiker« (Quante/Schweikart 2016: 373) soziologischen Denkens mit erheblichem Einfluss auf moderne Gesellschaftsanalysen. Dies in doppelter Hinsicht: Auf der einen Seite ist er (zusammen mit seinem Mitstreiter Friedrich Engels) der wohl wichtigste Vertreter einer ›ökonomischen Theorie der Gesellschaft‹. Auf der anderen Seite gehört er zu jenen, die mit Nachdruck die These einer quasi gesetzesförmigen Veränderbarkeit und Entwicklungsfähigkeit von Gesellschaft vertreten.

Zur Person

Karl Heinrich Marx wird am 5. Mai 1818 als drittes von neun Kindern des Anwalts Heinrich Marx und seiner Frau Henriette geboren (vgl. Artus et al. 2014: 7 ff.; Quante/Schweikardt 2016: 1–20; Neffe 2017; Stedman Jones 2017; Wittstock 2018). Seine Vorfahren waren großenteils Rabbiner, aber sein Vater konvertiert 1817 zum (evangelischen) Christentum, da er ansonsten seinen Beruf hätte aufgeben müssen. 1824 werden auch die Kinder der Familie Marx evangelisch getauft, wenngleich die kirchliche Bindung eher schwach gewesen zu sein scheint. 1830 bis 1835 besucht Marx das Gymnasium zu Trier. Anschließend beginnt er ein Studium der Rechtswissenschaften und Kameralistik, zunächst in Bonn, später in Berlin, wo er verstärkt Philosophie und Geschichte studiert. 1841 promoviert er extern *(in absentia)* in Jena *Über die Differenz der demokritischen und epikuräischen Naturphilosophie* zum Dr. phil., um danach in der Hoffnung auf eine akademische Karriere nach Bonn zurück zu kehren.

Als ein führender Kopf der oppositionellen Linkshegelianer wird ihm diese jedoch verwehrt, weshalb sich Marx auf den Journalismus verlegt und 1842 zum Hauptmitarbeiter der *Rheinischen Zeitung* wird. Bereits 1843 verlässt er angesichts der Zensurandrohungen die *Rheinische Zeitung*. Frisch verheiratet mit seiner Lebensgefährtin Jenny von Westphalen (vgl. Limmroth

2014) geht Marx anschließend nach Paris (Garber 2018: 21 ff.). Auf Drängen der preußischen Regierung wird er 1845 nach Belgien ausgewiesen und gibt seine preußische Staatsangehörigkeit auf, um in Brüssel bleiben zu können. Nach der französischen Februarrevolution 1848 wird der nunmehr Staatenlose aus Belgien ausgewiesen, wechselt kurz wieder nach Paris und geht im Zuge der deutschen Märzrevolution nach Köln. Hier betätigt er sich in der revolutionären Bewegung und gibt die *Neue Rheinische Zeitung* heraus. Dies allerdings nur für ein Jahr, denn nach der preußischen Reaktion muss Marx Deutschland erneut und diesmal endgültig verlassen. Er geht erst nach Paris und dann (eher erzwungen) nach London, wo er mit kurzen Ausnahmen bis zu seinem Lebensende verbleibt, seine ökonomischen Hauptwerke erarbeitet und sich zugleich immer wieder in der europäischen Arbeiterbewegung engagiert (vgl. Schieder 2018: 75 ff.).

Mangels einer ›bürgerlichen Karriere‹ leidet Marx stets unter finanziellen Problemen, die er letztlich nur durch die Hilfe von Friedrich Engels und durch Erbschaften kompensieren kann, da seine journalistischen Tätigkeiten vergleichsweise wenig einbringen. Gleichwohl gelingt ihm immer ein ›bürgerlicher Lebensstil‹ mit Hauspersonal (»Lenchen Demuth«, vgl. Ambrosi 2018) und sieben Kindern, von denen allerdings nur drei das Erwachsenenalter erreichten. Sowohl seine Frau Jenny als auch seine drei Töchter sind in der europäischen Arbeiterbewegung tätig. Mit dieser fühlt sich Marx, trotz aller Differenzen im Detail, stets verbunden, auch wenn sein konkreter politischer Einfluss zu Lebzeiten eher gering bleibt. Seit den sechziger Jahren leidet Marx zunehmend unter Hautkrankheiten, in deren Folge nicht wenige Manuskripte unvollendet bleiben und später unter anderem von Friedrich Engels herausgegeben werden. Nach dem Tod seiner Frau (1881) verlässt Marx 1882 erstmals Europa und fährt nach Algier (vgl. Wittstock 2018). Nach seiner Rückkehr nach London stirbt er am 14. März 1883 und erhält trotz der Beschränkung der Trauergäste auf den engeren Familien- und Freundeskreis ein durchaus ›politisches‹ Begräbnis.

Fragestellung und Erkenntnisse

Dass für Marx die Soziologie noch keine Rolle spielt, ist insofern kaum verwunderlich, als es zu seiner Zeit im deutschsprachigen Raum noch keine Ansätze für eine Soziologie als eigenständige Wissenschaft gibt. Entscheidende

Bezugspunkte bilden für ihn stattdessen die Philosophie (Hegel, Feuerbach) sowie ab 1843 die Ökonomie. Hierbei rezipiert er zunächst die französischen Frühsozialisten und bezieht sich dann zunehmend auf die englische Traditionslinie von Petty über Smith bis hin zu Ricardo (vgl. MEW 23: 95). In Auseinandersetzung mit den philosophischen und ökonomischen Autoren entwickelt er seine Idealismus- und Religionskritik sowie sein spezifisches Materialismuskonzept, das nach Bayertz (2018) durch folgende Charakteristika gekennzeichnet ist: Zum einen konzipiert Marx den Materialismus im Unterschied zu älteren Ansätzen nicht als eine Theorie der Natur, sondern als eine solche der *Gesellschaft*. Gesellschaft wird dabei als eine ›Realität sui generis‹ aufgefasst, die ihrerseits nicht als feststehend, sondern als sich verändernd und wandelbar begriffen wird. Die Theorie der Gesellschaft ist somit bei Marx immer auch eine Theorie der gesellschaftlichen Entwicklung, und in eben diesem Sinne lässt sich sein neuer Materialismus als ein konstitutiv »historischer« begreifen (Bayertz 2018: 2).

Neben den Stichworten ›Gesellschaft‹ und ›Geschichte‹ ist als drittes Charakteristikum des Marx'schen Materialismus das Moment der ›Praxis‹ zu nennen. Der Mensch ist kein der Natur unterworfenes Wesen, sondern eignet sich die Natur über seine praktische Tätigkeit an. Er gestaltet, verändert und beherrscht die Natur über seine konkrete Arbeit. Die praktisch verändernde Tätigkeit wiederum ist »nicht als ein Prozess zwischen Individuum und Natur aufzufassen [...], sondern immer als ein sozialer Prozess, in dem sich eine Gruppe von Menschen die Natur aneignet« (ebd.: 2 f.). Die praktische Aneignung und Veränderung der Natur verweist somit selbst auf die Ebene der Gesellschaft, und diese, so eine Formulierung aus den *Grundrissen der Kritik der politischen Ökonomie* (1859), »besteht nicht aus Individuen, sondern drückt die Summe der Beziehungen, Verhältnisse aus, worin diese Individuen zueinander stehen« (MEW 42: 189). Es sind also die Relationen zwischen den Beteiligten als praktisch tätige Menschen, die den Kern der Gesellschaft ausmachen und dementsprechend im Zentrum der Theoriebildung stehen müssen.

Schon in den *Thesen über Feuerbach* (1845) konstatiert Marx: »Das menschliche Wesen ist kein dem einzelnen Individuum inwohnendes Abstraktum. In seiner Wirklichkeit ist es das ensemble der gesellschaftlichen Verhältnisse« (MEW 3: 6). In seinem Kern ist der Mensch somit selbst ein Produkt der Gesellschaft. Oder wie es Marx 1852 im *18 Brumaire des Louis Napoleon* formuliert »Die Menschen machen ihre eigene Geschichte, aber sie machen sie nicht aus freien Stücken, nicht unter selbstgewählten, sondern unter unmittelbar vorgefundenen, gegebenen und überlieferten Umständen« (MEW 8: 115). Diese »Umstände« beschreibt er in Anknüpfung an die Hegel'sche Terminologie als »bürgerliche Gesellschaft« einerseits und als »politische Gesellschaft« andererseits (vgl. MEW 1: 276 ff.), wobei diese beiden Sphären in der Geschichte in einem unterschiedlichen Verhältnis zueinander stehen können: »Bei den Griechen war die bürgerliche Gesellschaft Sklave der politischen« (ebd.: 276), in modernen Gesellschaften hingegen sieht dies anders aus.

Gemeinsam ist der griechischen wie der modernen Gesellschaft freilich, dass sie auf einen vorgegebenen Zwangszusammenhang verweisen, den Marx in seiner Grundstruktur doppelt bestimmt: »In der gesellschaftlichen Produktion ihres Lebens gehen die Menschen bestimmte, notwendige, von ihrem Willen unabhängige Verhältnisse ein, Produktionsverhältnisse, die einer bestimmten Entwicklungsstufe ihrer materiellen Produktivkräfte entsprechen« (MEW 8: 115). Entscheidend sind also die *Produktionsverhältnisse* einerseits und die *Produktivkräfte* andererseits – zwei Stichworte, die gleichermaßen philosophisch wie ökonomisch bestimmt werden.

Die *Produktivkräfte* bezeichnen dabei die Potentiale, über die der Mensch jeweils verfügt, um sich die Natur anzueignen. Hierzu gehören seine Arbeitskraft ebenso wie seine kognitiven Fähigkeiten sowie die auf einer gegebenen Entwicklungsstufe vorhandenen technischen und organisatorischen Möglichkeiten. Produktivkräfte sind mehr als die klassischen Produktionsfaktoren (Arbeit, Boden, Kapital); als Potentiale der Naturaneignung verweisen sie auf den wissenschaftlich-technischen Fortschritt und werden gebündelt in der jeweiligen »Produktivkraft der Arbeit (die) durch mannigfache Umstände bestimmt (ist)« (MEW 23: 54).

Die *Produktionsverhältnisse* andererseits umschreiben die Art und Weise, wie die Produktivkräfte eingesetzt und somit Produktion, aber auch Konsumtion organisiert werden. Als wichtigsten Indikator für die Produktionsverhältnisse sieht Marx die Eigentumsverhältnisse an, die darüber Auskunft geben, wem die Produktivkräfte gehören, und wer über ihren Einsatz bestimmen kann. Mit den Eigentumsverhältnissen verknüpft sind Privilegien, Abhängigkeiten und Relationen, die auf eine »Gesamtheit« der Produktionsverhältnisse verweisen. Diese »Gesamtheit« wiederum »bildet die ökonomische Struktur der Gesellschaft, die reale Basis, worauf sich ein juristischer und politischer Überbau erhebt, und welcher bestimmte gesellschaftliche Bewußtseinsformen entsprechen« (MEW 13: 8).

Produktivkräfte und Produktionsverhältnisse stehen für Marx in einem dialektischen Wechselverhältnis. Dies in einem doppelten Sinne: Zum einen gehört zu einem bestimmten Stand der Produktivkraftentwicklung eine bestimmte Form der Produktionsverhältnisse. So sind in vormodernen Agrargesellschaften der Boden und die Techniken seiner Bearbeitung die entscheidenden Kennzeichen der Produktivkräfte, und dem entspricht auf der Ebene der Produktionsverhältnisse das Eigentum an Grund und Boden (Lehenswesen) und die Art und Weise der Agrarproduktion (Grundherrschaft) als zentral prägende Momente. Zum anderen begrenzen die Produktionsverhältnisse aber auch die Entwicklungsdynamik der Produktivkräfte und können den wissenschaftlich-technischen Fortschritt hemmen. So ›passen‹ Lehenswesen und Grundherrschaft zu einer feudalen Agrargesellschaft, aber nicht zu einer marktorientierten, warenproduzierenden Industriegesellschaft. Letztere entwickelt sich sowohl ›in‹ als auch ›neben‹ der alten Agrargesellschaft mit neuen ökonomischen Strukturen und sozialen Akteuren (Bürger statt Adel), die immer wichtiger werden, während die ›alten‹ Muster an Bedeutung verlieren.

Die Parallelität und gleichzeitige Widersprüchlichkeit von Produktivkräften und Produktionsverhältnissen fasst Marx in der *Kritik der politischen Ökonomie* (1859) wie folgt zusammen:

> »Auf einer gewissen Stufe ihrer Entwicklung geraten die materiellen Produktivkräfte der Gesellschaft in Widerspruch mit den vorhandenen Produktionsverhältnissen oder, was nur ein juristischer Ausdruck dafür ist, mit den Eigentumsverhältnissen, innerhalb deren sie sich bisher bewegt hatten. Aus Entwicklungsformen der Produktivkräfte schlagen diese Verhältnisse in Fesseln derselben um. Es tritt dann eine Epoche sozialer Revolution ein. Mit der Veränderung der ökonomischen Grundlage wälzt sich der ganze ungeheure Überbau langsamer oder rascher um.« (MEW 13: 9)

Allerdings geschieht dies nicht von selbst. Die im dialektischen Wechselverhältnis von Produktivkräften und Produktionsverhältnissen angelegte Entwicklungsdynamik vollzieht sich vielmehr über soziale Konflikte in Gestalt von Klassenkämpfen, die von Marx als zusätzliches Moment der Entwicklung eingeführt werden. Besonders prägnant geschieht dies im *Manifest der kommunistischen Partei* von 1849, in dem die Klassenkämpfe in einer weltgeschichtlichen Perspektive skizziert werden:

> »Die Geschichte aller bisherigen Gesellschaft ist die Geschichte von Klassenkämpfen [...] Im alten Rom haben wir Patrizier, Ritter, Plebejer, Sklaven; im Mittelalter Feudalherren, Vasallen, Zunftbürger, Gesellen, Leibeigene [...]. Die aus dem Untergang der feudalen Gesellschaft hervorgegangene moderne bürgerliche Gesellschaft hat [...] neue Klassen, neue Bedingungen der Unterdrückung, neue Gestaltungen des Kampfes an die Stelle der alten gesetzt. [...] Die ganze Gesellschaft spaltet sich mehr und mehr in [...] zwei große [...] Klassen: Bourgeoisie und Proletariat.« (MEW 4: 462 f.)

Greift man noch einmal die in Anknüpfung an Hegel eingeführte Unterscheidung von ›bürgerlicher‹ und ›politischer‹ Gesellschaft auf, so deutet das spannungsreiche Verhältnis von Produktivkräften und Produktionsverhältnissen auf die ökonomische Kernstruktur und die Dimension der ›bürgerlichen‹ Gesellschaft. Die jeweiligen Klassenauseinandersetzungen hingegen verweisen auf die ›politische‹ Gesellschaft mit ihren spezifischen Strukturen und Handlungsmöglichkeiten. Eine umfassende Theorie der Gesellschaft umgreift bei Marx beide Aspekte, die zusammengehören, ohne aufeinander reduziert werden zu können. Zwar setzen die Klassenstrukturen von ›Bourgeoisie‹ und ›Proletariat‹ den Widerspruch von vergesellschafteter Produktion und privater Aneignung voraus, der auf seine Aufhebung drängt. Aber die für Marx in letzter Instanz unabweisbare Umwälzung der gesellschaftlichen Verhältnisse erfordert zusätzliche Politisierungsprozesse, die offen und kontingent sind, auch wenn sie ex post nur folgerichtig erscheinen mögen.

Wie wird Gesellschaft konzeptualisiert?

Marx begreift den Menschen als ein soziales Wesen, dessen Spezifik sich aus seiner Auseinandersetzung mit und Aneignung der Natur ergibt. »Die Menschen [...] fangen an, sich von den Tieren zu unterscheiden, sobald sie anfangen, ihre Lebensmittel zu produzieren.« (MEW 3: 21) Es ist also die produktive Tätigkeit und damit letztlich die Arbeit, die den Menschen zum Menschen macht. Wie Marx später im *Kapital* in dem Vergleich von Biene und Baumeister erläutert, unterscheidet sich die menschliche Arbeit von tierischen

Aktivitäten dadurch, dass der Mensch bewusst und planvoll handelt und in der Lage ist, das Resultat seiner Naturveränderung intellektuell vorwegzunehmen: »Was [...] den schlechtesten Baumeister vor der besten Biene auszeichnet, ist, daß er die Zelle in seinem Kopf gebaut hat bevor er sie in Wachs baut.« (MEW 23: 192)

Arbeit erscheint aber nicht nur als ein konstitutives Gattungsmerkmal, sondern ebenso als ein gesellschafts- und herrschaftsbegründendes Moment. »Individuen, die auf bestimmte Weise produktiv tätig sind, gehen [...] bestimmte gesellschaftliche und politische Verhältnisse ein« (MEW 3: 25), und dies tun sie nicht unbedingt freiwillig. Zwar werden die gesellschaftlichen und politischen Verhältnisse von den Beteiligten aktiv reproduziert, aber für die einzelnen Akteure sind die Verhältnisse, auf die sich einlassen, in der Regel vorgegeben. Unter dieser Perspektive erscheint Gesellschaft als ein äußerlicher Zwangszusammenhang, der die Individuen prägt, und an den sie sich anpassen müssen. Zugleich wird dieser Zwangszusammenhang als eine eigenständige Wirklichkeit beschrieben, die nach eigenen Regeln funktioniert und sich nicht auf individuelles Handeln zurückführen lässt. Hiermit grenzt sich Marx indirekt von Autoren wie Thomas Hobbes, David Hume oder Adam Smith ab, die Gesellschaft aus einem wie auch immer gearteten Zusammenwirken von Individuen zu erklären versuchen.

Jenseits dessen wird jedoch die Bedeutung von Arbeit und Arbeitsteilung für die Konstitution von Gesellschaft durchaus ähnlich eingeschätzt. Für Marx ist die Arbeitsteilung das Paradigma für die Herausbildung von Differenzen und Ungleichheiten, wobei er letztlich drei Entwicklungsstufen der Arbeitsteilung unterscheidet. Den Ausgangspunkt bildet »die Teilung der Arbeit im Geschlechtsakt, dann Teilung der Arbeit, die sich vermöge der natürlichen Anlage (z. B. Körperkraft), Bedürfnisse, Zufälle etc. etc. von selbst oder ›naturwüchsig‹ macht« (MEW 3: 31). Allerdings sind diese beiden Ebenen in mancher Hinsicht noch ›vorgesellschaftlich‹. »Die Teilung der Arbeit wird erst wirklich Teilung von dem Augenblicke an, wo eine Teilung der materiellen und geistigen Arbeit eintritt.« (Ebd.) Entscheidend ist somit die Trennung von Kopf- und Handarbeit, in deren Folge »sich das Bewußtsein wirklich einbilden (kann), etwas Andres als das Bewußtsein der bestehenden Praxis zu sein [...] und zur Bildung der ›reinen‹ Theorie, Theologie, Philosophie, Moral etc. überzugehen« (ebd.). Hierdurch treten nicht nur Theorie und Praxis in Widerspruch, sondern zugleich ist »die Möglichkeit, ja die Wirklichkeit gegeben, daß die geistige und materielle Tätigkeit – daß der Genuß und die Arbeit, Produktion und Konsumtion, verschiedenen Individuen zufallen« (ebd.: 32). Arbeitsteilung führt also zu Ideologiebildung und sozialer Ungleichheit gleichermaßen, und hieraus folgert Marx, dass die Möglichkeit der Beseitigung der hiermit gesetzten Widersprüche »nur darin liegt, daß die Teilung der Arbeit wieder aufgehoben wird« (ebd.).

Im Unterschied zu Herbert Spencer beschreibt Marx die Folgen der Arbeitsteilung nicht als einen (irreversiblen) Differenzierungsprozess, sondern als einen solchen der Entfaltung von dialektischen Widersprüchen, die in letzter Instanz zu ihrer Aufhebung drängen. Entscheidend für die Entwicklungsdynamik sind die

> »Produktionsverhältnisse, die einer bestimmten Entwicklungsstufe ihrer materiellen Produktivkräfte entsprechen. Die Gesamtheit dieser Produktionsverhältnisse bildet die ökonomische Struktur der Gesellschaft, die reale Basis, worauf sich ein juristischer und politischer Überbau erhebt und welcher bestimmte gesellschaftliche Bewußtseinsformen entsprechen« (MEW 13: 8).

Mit dieser Formulierung wird das berühmte Basis-Überbau-Theorem zusammengefasst, das Marx als einen ›ökonomischen‹ Gesellschaftstheoretiker ausweist und letztlich zwei Teilthesen beinhaltet: Zum einen ist »die Produktionsweise des materiellen Lebens« (ebd.), also die ökonomische Basis, die Grundlage für die Art und Weise, wie die Menschen über ihr Leben denken: »Es ist nicht das Bewußtsein der Menschen, das ihr Sein, sondern umgekehrt ihr gesellschaftliches Sein, das ihr Bewußtsein bestimmt.« (Ebd.: 9) Die allgemeine Abhängigkeit des Bewusstseins vom Sein wird darüber hinaus gleichsam systemisch generalisiert und präzisiert. Unter dieser Perspektive stellt sie sich als Dominanz des ökonomischen Systems gegenüber den politischen und kulturellen Strukturen dar. Marx unterscheidet hier zwischen »den ökonomischen Produktionsbedingungen und den juristischen, politischen, religiösen, künstlerischen oder philosophischen, kurz, ideologischen Formen, worin sich die Menschen dieses Konflikts bewußt werden und ihn ausfechten« (ebd.) und formuliert seine grundlegende Entwicklungsthese: »Mit der Veränderung der ökonomischen Grundlage wälzt sich der ganze ungeheure Überbau langsamer oder rascher um« (ebd.) – wobei dies, wie angedeutet, nicht von selbst geschieht, sondern in Abhängigkeit vom Stand der Klassenkämpfe.

Diesen Zusammenhang behauptet Marx für alle Stufen der menschlichen Entwicklung. Konkret analysiert hat er ihn vor allem am Beispiel des Kapitalismus, der zu seiner Zeit in Großbritannien am weitesten entwickelt war. Die (auch unter politischen Gesichtspunkten) prägnanteste Beschreibung findet sich dabei in dem zusammen mit Friedrich Engels verfassten *kommunistischen Manifest* von 1849, in dem der Übergang von der feudalen Agrar- zur kapitalistischen Industriegesellschaft wie folgt zusammen gefasst wird:

> »Die Produktions- und Verkehrsmittel, auf deren Grundlage sich die Bourgeoisie heranbildete, wurden in der feudalen Gesellschaft erzeugt. Auf einer gewissen Stufe der Entwicklung dieser Produktions- und Verkehrsmittel entsprachen die Verhältnisse, worin die feudale Gesellschaft produzierte und austauschte, [...] den schon entwickelten Produktivkräften nicht mehr. Sie hemmten die Produktion, statt sie zu fördern. [...] Sie mußten gesprengt werden, sie wurden gesprengt. An ihre Stelle trat die freie Konkurrenz mit der ihr angemessenen gesellschaftlichen und politischen Konstitution, mit der ökonomischen und politischen Herrschaft der Bourgeoisklasse.« (MEW 4: 467)

Der Übergang von der agrarischen zur industriellen Produktionsweise und von der feudalen zur bürgerlichen Gesellschaft wird als ein nachhaltiger Rationalisierungsprozess beschrieben, der letztlich auf eine ›*Entzauberung der Welt*‹ (Max Weber) hinausläuft.

> »Die Bourgeoisie, wo sie zur Herrschaft gekommen, hat alle feudalen, patriarchalischen, idyllischen Verhältnisse zerstört. Sie hat die buntscheckigen Feudalbande [...] unbarmherzig zerrissen und kein anderes Band zwischen Mensch und Mensch übriggelassen als das nackte Interesse, als die gefühllose ›bare Zahlung‹.« (Ebd.: 465)

Die Rationalisierung umgreift dabei alle Bereiche des gesellschaftlichen Lebens und bezeichnet keinen einmaligen Umbruch, sondern einen auf Dauer gestellten Prozess mit wachsender Dynamik:

> »Alle festen eingerosteten Verhältnisse mit ihrem Gefolge von altehrwürdigen Vorstellungen und Anschauungen werden aufgelöst, alle neugebildeten veralten, ehe sie verknöchern können. Alles Ständische und Stehende ver-

> dampft, alles Heilige wird entweiht, und die Menschen sind endlich gezwungen, ihre Lebensstellung, ihre gegenseitigen Beziehungen mit nüchternen Augen anzusehen.« (Ebd.)

Die Folgen der bürgerlichen Umwälzung beurteilt Marx dabei höchst ambivalent. Auf der einen Seite begrüßt er die Rationalisierungseffekte und die Fortschritte der Produktivkraftentwicklung. Auf der anderen Seite betont er die hierdurch zugleich entstehenden neuen Ausbeutungs- und Entfremdungsstrukturen, die eben nicht als irreversibler ›Preis des Fortschritts‹ erscheinen, sondern als eine neue Form und Entwicklungsstufe des Widerspruchs von Produktivkräften und Produktionsverhältnissen. Der feudale Gegensatz von Grundherrschaft und Leibeigenen wird in ökonomischer Hinsicht durch den Widerspruch von Lohnarbeit und Kapital abgelöst, der unter Klassenperspektiven zugleich seinen Ausdruck im Gegensatz von Proletariat und Bourgeoisie findet.

Wie gestaltet sich das Verhältnis von Mikro- und Makroanalyse?

Die Unterscheidung von Mikro- und Makroanalysen, wie sie in den Sozialwissenschaften heute gängig ist, wird bei Marx noch nicht systematisch, wohl aber indirekt zum Thema. So heißt es in der *Deutschen Ideologie* von 1845/46: »Die erste Voraussetzung aller Menschengeschichte ist natürlich die Existenz lebendiger menschlicher Individuen« (MEW 3: 20). Allerdings bilden diese nur den empirischen Ausgangspunkt der Analyse, und Marx grenzt sich explizit von allen ab, die mit einem allgemeinen Individuumskonzept operieren und Gesellschaft als Zusammenschluss von Individuen zu begreifen versuchen (vgl. MEW 13: 615). Denn die Individuen treten nicht »abstrakt« auf den Plan, sondern als »in Gesellschaft produzierende Individuen« (ebd.). Individuum und Gesellschaft sind dementsprechend konstitutiv vermittelt. Dies beginnt bereits in der Familie und setzt sich in späteren Einbindungen fort, wobei stets gilt: »Der Mensch ist [...] nicht nur ein geselliges Tier, sondern ein Tier, das nur in der Gesellschaft sich vereinzeln kann« (ebd.: 616). Die Vergesellschaftung des Menschen ist also selbst die Voraussetzung seiner Individualisierung, wobei sich dieser Zusammenhang historisch verstärkt und verändert. »Erst in dem 18. Jahrhundert, in der ›bürgerlichen Gesellschaft‹, treten die verschiednen Formen des gesellschaftlichen Zusammenhangs dem

Einzelnen als bloßes Mittel für seine Privatzwecke entgegen, als äußerliche Notwendigkeit« (ebd.), und erst unter dieser Voraussetzung können sich die Individuen auch zunehmend im Gegensatz zur Gesellschaft begreifen.

Die (Selbst-)Wahrnehmung als autonome Subjekte ändert freilich nichts daran, dass die Individuen grundsätzlich »unselbständig, einem größren Ganzen angehörig« (ebd.) und integriert sind. Als Beispiele für soziale Einbindungen, die bereits in traditionalen Gesellschaften existieren, nennt Marx die Familie und den Stamm sowie die darüber hinaus gehenden Klassenverhältnisse. In Gesellschaften, die durch eine Herrschaft der Bourgeoisie gekennzeichnet sind, erfahren die Klassenverhältnisse einen Strukturwandel, der über den Bedeutungsverlust der Grundherrschaft und die Aufhebung der Leibeigenschaft hinausgeht:

> »Die bisherigen kleinen Mittelstände, die kleinen Industriellen, Kaufleute und Rentiers, die Handwerker und Bauern, alle diese Klassen fallen ins Proletariat hinab, teils dadurch, daß ihr kleines Kapital für den Betrieb der großen Industrie nicht ausreicht [...], teils dadurch, daß ihre Geschicklichkeit von neuen Produktionsweisen entwertet wird.« (MEW 4: 469)

Als kollektive Akteure übrig bleiben somit letztlich nur noch Bourgeoisie und Proletariat, die sich mit prinzipiell gegensätzlichen Interessen gegenüber stehen.

Der zweite Aspekt im Verhältnis von Mikro- und Makroperspektiven betrifft die Frage nach dem Verhältnis von Handlung und Struktur: Inwieweit ist das Handlungspotential der Akteure strukturell bestimmt, und inwiefern können die Akteure Strukturen verändern? In einem Brief von 1846 formuliert Marx hier einerseits eine fast schon interaktionistisch anmutende Perspektive: »Was ist die Gesellschaft, welches immer auch ihre Form sei? Das Produkt des wechselseitigen Handelns der Menschen.« (MEW 4: 548) Gesellschaftliche Strukturen ergeben sich somit aus sozialem Handeln; sie werden in den und über die Interaktionen der Menschen hergestellt. Aber dies ist nur die eine Seite der Medaille. Sofern die Strukturen den handelnden Akteuren vorgegeben sind, werden sie eher reproduziert als produziert. Diese Perspektive steht bei Marx vor allem in seinen späteren Werken im Vordergrund, in denen die Veränderung der Strukturen im Wesentlichen als ein Problem des Klassenhandelns in den Blick tritt. Dieses kann zu einer »naturwissenschaftlich treu zu konstatierenden Umwälzung in den ökonomischen Produktionsbedingungen und den juristischen, politischen, religiösen, künstlerischen oder philosophischen, kurz, ideologischen Formen (führen), worin sich die Menschen dieses Konflikts bewußt werden und ihn ausfechten« (MEW 13: 9). Aber ob ein entsprechendes Klassenhandeln zustande kommt, ist offen und lässt sich kaum ›naturwissenschaftlich treu‹ vorhersagen.

Wie wird die Veränderung beziehungsweise die Entwicklung von Gesellschaft gedacht?

Im Unterschied zu den ›Klassikern‹ von Thomas Hobbes bis Adam Smith ist Marx kein Ordnungs-, sondern ein Entwicklungstheoretiker der Gesellschaft. Sein Interesse richtet sich nicht auf das berühmte ›Hobbesian Problem of Order‹ (›Wie ist gesellschaftliche Ordnung möglich?‹), sondern auf die Frage nach Gesetzmäßigkeiten in der Entwicklung von Gesellschaften. Dass sich dieser Perspektivenwechsel mit und im Gefolge der französischen Revolution durchsetzte, hat insbesondere Reinhart Koselleck (1973) in seiner Arbeit über *Kritik und Krise* herausgearbeitet. In dieser zeigt er auf, wie sich in der zweiten Hälfte des 18. Jahrhunderts die Zeiterfahrung verändert und ein neues Verständnis von historischer Entwicklung als Wandel und Bewegung entsteht. Für die Gesellschaftstheorie bedeutet dies einen Übergang von einem eher prinzipialistischen zu einem stärker evolutionären Denken, wie es paradigmatisch durch Charles Darwin (1809–1882) verkörpert wird.

Zwar ist das Entwicklungsdenken bei Marx eher an Hegel geschult. Aber er ist von Darwins *Entstehung der Arten* (1859) tief beeindruckt (vgl. Lucas 1964) und schätzt ihn als einen Naturwissenschaftler, der »das Interesse auf die Geschichte der natürlichen Technologie gelenkt (hat), d. h. auf die Bildung der Pflanzen- und Tierorgane als Produktionsinstrumente für das Leben der Pflanzen und Tiere« (MEW 23: 392). Allerdings sieht Marx eine entscheidende Differenz zwischen den Pflanzen und Tieren einerseits und der menschlichen Entwicklung. Letztere ergibt sich nicht als naturwüchsige Anpassungsleistung, sondern aus menschlichen Handlungen und gesellschaftlichen Strukturierungsleistungen, wie sie aus der Arbeitsteilung und ihren Folgen erwachsen (vgl. Quante/Schweikart 2016: 228 f.). Diese gesellschaftlichen Strukturierungsleistungen folgen einer Entwicklungslogik, die auf Gesetzmäßigkeiten in der Dynamik von Produktivkräften und Produktionsverhältnissen verweist, aber keineswegs geschichtsphilosophisch zu verstehen ist (vgl. Artus et al. 2014: 42). Denn die gesellschaftliche Entwicklung folgt nicht einem vorgegebenen Ziel, sondern ergibt sich aus den Klassenauseinandersetzungen, die es in ihrer jeweiligen Form zu analysieren gilt.

Ungeachtet dessen unterscheidet Marx verschiedene Gesellschaftsformationen und Entwicklungsstufen der Vergesellschaftung. So heißt es im Vorwort zur *Kritik der politischen Ökonomie* von 1859, dass »in großen Umrissen [...] asiatische, antike, feudale und modern bürgerliche Produktionsweisen als progressive Epochen der ökonomischen Gesellschaftsformation bezeichnet werden (können)« (MEW 13: 9). Progressiv sind diese Formationen insofern, als sie im Vergleich zu den vorangegangenen jeweils auf eine neue, leistungsfähigere Organisationsform von Gesellschaft verweisen. Gemeinsam ist ihnen, dass sie alle auf einer Beseitigung des ursprünglichen Gemeineigentums an Produktionsmitteln und auf der Herausbildung von antagonistischen Klassen basieren. Zwar lässt sich Marx über die verschiedenen Varianten weit weniger aus als Friedrich Engels, und entgegen den gängigen Darstellungen findet sich in der Primärliteratur auch kein Hinweis darauf, dass er den Begriff der ›Sklavenhaltergesellschaft‹ geprägt hat (gleichsam als Zusammenfassung von asiatischer und antiker Produktionsweise). Aber so peripher die Hinweise auf vormoderne Gesellschaftsformationen auch sein mögen, so ausführlich beschreibt er den Übergang von der ›feudalen‹ zur ›bürgerlichen‹ Produktionsweise.

Der Ausgangspunkt für die Entstehung der kapitalistischen liegt in der Entwicklungsdynamik der feudalistischen Gesellschaftsformation. Denn »neue höhere Produktionsverhältnisse treten nie an die Stelle, bevor die materiellen Existenzbedingungen derselben im Schoß der alten Gesellschaft selbst ausgebrütet worden sind« (ebd.). Zwar liegt die Basis der feudalistischen Produktionsweise in der Agrarproduktion. Aber daneben fördert sie auch Handwerk und Handel, die dominant von der neu entstehenden Klasse der Bürger betrieben werden. Deren Aktivitäten entwickeln sich zunächst am Rande und im Windschatten der agrarischen Produktionsweise, gewinnen jedoch sukzessive an Bedeutung und entwickeln eine Eigendynamik, die immer stärker in Konflikt mit den feudalen Strukturen gerät – etwa in Gestalt von Zunftzwängen, Marktgrenzen und politischem Ausschluss. Die neu entstehenden Produktivkräfte werden durch die tradierten Produktionsverhältnisse somit zunehmend behindert. Sie geraten in Widerspruch zu ihnen, wobei diese Widersprüche über kleine Schritte (wie die lokale Abschaffung von Zunftzwängen) oder große Revolutionen (wie die französische) umdefiniert, verschoben und/oder aufgelöst werden.

Dasselbe Schicksal droht nach Marx allerdings auch der bürgerlichen Gesellschaft. Denn in dem Maße wie die ›alten‹ Widersprüche von Produktivkräften und Produktionsverhältnissen an Bedeutung verlieren, werden neue Widersprüche in Gestalt des Gegensatzes von gesellschaftlicher Produktion (durch das Proletariat) und privater Aneignung (durch die Bourgeoisie) sichtbar. An dieser Stelle geht Marx von der retrospektiven Analyse zu einer politischen Prognose über, die sich dadurch auszeichnet, dass sie ein Ende des bisherigen dialektischen Entwicklungsgangs behauptet: »Die bürgerlichen Produktionsverhältnisse sind die letzte antagonistische Form des gesellschaftlichen Produktionsprozesses.« (Ebd.) Diese These liegt für Marx nicht zuletzt angesichts des Standes und der Entwicklungsdynamik der Produktivkräfte nahe. Angesichts der rasanten technischen Fortschritte geht er davon aus, dass die »im Schoß der bürgerlichen Gesellschaft sich entwickelnden Produktivkräfte [...] zugleich die materiellen Bedingungen zur Lösung dieses Antagonismus (schaffen). Mit dieser Gesellschaftsformation schließt daher die Vorgeschichte der menschlichen Gesellschaft ab« (ebd.).

Die ›eigentliche‹ Geschichte der Menschen beginnt also erst mit dem Ende der bürgerlichen Gesellschaft und mit dem Sieg des Proletariats im Klassenkampf. Sofern es gelingt, durch Abschaffung des Privateigentums an Produktionsmitteln den Widerspruch von gesellschaftlicher Produktion und privater Aneignung aufzulösen, kann die Überwindung der Arbeitsteilung ebenso gelingen wie die Herstellung einer Gesellschaftsformation ohne Entfremdung und Ausbeutung. Diese als Kommunismus beschreibbare neue Formation bezeichnet den Beginn einer Gesellschaftsgeschichte, in der es einem Ensemble von Freien und Gleichen gelingt, auf der Grundlage von Gemeineigentum und jenseits der Arbeitsteilung eine ebenso selbstbewusste wie vollständige Beherrschung der äußeren und inneren Natur zu realisieren. Diese Utopie einer vollständigen Naturbeherrschung durch endloses Wachstum und technischen Fortschritt hat angesichts der ökologischen Selbstgefährdung der Menschheit ihre einstige Attraktivität sicherlich eingebüßt. Aber diese Feststellung betrifft nicht unbedingt die Analysen zur Bedeutung von Arbeit und ökonomischer Basisstruktur. Diese werden nicht nur innerhalb des Marxismus nach wie vor aufgegriffen, differenziert und diskutiert, und solange die gesellschaftsstrukturierende Bedeutung von Arbeit und ökonomischen Basisstrukturen nicht in Frage steht, dürfte sich hieran auch nicht viel ändern.

Lern- und Kontrollfragen

- Wie lässt sich der Marx'sche Materialismus charakterisieren?
- Was bedeutet der ›Widerspruch von Produktivkräften und Produktionsverhältnissen‹?
- Welche Aspekte umgreift das Basis-Überbau-Theorem bei Marx?

Literatur

Primärliteratur

Internationale Marx-Engels-Stiftung (Hg.). Marx/Engels Gesamtausgabe (MEGA). Berlin: de Gruyter (geplant: 114 Bände; bislang veröffentlicht: 65 Bände – Übersicht siehe: Quante/Schweikart 2016: 21 f. sowie http://mega.bbaw.de/ [Zugriff: 29.10.2020]).

Rosa-Luxemburg-Stiftung (Hg.). Marx-Engels-Werke (MEW) 44 Bände. Berlin: Dietz, davon 32 Bände elektronisch verfügbar unter: www.mlwerke.de/me/me_mew.htm [Zugriff: 29.10.2020] sowie alle 44 Bände mit Originallayout der Papierausgabe 1978 unter https://marx-wirklich-studieren.net/marx-engels-werke-als-pdf-zum-download/ [Zugriff: 29.10.2020]).

Sekundärliteratur

Ambrosi, Marlene (2018). Helena Demuth: Die treue Seele im Hause Marx und Engels. Trier: Michael Weyand.

Artus, Ingrid/Krause, Alexandra/Nachtwey, Oliver/Notz, Gisela/Reitz, Tilman/Vellay, Claudius/Weyand, Jan (2014). Marx für SozialwissenschaftlerInnen. Eine Einführung. Wiesbaden: Springer.

Bayertz, Kurt (2018a). Karl Marx und die Möglichkeit eines nichtnaturalistischen Materialismus. In: Praefaktisch.de: 200 Jahre Marx v. 17. April 2018, S. 1–7, elektronisch verfügbar unter: https://www.praefaktisch.de/200-jahre-marx/karl-marx-und-die-moeglichkeit-eines-nichtnaturalisti schen-materialismus/ [Zugriff: 29.10.2020].

Bayertz, Kurt (2018b). Interpretieren um zu verändern. Karl Marx und seine Philosophie. München: C. H. Beck.

Garber, Jan (2018). Karl Marx in Paris. Die Entdeckung des Kommunismus. München: Piper.

Korte, Hermann (2017). Einführung in die Geschichte der Soziologie. 10. Auflage. Wiesbaden: Springer.

Koselleck, Reinhart (1973). Kritik und Krise. Eine Studie zur Pathogenese der bürgerlichen Welt. Frankfurt a. M.: Suhrkamp.

Limmroth, Angelika (2014). Jenny Marx. Die Biographie. Berlin: Dietz.

Lucas, Erhard (1964). Marx' und Engels' Auseinandersetzung mit Darwin. Zur Differenz zwischen Marx und Engels. In: International Review of Social History, Vol. 9, Issue 3, pp. 433–469. Elektronisch verfügbar unter: https://doi.org/10.1017/S0020859000002637 [Zugriff: 29.10.2020].

Neffe, Jürgen (2017). Marx. Der Unvollendete. München: C. Bertelsmann.

Quante, Michael/Schweikard, David (Hg.) (2016). Marx-Handbuch. Leben – Werk – Wirkung. Stuttgart: Metzler.

Schieder, Wolfgang (2018). Karl Marx. Politik in eigener Sache. Darmstadt: WBG.

Stedman Jones, Gareth (2017). Karl Marx. Die Biographie. Frankfurt a. M.: Fischer.

Wittstock, Uwe (2018). Karl Marx beim Barbier: Leben und letzte Reise eines deutschen Revolutionär. München: Karl Blessing.

2.3 Herbert Spencer: Evolution und Differenzierung

Herbert Spencer hat wie Thomas Hobbes und David Hume beziehungsweise René Descartes und Auguste Comte – und nach ihm Talcott Parsons – den Versuch unternommen, eine die Grenzen zwischen den verschiedenen Wissensgebieten bewusst ignorierende Weltsicht zu entwickeln. Die seit dem 18. Jahrhundert aufkeimende Biologie dient ihm als Leitwissenschaft, die er in evolutionstheoretischer Absicht systematisiert. Zum Begründer einer »allgemeinen Soziologie« (Spencer 1996: 89) wird er infolge seiner Bemühungen, alle heutzutage ›ausdifferenzierten‹ sozialwissenschaftlichen Einzeldisziplinen unter dieser Bezeichnung zusammen darzustellen.

Zur Person

Herbert Spencer wird am 27. April 1820 in Derby (UK) geboren (Spencer 1905). Er verbringt eine glückliche Jugend, die ihm jeden Schul- und Universitätsbesuch erspart, da er zu Hause unterrichtet wird. Von 1837 bis 1841 arbeitet er als Eisenbahningenieur und versucht sich hernach als (freischaffender) Publizist. 1848 bis 1853 wirkt er als Redakteur beim *Economist*, einem seit 1843 existierenden Journal, und veröffentlicht 1850 sein (erstes) Buch, in dem er (radikal) liberalistische und anti-wohlfahrtsstaatliche Thesen verficht, die seine Soziologie aber nicht näher berühren. Zwei Erbschaften erlauben ihm von 1853 an ein späterhin auf zwanzig Bände anwachsendes *System der synthetischen Philosophie* vorzubereiten, die – begleitet von zahlreichen Essays und Kommentaren – zwischen 1862 und 1897 erscheinen (und rasch ins Deutsche übersetzt werden). Die Reihe leitet einen Band zu den *Grundsätzen einer synthetischen Auffassung der Dinge* (Spencer 1901 [1862]) ein und umfasst mehrbändige Volumina zu den *Prinzipien der Biologie*, der *Ethik*, der *Psychologie* und – nach Abschluss seiner mittlerweile nachgedruckten *Einleitung in das Studium der Sociologie* (Spencer 1996) – vier Bände über die *Prinzipien der Sociologie* (vgl. Spencer 1877, 1887, 1889, 1891/1897). Parallel dazu finanziert Spencer eine insgesamt sechzehn Volumina umfassende *Descriptive Sociology*, in der er alle damals bekannten Gesellschaften nach theoretisch einschlägigen Kriterien ›klassifiziert‹, welche die vergleichende Prüfung empirischer Annahmen über deren ›Struktur‹ und ›Entwicklung‹ erlauben (vgl. Turner 1985: 85–105).

Spencer bleibt unverheiratet, verbringt seinen Lebensabend von seinen Sekretären umsorgt und hielt sich vornehmlich in seinem geliebten ›Club‹ auf. Gleichwohl war er mit zahlreichen, noch heute bekannten Denkern (wie John Stuart Mill, Charles Darwin, Thomas H. Huxley, John Lubbock, John Tyndall) gut vernetzt. Mit George Elliot verband ihn eine innige Freundschaft. Er litt zeitlebens unter Depressionen und Schlaflosigkeit und kann phasenweise nur unregelmäßig arbeiten, aber er bringt seine ›synthetische Philosophie‹ zu einem glücklichen Ende und erlebt noch, wie sein Ruf – vor allem in den Vereinigten Staaten, die er 1882 besuchte und wo er auch heute nicht gänzlich vergessen ist (vgl. Turner 1985) – zunehmend wächst. 1904 (original 1902) erscheint sein letztes Buch, in dem er sich bitterlich über die kriegslüsterne Kolonialpolitik seines Heimatlandes beklagt. Herbert Spencer stirbt am 8. Dezember 1903.

Fragestellung und Erkenntnisse

Herbert Spencer gilt noch heute als ein ›Gigant‹ der Soziologie (Turner 1981), aber genau besehen hat er sich nur für zwanzig Jahre seines langen Lebens und mit relativ geringem Werkumfang als Soziologe engagiert. Sein Anliegen galt vielmehr dem an das Denken von Thomas Hobbes erinnernden Entwurf einer (alle Wissensgebiete) übergreifenden, ›kosmologisch‹ ausgelegten Weltauffassung. Die Grundlagen seiner *synthetischen Philosophie* sind die folgenden (Spencer 1901): Spencer ist insoweit ›Kantianer‹, als er an der Bewusstseinsabhängigkeit unserer Erkenntnis festhält. Es gibt infolge dessen eine vielleicht verschiebbare, aber keinesfalls auflösbare Grenze zwischen ›Nicht-Erkennbarem‹ und ›Erkennbarem‹, was uns aber nicht davon abhalten kann, nach einer von allen Einzelkenntnissen ›abstrahierenden‹ Begrifflichkeit beziehungsweise nach einer (inhaltlich umfassenden) Theorie zu suchen, vermittels derer wir unsere (empirisch oder ›induktiv‹ zugänglichen) Einzelerfahrungen zu ordnen lernen. Daraus folgert Spencer zweierlei: Zum einen reichen die »Kundgebungen«, die unser Bewusstsein aus seiner Umwelt erhält, zumal solange dazu hin, an einer realistischen Erkenntnisauffassung festzuhalten (Spencer 1886: 454–467), als unsere theoriegeleitete Ordnung der »Erscheinungen« zu einer widerspruchsfrei »integrierten Form der Erkenntnis« führt (Spencer 1901: 540). Zum anderen ist darauf zu hoffen, alle »konkrete« Welterkenntnis aus demselben Satz »erster Prinzipien« »deduzieren« zu können und auf diesem Wege »vereinheitlichend« zu erklären.

Diese Erklärungsprinzipien legen fest, dass der »Stoff«, aus dem die Welt in allen ihren verschiedenen materialisierten Formen besteht, und die »Kräfte«, die unablässig auf den Auf-, Um- und Abbau materieller »Aggregate« drängen, ebenso unzerstörbar oder »beharrlich« (Spencer 1901: 185 ff.) sind, wie die Beziehungen zwischen diesen Kräften und deren »Metamorphosen« und Umwandlungen (Spencer 1901: 197–225). Um diese ständigen »Andersverteilungen« (Spencer 1901: 276, 564) von Stoff und Kräften zutreffend zu erklären, sucht Spencer nach einem generellen Gesetz, das er als »Gesetz der Evolution« (Spencer 1967) beziehungsweise der »Entwicklung« (Spencer 1901: 307–406) versteht und in der folgenden Weise ausformuliert: Ausgangspunkt jeder »Evolution« ist eine Menge von homogenen Elementen, die zunächst ohne über eine eigenständige »Organisation« (Spencer 1996 I: 80) ihrer Beziehungen zu verfügen, in Kontakt zueinander treten. Homogene Verteilungen aber sind extern wie intern generierten Kräften gegenüber, welche die Elemente und damit ihre Relationen untereinander verändern, instabil. Wenn andererseits die Unterschiede zwischen den Elementen zunehmen, so entsteht die Chance, dass sie sich voneinander abhängig machen, woraus die Notwendigkeit einer »zunehmende(n) Coordination der Theile« (Spencer 1901: 329) resultiert. Zu deren Charakterisierung entwickelt Spencer eine theoriegeschichtlich überaus einflussreiche Terminologie: Den Prozess, vermittels dessen sich die Aggregatselemente als Gleiche aufeinander beziehen, nennt Spencer »Integration«; die Dynamik, in deren Gefolge sich ihre Eigenheiten oder die Art ihrer Wechselbeziehungen unterscheiden, bezeichnet er als »Differenzierung« (Spencer 1901: 331); die beziehungstypischen »socialen Thätigkeiten« hingegen heißen bei ihm »Functionen« (Spencer 1901: 222), während er das Verteilungsmuster der Elemente, soweit sie diese Tätigkeiten produzieren, (soziale) »Struktur« nennt (Spencer 1901: 546).

Jede einmal stattgehabte Differenzierung (von Struktur und Funktion) neigt dazu, sich infolge des Gesetzes von der »Vervielfältigung der sich selbst einstellenden Wirkungen« (Spencer 1901: 436 ff.) weiterzuführen; Differenzierung gebiert Differenzierung und setzt, solange sich die im Verlauf des Koordinationsaufbaus dissipierten individuellen und »socialen Kräfte« (Spencer 1901: 224) wiederbeschaffen lassen, einen Differenzierungssteigerungsprozess in Gang. Die »Struktur« des Aggregats »kompliziert« sich parallel zur Menge der »Functionen« seiner Elemente (Spencer 1901: 546). Gleichzeitig (geht), indem die Elemente auf ihr Wechselhandeln angewiesen bleiben und die anfängliche Willkürlichkeit ihrer Bewegung infolgedessen abnimmt, »neben einem Fortschritte von Einfachheit zur Complicierttheit [...] ein Fortschritt von Confusion zur Ordnung einher« (Spencer 1901: 365). Und richtungsgleich dazu gewinnen die Bewegungen der Elemente an »Bestimmtheit«, die Anschlüsse und Bezugnahmen zwischen ihren »Thätigkeiten« werden »specifischer« (Spencer 1901: 375), indem sie sich aneinander anpassen und dadurch zugleich ihre Fähigkeit, Umweltbedrängnissen (im Kollektiv) zu widerstehen, steigern. Diese (doppelte) »Anpassung« ist unter anderem die Konsequenz einer »fortschreitenden Sonderung« (Spencer 1901: 383) beziehungsweise eines (darwinschen) Prozesses der »Auslesung« (Spencer 1901: 467), in dessen Verlauf Kräfte daraufhin wirken, dass sich Elemente ihrer »Ähnlichkeit« folgend gegeneinander »abgrenzen« (Spencer 1901: 463 ff.) und autonome Tätigkeitsbereiche aufsuchen.

In einem theoriegeschichtlich überaus folgenreichen Kapitel systematisiert Spencer die möglichen, auf die Bildung und Umgestaltung der Aggregate ausgerichteten Kräfte danach, zu welchen unterschiedlich gestalteten »Gleichgewichte(n)« (Spencer 1901: 487–516) sie führen können. Seiner Einordnung folgend werden die Kräfteverhältnisse zwischen homogenen Elementen nur schwach ausgebildet sein und insoweit ein jederzeit störbares und damit »unstetes Gleichgewicht« (Spencer 1901: 407) bilden; die Kräfte können Unterschiede zwischen den Elementen aber auch kontinuierlich erhöhen und so den Aufbau einer Aggregatsstruktur vorantreiben, deren Gleichgewicht Steigerungseffekte zulässt. In anderen Fällen gleichen sich die in verschiedene Richtungen wirkenden Kräfte aus und führen ein Aggregat – im Sinne John Stuart Mills – in einen »stationären Zustand« (Spencer 1901: 512), oder aber sie stehen in einem »antagonistischen« Verhältnis zueinander (Spencer 1901: 265) und münden oszillativ in ein »bewegliches« (Spencer 1901: 511) oder (rhythmisch) »schwankendes Gleichgewicht« (Spencer 1887: 146). Lokal möglich bleibt indessen immer auch, dass das Wechselspiel der Kräfte externe Störungen oder interne »Zerrüttung« hervorbringt oder begünstigt (Spencer 1901: 519) und so auf die »Auflösung« des Aggregats hinwirkt (Spencer 1901: 517–538). Infolge dessen werden Integration und Ordnungsaufbau durch Desintegration ersetzt, die »Thätigkeiten« der Elemente verlieren ihren konstanten Zusammenhalt und letztere zerstreuen sich (Spencer 1901: 488).

Wie wird Gesellschaft konzeptualisiert?

Herbert Spencer äußert sich an zwei Stellen seines Werkes (Spencer 1887: 3–181, Spencer 1996 I: 59–88 und passim) – in einer systematisch zu nennenden Weise – zu dem »allgemeinen (theoretischen) Grundsatz«, dem eine wissenschaftliche Behandlung »socialer Gebilde« (Spencer 1887: 30–46) beziehungsweise »gesellschaftlicher Aggregation(en)« (Spencer 1996 I: 74, 81) zu folgen hat, und untersucht daraufhin, welche »Theorie der Gesellschaft« (Spencer 1996 II: 113) dem dienlich sein kann. Zu diesem Zweck zeigt Spencer, dass sich seine »Principien der Sociologie« in der Tat aus den zuvor identifizierten »Ersten Prinzipien« – wie sein Werk von 1901 im Original heißt – (logisch) ableiten lassen und damit der selektive Aufbau des sozialen Lebens als ein Anwendungsfall seiner generellen Theorie evolutionärer Entwicklungsprozesse erklärt werden kann. Der Begriff »Gesellschaft« bezeichnet für ihn dabei nicht einen »Sammelnamen für eine Anzahl von Einzelwesen« (Spencer 1887: 3), sondern das Aufkommen consens-orientierter »Wechselbeziehungen« (Spencer 1889: VI) zwischen sinnhaft-absichtsvoll handelnden »Individuen« und damit Verkehrsverhältnisse, die sich durch die Existenz von »Einrichtungen« oder »Institutionen« (Spencer 1877, 1897, 1889, 1891/1897, Spencer 1996: 81) auszeichnen, die eine, wenn auch vielgestaltig geregelte »Ordnung« aufweisen (können) (Spencer 1996 II: 76). Zur genaueren Beschreibung dieser »socialen Bande« (Spencer 1887: 318) stellt Spencer seine Terminologie zunehmend auf, wie wir heute sagen, ›systemtheoretische‹ Begrifflichkeiten um und benutzt seine – bereits geschilderten – Gleichgewichtsbetrachtungen dazu, seine Soziologie in den Rahmen einer Theorie gesellschaftlicher Regel- und Ordnungsbildung zu stellen. Aufgrund beider Vorschläge hat man in Spencer mehr als einen Vorläufer des historisch nachfolgenden system-theoretischen Denkens gesehen (vgl. Turner 1985: 30–44).

Seine systemisch angelegte Gesellschaftstheorie möchte herausarbeiten, wie es den Individuen gelingt, ihren Wechselbeziehungen einen »inneren Bau« (Spencer 1887: 172) zu verschaffen, und die »Functionen« ihrer Tätigkeiten beziehungsweise deren Folgewirkungen so aufeinander abzustimmen, dass »Prozesse der Coordination« (Spencer 1996 I: 247) zwischen den Ansprüchen und Bedürfnissen der einzelnen Tätigkeitsbereiche entstehen, die ihrerseits eine »Anpassung an lokale Verhältnisse« (Spencer 1887: 173) erlauben. Um Herstellung und Wirkungsmechanismen des Zusammenhangs zwischen gesellschaftlichem Aufbau und dessen »Funktionen« zu erklären – und damit die »Gesetze der Organisation« eines Tätigkeitssystems (Spencer 1887: 21) ausfindig zu machen –, sind eine Reihe von Erfordernissen zu erfüllen. Zunächst müssen Prozesse darauf hinwirken, dass sich die Individuen zur Bewältigung ihres unausgesetzten »Kampf(es) ums Dasein« (Spencer 1996 I: 245) zusammenfinden und sich insoweit »integrieren«, dass ihr soziales Aggregat (demographisch) »wächst« (vgl. Spencer 1887: 22–30). Infolge dieses Wachstums werden sie den Zustand der Eigenversorgung zugunsten einer (geregelten) »Arbeitstheilung« und der Schaffung von »Abtheilungen und Unterabtheilungen« (Spencer 1887: 6) (also im heutigen Sprachgebrauch: ›Systemen‹ und ›Subsystemen‹) aufgeben müssen. Diese Differenzierung der »socialen Stellung der Menschen« (Spencer 1889: 527) und deren Tätigkeiten erlaubt zwar Spezialisierungseffekte (vgl. Spencer 1996 II: 170), steigert aber auch die wechselseitigen »Abhängigkeiten« zwischen den Individuen, deren Regulierungsbedürftigkeit ihre Nachfrage nach »socialer Controle« (Spencer 1989: 382) steigen lässt.

Diese Kontrolle kann sich auf zwei Wegen ergeben (Spencer 1889: 277–789): Zum einen können vom übrigen Volk sich loslösende Herrscher eine – als »militärisch« oder »kriegerisch« bezeichnete – Zwangskooperation einrichten, die die Eigenenergetik der Beherrschten zugunsten ihres Einsatzes zum »Wohle des Gesamtsystems« zurückschneidet. Die Konsequenz einer derartigen »centralen Oberaufsicht« (Spencer 1889: 531) sind Kompetenz- und Einkommensungleichheiten zwischen Herrschern und Beherrschten – was bis zur Versklavung letzterer führen kann (Spencer 1891/1897: 517–533). Für Spencer, der davon ausgeht, dass anfänglich nur schwach integrierte gesellschaftliche Aggregate der Gefahr externer Eroberung und Ausbeutung ausgesetzt sind, stellt die Einrichtung eines derartigen »System(s) des socialen Zwangs« (Spencer 1887: 163) eine erste Maßnahme gesellschaftlicher Selbstverteidigung dar. Dieses System kann sich infolge der Tatsache, dass die Herrscher und ihre Stäbe über Zwangsmittel verfügen, ebenso erhalten wie aufgrund des allgegenwärtigen »Zuchtmittel(s) der Erziehung« (Spencer 1891/1997: 163) und der Ausbildung von »Ceremoniensystemen« (Spencer 1889: 3–274) und damit von »Processe(n) der Symbolisierung« (Spencer 1889: 98), vermittels derer die Führer ihren Herrschaftsanspruch ebenso signalisieren können wie die Beherrschten ihre Unterwürfigkeit. Sofern sich der Glaube an die damit geschaffene und religiös begründete Ideologie und die entsprechenden, der »Zwangsdisziplin« (Spencer 1897: 166) dienlichen, Einstellungen und Gefühle erhalten beziehungsweise die externe Bedrohung des Gesellschaftsverbands fortdauert, kann die damit etablierte »ceremonielle Ordnung« (Spencer 1889: 4) ihre legitimierende Kraft erhalten.

Unter gegenläufigen Bedingungen baut sich das Regulierungssystem in Richtung einer »demokratischen« Verfassung um, womit sich die »Herrschaft der ererbten Gebräuche« (Spencer 1889: 381) abschwächt und die zweite Möglichkeit, des Problems der arbeitsteilungsinduzierten Steigerung der Interdependenzen Herr zu werden, in Sicht gerät. Diese besteht in der Etablierung eines herrschaftlich abgesicherten und steuerfinanzierten Tauschverkehrs (Spencer 1891/1897: 435–452) auf der Basis »freiwilliger Vereinigungen« (Spencer 1887: 141). Dies kann auf ein System »wechselseitiger Unterstützung« (Spencer 1887: 21) – heute ist von »sozialem Tausch« die Rede – hinauslaufen oder auf die Einrichtung eines vertragsgeregelten Marktes (Spencer 1996 II: 106), auf dem sich der »Wechselverkehr« (Spencer 1887: 165) der Akteure aufgrund ihrer Zahlungsbereitschaft und ihrer Nachfrage einregelt. Da die Akteure ihre Bedürfnisse nur solange ohne die Gegenwehr ihrer Mitstreiter befriedigen können, als sie deren Ansprüche gelten lassen (vgl. Spencer 1887: 369, Spencer 1996 I: 189), werden sie gut daran tun, die staatlich überwachten Rechtsregeln des Markttausches zu beachten (Spencer 1889: 267) beziehungsweise sich an die tauschdienlichen »moralischen Gewohnheiten« (Spencer 1996 II: 211) zu halten. Das markttragende »System der gegenseitigen Vereinbarung« (Spencer 1889: 574) bleibt damit erhalten.

Mit der primordialen Ausdifferenzierung eines Herrschaftssystems ist freilich nur eine erste Differenzierungslinie benannt; Spencer nennt weitere: Zum ersten kann man sich die anfängliche Evolution eines Regulationssystems ergänzt denken durch ihre nachfolgende Binnendifferenzierung, wozu einesteils der Aufbau von Beratungsgremien (Spencer 1889: 466–485) beziehungsweise einer »organisirten Beamtenschaft« (Spencer 1989: 422) zählt, anderenteils aber auch die Etablierung kirchlicher Institutionen (Spencer 1891/1897: 3–212), die im Rahmen eines »gemeinsamen Cultus« (Spencer 1889: 329) die bestehenden Herrschaftsverhältnisse schützen und ihrerseits die Ausdifferenzierung von (späterhin »weltlich« zu nennenden) »Professionen« in Gang setzen (Spencer 1891/1897: 217–368). Diesem doppelten Regulierungssystem stehen auf der anderen Seite mehrere »operative Systeme«

gegenüber (Spencer 1996 I: 76). Diese organisieren vor allem die »erzeugenden, austauschenden und vertheilenden Kräfte« (Spencer 1996 II: 113) beziehungsweise die »industriellen Einrichtungen« (Spencer 1891/1897: 371–708) des Wirtschaftssystems. Zu diesem gehören (arbeitsteilig organisierte) »Erwerbs-« »Productions-« und »Vertheilungssysteme«. Diese werden einesteils reguliert durch einen den industriellen Verhältnissen angepassten »Sittenkodex« (Spencer 1996 II: 133), vor allem aber vermittels des Rechtssystems (vgl. Spencer 1889: 575–600, Spencer 1996 II: 279–282), das den Geltungsspielraum unterschiedlich ausgestalteter Produktionsgesellschaften, den Tausch von Arbeitskraft und Waren, die Reichweite von Vertragsfreiheit, Tauschmittel, Eigentumsrechten und Konkurrenzordnungen absteckt. Ein derartiges, dem »Austausch der Dienste« (Spencer 1996 II: 166) dienendes Regelsystem stellt insoweit eine gleichgewichtige »Controle des Betragens« (Spencer 1889: 39) dar, als diese das Postulat der Zugangs- und Verteilungsgerechtigkeit und darüber hinaus – durch Ausdifferenzierung eines Militärwesens – die äußere Sicherheit der Gesellschaft garantiert. Spencer ergänzt seine Liste möglicher Differenzierungsdimensionen durch eine Analyse der »häuslichen Einrichtungen« (Spencer 1987: 185–383), die sich mit den Bedingungen beschäftigt, unter denen sich das »dichte (familiäre) Netzwerk von Verbindungen« (Spencer 1887: 276) – in Abhängigkeit von den Funktionsleistungen seiner Nachbarsysteme – aufbaut und umgestaltet.

»Gesellschaft« meint bei Spencer demnach eine »Ganzheit« (Spencer 1901: 308) arbeitsteilig organisierter Wechselbeziehungen zwischen Individuen, die aufgrund der Abhängigkeiten schaffenden funktionalen Ausdifferenzierung verschiedenartiger Positionen und der daran gehefteten spezialisierten Funktionen einen unabsehbaren Koordinations- und Regulierungsbedarf schaffen. Dieser wird durch die Bildung von (geregelten und als ein Verbund von Subsystemen organisierten) Institutionen gedeckt. Die dort eingebundenen Individuen müssen versuchen, den Anforderungen ihres gesellschaftlichen Lebens unter Bewahrung genau der Voraussetzungen gerecht zu werden, die sie befähigen – auf die »Übereinstimmung der individuellen Interessen« (Spencer 1889: 620) bedacht und in Reaktion auf sich beständig und unkontrolliert verändernde Umstände – jede »Verminderung der socialen Sicherheit« (Spencer 1891/1897: 625) zu meiden.

Wie gestaltet sich das Verhältnis von Mikro- und Makroanalyse?

Spencers Auffassung darüber, wie sich Handlungsebene und Systemebene zueinander verhalten, lässt sich anhand zweier Thesen rekonstruieren: Zum einen vertritt Spencer ein Mikrofundierungspostulat, demzufolge jede soziologische Erklärung darauf zu achten hat, dass »es … kein Verständnis gesellschaftlicher Handlungen ohne eine gewisse Kenntnis der menschlichen Natur geben (kann)« (Spencer 1996 II: 240). Zum anderen erklärt Spencer die »individuellen Handlungen« (Spencer 1889: 277) in einer mehrschichtigen, an David Hume und Adam Smith angelehnten Weise (Spencer 1886: 577–730). Demzufolge ist zunächst unstrittig, dass jeder der Akteure seine eigenen Ansprüche im Auge zu behalten hat. Aber das bedeutet nicht, dass sich jeder von ihnen einem (blinden) ›Egoismus‹ verschreiben und die Verpflichtung missachten müsste, die berechtigten Interessen anderer zu achten. Das heißt, die Spencer'schen Individuen handeln zwar im Interesse der Sicherung ihrer persönlichen »Erträge« (Spencer 1996 I: 47f., 189f.), sie sind aber emotions- und zugleich moral- und mitleidsfähig und zudem in der Lage, aufgrund ihrer »Einbildungskraft« (Spencer 1886: 602–606) die Anforderungen ihrer jeweiligen Handlungssituation (ethisch angemessen) zu erkennen und einzuordnen; der unvermeidliche Egoismus lässt sich zu einem »ego-altruistischen Gefühl« umbauen (Spencer 1886: 668–684). Mehr noch: Menschen können das Entwicklungsschicksal ihrer Gesellschaft aufgrund der »unberechenbaren Verworrenheit der Einflüsse« (Spencer 1996 I: 19) zwar nicht überblicken (Spencer 1996 I: 23); das heißt aber nicht, dass sie auf eine Lösung ihrer Lebensprobleme verzichten könnten. Glücklicherweise müssen sie dazu nicht als vereinzelte Individuen agieren, vielmehr sind sie »gesellig«, können einander – wenigstens bisweilen – vertrauen und ihr gemeinsames Handeln am Gedeihen aller und damit am Zustand einer »socialen Wohlfahrt« (Spencer 1896: 687) orientieren und in diesem Sinne (auch) auf der Basis strikt »altruistischer Gefühle« handeln (Spencer 1896: 684–706). Das alles zusammen impliziert dreierlei. Zum einen muss jeder Akteur einen »Compromiss« (Spencer 1996 I: 257) zwischen Selbstachtung und Altruismus finden; die allgemeine Selbstaufgabe der eigenen Interessen stellt ebenso wenig eine kollektiv stabile Lösung des »Coordinationsproblems« bereit wie das Überhandnehmen »persönlicher Gelüste« (Spencer 1879/1894: 245). Sodann muss deutlich werden, dass Spencers Akteure über eine breite Palette von (möglichen) ethischen Handlungsorientierungen verfügen und diese endlich auch verändern können (vgl. Spencer 1879, Spencer 1895). Ein paralleler Kompromiss sollte sich auch zwischen ›positivem‹ Wissen und gefühlsbasierten Urteilen einstellen, was in Abhängigkeit zum jeweiligen gesellschaftlichen Entwicklungsstand geschehen muss (Spencer 1877: 50ff.); der »primitive Mensch« verfügt über geringere kognitive Fähigkeiten als die Mitglieder »höherer Gesellschaften«, was aber nicht entbehrlich macht, sein Handeln »von einem Standpunkte aus (zu sehen)« (Spencer 1877: 122).

Hier schließt Spencers zweite These an, der zufolge derartige Änderungen kognitiver und ethischer Handlungsrichtlinien nachgerade von der »wechselseitigen Wirkung und Gegenwirkung« (Spencer 1996 II: 267) abhängen werden, die sich aufgrund der Notwendigkeit ergeben, dass sich die Akteure zur Behebung ihrer höchst variablen Lebensnöte an ganz verschiedene Strukturerfordernisse anpassen müssen. Die dazu erforderlichen Änderungen des Verhältnisses von Charakter und Sozialstruktur mögen lange dauern (Spencer 1996 I: 128) und unmerklich verlaufen (Spencer 1996 II: 256), aber sie sind möglich und sie stabilisieren sich – vom Willen des Einzelnen unabhängig – aufgrund der Tatsache, dass es dem »Überleben des Passendsten« (Spencer 1889: 652) umso weniger dienlich ist, eine bestimmte ethische Orientierung zu favorisieren, je mehr Mitakteure einer ihr widersprechenden Moral folgen.

Wie wird die Veränderung beziehungsweise die Entwicklung von Gesellschaft gedacht?

Da Spencer seine Gesellschaftstheorie als Evolutionstheorie anlegt und im Rahmen einer bis ins Kosmische ausgreifenden »Entwicklungslehre« (Spencer 1996 II: 254) abhandelt, kann es nicht überraschen, wenn er die Unvermeidbarkeit »sozialer Veränderungen« (im Original: »social change«) als einen spezifischen Anwendungsfall seiner allgemeinen »Theorie der Evolution« erklärt. Diese Erklärung bemüht sich, den »Process der gesellschaftlichen Entwicklung« (Spencer 1996 II: 254) beziehungsweise das Aufkommen ausdifferenzierter »Arten des Zusammenhandelns« (Spencer 1891/1897: 628) als Summe »kleiner sich anhäufender Veränderungen« (Spencer 1891/1897: 365) zu modellieren, die ganz absichtsfrei (Spencer 1891/1897: 615) auf den reproduzierbaren Zustand eines gesellschaftlichen Gleichgewichts hin tendieren, den die Individuen aber auch verfehlen, sobald sie ihre ausdifferenzierten Institutionen aufgeben und sich zerstreuen (müssen).

Die Thesen, die Spencer zu diesem Zweck zur Sprache bringen wollte, sind behandelt worden. Zu ergänzen wäre nur, dass Spencer das Explanandum seines Erklärungsarguments bisweilen in einer Weise einführt, die zu dem Missverständnis Anlass gegeben hat, er missachte die Voraussetzungen seines eigenen Theorieentwurfs. Zwei Gesichtspunkte verdienen an dieser Stelle Beachtung.

Zum einen spricht unser Autor häufig von »Entwicklungsstufen« (Spencer 1877: 345) oder »fortgeschrittenen Gesellschaftsstadien« (Spencer 1996 I: 89) und dergleichen. Diese Sprechweise legt nahe, ihm die Auffassung unterzuschieben, alle gesellschaftliche Evolution durchliefe zwangsweise und richtungskonstant dieselbe Stufenfolge, würde notwendiger Weise die höchste Stufe eines ›harmonischen‹ Gesellschaftslebens erreichen, in dem sich Friede, Gerechtigkeit und Wohlfahrt unabwendbar realisieren müssen, womit zugleich der Zustand genannt sei, den eine Gesellschaft nicht mehr verlassen könne. Indessen gehört keine dieser Thesen zur Folgerungsmenge der Spencer'schen Theorie des sozialen Wandels, in der die Gleichgewichte sozialer Systeme jederzeit konfliktbeladen und entsprechend prekär bleiben, weshalb der Theoretiker sich auf die Desintegration der Institutionen ebenso einstellen sollte wie auf die unwiederbringbaren Dissipationen der Handlungsenergie. Auch muss man zurückweisen, Spencer sei der Meinung gewesen, die Gesellschaftsevolution vollzöge sich in vorherbestimmten Bahnen. Zwar ist jeder Evolutionsprozess verursacht und insoweit notwendig, er wird aber jederzeit durch unvorhersehbare Größen »gestört, gehemmt oder verwirrt« (Spencer 1996 II: 255). Tatsächlich verwendet Spencer die Stufen- und Stadiensemantik nicht zur Erklärung des Gangs beziehungsweise der Richtung der gesellschaftlichen Entwicklung, sondern zur Beschreibung unterschiedlicher Komplexitätsniveaus »structurale(r) und functionale(r) Veränderungen« (Spencer 1996 I: 88) und damit zur Inhaltsangabe dessen, was das ihn interessierende Explanandum thematisieren möchte.

Allerdings muss man zusehen, dass Spencer seine Auffassung von »struktureller Komplexitätssteigerung« nicht in konsistenter Weise klärt. Ein erster Vorschlag will zeigen, dass sich ›Komplexitätszunahmen‹ anhand unterschiedlich effektiver Techniken der Umweltanpassung definieren lassen, was Anlass dafür ist, Gesellschaften in Jäger- und Sammler-Gesellschaften, (nomadische)

Hirtengesellschaften, die (sesshaften) hortikulturellen oder agrarischen und endlich »civilisierten« Gesellschaften zu unterteilen (Spencer 1889: 417). Diese Klassifikation hat zwar bei ›materialistischen‹ Gesellschaftstheoretikern Anklang gefunden (Lenski/Lenski 1974), lässt aber leider offen, wie sie sich mit Spencers Bemühen vereinbaren lässt, die Steigerung gesellschaftlicher Komplexität anhand des Hinweises zu ›messen‹, dass sich Differenzierungen selbst-reflexiv, über die Ausbildung mehrerer hierarchisch gestaffelter »Untherabtheilungen« vollziehen, die alle dasselbe Positions- und Tätigkeitsmuster aufweisen (Spencer 1987: 120–151). Zur Erhellung seiner Komplexitätsauffassung trägt endlich auch wenig bei, dass er die Frage, anhand welcher Kriterien er den Komplexitätsgrad der in seinen *Prinzipien der Sociologie* geschilderten »Einrichtungen« abzuschätzen beabsichtigt, ohne jede Systematik beantwortet. Immerhin verzichtet der Autor auch in diesen Bänden auf jede These über das faktische Differenzierungsschicksal einer Gesellschaft, sondern er beschränkt sich auf die Formulierung im Prinzip empirisch prüfbarer Annahmen darüber, unter welchen Bedingungen und mit welchen wohlfahrtsrelevanten Folgen Differenzierungen sich vollziehen (vgl. Schmid/Weihrich 1996: 39–50). Und ebenso wenig verwendet er seine Unterscheidung zwischen »militärischen« und »industriellen« beziehungsweise zwischen durch »Erblichkeit« und »Leistungsprinzipien« gekennzeichneten Gesellschaften (Spencer 1989: 561) zur Verteidigung der These, der Evolutionsgang münde in den jeweils zweitgenannten Zustand aus. Wir können also festhalten, dass Spencer seiner Evolutionstheorie zwar die Aufgabe stellt, gesellschaftsstrukturelle Komplexitätssteigerungen (beziehungsweise deren Auflösung) zu erklären, es ihm aber nicht gelingen will, sich auf ein eindeutiges Komplexitätsmaß festzulegen.

Trotz dieses Mangels war der Einfluss der Spencer'schen Evolutionstheorie auf die soziologische Gesellschaftstheorie höchst weitreichend. So hat fast jeder seiner Nachfolger »soziale Evolution« als eine Steigerung struktureller Komplexität verstanden, und ebenso traditionsbildend war Spencers Idee, dass die Evolution sowohl vermittels eines Integrations- als auch eines Differenzierungsprozesses vorangetrieben wird, die ihrerseits als – aus Sicht der Akteure zumeist – blind und selektiv wirksame ›Systemprozesse‹ zu rekonstruieren sind. Auch seine Überlegung, dass zu deren eventueller Regulierung neben rechtlichen Vorkehrungen vor allem moralische Gefühle gemeinschaftlicher Verbundenheit benötigt werden, hatte eine steile Karriere vor sich. Ebenso wichtig war Spencers Einsicht, dass alle Systemprozesse insoweit gleichgewichtsorientiert und ›selbstorganisierend‹ verlaufen als sie über beziehungsrelevante ›Rückwirkungen‹ verfügen, die sich aus der Sicht des einzelnen Individuums als lokale Anpassungsprobleme niederschlagen. Um diese eindeutig zu kennzeichnen, hat sich Spencer nicht davon abhalten lassen, immer wieder auch auf die unbeabsichtigten gesellschaftlichen Gefährdungsfolgen wie »Classenunterschiede« (Spencer 1889: 347), Kriegsgefahren, Ausbeutung, Verteilungskonflikte und die damit verbundene »Regellosigkeit« (Spencer 1887: 203) aufmerksam zu machen. Er wollte auch nicht übersehen, dass die Versuche der Akteure, ihre gemeinsame Wohlfahrt zu erhöhen, vielfach und zur Gänze vergeblich sein werden. Alle diese Spencer'schen Themen sind bis heute immer wieder aufgegriffen worden, weshalb es nicht verwundern kann, sie bei den meisten der nachfolgend dargestellten Gesellschaftstheoretikern wiederzufinden.

Lern- und Kontrollfragen

- Wie erklärt Herbert Spencer gesellschaftlichen Wandel?
- Welches sind die Grundzüge der Spencer'schen Handlungstheorie?
- Welche Gleichgewichtszustände hat Spencer unterschieden?

Literatur

Primärliteratur

Spencer, Herbert (1877 [1879]). Die Prinzipien der Soziologie. 1. Band. Stuttgart: E. Schweizerbart'sche Verlagsbuchhandlung Nägele & Dr. Sproesser.

Spencer, Herbert (1879/[1879]). Die Prinzipien der Ethik. 1. Band. Stuttgart: E. Schweizerbart'sche Verlagsbuchhandlung (E. Koch).

Spencer, Herbert (1886 [1872]). Die Prinzipien der Psychologie. 2. Band. Stuttgart: E. Schweizerbart'sche Verlagsbuchhandlung Nägele & Dr. Sproesser.

Spencer, Herbert (1887 [1876]). Die Prinzipien der Soziologie. 2. Band. Stuttgart: E. Schweizerbart'sche Verlagsbuchhandlung (E. Koch).

Spencer, Herbert (1889 [1876]). Die Prinzipien der Soziologie. 3. Band. Stuttgart: E. Schweizerbart'sche Verlagsbuchhandlung Nägele & Dr. Sproesser.

Spencer, Herbert (1891/1897 [1876]). Die Prinzipien der Soziologie. 4. Band. Stuttgart: E. Schweizerbart'sche Verlagsbuchhandlung Nägele & Dr. Sproesser.

Spencer, Herbert (1895 [1893]). Die Prinzipien der Ethik. 2. Band. Stuttgart: E. Schweizerbart'sche Verlagsbuchhandlung (E. Koch).
Spencer, Herbert (1897 [1850]). Social Statics. Or, the Conditions Essential to Human Happiness Specified, and the First of Them Developed. New York: D. Appelton & Company.
Spencer, Herbert (1901 [1862]). Grundsätze einer synthetischen Auffassung der Dinge. Stuttgart: E. Schweizerbart'sche Verlagsbuchhandlung (E. Nägele).
Spencer, Herbert (1904 [1902]). Erfahrungen und Betrachtungen aus der Zeit. Stuttgart: E. Schweizerbart'sche Verlagsbuchhandlung.
Spencer, Herbert (1905 [1904]). Eine Autobiographie. Zwei Bände. Stuttgart: Robert Lutz.
Spencer, Herbert (1967 [1907]). Die Evolutionstheorie. In: Dreitzel, Hans-Peter (Hg.): Sozialer Wandel. Zivilisation und Fortschritt als Kategorien der soziologischen Theorien. Neuwied/Berlin: Luchterhand, S. 212–132.
Spencer, Herbert (1996 [1875]). Einleitung in das Studium der Sociologie. Erster und Zweiter Teil. Göttingen/Augsburg: Jürgen Cromm.

Sekundärliteratur

Lenski, Gerhard/Lenski, Jean (1974). Human Societies. An Introduction to Macrosociology. New York et al.: McGraw Hill.
Schmid, Michael/Weihrich, Margit (1996). Herbert Spencer: Klassiker ohne Gemeinde und eine Bibliographie und Biographie. Supplement zu Herbert Spencer [1875], Einleitung in das Studium der Sociologie. Göttingen/Augsburg: Jürgen Cromm.
Turner, Jonathan H. (1981). The Forgotten Giant: Herbert Spencer's Theoretical Models and Principles. In: European Review of the Social Sciences XIX, S. 79–98.
Turner, Jonathan H. (1985). Herbert Spencer. A Renewed Appreciation. Beverley Hills/London/New Delhi: Sage Publications.

3. Klassische soziologische Ordnungstheorien

Begreift man unter einem Klassiker eine Person, deren Werke der Nachwelt als besonders richtungsweisend, grundlegend und damit vorbildlich in Erinnerung bleiben sollen, wäre mit Blick auf die Disziplin ›Soziologie‹ die klassische Phase am Übergang von 19. zum 20. Jahrhundert erreicht. In dieser Zeit entfaltet eine zahlenmäßig kleine ›Generation‹ erhebliche Anstrengungen, um für das an den Universitäten noch nicht etablierte Fach die epistemischen Grundlagen ebenso zu schaffen wie eine von anderen Fächern klar abzugrenzende Fragestellung. Drei aus heutiger Sicht hervorstechende Wissenschaftler stehen im Mittelpunkt des nun folgenden Abschnitts: Max Weber, Georg Simmel und Émile Durkheim. Bei diesem ›Dreigestirn‹ handelt es sich nicht nur um die ›prominentesten‹ Vertreter dieser Epoche beziehungsweise geradezu um ›Aktivisten‹ einer Emanzipation der Soziologie, sondern auch um Denker, die – auf jeweils eigenständige Art und Weise – grundlegende Überlegungen zur Frage, wie man das Phänomen ›Gesellschaft‹ theoretisch fassen kann, angestellt haben. Der Vollständigkeit halber muss erwähnt werden, dass die Wahl auf drei Exponenten einer ›Generation‹ soziologischer Klassiker gefallen ist, zu der in Deutschland auch Ferdinand Tönnies, in Italien Vilfredo Pareto, in Frankreich Gabriel Tarde und in den Vereinigten Staaten von Amerika Charles H. Cooley, Robert E. Park und George H. Mead gezählt werden können.

Weber, Simmel und Durkheim treten am Deutlichsten als Wegbereiter einer genuin soziologischen Perspektive hervor. Während Weber diese Definitionsleistung vor nationalökonomischem Hintergrund vornimmt, erarbeiten Simmel und Durkheim klare Grenzziehungen zur Geschichtswissenschaft auf der einen und zur Psychologie auf der anderen Seite. In allen Fällen geht es bei diesen Theoretikern erstmals um ›Soziologie‹; Begriffe des Gesellschaftlichen rücken hierbei ins Zentrum des Interesses, wobei sich beim Vergleich der drei Positionen eine Polarität abzeichnet, die für die spätere Soziologie grundlegend sein sollte: die Frage, ob die Analyse sozialer Beziehungen und Ordnungen vorzugsweise beim Handeln der Individuen oder bei den eingelebten gesellschaftlichen Strukturen ansetzen sollte. Darauf aufbauend ergibt sich das Problem, wie veränderbar einmal etablierte Gesellschaften sind, welches die ihnen zugrundeliegenden Entstehungsprozesse sind und ob sich diese im Laufe der Zeit verändern.

Weber, dessen Analyse von religiösen Motiven ausgeht, erkennt, dass bestimmte Glaubenspraktiken einen Prozess umfassender Rationalisierung ins Werk setzen, was in eine immer rascher fortschreitende Modernisierung und Bürokratisierung in Richtung einer letztlich starren gesellschaftlichen Ordnung mündet. Simmel erarbeitet ebenfalls einen Standpunkt, durch den sich zeigen lässt, wie gesellschaftliche Ordnung entsteht. Allerdings gibt er diesem Vorgang, den er als Vergesellschaftung in stetem Fluss sieht, keine ›Richtung‹. Gesellschaftliche Ordnung entsteht aus Wechselwirkungen im Spannungsfeld zwischen Formvorgaben und dem individuellen Leben. Durkheim schließlich zeigt auf der Grundlage menschlicher Arbeitsteilung, dass sich die gesellschaftliche Ordnung immer weiter ausdifferenziert, wodurch ursprünglich sehr restriktive Prinzipien des Gruppenzusammenhalts durch neue Formen wechselseitiger Abhängigkeit überlagert werden.

Allen drei Theoretikern ist gemeinsam, dass sie – mit je unterschiedlichen Konsequenzen – eine Brücke zwischen den Interessen und Antrieben des handelnden Subjekts und einer gesellschaftlichen Ordnung, die diesen immer schon vorgegeben ist, schlagen. Sie entdecken und integrieren damit die Gegensätze zwischen Handlungs- und Strukturebene. Schreibt man diese Theoriefiguren weiter fort, führt das Handeln bei Weber letztlich in eine sich immer weiter verengende Bürokratie. Bei Durkheim driftet die Gesellschaft im Differenzierungsprozess immer weiter auseinander und muss das Problem sozialer Desintegration lösen. Simmel schließlich bleibt in dieser Hinsicht ambivalent, da sich die Individuen immer wieder in neuen Arrangements treffen und stets aufs Neue Formen und Erwartungen bilden, die allerdings auch irgendwann wieder verschwinden können.

3.1 Max Weber: Die Rationalisierung der modernen westlichen Welt

Max Weber gilt längst unzweifelhaft als einer der Begründer der modernen Soziologie. Er hat vor allem in seinen späteren Arbeiten die Soziologie als Wissenschaft vom sozialen Handeln angelegt und einen wichtigen Gegenentwurf zur Kapitalismustheorie und -analyse von Karl Marx vorgelegt. Er hat darüber hinaus als ausgebildeter Historiker und Ökonom wesentlich dazu beigetragen, die Soziologie im Kanon der Sozialwissenschaften zu verorten und sie als eine werturteilsfreie Wissenschaft auszuweisen.

Zur Person

Max Weber wird 1864 in eine wohlhabende protestantische Bildungsbürgerfamilie hinein geboren und durchläuft eine entsprechend gute Ausbildung mit Studium der Jurisprudenz, Nationalökonomie, Philosophie, Geschichte und Theologie in Heidelberg, Berlin und Göttingen. Nach erfolgreicher Promotion (1886–89) in Berlin wirkt er an einer *Landarbeiterenquete* mit und habilitiert sich 1891 über *Die römische Agrargeschichte*. Er erhält bereits 1893 einen Ruf auf eine Professur für Nationalökonomie in Freiburg, die er 1894 mit einer späterhin bekannt gewordenen Vorlesung zur Kritik an der Vermengung von Wert- und Tatsachenaussagen antritt, bevor er 1896 dem Ruf auf einen Lehrstuhl an der Universität Heidelberg folgt. 1897 mehren sich Anzeichen einer ernsten Erkrankung und 1899 gibt Weber seine Professur auf. Erst 1903 kehrt er in den universitären Dienst zurück und nimmt seine wissenschaftliche Tätigkeit wieder auf. Die Folgejahre sind geprägt durch die Arbeiten an der *Wirtschaftsethik der Weltreligionen* (1988a), den Studien zur *Protestantischen Ethik* (2017 [1904–05]) sowie der Neukonzeption und Niederschrift der ersten vier Kapitel von *Wirtschaft und Gesellschaft* (1972), welchen das Abfassen seiner wegweisenden methodologischen Aufsätze vorausging (1988b). 1918 übernimmt Max Weber einen Lehrstuhl an der Universität München (lehnt Rufe nach Bonn und Wien ab) und kann noch die ersten vier Kapitel von *Wirtschaft und Gesellschaft* durchsehen, bevor er 1920 überraschend und relativ jung an einer Lungenentzündung in München verstirbt.

Max Weber war in wichtige politische und wissenschaftliche Kreise eingebunden und politisch ambitioniert. Er verkehrte mit wichtigen Personen der Zeit: Friedrich Naumann, Werner Sombart, Georg Simmel und anderen.

Sein umfangreiches Werk wurde nach seinem Tod durch Marianne Weber und Johannes Winckelmann zusammengestellt, redigiert und posthum veröffentlicht. Es sind mehrere thematische Schwerpunkte auszumachen, welche die Rezeption des Werkes über die Zeit hinweg geprägt haben und durchaus die Auffassung zulassen, dass Max Weber nicht nur ein interdisziplinär arbeitender Wissenschaftler war, sondern vielmehr noch in verschiedenen Feldern und Disziplinen zuhause war. Am Beginn seines wissenschaftlichen Wirkens standen 1) die Studien zur Wirtschafts- und Sozialgeschichte der Antike und des Mittelalters sowie 2) die Studien zur Sozial- und Wirtschaftsverfassung des Wilhelminischen Deutschlands, die später durch 3) die Schriften zur Religionssoziologie, 4) zur Methodologie der Sozialwissenschaften ergänzt wurden. Eine besondere Stellung nimmt 5) das opus magnum *Wirtschaft und Gesellschaft* ein, da dieses nachträglich aus Fragmenten und nur teilweise aus zur Veröffentlichung von Weber noch selbst durchgesehenen Texten zusammengestellt wurde. Dort finden sich die von Weber ausgearbeiteten begrifflichen Grundlagen in den *soziologischen Grundbegriffen*. Diesen war im 1903 veröffentlichten Kategorienaufsatz (1988a) bereits die begriffliche Unterscheidung zwischen Gemeinschafts- und Gesellschaftshandeln vorausgegangen. Die beiden divergierenden Fassungen haben die Rezeption Max Webers erschwert, sie sind aber in ihrer Bedeutung nicht zu überschätzen, da Weber – mit Bezug auf seinen ihm gut bekannten Kollegen Ferdinand Tönnies, dessen Hauptwerk *Gemeinschaft und Gesellschaft* (1887, 2012) überschrieben war – so den Übergang von traditionalen zu modernen Gesellschaften begrifflich fassen und damit die Soziologie begründen wollte. Die Entwicklung der modernen westlichen Gesellschaften Europas und Nordamerikas hat Weber als einen umfassenden Rationalisierungsprozess in den Studien zur *Protestantischen Ethik* und der *Vorbemerkung* von 1920 konkret ausgeführt. Das Werk von Max Weber findet bis heute eine hohe internationale Resonanz (vgl. etwa Kalberg 2001; Scaff 2014).

Fragestellungen und Erkenntnisse

Max Weber sah sich mit Beginn des 20. Jahrhunderts zunehmend als Soziologe und begann sich vermehrt mit wissenschaftstheoretischen und methodologischen Fragen der Sozialwissenschaften auseinander zu setzen. Zur Jahrhundertwende waren dies zum einen die *Wertfreiheitsdebatte* und die damit verbundene Auseinandersetzung um normative Aussagen in der Wissenschaft. Max Weber argumentiert, dass es keine letzten objektiven Wertmaßstäbe gäbe, sondern nur subjektive, weshalb normative Aussagen allenfalls bei der Wahl von Forschungsgegenständen sinnvoll und zulässig sein sollten (Weber 1988b: 489–540). Das meint konkret, »daß der Forscher und Darsteller die Feststellung empirischer Tatsachen [...] und seine praktisch wertende, d. h. diese Tatsachen als erfreulich oder unerfreulich beurteilende, in diesem Sinne ›bewertende‹ Stellungnahme unbedingt auseinanderhalten solle [...]« (Weber 1988b: 500). Eine zweite Debatte kreiste seinerzeit um den *Abstraktionsgrad* von Begriffen und Theorien beziehungsweise ob und wie die Komplexität der Realität durch analytische Begriffs- und Theoriebildung eingefangen werden könnte. Dahinter stand auch der Grundkonflikt zwischen der noch dominierenden Historischen Schule und der sich abzeichnenden theoretischen Nationalökonomie, welche auf der einen Seite historische Einmaligkeiten durch spezifische Begriffe und auf der anderen Seite ökonomische Strukturen durch Gesetzeswissen kausal erklären wollten. Max Weber schlug als dritten Weg die Bildung begrifflich-analytischer Idealtypen vor, welche dann auch der empirisch orientierten Thesenbildung den Weg weisen sollten, indem mit ihrer Hilfe Übereinstimmungen oder Abweichungen von der Realität erkannt und durch Hinzuziehung weiterer Faktoren erklärt werden.

Auch *Wirtschaft und Gesellschaft* beginnt mit einer ›soziologischen Kategorienlehre‹, welche zum einen die Soziologie als Wissenschaft vom sozialen Handeln fundiert und eine Aufgabenverteilung zwischen Soziologie, Ökonomie und Geschichtswissenschaft vornimmt und zum anderen das In-Beziehung-Setzen von Gesellschaft und Wirtschaft vorbereitet. Im I. Kapitel werden die zentralen soziologischen Grundbegriffe ›soziales Handeln‹ und ›soziale Beziehung‹ sowie weiterhin die Kategorien der ›Vergemeinschaftung‹ und ›Vergesellschaftung‹ definiert und systematisiert (vgl. dazu auch Bonß et al. 2013: 60 f.; Maurer 1999: 62 ff.). Im Unterschied zu der älteren Begriffsfassung im Kategorienaufsatz (Weber 1988b), welche noch die Bestandschancen sozialer Ordnung in den Mittelpunkt rückt und Vergesellschaftung an das Vorliegen einer sozialen Ordnung bindet, wird in der späteren Systematik die ›Rationalität‹ des sozialen Handelns beziehungsweise sozialer Beziehungen in den Mittelpunkt gerückt. Im lange vernachlässigten II. Kapitel von *Wirtschaft und Gesellschaft* wird das wirtschaftliche Handeln und die Institutionen von Markt- und Planwirtschaft entlang der formalen Rationalität beschrieben (vgl. Weber 1972: 1991).

Das dritte Großthema der modernen Sozialwissenschaften, zu dem Max Weber Stellung bezieht, ist das zwischen Programmen, welche die Grundlage *kausaler Erklärungen* in Annahmen über die *Individuen* (Methodologischer Individualismus) sehen, und Ansätzen, welche mit Strukturgesetzen und Kollektivbegriffen (Methodologischer Kollektivismus) arbeiten. Weiterhin bezieht Weber auch in der Frage Stellung, ob sozial- beziehungsweise kulturwissenschaftliche Erklärungen rein auf materiellen beziehungsweise rein auf ideellen Faktoren beruhen können. Weber spricht sich für einen institutionellen Individualismus aus, der wie die entstehende neoklassische Ökonomie mit Axiomen auf der Handlungsebene arbeitet, diese aber mit Situationsbeschreibungen wie dem Wettbewerbsmarkt, privatem oder kommunalem Eigentum und so weiter verbindet. Damit stellt sich Weber gegen die objektive Marx'sche Arbeitswertlehre, welche kollektivistisch und rein materialistisch argumentiert, und Durkheims Verständnis von Soziologie als Moralwissenschaft, welche kollektive Gruppenvorstellungen als Grundlage sozialer Integration ansetzt (Methodologischer Kollektivismus oder Holismus). Max Weber positioniert sich als Alternative mit der *verstehend-erklärenden Soziologie*, welche ihren Ausgangspunkt bei der Annahme eines sinnhaften Handelns der Individuen nimmt, welches mit Bezug auf soziale Konstellationen zu erschließen ist. Die Grundprämisse besagt, dass Individuen sinnhaft zu handeln vermögen, dazu aber im sozialen Kontext Handlungsorientierungen und -motive finden müssen, sich aber auch irren können (subjektive und objektive Realität fallen dann auseinander). Die Handlungsorientierung und -motive der Individuen werden nicht als Universalie gefasst oder vorausgesetzt, sondern als erklärungsbedürftig mit Blick auf den sozialen Kontext verstanden. Die von Weber vertretene Rationalitätsheuristik (Weber 1988b: 534 f.) besagt dann, dass zu Erklärungszwecken die Rekonstruktion des zweckrationalen Handelns für bestimmte Situationen im ersten Schritt eine evidente Heuristik bietet, weil so das empirische Wissen über spezifische Handlungssituationen eindeutige Thesen über das zu erwartende zweck-rationale Handeln der Individuen aufzustellen erlaubt, aus denen dann soziale Regelmäßigkeiten kausal abzuleiten sind: »Zum Zweck der kausalen *Zurechnung* empirischer Vorgänge bedürfen wir eben rationaler, je nachdem empirisch-technischer oder auch logischer Konstruktionen, welche auf die Frage antworten: wie bei absoluter rationaler, empirischer und logischer ›Richtigkeit‹ und ›Widerspruchslosigkeit‹ ein Sachverhalt [...] aussehen [...] *würde*.« (Ebd.: 534 f.) Erst wenn solcherart aufgestellte Thesen in der Realität keine Entsprechung finden, wäre die rationale Konstruktion sozialen Handelns schrittweise über empirische Zusatzannahmen abzumildern.

Das erlaubt es Max Weber auch den Dualismus zwischen Materialismus und Idealismus aufzubrechen, welche Erklärungen entweder allein auf *materielle oder ideelle* Faktoren gründen wollen. Max Weber hat selbst die Rationalisierung der modernen westlichen Welt und die Entstehung des modernen Kapitalismus auf verschiedene soziale, ökonomische, ideelle oder rechtliche Bedingungsfaktoren und deren Zusammenspiel zurückgeführt (siehe dazu weiter unten). Die verstehend-erklärende Soziologie arbeitet Weber nach 1903 parallel und eingebettet in seine methodologischen und begrifflich-analytischen Studien aus. Ihre praktische Umsetzung findet sich in den *Protestantismus-Studien* Webers (2017).

Damit gelingt es Max Weber die Soziologie als eine Wirklichkeits- und Handlungswissenschaft zu definieren, deren Aufgabe die kausale Erklärung *sozialer Regelmäßigkeiten* ist. Sein Ausgangspunkt für kausale soziologische Erklärungen ist die Annahme eines sinnhaften *Handelns der Einzelnen*, weil die Individuen Träger von Sinn sind, sie Wertbeziehungen in der Welt herstellen, die eine denkende Ordnung der sozialen Welt und kausale Zurechnungen erkennen lassen (vgl. Weiß 1975; Maurer 1999).

> »Soziologie [...] soll heißen: eine Wissenschaft, welche soziales Handeln deutend verstehen und dadurch in seinem Ablauf und seinen Wirkungen ursächlich erklären will. ›Handeln‹ soll dabei ein menschliches Verhalten (einerlei ob äußeres oder innerliches Tun, Unterlassen oder Dulden) heißen, wenn und insofern als der oder die Handelnden mit ihm einen subjektiven *Sinn* verbinden. ›Soziales‹ Handeln aber soll ein solches Handeln heißen, welches seinem von dem oder den Handelnden gemeinten Sinn nach auf das Verhalten *anderer* bezogen wird und daran in seinem Ablauf orientiert ist.« (Weber 1972: 1; Hervorh. i. Orig.)

Daraus folgt nun zweierlei: Zum ersten wird das Zustandekommen, der Bestand und der Rationalitätsgrad sozialer Beziehungen beziehungsweise Ordnungen aus den sinnhaften Handlungen der einzelnen Individuen mit Bezug auf konkrete Situationen analysiert. Zum zweiten folgt aus der Rahmenordnung eine ›objektive‹ Geltungschance, die typische Handlungen, soziale Regelmäßigkeiten und deren Rationalitätsgrad erklärt. Webers Arbeiten können damit als ein Beitrag zur rationalen Analyse und Gestaltung sozialer Beziehungen und Ordnungen gelesen werden, die aber im Unterschied zur frühen Aufklärung beide Ebenen berücksichtigt: die variable, situationsabhängige Rationalität der Individuen und die sozio-ökonomischen Rahmeninstitutionen. Weber hat in seiner Analyse des Übergangs zur modernen westlichen Welt mit dem 16. Jahrhundert einen Prozess der Rationalisierung auf individueller, institutioneller und ideeller Ebene offengelegt.

Der von Weber rekonstruierte und erklärte Rationalisierungsprozess der europäisch-amerikanischen Welt (vgl. Gosh 2014) findet ihm zufolge seinen bedeutungsvollsten Niederschlag im *modernen rationalen Kapitalismus* bestehend aus privat-kapitalistischen Wirtschaftsbetrieben, großen Massengütermärkten, der Geldwirtschaft, der rationalen Buchführung, der wissenschaftlichen Arbeitsorganisation und einem spezifisch kapitalistischen (Unternehmer-)Geist (Weber 1988b: 525). Diesen modernen rationalen Kapitalismus begrifflich zu fassen und in seiner Entstehung kausal zu erklären, ist nach Weber eine der Hauptaufgaben von Ökonomie und Soziologie. Er selbst stellte sich dieser Aufgabe vor allem in den Studien zur *Protestantischen Ethik* (Weber 1988a oder 2017) sowie auch in der posthum veröffentlichten Wirtschaftsgeschichte (1991). Dort nutzt er drei von ihm entworfene Kapitalismustypen (Handelskapitalismus, politischen Kapitalismus und den modernen rationalen Kapitalismus), um die Besonderheit des *modernen rationalen Kapitalismus* hervorzuheben und diesen als Teil und Motor eines spezifischen Rationalisierungsprozesses zu behandeln. Weber beginnt mit einer empirischen Beobachtung, wonach in den modernen westlich-kapitalistischen Gesellschaften Europas und den USA überwiegend Protestanten als Unternehmer und leitende Angestellte auftreten. Der vermutete Zusammenhang besteht zwischen religiösen Ideen und der Durchsetzung des modernen rationalen Kapitalismus. Den Grund dafür sieht Weber in der zunehmenden Orientierung der Menschen an den Ideen des asketischen Protestantismus. Daraus folgt nach ihm, dass die zentralen Institutionen des modernen rationalen Kapitalismus, vor allem der privat-wirtschaftliche Wirtschaftsbetrieb, der Massengütermarkt, die rationale Geldwirtschaft und Buchführung sowie die formal freie Arbeit und deren wissenschaftlich-rationale Organisation in Betrieben, wesentlich durch protestantische Ideen hervorgebracht wurden. Weber hat anhand der Analyse von seelsorgerischen Texten dargelegt, dass durch den Protestantismus (Luthertum) und insbesondere durch den asketischen Protestantismus (Calvinismus) ein neues *Handlungsmotiv* entstanden ist, welches das alltägliche und wirtschaftliche Handeln der Protestanten fortan prägen sollte. Die *Berufsidee* verbunden mit der *Prädestinationslehre* setzt als Maximen des Handelns die Postulate der *systematischen innerweltlichen Arbeit* als von Gott gesetztem Selbstzweck (Berufung), des *systematischen Erwerbens* materiellen Reichtums gerade im privaten Unternehmen als Mittel zur Mehrung von Gottes Ehre und der *systematischen innerweltlichen Arbeit* als Mittel der Vermeidung von Sünden und als Wegweiser zum Seelenheil. »Diese Rationalisierung der Lebensführung innerhalb der Welt im Hinblick auf das Jenseits, war die Wirkung der Berufskonzeption des asketischen Protestantismus« (Weber 1988a: 103; 2017: 181).

Demzufolge bringen die spezifischen Ideen des asketischen Protestantismus Handlungsformen hervor, welche notwendige Grundlagen des privatkapitalistischen Unternehmertums und der lohnabhängigen Erwerbsarbeit sind. Es sind die von den Ideen des Protestantismus begünstigte innerweltliche Askese und die systematische Berufsarbeit, welche die traditionalistische Arbeits- und Wirtschaftsethik aufbrechen und das unbegrenzte Gewinnstreben sowie die dauerhafte Berufsarbeit legitimieren und befördern (Weber 1988a: 190; 2017: 229).

> »Was letzten Endes den Kapitalismus geschaffen hat, ist die rationale Dauerunternehmung, rationale Buchführung, rationale Technik, das rationale Recht, aber auch nicht sie allein; es mußte ergänzend hinzutreten die rationale Gesinnung, die Rationalisierung der Lebensführung, das rationale Wirtschaftsethos.« (Weber 1991: 302)

Der dargelegte Kausalzusammenhang zwischen den spezifischen Ideen des asketischen Protestantismus und den Institutionen und Strukturen des modernen Kapitalismus erfährt zudem durch die zufällig parallel verlaufende, empirisch beobachtbare Rationalisierung in Form der Ausbildung des modernen Nationalstaates, der Wissenschaft, der Kunst und so weiter (vgl. Weber 1988a: 1–16, 2017: 234–252) eine positive Wechselverstärkung. Der erfolgreiche moderne Kapitalismus in der westlichen Welt kann nach Webers Prognose daher fortan seiner ideellen Grundlagen entbehren und hinterlässt letztlich ein »stahlhartes Gehäuse«, dem sich niemand entziehen kann, will er nicht die Rationalisierungsvorteile verlieren.

Wie wird Gesellschaft konzeptualisiert?

Es mag erstaunen, aber im Werk des soziologischen Klassikers Max Weber fehlt ›Gesellschaft‹ als Grundbegriff. Das hat zwei Gründe: Zum einen lehnt Max Weber ›Kollektivbegriffe‹ wie Staat oder Gesellschaft ab, weil er nur in den Individuen Träger von Sinn sah und daher soziale Regelmäßigkeiten aus dem sinnhaften sozialen Handeln der Akteure durch Nachvollzug des Sinns erklären wollte. Zweitens unterscheidet Weber schon im frühen Kategorienaufsatz von 1903 (Weber 1988b: 427–474) Vergesellschaftung von Vergemeinschaftung beziehungsweise dem Einverständnishandeln, indem er für die Vergesellschaftung die Orientierung der Handelnden an einer Ordnung und damit eine objektive Bestandschance ansetzt. In der späteren Fassung der soziologischen Grundbegriffe in *Wirtschaft und Gesellschaft* (Weber 1972, I. Teil) unterscheidet Weber Formen sozialen Handelns und sozialer Beziehungen nach ihrem formalen Rationalitätsgrad (vgl. dazu ausführlich Maurer 1999: 60 ff.; Lichtblau 2000). Vergemeinschaftungsformen bestehen aus einem affektuell oder traditional orientierten sozialen Handeln, wohingegen Vergesellschaftung als ein wert- oder zweckrational orientiertes soziales Handeln angesetzt wird. Weber definiert darauf aufbauend in *Wirtschaft und Gesellschaft* den rein zweck- oder wertrationalen *Interessenausgleich* etwa in Form der Marktvergesellschaftung als rein sachlich und frei von persönlichen oder ethischen Erwägungen und die rein zweck- oder wertrationale *Interessenverbindung* in Form des Zweckverbandes wie zum Beispiel dem Nationalstaat oder der kapitalistischen Dauerunternehmung. Über die Dominanz dieser beiden Vergesellschaftungsformen beschreibt Weber die moderne westliche Welt. Kapitalismus im Sinne einer Erwerbsorientierung der Handelnden hat es Weber zufolge immer gegeben, die moderne westliche Welt zeichnet das Erwerben im dauerhaften, rationalen kapitalistischen Wirtschaftsbetrieb orientiert an Marktpreisen aus.

Die kontrastierenden Idealtypen der ›Vergemeinschaftung‹ und der ›Vergesellschaftung‹ bestimmen die entwicklungsgeschichtliche und kulturvergleichende Perspektive Max Webers, der daher auch nicht von Gesellschaft spricht. Die Entwicklung der modernen westlichen Welt seit dem 16. Jahrhundert sieht Max Weber wie Ferdinand Tönnies als Übergang von ›Vergemeinschaftung‹ zu ›Vergesellschaftung‹. Im Unterschied zu Ferdinand Tönnies oder späteren Denkern wie Jürgen Habermas hat Weber die Vergemeinschaftung aber nicht als eine harmonische, verständigungsorientierte Sozialbeziehung gefasst, sondern als eine soziale Handlungs- und Beziehungsform, welche zwar weniger rational ist, aber durchaus Kampf und Konflikt beinhalten kann. Die Ablösung von Vergemeinschaftungsformen und die Zunahme von Vergesellschaftungsformen werden nach Weber dann auch nicht mit einem Niedergang an Gemeinsinn, Solidarität oder Moral gleichgesetzt, sondern es wird der damit verbundene Anstieg an Erwart- und Planbarkeit hervorgehoben. Das zeigt sich in der von Weber immer wieder hervorgehobenen formalen Rationalitätssteigerung durch die kapitalistische Marktwirtschaft. Ihr schreibt Weber die Fähigkeit zu, die Bereitstellung von Gütern und Leistungen in der modernen Verkehrswirtschaft erwartbar zu steigern. Es ist diese Form der rationalen Institutionenanalyse, welche Webers Verständnis von Theoriearbeit und Praxis fundiert: Es geht um rationale Gestaltungsvorschläge frei von persönlich affektiven Einstellungen. Das hebt Weber von Georg Simmel ab, der ausschließlich die formalen Merkmale sozialer Beziehungen oder Kreise soziologisch analysieren wollte, wohingegen Weber explizit die inhaltliche Orientierung und damit die Planbarkeit in Wirtschaft, Gesellschaft, Politik und Recht erläutern wollte.

Wie gestaltet sich das Verhältnis von Mikro- und Makroanalyse?

Max Weber ist in den letzten Jahren als Begründer einer handlungsorientierten *verstehend-erklärenden Soziologie* (wieder-)entdeckt worden (vgl. etwa Maurer 1999; Kalberg 2001). Das dürfte entscheidend darauf zurückzuführen sein, dass er einen wichtigen Beitrag zur Auflösung der seit den 1980er Jahren intensiv geführten Debatte um die Verbindung von Handeln (Individuum) und Struktur (Gesellschaft) beizutragen vermag.

Zum einen entwickelt Weber in seinen methodologischen Arbeiten sowie in seiner Kategorienlehre die Soziologie als eine erklärende Wissenschaft, welche soziale Regelmäßigkeiten kausal zu erklären hat und dafür ihren analytischen Ausgangspunkt beim sinnhaften Handeln der Einzelnen nehmen kann, weil so kausale Gründe in Form der individuellen Motive benannt werden können. Dabei hat Weber nicht für die Verwendung eines allgemeinen Handlungsprinzips plädiert, sondern für Erklärungen, welche mit der ›Rationalitätsheuristik‹ arbeiten. Ausgehend von der vorläufigen Annahme eines zweck- oder wertrationalen Handelns wird für spezifische soziale Kontexte das objektiv zu erwartende Handeln rekonstruiert und daraus dessen typischer Ablauf und die zu erwartenden sozialen Folgen abgeleitet. Es sind aber immer empirisch zu prüfende Aussagen über das zweck- oder wertrationale soziale Handeln in sozialen Kontexten. Das bedeutet für die Anlage kausaler Erklärungen sozialer Regelmäßigkeiten nun zweierlei. Zum einen ist nach Weber die Soziologie zwar gehalten mit Bezug auf empirische Kontexte Evidenz für das Vorliegen spezifischer Handlungsorientierungen und -motive zu gewinnen, kann aber auch mit der methodologisch begründeten Rationalitätsvermutung starten und die verwendeten Modelle und Thesen dann empirisch informiert korrigieren. Weber selbst geht etwa in der *Protestantischen Ethik* weiterhin davon aus, dass ein solches rekonstruiertes situationsangemessenes Handeln als ein typisches und damit gleichartiges soziales Handeln Vieler gesehen werden kann und leitet daraus direkt entsprechende Strukturen und soziale Regelmäßigkeiten ab. Das ist wohl seiner Grundfrage nach erwartbaren sozialen Beziehungsformen zuzurechnen, denn das Erklärungsmodell erlaubt es ihm, konkrete Situationsbedingungen anzugeben, aus denen ein dauerhaftes oder ein formal rationales soziales Handeln hervorgeht und entsprechende Ordnungsformen generiert. So etwa die Legitimität einer Herrschaftsordnung oder die Ideen des Protestantismus, welche von ihm als Grundbedingungen des umfassenden Rationalisierungsprozesses der westlichen Welt gesehen werden. Was Weber nicht berücksichtigt, ist, dass es neben gleichartigem Handeln auch Interdependenzen des Handelns gibt, das heißt, dass sich das Handeln von Individuen und Gruppen wechselseitig verstärken oder abschwächen kann.

Max Weber wurde zu Beginn des 20. Jahrhunderts vor allem durch die *Protestantische Ethik* bekannt. Er wurde ab den 1940er Jahren dann aufgrund der Übersetzungen und Interpretationen von Talcott Parsons und Frank Knight in den USA gelesen und kam nach 1945 darüber wieder nach Europa. In Deutschland war für die Wiederentdeckung seines Werkes der Heidelberger Soziologiekongress 1964 ein erster wichtiger Schritt. In den 1970er Jahren wurde Weber dann wieder in seiner Breite entdeckt und insbesondere die These von der Rationalisierung moderner westlicher Gesellschaften zunehmend rezipiert und kritisiert. Erst Ende des 20. Jahrhunderts wurde dann auch Max Webers *verstehend-erklärende Soziologie* als Grundlegung der Soziologie in handlungsbasierten Erklärungen entdeckt und als sein ›dritter Weg‹ zwischen abstrakter Theorie und historischer Rekonstruktion aufgegriffen.

Damit kann auch die Rationalisierungsthese von Weber neu eingeordnet werden: als Vorschlag, den umfassenden komplexen Prozess der Ausbildung moderner westlicher Gesellschaften als das ungeplante Ergebnis gleichwohl sinnhaften Handelns in spezifischen sozialen Konstellationen aus der Analyse kausaler Zusammenhänge unter Hinzuziehung zufälliger Begünstigungskonstellationen zu erklären, welche allesamt ihren Beitrag zur formalen Rationalisierung sozialen Handelns und sozialer Beziehungen leisten.

Wie wird die Veränderung beziehungsweise die Entwicklung von Gesellschaft gedacht?

Die Rationalisierung der westlichen Welt ist nach Max Weber ein sozialer Prozess, der sich aus sinnhaften sozialen Handlungen erklären und als Durchsetzung zweck- und wertrationaler Vergesellschaftungsformen beschreiben lässt (vgl. Schluchter 1998). Weber zählt somit zu den Gesellschaftstheoretikern, welche eine dominante Entwicklungslinie herausheben und als ungeplante Folge eines an sich sinnhaften Handelns und vielfältiger durchaus zufälliger sozialer Bedingungskonstellationen erklären. Er unterscheidet sich damit sowohl von Strukturtheoretikern wie Karl Marx, der eine zielgerichtete universale Entwicklungslinie infolge eines dialektischen Entwicklungsgesetzes vorhersieht, oder Herbert Spencer, der die gesellschaftliche Entwicklung als Ergebnis eines evolutionären Selektionsprozesses darstellt (vgl. Bader et al. 1976). Er hebt sich aber auch von den Vertretern der Aufklärung beziehungsweise der Schottischen Moralphilosophie, insbesondere von den weiter oben vorgestellten Adam Smith und David Hume, ab beziehungsweise kann als Unterfall dieses Programms gesehen werden, weil er zwar die Grundlagen rationaler Vergesellschaftung thematisiert, sie aber nicht auf das direkte Anliegen der Individuen bezieht, zu einer besseren Gestaltung der Welt durch die Einsetzung rationaler Institutionen zu gelangen. Vielmehr ist die Rationalisierung der westlichen Welt und damit die Ablösung von Vergemeinschaftung durch Vergesellschaftung ein emergentes Ergebnis vielfältiger Faktoren, die sich zum Prozess der Rationalisierung verdichten.

Es sind Rationalisierungsprozesse auf der Ebene des 1) Handelns (zweckrationale Handlungsorientierung), der 2) Ideen (Legitimität, Religion) und der *Institutionen* (moderne Verkehrswirtschaft mit Marktvergesellschaftung und Zweckverbänden), welche Weber zufolge die Transformation von traditionaler Vergemeinschaftung hin zur modernen westlichen Welt mit ihren formal rationalen Vergesellschaftungsformen ausmachen. Der Mensch der modernen westlichen Welt ist daher in einem rationalen ›Gehäuse‹ gefangen, welches ihn zwar in einem Höchstmaß mit erwartbaren und planbaren Leistungen in Wirtschaft, Politik und Gesellschaft versorgt, ihn zugleich aber in seiner Autonomie beschränkt und soziale Ungleichheiten befördert (Weber 1988a: 1–16; 2017: 180 ff.).

Lern- und Kontrollfragen

- Warum verzichtet Max Weber auf den Begriff ›Gesellschaft‹ und wie definiert er in den später verfassten *soziologischen Grundbegriffen* Vergesellschaftung und Vergemeinschaftung?
- Was macht die besondere Erklärungsweise von Max Weber im Spannungsfeld von ›Methodologischem Individualismus‹ und ›Methodologischem Kollektivismus‹ aus und woran erkennen Sie das in seiner berühmten Studie zur *Protestantischen Ethik*?
- Wie beschreibt und erklärt Max Weber die Entwicklungsgeschichte der modernen westlichen Welt (Westeuropa und die USA) und wie schätzen Sie diese ›Rationalisierungsthese‹ im Lichte anderer Gesellschaftstheorien ein?

Literatur

Primärliteratur

Tönnies, Ferdinand (1887). Gemeinschaft und Gesellschaft. Abhandlung des Communismus und des Socialismus als empirischer Culturform. Leipzig: Fues's Verlag.

Tönnies, Ferdinand (2012). Studien zu Gemeinschaft und Gesellschaft, herausgegeben von Klaus Lichtblau. Wiesbaden: Springer VS.

Weber, Max (1972 [1922]). Wirtschaft und Gesellschaft. Grundriß der verstehenden Soziologie, herausgegeben von Johannes Winckelmann. Tübingen: Mohr Siebeck.

Weber, Max (1988a [1920]). Gesammelte Aufsätze zur Religionssoziologie. Band 1. Tübingen: Mohr Siebeck.

Weber, Max (1988b [1922]). Gesammelte Aufsätze zur Wissenschaftslehre. Tübingen: Mohr Siebeck.

Weber, Max (1991 [1923]). Wirtschaftsgeschichte. Abriss der universalen Sozial- und Wirtschaftsgeschichte. Aus den nachgelassenen Vorlesungen. 5. Auflage. Berlin: Duncker & Humblot.

Eine seit langem in Arbeit befindliche und nahezu abgeschlossene *Max Weber Gesamtausgabe* erscheint im Verlag Mohr Siebeck Tübingen. Eine günstige Neuausgabe von *Die Protestantische Ethik und der Geist des Kapitalismus* (Weber 2017 [1904–05]) mit einem Nachwort von Andrea Maurer liegt in der Reclam Universalbibliothek vor.

Sekundärliteratur

Bader, Veit M. et al. (1976). Einführung in die Gesellschaftstheorie. Gesellschaft, Wirtschaft und Staat bei Marx und Weber. Frankfurt a. M.: Campus.

Bonß, Wolfgang et al. (2013). Handlungstheorie. Bielefeld: transcript.

Gosh, Peter (2014). Max Weber and The Protestant Ethic: Twin Histories. Oxford: Oxford University Press.

Kalberg, Stephen (2001 [1999]). Einführung in die historisch-vergleichende Soziologie Max Webers. Wiesbaden: Westdeutscher Verlag.

Lichtblau, Klaus (2000). ›Vergemeinschaftung‹ und ›Vergesellschaftung‹ bei Max Weber. In: Zeitschrift für Soziologie, Jg. 29, H. 6, S. 423–443.

Maurer, Andrea (1999). Herrschaft und soziale Ordnung. Kritische Rekonstruktion und Weiterführung der individualistischen Theorietradition. Wiesbaden: Westdeutscher Verlag.

Scaff, Lawrence A. (Hg.) (2014). Weber and Weberians. New York: Palgrave Macmillan.

Schluchter, Wolfgang (1998). Die Entstehung des modernen Rationalismus. Eine Analyse von Max Webers Entwicklungsgeschichte des Okzidents. Frankfurt a. M.: Suhrkamp.

Weiß, Johannes (1975). Max Webers Grundlegung der Soziologie. München: UTB.

3.2 Émile Durkheim: Gesellschaftliche Solidarität und funktionale Differenzierung

Während Auguste Comte das Verdienst zukommt, der neuen Wissenschaft Soziologie einen Namen gegeben zu haben, besteht Durkheims klassischer Beitrag darin, dem Fach durch die Fokussierung auf die Gesellschaft beziehungsweise das Soziale einen klar von jedem psychologischen Reduktionismus abgrenzbaren und damit eigenständigen Untersuchungsgegenstand herausgearbeitet zu haben. Dies führt seine Position zu einer Makroperspektive auf grundlegende gesellschaftliche Strukturzusammenhänge. Alles in allem hat er damit nicht nur eine Theorieperspektive sowie erstmals eine systematische Untersuchungsmethode entwickelt, sondern auch eine Reihe an Spezialsoziologien aus der Wiege gehoben.

Zur Person

Als Spross einer Rabbinerdynastie – sowohl Vater als auch Groß- und Urgroßvater standen in einer sich über acht Generationen erstreckenden Reihe jüdische Glaubenslehrer – wird David Émile Durkheim am 15. April 1858 im Lothringischen Épinal als jüngstes von fünf Geschwistern geboren.[1] Nach dem Besuch des dortigen Gymnasiums bereitet er sich auf das Aufnahmeverfahren der *École Normale Supérieure* in Paris vor. Im Jahr 1879 wird er an dieser Elitehochschule nach mehreren gescheiterten Versuchen aufgenommen. Das Studium der Philosophie schließt er 1882 – wie in Frankreich zu dieser Zeit üblich – mit dem Staatsexamen für den Lehrerberuf ab. Die theologische Familientradition setzt er damit nicht fort. Inspiriert wird Durkheim, der sein Studium unter finanziell kargen Verhältnissen bestreiten muss, einerseits von seinen Lehrern, den Philosophen Emil Boutroux und Charles Renouvier sowie von dem Philologen Numa Fustel de Coulanges. Andererseits findet er im Kreis seiner später zu einiger Berühmtheit gelangenden Kommilitonen Henri Bergson, Maurice Blondel, Pierre Janet, Ferdinand Brunot oder Jean Jaurès ein so streitbares wie anregendes akademisches Milieu vor.

1 Vergleiche zu den biographischen Angaben Raymond Aron (1967), Heike Delitz (2013), René König (1976), Daniel Šuber (2012) und Hans-Peter Müller (2003).

Nach einem kurzen Einsatz als Gymnasiallehrer und einem Urlaubsjahr, das er zum Studium der Sozialwissenschaften sowie zu einem Studienaufenthalt in Deutschland nutzt, veröffentlicht er drei wissenschaftliche Aufsätze und erhält aufgrund einer ministeriellen Verfügung im Jahr 1887 den Ruf auf eine Dozentur für Pädagogik und Sozialwissenschaft an der Universität Bordeaux. Er promoviert dort mit zwei Arbeiten – einer in lateinischer Sprache verfassten Untersuchung über den Philosophen Montesquieu und der mittlerweile zum Klassiker avancierten Abhandlung über Arbeitsteilung – und hält die erste universitäre Soziologie-Vorlesung Frankreichs. Aus der Verbindung mit seiner Frau Louise Dreyfus gehen 1888 die Tochter Marie und 1892 der Sohn André hervor. Sechs Jahre nach seiner Einstellung in Bordeaux wird dort eigens für ihn ein Lehrstuhl für Soziologie eingerichtet. Zu dieser Zeit gründet er auch die jährlich erscheinende Fachzeitschrift *Année Sociologique*, deren erster Band im Jahr 1898 erscheint. Dann, es ist das Jahr 1902, vertritt er den Lehrstuhl für Pädagogik an der Sorbonne in Paris, wo er vier Jahre später zum ordentlichen Professor für die Fächer Pädagogik und Soziologie ernannt wird. 1913 erfährt die Professur eine Umwidmung zum *Chaire de sociologie de la Sorbonne*.

Seine Zeit als Universitätsprofessor ist gekennzeichnet durch rastlose Arbeit an der Etablierung der Soziologie als wissenschaftliche Disziplin. Dazu kämpft er nicht nur an der ›Außengrenze‹ mit Emanzipationsbestrebungen gegenüber den späteren Nachbardisziplinen Philosophie und Psychologie. Er versucht auch unter den an soziologischen Fragestellungen interessierten Wissenschaftlern klare Standpunkte durchzusetzen – so etwa gegenüber dem mitunter als langjährigen Gegenspieler zu bezeichnenden Sozialwissenschaftler Gabriel Tarde.

Der Erste Weltkrieg erschüttert Durkheim schwer, da nicht nur zahlreiche Kollegen und Schüler umkommen, sondern auch sein Sohn, der 1916 zunächst als vermisst, dann als gefallen gemeldet wird. Am 15. November stirbt Durkheim in Paris infolge eines Herzinfarkts.

Fragestellungen und Erkenntnisse

Was die Grundlegung der Soziologie angeht, kommt Durkheim ein doppeltes Verdienst zu. Nicht allein, dass er die Soziologie als eigenständige Wissenschaft zu begründen sucht und zahlreiche theoretische Beiträge, insbesondere zur Entstehung gesellschaftlicher Kollektivphänomene, liefert; er entwickelt auch die für eine Emanzipation des Faches äußerst hilfreiche methodisch und methodologisch eigenständige Position. Letztere unterscheidet sich noch deutlich vom Rezeptwissen aktueller empirischer Sozialforschung und kann – so die Einschätzung René Königs (1984) – nicht abgelöst von den theoretischen Überlegungen betrachtet werden. Abgrenzungsbestrebungen, das Abstecken theoretischer ›Claims‹ und die Definition einer eigenen Methodik legen den Verdacht einer wissenspolitischen sowie strategischen Vorgehensweise nahe. Allerdings ist der Erkenntnisweg Durkheims nicht nur als Konsequenz seines wissens- oder wissenschaftspolitischen Kalküls zu interpretieren. Aus der Abfolge seiner Schriften ergibt sich ein kohärentes Bild, welches mit Blick auf die Entwicklung eines gesellschaftstheoretischen Standpunkts eine Reihe aufeinander verweisender Motive und Denkfiguren bietet.

Bereits in seinen Studien zu Montesquieu – die Dissertation erscheint unter dem Titel *Quid Secundatus Politicae Scientiae Instituendae Contulerit* im Jahr 1892 – erkennt Durkheim das Potenzial zu einer umfassenden soziologischen Analytik. Zwar beziehe sich Montesquieu ausschließlich auf die Entwicklung des Rechts beziehungsweise der Gesetze, allerdings könne sich eine solche Untersuchung nicht auf ein isoliertes soziales Phänomen beschränken und müsse seine Verbindungen zu anderen Sphären, wie der Religion, der Sitte oder der Familie berücksichtigen. Über *einen* spezifischen Gegenstand erschließe Montesquieu die Zusammenhänge innerhalb der Gesamtheit sozialer Phänomene (vgl. Delitz 2013: 33). Bereits hier zeichnet sich Durkheims soziologisches Credo ab, nach dem das Soziale stets und nur durch das Soziale erklärt werden könne und nicht durch eine wie auch immer geartete äußere Natur (vgl. Jonas 1969: 30).

Ein Jahr nach dem Montesquieu-Buch legt Durkheim mit dem Werk *Über soziale Arbeitsteilung. Studie über die Organisation höherer Gesellschaften* – ebenfalls als Dissertation – ein Grundlagenwerk nach. Zentrales Motiv ist die Frage nach der Differenzierung moderner Gesellschaften, die offenkundig nicht ausschließlich in eine fortschreitende Vereinzelung der Menschen führt, sondern auch eine neue Form der Solidarität, vermittelt über eine Veränderung grundsätzlicher Denkweisen und Verhaltensmaßgaben – Durkheim nennt diese das ›kollektive Bewusstsein‹ – zwischen ihnen hervorbringt. Ausgangspunkt ist der Vergleich zwischen einer als archaisch vorgestellten mit der modernen Gesellschaftsform. Durch eine zunehmende Bevölkerungsdichte seien die älteren, einfacheren Gesellschaften zum Ausbau von Arbeitsteilung und Spezialisierung gezwungen, wodurch der von Thomas Hobbes angenommene Kampf aller gegen alle vermieden werde – man sei wechselseitig aufeinander angewiesen, sei nicht mehr austauschbar und könne daher auch nicht dem anderen ein ›Wolf‹ sein. Allerdings hat diese im Grunde befriedende Differenzierung ihren Preis: Es entstehen Anomie als ein deprimierendes Gefühl der Regellosigkeit und Ungerechtigkeit durch neue gesellschaftliche Zwänge (vgl. Müller 2007a).

Im Jahr 1895 erscheinen dann *Die Regeln der soziologischen Methode*, in denen Durkheim die in der *Arbeitsteilung* entwickelten Überlegungen aufnimmt und sie methodologisch präzisiert. Zentral ist hierbei die Aufforderung an alle soziologisch Forschenden zu einer streng empirischen Vorgehensweise. Diese wird dadurch erreicht, dass man einerseits genau prüft, welche Begriffe man verwendet und welches die mit diesen verbundenen Vorannahmen sind. Andererseits sollen sich soziologisch Forschende – und auch das ist neu – an ›den Dingen‹ orientieren.

> »Ein Ding ist ja alles, was gegeben ist, was sich der Beobachtung anbietet oder vielmehr sich ihr aufdrängt. Die Erscheinungen wie Dinge zu behandeln, bedeutet also, sie in ihrer Eigenschaft als data zu behandeln, die den Ausgangspunkt der Wissenschaft darstellen. Die sozialen Phänomene zeigen unstreitig diesen Charakter. Was uns gegeben ist, ist nicht die Idee, die sich die Menschen vom Werte machen, denn sie ist uns nicht zugänglich: es sind die Werte, die wirklich im Verlauf wirtschaftlicher Beziehungen ausgetauscht werden. Es ist nicht diese oder jene Auffassung der Sittenidee; es ist die Gesamtheit der Regeln, die das Handeln tatsächlich bestimmen.« (Durkheim 1984a [1895]: 125)

Die Soziologie wird damit zur Wissenschaft von den sozialen Tatbeständen. Diese Tatbestände seien zwar keine materiellen Dinge, sollten aber als solche behandelt werden. Im Mittelpunkt steht nicht mehr das eigensinnig handelnde Individuum, sondern stets das sozial überformte Ding, auf das die Einzelnen reagieren, mit dem sie sich auseinandersetzen müssen. Soziologische Tatbestände sind, das macht Durkheim immer wieder deutlich, gesellschaftliche Institutionen, die das Verhalten der Individuen bestimmen. Ihr soziologisches Potential bestimmt er wie folgt.

> »Ein soziologischer Tatbestand ist jede mehr oder minder festgelegte Art des Handelns, die die Fähigkeit besitzt, auf den Einzelnen einen äußeren Zwang auszuüben; oder auch, die im Bereiche einer gegebenen Gesellschaft allgemein auftritt, wobei sie ein von ihren individuellen Äußerungen unabhängiges Eigenleben besitzt.« (Durkheim 1984a [1895]: 114, Hervorh. wegg.)

Beispiele für soziale Tatbestände sind neben dem Recht mit seinen Normen und Regeln auch Moralvorstellungen, die Sitte, gesellschaftliche Werthaltungen bis hin zu eingelebten Verhaltensroutinen. Sie werden in dem Moment erfahrbar, da man sich nicht gemäß der in ihnen enthaltenen Erwartungen verhält. So ist bereits die gegenseitige Begrüßung ein sozialer Tatbestand, da es in vielen Situationen als unhöflich empfunden wird, wenn jemand grußlos dazukommt. Soziale Tatbestände verweisen als Elemente des Gesellschaftlichen auf die Gesellschaft als Ganzes. Um Gesellschaften angemessen untersuchen zu können, muss man aus der Analyse ihrer Einzelteile zu typischen Momenten gelangen und diese begrifflich – in Klassifikationen – fassen. Durkheim bezeichnet dieses Vorgehen als *soziale Morphologie*. Dabei bietet es sich an, von einfachen Gesellschaftsstrukturen auszugehen. Entsprechend formuliert Durkheim die folgende Klassifikationsregel:

> »Zunächst sind die Gesellschaften nach dem Grad ihrer Zusammengesetztheit zu klassifizieren, wobei die vollkommen einfache oder monosegmentäre Gesellschaft als Grundlage zu nehmen ist; innerhalb dieser Klassen sind verschiedene Abarten zu unterscheiden, je nachdem eine vollständige Verschmelzung der ursprünglichen Segmente stattfindet oder nicht.« (Durkheim 1984a [1895]: 173, Hervorh. wegg.)

Aufgabe der Soziologie ist somit, das gesellschaftliche Gefüge der sozialen Tatbestände oder Institutionen zu analysieren, wobei man dabei nicht von der Geschichte und dem ursprünglichen Zweck dieser sozialen Dinge ausgeht, sondern von ihrer je gegenwärtigen Funktion. Ebenso wie soziale Gruppen selbst diese Dinge benennen, also in Begriffe fassen, muss die Soziologie ein entsprechendes Begriffssystem entwickeln, das eine möglichst trennscharfe Klassifikation im Sinne einer begrifflichen Ordnung der Gesellschaft ermöglicht. Es wird hier erneut einsichtig, dass Durkheim nicht von einer beispielsweise nationalen Gesellschaftsformation im Ganzen ausgeht, sondern über einzelne Elemente zu einer Einschätzung des Ganzen kommt. Dabei ist allerdings klar, dass der Bezug auf ein Ganzes immer auf die Entwicklung der Elemente zurückwirkt. Das Ganze ist und bleibt also mehr als die Summe seiner Teile.

Es dauert nur zwei Jahre bis Durkheim 1897 mit einer umfassenden empirischen Studie unter dem Titel *Der Selbstmord* die soziologische Erklärung eines besonderen Phänomens vorlegt. Dabei handelt es sich um eine konsequente Fortsetzung seines soziologischen Programms insofern, als er sich die Untersuchung einer der privatesten Handlungen schlechthin vornimmt, die bis dato ausschließlich im Rückgriff auf psychologisch begründete Motive erklärt worden war. Durkheim indes sieht von solchen Erklärungen ab und stellt fest, dass jeder Selbstmord drei Aspekte aufweist: den Umstand eines Todesfalls, das Opfer als den oder die Urheber(in) der Tat und das Wissen um ihre Konsequenzen. Aus soziologischer Sicht bietet es sich nun an, Selbstmordstatistiken genauer zu untersuchen. Er fragt also nicht nach dem persönlichen Motiv, sondern fahndet nach strukturellen Auffälligkeiten, die als soziale oder gesellschaftliche Bedingungen der Häufigkeit von Selbsttötungen erwogen werden können. In einem ersten Schritt prüft er Umstände, die nicht sozialen Ursprungs sind: Wetterbedingungen, Krankheit oder Rasse und kommt zu der Einschätzung, dass es hier nur geringe statistisch nachweisbare Zusammenhänge gibt. Im zweiten Schritt bietet er eine typologische Differenzierung zweier selbstmordrelevanter Dimensionen an. Diese sind auf der einen Seite die Individual- im Gegensatz zur Kollektivorientierung und auf der anderen Seite die als Anomie bezeichnete Empfindung von Regellosigkeit im Kontrast zum Fatalismus, der sich aus einer subjektiven Wahrnehmung sozialer Überregulierung ergibt. Jede der vier Ausprägungen lässt sich mit einem spezifischen Selbstmordmotiv verbinden; und jeder daraus abgeleitete Typ weist auf je eigene Besonderheiten des sozialen Milieus hin. So sei der *egoistische* Selbstmord beispielsweise religiös begründet, genauer: in der stärkeren Individualorientierung des Protestantismus, bei der die Bindekraft der Gemeinschaft hinter die Prüfung des eigenen, individuellen Gewissens zurücktrete. Demgegenüber kann aber auch eine zu hohe Bindung an die Gemeinschaft zum Selbstmord führen, was Durkheim als *altruistischen* sowie als *fatalistischen* Selbstmord bezeichnet – also als Suizid aus einer aufopfernden Haltung oder aufgrund einer zu hohen Vereinnahmung des Einzelnen durch die Gruppe. Den vierten Typus stellt der *anomische*

Selbstmord dar, welcher sich aus konjunkturellen oder gesellschaftlichen Veränderungen herleitet. Er tritt in Fällen auf, bei denen die gewohnten sozialen Regeln und Regelmäßigkeiten außer Kraft gesetzt werden und noch keine neuen Bindungen und Orientierungen in Sicht sind. Im Resümee über diese Diagnose sozialer Bedingungen des Selbstmordes stellt Durkheim fest, dass vor allem der egoistische und anomische Fall dann wahrscheinlicher werden, wenn sich eine Gesellschaft in einer strukturellen und damit moralischen Krise befindet (vgl. hierzu Müller 2007b).

In den folgenden Jahren verfasst Durkheim eine Vielzahl von Buchbesprechungen sowie kleineren Arbeiten und widmet sich der universitären Lehre. Erst im Jahr 1912 erscheint die gleichfalls zum Klassiker avancierte Studie über *Die elementaren Formen des religiösen Lebens*. Auch in diesem Werk folgt er konsequent seiner Methode der Orientierung an den soziologischen Tatbeständen, die er in den grundlegenden und vermeintlich einfachen sozialen Formen aufsucht. Dazu bedient er sich einer von Ethnologen durchgeführten Untersuchung über indigene australische und amerikanische Völker. Das reichhaltige empirische Material der Studie wertet er aus und gelangt auch hier zu zwei grundlegenden Gegensatzpaaren, dem Heiligen und dem Profanen sowie den Glaubensüberzeugungen und den Ritualen. Anhand dieser Grundunterscheidung ließe sich, so Durkheim, jede Religion rein soziologisch beschreiben – und zwar ohne Rücksicht auf die Annahme einer übernatürlichen Instanz. Das *Heilige* repräsentiert dabei die ewigen und grundlegenden Werte der sozialen Gruppe. Es wird gegenüber dem *Profanen*, also den weltlich-alltäglichen Dingen abgegrenzt. Entsprechend bildet die religiöse Gemeinschaft *Glaubensvorstellungen* im Sinne von abstrakten Ideen und vor allem eine in *Ritualen* festgelegte Glaubenspraxis aus, aus der wiederum neue Wertvorstellungen entstehen. Aus dem nicht mehr im alltäglichen Tun verankerten religiösen Leben der Gemeinschaft entwickelt sich dann eine Eigendynamik, die zu massiven Leidenschaften, mitunter zu Gewalt, zu Heldentum oder Barbarei führen kann. Zentral bei Durkheims Argument ist somit, dass die Religion das jeweilige Kollektiv spiegelt. Das geht so weit, dass sogar die Entwicklung der Sprache und die sie konstituierende begriffliche Ordnung der religiös repräsentierten Gesellschaftsform erwachsen. Religion ist, so formuliert es Hans-Peter Müller (2007c: 109) »nur ein anderer Ausdruck für die Gesellschaft«. In Durkheims Worten lässt sich dies folgendermaßen festhalten:

»Damit aber die wichtigsten Aspekte des kollektiven Lebens nur verschiedene Aspekte des religiösen Lebens seien, muß natürlich das religiöse Leben die herausragende Form und gewissermaßen der konzentrierte Ausdruck des gesamten kollektiven Lebens sein. Wenn die Religion alles, was in der Gesellschaft wesentlich ist, hervorgebracht hat, dann deshalb, weil die Idee der Gesellschaft die Seele der Religion ist.« (Durkheim 1984b [1897]: 561)

Man kann diese Denkfigur beziehungsweise diesen Befund als eine konsequente Soziologisierung Gottes begreifen. Das Ergebnis ist nicht eine weitere Religionskritik, die den ideologischen Gehalt religiösen Denkens offenlegt oder brandmarkt, sondern die Erklärung der wechselseitigen Konstituierung von Religion und Gesellschaft. Aus dieser Verbindung entstehen Sprache und damit Wissen ebenso wie – in weiterer Konsequenz – das kollektive Bewusstsein.

Unter dem Eindruck des Krieges verfasst Durkheim zwei Monographien, die beide im Jahr 1915 verlegt werden, aber keine neuen Impulse im Hinblick auf soziologische Theorie enthalten; weitere Bücher, beispielsweise über *Soziologie und Philosophie* oder zum Thema *Erziehung, Moral und Gesellschaft* erscheinen posthum aus dem Nachlass.

Wie wird Gesellschaft konzeptualisiert?

Gesellschaft setzt sich bei Durkheim aus Elementen zusammen. Diese Elemente sind zunächst sicherlich die Individuen, die in einem bestimmten (Lebens- oder Kultur-)Raum angesiedelt sind. Vor allem sind die Elemente der Gesellschaft allerdings die soziologischen Tatbestände oder Institutionen, welche als überindividuelle Regeln einen Zwang auf die Individuen ausüben. Gesellschaft erscheint damit nicht als Gruppe, sondern eher als das von der Gruppe im Laufe der Zeit herausgebildete und von den Gruppenmitgliedern geradezu verinnerlichte System an Regeln, das kollektive Bewusstsein. Dieses kollektive Bewusstsein umfasst die Glaubensvorstellungen ebenso wie die durch die Gruppe festgelegten Handlungsweisen. Man kann damit festhalten, dass das Kind im Zuge seines Heranwachsens insofern sozialisiert wird, als es mehr oder weniger gewaltsam dazu gebracht wird, die Vorstellungen seines Milieus zu übernehmen. Das Individuum lebt also die Vorstellungen der Gruppe.

In modernen Gesellschaften differenzieren sich jedoch die Aufgaben der Gruppenmitglieder aufgrund hoher sozialer Dichte weiter aus, so dass nicht mehr für jede und jeden dieselben Orientierungen und Verhaltensregeln gelten. Gesellschaft kann dann treffender mit der Metapher des Organismus beschrieben werden, in der einzelne Organe in aller Unterschiedlichkeit doch einem Ganzen zugehören, welches ohne die Mitwirkung dieser Organe nicht mehr funktionsfähig ist. Aber auch für eine differenzierte Gesellschaft gilt, dass sie beständig Regeln beziehungsweise eine Moral hervorbringt, die den Individuen als bereits bestehende Ordnung gegenübertritt und sie zu konformem Verhalten veranlasst.

Wie gestaltet sich das Verhältnis von Mikro- und Makroanalyse?

Durkheim ficht als Klassiker einen Kampf für die Eigenständigkeit einer soziologischen Forschungsperspektive. Die Idee, von den soziologischen Tatbeständen auszugehen, die, behandelt als ›Dinge‹, einen allgemein verbindlichen Zwang auf die Individuen ausüben und diesen äußerlich sind, steht in scharfem Kontrast zu psychologischen Erklärungen und – nicht zuletzt – zur soziologischen Mikroperspektive. Für Durkheim ist klar, dass sich Kollektive aus Individuen, als deren Elemente und zugleich kleinste Einheiten zusammensetzen. Da aber das Ganze mehr ist als die Summe seiner Teile, richtet sich sein Blick auf das Überindividuelle.

Dieses Überindividuelle, die Regeln und die Moral, welche soziale Gruppen als kollektives Bewusstsein für sich entwickelt haben, sind im Grunde Aspekte einer reinen Makroanalyse. Es geht Durkheim auch nicht um Vereinbarungen, die zwei Personen oder die Mitglieder einer Kleingruppe untereinander ausgehandelt haben und auch nicht um die Prozesse, wie so etwas zustande kommt. An erster Stelle geht es um sanktionsmächtige Regeln und soziale Orientierungsmuster, welche von den Einzelnen beim Eintritt in die Gruppe – also ab ihrer Geburt – vorgefunden werden.

Man kann vor diesem Hintergrund Soziales nur durch Soziales erklären und nicht durch psychologische Befunde – das Individualbewusstsein folgt anderen Gesetzen als das Kollektivbewusstsein, um das – und nur um das – es der Soziologie zu tun sein muss. Im zweiten Vorwort seiner *Regeln* macht Durkheim dies mit Blick auf Einwände deutlich, die ihm immer wieder entgegengehalten wurden:

> »Dem Menschen mißfällt es, auf die unbeschränkte Macht über die soziale Ordnung zu verzichten, die er sich so lange zugeschrieben hat, und andererseits scheint es ihm, daß er den kollektiven Kräften notwendig unterworfen sein müsse, falls es sie gibt, ohne sie ändern zu können. Darum neigt er dazu, sie zu negieren.« (Durkheim 1984a [1895]: 101)

Vor allem in späteren Arbeiten entwickelt Durkheim indes schon so etwas wie einen Mikro-Zugang, wenn er gesellschaftliche Mechanismen sowie den Zusammenhang von Moral und Gesellschaft im Rückgriff auf ethnologische Forschungen rekonstruiert. Im Primitiven versucht er dieselben Grundstrukturen zu entdecken wie in komplexen, modernen Gesellschaften. Das mag dann zwar ein Zugang über ›kleinere‹ oder ›einfachere‹ Quellen sein – der gesellschaftstheoretische Anspruch richtet sich jedoch immer auf die großen sozialen Zusammenhänge.

Wie wird die Veränderung beziehungsweise die Entwicklung von Gesellschaft gedacht?

Zentral für Durkheims Verständnis von Gesellschaft ist, dass die aus soziologischen Tatbeständen konfigurierte soziale Ordnung nicht von vornherein besteht – auch wenn das Individuum diesen Eindruck haben mag, da es von Geburt an eine solche Ordnung vorfindet. Diese Ordnung ist zwar als institutionelles Gefüge aus den Bedürfnissen des Lebens entstanden (vgl. König 1984), erscheint dem Individuum jedoch als äußerer Zwang. Mit dem Wandel dieser grundlegenden Bedürfnisse ist auch die Gesellschaft in steter Veränderung begriffen. Allerdings kann man dabei nicht, wie Durkheim an Comtes Drei-Stadien-Gesetz kritisiert, von krisenhaften oder gar katastrophalen epochalen Umbrüchen ausgehen. Diese sind bestenfalls rückblickende Zuschreibungen, welche den gesellschaftlichen Tatsachen und ihrer Entwicklungsdynamik empirisch nicht gerecht werden.

Entsprechend entwickelt Durkheim (1992 [1883]) bereits in seiner *Arbeitsteilung* eine andere Theoriefigur, die nicht von Umbrüchen, sondern von einer Überlappung und schleichenden Veränderung gesellschaftlicher Ordnung ausgeht. Dreh- und Angelpunkt ist dabei die Frage, wie Gemeinschaften ihren Zusammenhalt organisieren. Die Urgemeinschaften, Horden, Sippen, Stämme bilden, so vermutet Durkheim, ihre Solidarität nach dem Muster der Ähnlichkeit. Man hat gemeinsame Interessen und schließt sich entsprechend zusammen. In der Folge entwickelt sich daraus ein System, das – auf Grundlage des Prinzips der Ähnlichkeit – den sozialen Zusammenhalt auch weiterhin gewährleistet. Es entsteht eine Rechtsprechung, die die einzelnen Mitglieder auf diese Ähnlichkeit verpflichtet und jede Abweichung ahndet. Dass in diesem repressiven Rechtssystem auch für Bagatellen mitunter drakonische Strafen drohen, erklärt sich Durkheim mit der Verletzung der in dieser Gruppe ausgebildeten Moral, dem Kollektivbewusstsein. König (1984) gibt dabei den hilfreichen Hinweis, dass es sich hier nicht nur um eine gruppenspezifische Art des Denkens und Wahrnehmens handelt, sondern dass der Begriff des ›consience‹ auch den Beiklang des ›Gewissens‹ beinhaltet. Ein Verstoß gegen das Kollektivbewusstsein ist daher mindestens auch mit schlechtem Gewissen und Schuldgefühlen verbunden. Durkheim bezeichnet diese Form archaischen Gruppenzusammenhalts als *mechanische* Solidarität.

Im Zuge einer quantitativen Veränderung der Gruppe etwa durch zunehmende Bevölkerungsdichte treten jedoch Probleme auf, die Anpassungsleistungen erfordern. Das Prinzip der Ähnlichkeit, nach dem alle im Grunde dieselben Aufgaben übernehmen, wird von einer fortschreitenden Arbeitsteilung und damit einer sozialen Differenzierung überlagert. Die Menschen haben nun keine Veranlassung mehr, auf Grundlage von Gleichheit oder Ähnlichkeit zusammenzuhalten. Zudem sind sie in ihrer Verschiedenheit voneinander abhängig und aufeinander angewiesen. Die sich so herausbildende Gesellschaft erscheint dann als Organismus, in dem unterschiedliche Organe zusammenwirken, ohne einander auch nur im Ansatz zu ähneln. Dies führt dann auch zur Herausbildung eines anderen Rechtssystems: Aus dem repressiven wird ein restitutives Recht, das nicht mehr die Abweichung sanktioniert, sondern nur noch den durch ein Fehlverhalten entstandenen Schaden kompensiert. Durkheim nennt diese Form des gesellschaftlichen Zusammenhalts, die er zunehmend in modernen Gesellschaften realisiert sieht, *organische* Solidarität.

Festzuhalten ist, dass die Veränderung der Gesellschaft bei Durkheim nicht durch äußerliche Ereignisse und auch nicht abrupt – etwa infolge von Revolutionen – vonstattengeht, sondern sich die soziologischen Tatbestände oder Institutionen als Elemente der Gesellschaft fortwährend den Erfordernissen des Lebens anpassen. Entsprechend gibt es auch keinen harten Bruch zwischen einer Epoche der mechanischen zu einem Zeitalter der organischen

Solidarität. Auszugehen ist vielmehr von einer Gleichzeitigkeit und Schwerpunktverschiebung dieser beiden Formen des Zusammenlebens mit allen Konsequenzen. Auch in modernen Gesellschaften finden sich somit noch Momente der mechanischen Solidarität.

Lern- und Kontrollfragen

- Was versteht Durkheim unter einem soziologischen Tatbestand?
- Wie begründet Durkheim die Umstellung von mechanischer auf organische Solidarität und welche Konsequenzen hat das für die gesellschaftlichen Regelsysteme?
- Was bedeutet die Feststellung, Durkheim soziologisiere Gott?

Literatur

Primärliteratur

Durkheim, Émile (1892). Quid Secundatus Politicae Scientiae Institutendae Contulerit. Bordeaux: Ex typis Gounouilhou.

Durkheim, Émile (1967 [1924]). Soziologie und Philosophie. Frankfurt a. M.: Suhrkamp.

Durkheim, Émile (1973 [1934]). Erziehung, Moral und Gesellschaft. Darmstadt: Luchterhand.

Durkheim, Émile (1983 [1897]). Der Selbstmord. Frankfurt a. M.: Suhrkamp.

Durkheim, Émile (1984 [1895]). Die Regeln der soziologischen Methode. Herausgegeben und eingeleitet von René König. Frankfurt a. M.: Suhrkamp.

Durkheim, Émile (1984 [1912]). Die elementaren Formen des religiösen Lebens. Frankfurt a. M.: Suhrkamp.

Durkheim, Émile (1992 [1893]). Über Soziale Arbeitsteilung. Studie über die Organisation höherer Gesellschaften. Frankfurt a. M.: Suhrkamp.

Sekundärliteratur

Aron, Raymond (1967). Hauptströmungen des modernen soziologischen Denkens. Durkheim – Pareto – Weber. Reinbek b. Hamburg: Rowohlt.

Delitz, Heike (2013). Émile Durkheim zur Einführung. Hamburg: Junius.

Jonas, Friedrich (1969). Geschichte der Soziologie III. Französische und italienische Soziologie. Reinbek b. Hamburg: Rowohlt.

König, René (1976). Emile Durkheim. In: Kaesler, Dirk (Hg.): Klassiker des soziologischen Denkens. Band 1. Von Comte bis Durkheim. München: C. H. Beck.

König, René (1984). Einleitung. In: Ders. (Hg.): Emile Durkheim. Die Regeln der soziologischen Methode. Frankfurt a. M.: Suhrkamp, S. 21–82.

Müller, Hans-Peter (2003). Emile Durkheim (1858–1917). In: Kaesler, Dirk (Hg.): Klassiker der Soziologie. Band 1. Von Auguste Comte bis Norbert Elias. München: C. H. Beck.

Müller, Hans-Peter (2007a). De la division du travail social. In: Kaesler, Dirk/Vogt, Ludgera (Hg.): Hauptwerke der Soziologie. Stuttgart: Kröner, S. 90–95.

Müller, Hans-Peter (2007b). La suicide. Étude de sociologie. In: Kaesler, Dirk/Vogt, Ludgera (Hg.): Hauptwerke der Soziologie. Stuttgart: Kröner, S. 102–106.

Müller, Hans-Peter (2007c). Les formes élémentaires de la religieuse. Le système totémique en Australie. In: Kaesler, Dirk/Vogt, Ludgera (Hg.): Hauptwerke der Soziologie. Stuttgart: Kröner, S. 106–111.

Šuber, Daniel (2012). Émile Durkheim. Konstanz: UVK.

3.3 Georg Simmel: Vergesellschaftung

Erst lange nach seinem Tod wurde Georg Simmel ins Pantheon soziologischer Klassiker aufgenommen. Der Grund für diese späten Ehren dürfte darin liegen, dass der Berliner Gelehrte mit Blick auf die akademische ›Zunft‹ seiner Zeit fast auf der ganzen Bandbreite ›gegen den Strich gebürstet‹ war. Wie so oft, wenn das wissenschaftliche Werk und die Biographie zusammengedacht werden, lässt sich auch bei Simmel die Vermutung aufstellen, dass die Entwicklung seines Denkens eng mit seinem akademischen Werdegang und Wirken verbunden war. Das geht so weit, dass man gar den für ihn zentralen Begriff der ›Wechselwirkung‹ als Konsequenz der Interaktion von Werk und Leben Simmels interpretiert hat.

Zur Person

Am 1. März 1858 wird Georg Simmel als siebtes Kind des von Breslau nach Berlin gezogenen Kaufmanns Edward Simmel und seiner Frau Flora geboren. Sowohl Edwards als auch Floras Eltern waren jüdischen Glaubens, ihre Kinder frühzeitig zum Christentum konvertiert – Edward zum Katholizismus, Flora zum Protestantismus. Georg wurde protestantisch getauft und im christlichen Glauben erzogen. Anfangs gehörte der Familie noch die Süßwarenfirma *Felix und Sarotti*, deren Mitbegründer und erster Inhaber Edward Simmel ist. Allerdings gerät das Geschäft in Schwierigkeiten und muss verkauft werden. Die Familie kann den großbürgerlichen Lebensstandard nicht halten. Im Jahr 1874 stirbt der Vater. Als Vormund Georgs wird der Musikverleger Julius Friedländer, zeitweiliger Inhaber der *Edition Peters* eingesetzt. Er bemüht sich um Georgs musikalische Ausbildung und erweitert dessen Horizont, indem er ihn auf Reisen mitnimmt.

Nach dem Abitur immatrikuliert sich Simmel im Jahr 1876 an der Königlichen Friedrich-Wilhelms Universität in Berlin, um dort Geschichte, Völkerpsychologie, Philosophie und Kunstgeschichte zu studieren. Das Studium beendet er im Jahr 1881 mit der Promotion – ein dramatisches Finale, da die als Dissertation verfasste Arbeit unter dem Titel *Psychologisch-ethnographische Studien über die Anfänge der Musik* von den Gutachtern abgelehnt und stattdessen ein Jahr später eine ersatzweise eingereichte ältere Untersuchung über die Philosophie Immanuel Kants angenommen wird. Nicht viel anders geht es mit der danach in Angriff genommenen Habilitation, die auch dem Werk Kants gewidmet ist. Hier scheitert Simmel am Probevortrag, einem Bestandteil des Prüfungsverfahrens, möglicherweise weil er seine Thesen zu vehement gegen die Einwände und Vorbehalte einzelner Kommissionsmitglieder verteidigt. Erst im zweiten Anlauf besteht er und erhält im Jahr 1885 eine Privatdozentur, die er dann als ›ewiger Privatdocent‹ über fünfzehn Jahre innehat. Nach mehreren gescheiterten Berufungsverfahren in Berlin und Heidelberg wird er – erneut im zweiten Anlauf – und nach einem ausdrücklichen Verzicht auf die geldwerte eigenständige Prüfungsberechtigung an seiner Universität zum außerordentlichen Professor ernannt. Sein Auskommen hat er aus Hörergeldern seiner Lehrveranstaltungen sowie aus einem kleinen Vermögen, das ihm sein 1889 verstorbener Vormund überschrieben hatte. Die Familiensituation, Simmel hatte im Jahr 1890 die Kunstmalerin und spätere philosophische Schriftstellerin Gertrud Kinel geheiratet und mit ihr einen Sohn, gestattet es ihm, intensiv am Kulturleben der Großstadt teilzunehmen. Auch als er beginnt, von regelmäßigen Besuchen in akademischen und kulturinteressierten Zirkeln abzusehen, laden die Simmels in ihrer Wohnung zu einem Privatkolloquium, dem namhafte Persönlichkeiten des kulturellen und wissenschaftlichen Lebens beiwohnen. Erst im Jahr 1914 erreicht ihn ein Ruf an die Universität Straßburg, den er widerstrebend annimmt, da er sich nicht recht mit der Provinz arrangieren will. Eingeschränkt durch die Kriegssituation kann er dort dem akademischen Leben weiter nachgehen, bis er sechzigjährig am 26. September 1918 an Leberkrebs verstirbt (vgl. zur Biographie Dahme und Rammstedt 1983; Lichtblau 1997; Nedelmann 2003; Schnabel 1976).

Fragestellungen und Erkenntnisse

Das wissenschaftliche Schaffen Simmels kann nicht abgelöst von den Randbedingungen seiner akademischen Laufbahn verstanden werden. Schon früh wendet sich der philosophisch ausgebildete Forscher – nicht zuletzt aufgrund seiner Studien der Völkerpsychologie und Ethnologie – sozialwissenschaftlichen Fragestellungen zu. Dies ist in der wilhelminischen Zeit so ungewöhnlich wie riskant, da es die Soziologie in Deutschland noch nicht als etablierte Wissenschaftsdisziplin gibt. Sich mit großer Energie einem Feld zuzuwenden, in dem bislang keine Professuren eingerichtet sind und das von anderen Fächern skeptisch als ›Halbwissenschaft‹ angesehen wird, läuft auf einen ständigen Legitimierungs- oder Rechtfertigungsdruck hinaus. Diesem Druck stellt sich Simmel, indem er sich – wie in Frankreich zur gleichen Zeit auch Émile Durkheim – um eine erkenntnistheoretische Grundlegung, um die Entwicklung eines eigenständigen Forschungszugangs sowie eine bislang in den Wissenschaften noch nicht eingeführte Untersuchungsmethode verdient macht.

Nach seiner Promotion zu Beginn der 1880er Jahre geht Simmel dieser Aufgabe über 20 Jahre mit großer Energie nach. Es entstehen neben einer Vielzahl von Fachaufsätzen Arbeiten, die heute als richtungsweisend für die Grundlegung der Soziologie als akademische Disziplin gelten. Für ihn selbst zahlte sich dies jedoch nur in Anerkennung durch einen vergleichsweise kleinen Kreis anderer Fachwissenschaftler aus, die sich dem Projekt der Soziologie verschrieben hatten, und durch den seinem Lehrcharisma zu verdankenden Zuspruch von Studenten sowie akademischen Laien aus dem bildungsbürgerlichen Milieu.

Als erster Meilenstein seines Wirkens für die Soziologie kann die 1890 erschienene Monografie *Über sociale Differenzierung. Sociologische und psychologische Untersuchungen* angesehen werden. Bereits hier finden sich Kapitel über grundlegende Motive der Simmel'schen Soziologie. So beginnt das Buch mit einem Abschnitt zur Erkenntnistheorie der Sozialwissenschaft; es enthält darüber hinaus Überlegungen zur sozialen Gruppe, die identitäts- und zugleich gesellschaftstheoretische Figur der Kreuzung sozialer Kreise und eine Untersuchung zum Problem der Arbeitsteilung, welche als Differenzierung und Prinzip der Kraftersparnis erörtert wird. Nach den beiden Abhandlungen *Die Probleme der Geschichtsphilosophie. Eine erkenntnistheoretische Studie* aus dem Jahr 1892 und dem Zweibänder *Einleitung in die Moralwissenschaft. Eine Kritik der ethischen Grundbegriffe* aus den Jahren 1892 und 1893 erscheint 1894 ein kurzer Text unter dem Titel *Das Problem der Sociologie*, der als Grunddokument des Simmel'schen Denkens angesehen werden kann, da er eine Reihe wichtiger Begriffe ausbuchstabiert: die Wechselwirkung, die Form, das Tun, das Leiden, den Inhalt und die Vergesellschaftung. Einige Jahre später – der vielseitig interessierte Simmel hat in der Zwischenzeit eine ganze Reihe von Aufsätzen zu unterschiedlichen Themen veröffentlicht – erscheint mit der *Philosophie des Geldes* ein Buch, mit dem er sich 1900 einen festen Platz unter den Analytikern der modernen Gesellschaft sichert. Er begreift Geld dort als deren reinstes Symbol, als verallgemeinertes Interaktionsmedium und diskutiert einerseits die individuellen Einstellungen, die sozialen Beziehungen und die logische Struktur der Werte als Voraussetzungen für den Sinn der Geldwirtschaft. Andererseits fragt er nach ihren Wirkungen auf den modernen Lebensstil sowie die moderne Kultur (vgl. Nedelmann 2003: 141 f.). Es folgen weitere Bücher und Aufsätze in einer Schaffensphase, die mitunter als Abwendung von soziologischen Themen und Hinwendung einerseits zur Lebensphilosophie und andererseits zu einem offenbar dankbareren nicht akademischen Publikum interpretiert wird (vgl. Dahme und Rammstedt 1983: 20 f.). Aus dieser Sicht wird dann die 1908 erschienene große *Soziologie* der früheren Schaffensphase zugerechnet (vgl. von Wiese 1971: 123). Gegen eine solche Einschätzung spricht jedoch, dass Simmel weiterhin an soziologischen Fragen arbeitet, wenngleich die Titel seiner Arbeiten nicht immer als genuin soziologisch zu erkennen sind. Gleichwohl aber erscheint noch im Jahr 1917 mit *Grundfragen der Soziologie (Individuum und Gesellschaft)* eine Weiterentwicklung seiner soziologischen Theorien.

Bemerkenswert an Simmels Werk ist, dass er sich auf den ersten Blick als unsystematischer Autor darstellt, der Themen aufgreift, die ihm zugeflogen zu sein scheinen. Bisweilen werden manche seiner Texte aufgrund der Publikationsorte – Tageszeitungen, Magazine, Kulturzeitschriften – und der dort behandelten Inhalte als Gelegenheitsarbeiten bezeichnet. Die spätere Simmel-Forschung (vgl. Dahme und Rammstedt 1983) ist bei vielen dieser Publikationen jedoch zu der Einsicht gekommen, dass er sich vergleichsweise konsequent seiner theoretischen Analyseinstrumente bedient und auch dann soziologisch vorgeht, wenn er sich mit Mode, Religion, der weiblichen Kultur, dem Streit, der Lüge, der Armut, den Sinnen, dem Schmuck, mit Goethe, Rembrandt, dem Henkel, der Ruine, den Rosen oder den Alpen beschäftigt.

Als genuin gesellschaftstheoretisch lassen sich dabei jedoch vor allem Werke aus der früheren Phase begreifen (vgl. Dahme und Rammstedt 1983: 26), weshalb es im Folgenden überwiegend um die Fragen der sozialen Differenzierung, der damit verbundenen Individualisierung und um das Konzept der Vergesellschaftung geht.

Wie wird Gesellschaft konzeptualisiert?

In seinem Bestreben der Soziologie als akademischer Disziplin ein erkenntnistheoretisches Fundament zu geben setzt Simmel am Begriff der Gesellschaft an. Allerdings entwickelt er das Konzept eher zu einem generellen Rahmen für die Bestimmung des soziologischen Erkenntnisinteresses als zu einem analytischen Begriff. Im Folgenden soll zunächst geklärt werden, was Simmel unter Gesellschaft versteht.

Gesellschaft als Ausgangspunkt und Rahmen von Simmels Denken ist eher Problem oder Frage und weniger Gegebenheit. Das im 19. Jahrhundert etablierte Verständnis begreift Gesellschaft als Gesamtheit der in einem Kultur- oder Sozialraum versammelten Einzelnen. Simmels Gesellschaftsbegriff steht dazu in deutlichem Kontrast. Ähnlich wie auch bei Durkheim steht hier eine Distanzierung vom psychologischen Reduktionismus – also einer Zurückführung sozialer Phänomene auf psychische Prozesse und Bewusstseinsleistungen des Individuums – im Zentrum. Entsprechend lesen sich die Problemaufrisse in Simmels Texten:

> »Ist die Gesellschaft nur eine in unserer Betrachtungsweise vor sich gehende Zusammenfassung von Einzelnen, die die eigentlichen Realitäten sind, so bilden diese und ihr Verhalten auch das eigentliche Objekt der Wissenschaft, und der Begriff der Gesellschaft verflüchtigt sich. [...] Was greifbar existiert, sind doch nur die einzelnen Menschen und ihre Zustände und Bewegungen: deshalb könne es sich nur darum handeln, diese zu verstehen, während das rein durch ideelle Synthese entstandene, nirgends zu greifende Gesellschaftswesen keinen Gegenstand eines auf Erforschung der Wirklichkeit gerichteten Denkens bilden dürfe.« (Simmel 1989: 126)

Anstelle einer Einzelbetrachtung, die sich aus einer entsprechenden Rückführung immer auf die jeweils kleinste Einheit notwendig ergibt weist Simmel auf eine andere Analysekategorie hin, die ebenfalls ›objektiv‹ für jede soziale Beziehung angenommen werden kann. Statt sich auf das Einzelne zu konzentrieren schlägt er einen relationalen Blickwinkel vor, der sich mit der Wechselwirkung der Teile untereinander befasst (ebd.: 129). Aus dieser Sicht kann die Einheit eines Gegenstands nur aufgrund der wechselseitigen Beziehungen oder Verknüpfungen seiner Teile beschrieben werden – und das gilt auch für die Gesellschaft, wie das folgende längere Zitat belegt:

> »Daß nun eine Wechselwirkung der Teile unter dem statt hat, was wir eine Gesellschaft nennen, wird niemand leugnen. Ein in sich völlig geschlossenes Wesen, eine absolute Einheit ist die Gesellschaft nicht, so wenig wie das menschliche Individuum es ist. [...] Es ist nicht eine Gesellschaftseinheit da, aus deren einheitlichem Charakter sich nun Beschaffenheiten, Beziehungen, Wandlungen der Teile ergäben, sondern es finden sich Beziehungen und Thätigkeiten von Elementen, auf Grund deren dann erst die Einheit ausgesprochen werden darf. [...] Darum brauchen es auch nicht nur menschliche Personen zu sein, deren Wechselwirkung die Gesellschaft konstituiert, sondern es können auch ganze Gruppen sein, die mit anderen zusammen wieder eine Gesellschaft ergeben. [...] In diesem Sinne, der von beiden Seiten her ein relativer ist, kann man sagen, daß die Gesellschaft eine Einheit aus Einheiten ist. Es ist aber nicht etwa eine innerliche, geschlossene Volkseinheit da, welche das Recht, die Sitte, die Religion, die Sprache aus sich hervorgehen ließe, sondern äußerlich in Berührung stehende sociale Einheiten bilden durch Zweckmäßigkeit, Not und Gewalt bewogen diese Inhalte und Formen unter sich aus, und dieses bewirkt oder vielmehr bedeutet erst ihre Vereinheitlichung.« (Ebd.: 130 f.)

Simmel fährt dann fort, dass sich die Bestimmung von Gesellschaften nur aus den Besonderheiten der in ihnen statthabenden Wechselwirkungen oder Sozialbeziehungen zwischen wem oder was auch immer ergibt. Die Vorstellung von Gesellschaft als einer festgefügten, gar völkisch-traditionalen Ordnung ist damit völlig undenkbar – Gesellschaft könne, so betont er nachdrücklich, nur der Name für die Summe der Wechselwirkungen und kein feststehender, sondern müsse ein gradueller Begriff sein. Zugleich aber räumt er ein, dass man mit einer solchen Begriffsbestimmung an Grenzen stoße. So sei es schwer, bei zwei durch eine kriegerische Auseinandersetzung ebenfalls irgendwie wechselwirkenden Gesellschaften von *einer* Gesellschaft zu sprechen. Gleichwohl aber könne eine begriffliche Festlegung auch bloß Hinweise auf zu untersuchende Wirklichkeiten geben, die erst zu ergründen und nicht von vornherein nur einem Begriff zuzuordnen seien.

Wichtig sei allerdings, nach unterschiedlichen Graden und Stärken der Wechselwirkung zu differenzieren. Eine nur sporadische Beziehung zweier Einheiten sei sicherlich ein Indiz. Soziologisch bedeutsamer könnten jedoch solche Arten von Wechselwirkungen sein, die so etabliert und erwartbar sind, dass sie von den beteiligten Einzelnen unabhängig werden. Simmel ergänzt sein Gesellschaftsverständnis, das er zunächst dynamisiert hat, durch ein Moment der Stabilität:

> »Wo eine Vereinigung stattgefunden hat, deren Formen beharren, wenngleich einzelne Mitglieder ausscheiden und neue eintreten; wo ein gemeinsamer äußerer Besitz existiert, dessen Erwerb und über den die Verfügung nicht Sache eines Einzelnen ist; wo eine Summe von Erkenntnissen und sittlichen Lebensinhalten vorhanden ist, die durch die Teilnahme der Einzelnen weder vermehrt noch vermindert werden, die, gewissermaßen substantiell geworden, für jeden bereit liegen, der daran teilhaben will; wo Recht, Sitte, Verkehr Formen ausgebildet haben, denen jeder sich fügt und fügen muß, der in ein gewisses räumliches Zusammensein mit anderen eintritt – da überall ist Gesellschaft, da hat die Wechselwirkung sich zu einem Körper verdichtet, der sie eben als gesellschaftliche von derjenigen unterscheidet, die mit den unmittelbar ins Spiel kommenden Subjekten und ihrem augenblicklichen Verhalten verschwindet.« (Ebd.: 133 f.)

Zusammenfassend lässt sich mit Blick auf Simmels Gesellschaftskonzept festhalten, dass er sich erstens gegen eine Rückführung des Gesellschaftlichen auf psychische Strukturen der Einzelnen, zweitens gegen die Vorstellung allzu statischer sozialer Strukturen und drittens gegen eine Fixierung auf feststehende Begriffsverständnisse verwahrt. Gesellschaft bezeichnet vielmehr das Resultat der Analyse von Wechselwirkungen zwischen Individuen oder Gruppen, welches, einmal als solches benannt, sich immer wieder ändern oder einfach anders beschrieben werden kann. Der Beliebigkeit solcher Analysen entzieht sich das Gesellschaftliche insofern ein Stück weit, als sich bestimmte Wechselwirkungen im Laufe der Zeit dergestalt etabliert haben, dass sie auch ohne die Beteiligung bestimmter Individuen als soziale Strukturen oder Ordnungen fortbestehen.

Wie gestaltet sich das Verhältnis von Mikro- und Makroanalyse?

Vor dem Hintergrund des für Simmel so zentralen Konzepts der Wechselwirkung erstaunt die gelegentliche Vereinnahmung dieses Wegbereiters der Sozialwissenschaften für eine mikrosoziologische Perspektive – etwa im Rahmen der Beziehungslehre Leopold von Wieses. Sie erklärt sich einerseits aus seinen Beispielen der formalen Analyse, die er immer wieder aus dem Bereich sozialer Nahbeziehungen oder diese unmittelbar betreffenden Gegenständen wählt. Andererseits scheint seine Analyse gesamtgesellschaftlicher Strukturen tatsächlich bei den kleinsten Einheiten anzusetzen. Was dann leicht übersehen wird, ist, dass es Simmel schließlich vor allem um die Erkenntnis allgemeiner und damit umfassender Zusammenhänge geht. Zugleich wird er nicht müde zu betonen, dass nicht die Entdeckung irgendwelcher festgefügter Strukturen oder Gesetze des Sozialen sein Ziel sei, sondern die Einsicht in die Regelmäßigkeiten des fortdauernden Werdens und Vergehens im Zuge der *Vergesellschaftung*. Simmel, der selbst in der Tat gelegentlich die Metapher des Mikroskops verwendet, formuliert diesen Zusammenhang von Mikro- und Makroanalyse mit Blick auf das von ihm vorgeschlagene tiefere Verständnis von Gesellschaft in diesen Worten:

> »Hier handelt es sich gleichsam um die mikroskopisch-molekularen Vorgänge innerhalb des Menschenmaterials, die aber doch das wirkliche Geschehen sind, das sich zu jenen makroskopischen, festen Einheiten und Systemen erst zusammenkettet oder hypostasiert. Daß die Menschen sich gegenseitig anblicken, und daß sie aufeinander eifersüchtig sind [...] – all die tausend, von Person zu Person spielenden momentanen und dauernden, bewußten oder unbewußten, vorüberfliegenden oder folgenreichen Beziehungen, aus denen diese Beispiele ganz zufällig gewählt sind, knüpfen uns unaufhörlich zusammen. [...] Hier liegen die, nur der psychologischen Mikroskopie zugängigen Wechselwirkungen zwischen den Atomen der Gesellschaft, die die ganze Zähigkeit und Elastizität, die ganze Buntheit und Einheitlichkeit dieses so deutlichen und so rätselhaften Lebens der Gesellschaft tragen.« (Simmel 1908: 33)

Damit wird deutlich, dass die sozialwissenschaftliche Analyse zwar bei der Strukturbildung im Kleinen ansetzt, dass sich dieselben Prinzipien der Herausbildung sozialer Formen allerdings auch auf gesellschaftliche Zusammenhänge übertragen lassen. Eine zentrale Figur, die Simmels Vorstellung der beständigen Wechselwirkung zwischen Individuum und Gesellschaft beziehungsweise sozialen Gruppen sehr treffend illustriert, ist seine in der Schrift über *Sociale Differenzierung* entwickelte und später in seine ›große‹ *Soziologie* aufgenommene These von der Kreuzung sozialer Kreise.

Jeder Mensch, so beginnt Simmel, wird – per Zufall – in einen sozialen Kreis, seine Familie hineingeboren. Bestimmt dieser Kreis zunächst noch sein gesamtes Leben und all seine Belange, so eröffnen sich dem Einzelnen mit der Zeit weitere Kreise. Die durch Verwandtschaft begründete Gesellungsform durch Ähnlichkeitsattraktion wird durch das Streben nach anderweitigen Ähnlichkeiten – der individuellen oder persönlichen Interessen – ergänzt. Weitere Kreise ergeben sich somit aus sachlichen Ähnlichkeiten, die Simmel nur beispielhaft an beruflichen Vereinigungen festmacht. In diesem Zusammenhang stellt er fest, dass die Zahl der Kreise, deren Schnittpunkt eine Person bildet, gleich einem Koordinatensystem deren Einzigartigkeit oder Individualität charakterisiere (vgl. Simmel 1989: 240). Entsprechend sei die Anzahl der Kreise, in denen der oder die Einzelne stehe, ein Gradmesser der Kultur, und entsprechend bringe die Synthese des Subjektiven – der vielfältigen Gruppenbeziehungen – das Objektive hervor (ebd.: 241). Jeder Kreis ist für seine Mitglieder durch eine Spannung zwischen Bindung und Isolation bestimmt. Diese Einsicht leitet Simmel zu der Annahme, dass Kreise, in denen starke Konkurrenz herrsche, ihre Mitglieder veranlassten, sich andere integrativere Kreise zu suchen. Kaufleute, die, beruflich verbunden, untereinander im Wettbewerb stünden, suchten demnach gesellige, harmonische Vereine auf. Umgekehrt wendeten sich Menschen, deren Beziehungsschwerpunkt in eher homogenen Kreisen liege, zum Ausgleich stärker wettbewerbsorientierten Arrangements zu. Adlige tendierten daher zum Engagement in sportlichen Vereinigungen. Eine ähnliche Wechselwirkung zeige sich auch bei Kreisen, die einen starken kollektivistischen Zwang auf ihre Mitglieder ausübten, worauf die Mitglieder mit individualistischer Willkür gegenüber Außenstehenden reagierten. Simmel gelangt aufgrund solcher Befunde zu der folgenden Einschätzung:

> »Freiheit und Bindung verteilen sich gleichmäßiger, wenn die Socialisierung, statt die heterogenen Bestandteile der Persönlichkeit in einen einheitlichen

> Kreis zu zwingen, vielmehr die Möglichkeit gewährt, dass das Homogene aus heterogenen Kreisen sich zusammenschließt.« (Simmel 1989 [1890]: 247)

Besonders eindrücklich zeigt sich dieser Zusammenhang nicht nur an der Entstehung der Arbeiterbewegung, sondern an der Entdeckung der Sozialfigur des ›Arbeiters‹ schlechthin. Im Kontext der Arbeitsteilung lassen sich zwei Motive sozialer Differenzierung ausmachen: Einerseits kann so viel Arbeit anfallen, dass sich eine Person Helfer(innen) sucht, um die Arbeit aufzuteilen. Andererseits kann die Arbeit auch funktional in unterschiedliche Arbeitsgänge untergliedert werden, was zur Ausbildung einzelner Teilgewerke führt. In jedem Fall aber entstehen hierbei neue Kreise, in deren Inneren sich Verhältnisse von Über- und Unterordnung ausbilden. Mit fortschreitender Arbeitsteilung entstehen so unterschiedliche Handwerke oder Tätigkeitsmuster, die Menschen in ähnliche Arrangements bringen – es gibt dann die Zimmerei, das Maurergewerbe und so weiter. Innerhalb dieser Differenzierungen bilden sich im Laufe der Zeit jedoch weitere Unterschiede zwischen denen aus, die einfache Arbeiten ausführen, denen, die den Arbeitseinsatz organisieren, bis hin zu jenen, die das notwendige Kapital bereitstellen. Quer zu den fachlich orientierten Kreisen entstehen aus den immanenten Differenzierungsprozessen wiederum neue Ähnlichkeiten zum Beispiel zwischen all denen, die organisieren und jenen, die schwere körperliche Arbeit leisten. Es liegt nicht fern, dass sich hier infolge der wechselseitig wahrgenommenen ähnlichen gesellschaftlichen Lage die Einsicht in ähnliche Interessen und damit das Bedürfnis nach einem Zusammenschluss einstellt. Ergebnis einer solchen Zuordnung ist die Kategorie des ›Arbeiters‹. Gleichgültig, welchen Beruf er ausübt, definiert er sich durch eine bestimmte Lage, in die er durch die Teilhabe an einem erwerbsspezifischen Kreis gebracht wurde. Wird er sich dieser Lage bewusst und erkennt er, dass andere, auch wenn sie völlig anderen Tätigkeiten nachgehen, in derselben Lage sind, könnte er dazu neigen, einem neuen Kreis all jener beizutreten, aus deren homogener Lage sich auch prinzipiell gemeinsam vorzubringende Interessen ableiten lassen.

Es zeigt sich also, dass soziale Kreise nicht von vornherein gegeben sind, sondern dass sie sich gemäß der jeweils unterschiedlichen kulturellen oder gesellschaftlichen Bedingungen ständig neu formieren, dass Individuen sich Kreisen anschließen, diese wieder verlassen, dass sie aufgrund der Bedingungen innerhalb eines Kreises weitere Kreise mit anderen Bedingungen eröffnen und so weiter. Das Individuum entsteht in seiner Einzigartigkeit als Schnittpunkt beziehungsweise an der Kreuzung all seiner sozialen Kreise. Seine Persönlichkeit ergibt sich aus der flüchtigen beziehungsweise sich fortlaufend verändernden individuellen Synthese dieser Bezüge. Der gesamte Prozess der Vergesellschaftung lässt sich als ein sich fortdauernd in Bewegung befindliches Über- und Ineinander mannigfacher sozialer Kreise verstehen, wobei sich Kreise auf ganz unterschiedlichen Ebenen und mit verschiedenartigen Einflusschancen entwickeln. Auf diese Weise zeigt sich, dass die soziale Mikro- und die soziale Makroebene in einem fortwährenden wechselseitigen Konstituierungsverhältnis miteinander verbunden sind.

Wie wird die Veränderung beziehungsweise die Entwicklung von Gesellschaft gedacht?

Vor dem Hintergrund des Begriffs der Wechselwirkung ist offensichtlich, dass Simmel ein umfassendes Verständnis für die Entwicklung und den Verlauf gesellschaftlicher Prozesse und damit für die Veränderung von Gesellschaft ausgebildet hat. Seine Prozessanalytik steht damit in einem gewissen Gegensatz zu Vorstellungen von einem langfristigen historischen Wandel und der Ablösung bestimmter Epochen, die ohnehin als Erzeugnisse der Geschichtswissenschaft den Vorgängen erst im Rückblick zugeschrieben werden. Der Blick auf soziale Prozesse wird bei Simmel vielmehr als ein in der Zeit fortschreitendes Oszillieren innerhalb einer jedem sozialen Gegenstand innewohnenden Spannung zwischen widerstreitenden Kräften gedacht. Solche sind zum Beispiel Öffentlichkeit und Geheimnis, Anpassung und Rebellion oder Freiheit und Zwang. Diese Spannung beziehungsweise dieser Konflikt ist unaufhebbar – er gehört zum Sozialen und treibt es voran. Veranschaulichen lässt sich dies an der Konfliktdynamik zwischen Leben und Form. Damit lässt sich mit dem Begriff der Form ein weiteres zentrales Konzept der Soziologie Simmels einführen. Seine formale Soziologie darf jedoch nicht als Formalismus missverstanden werden (vgl. Helle 2001: 118 f.). Die Form ist immer nur als ein Pol innerhalb eines Spannungsfeldes zu begreifen (vgl. im Folgenden Nedelmann 1984).

Durch das Leben entstehen fortlaufend neue Situationen, deren Gestaltungen, sofern sie als Problemlösungen erfolgreich sind, zur Wiederholung Anlass geben. Aus Wiederholungen ähnlicher Vorgänge erwachsen Formen als eingelebte Regelmäßigkeiten, die sich zu einem größeren Zusammenhang fügen. Diese Form entwickelt sich zu einer Vorgabe, die zunächst dem Leben hilft, es aber auch einengt. In der Folge setzt sich das Leben gegen die Form zur Wehr und beginnt, diese infrage zu stellen und zu verändern. Innerhalb der Form entwickelt sich so – zunächst kaum wahrnehmbar – eine neue Form, die irgendwann zum Durchbruch kommt und die alte Form ablöst. Dieser Vorgang ist insofern zirkulär als mit der Durchsetzung der neuen Form bereits wieder Beschränkungen des Lebens sowie des Drangs nach schöpferischer Gestaltung des Lebens programmiert sind, die früher oder später zu einem erneuten Wandel führen (vgl. Simmel 1987). Man kann also im Verständnis der jüngeren Soziologie eines Ulrich Beck festhalten, dass der Erfolg einer Formbildung beziehungsweise modernisierungsvermittelter Institutionalisierung bereits deren Grundlagen wieder infrage stellt. Simmel formuliert dieses zyklische Motiv in seiner *Philosophie des Geldes* entsprechend:

> »Wenn die Wirkung, die ein Element auf ein anderes ausübt, für dieses zur Ursache wird, auf jenes erste eine Wirkung zurückzustrahlen, die so wiedergegebene aber, ihrerseits wieder zur Ursache einer Rückwirkung werdend, das Spiel von neuem beginnen läßt: so ist hiermit das Schema einer wirklichen Unendlichkeit der Aktivität gegeben.« (Simmel 2001/1920: 85)

Im Bereich der zwischenmenschlichen Beziehungen veranschaulicht Simmel diese Dynamik an der emotionalen Erscheinung von Liebe und Treue. So mündet erstens die Liebe in Treue, was zur Formbildung der festen Beziehung oder Ehe führt. Wenn die Form – der Ehe – einmal existiert, fordert sie vom Individuum ihr Recht, was wiederum auf eine Verpflichtung zur Treue hinausläuft. Andererseits wirkt auch die Treue selbst auf die Liebe zurück, wenn sich die Liebe wieder an der Treue ›entzündet‹. Dieser Prozess setzt sich immer weiter fort, wobei sich stets Ursache und Wirkung abwechseln. Sobald aber die Form sehr stark auf Einhaltung – in diesem Fall der Treue – drängt, provoziert sie den Widerstand des Lebens. Allein aufgrund der Treuepflicht lässt sich beispielsweise die Form der Ehe nicht aufrechterhalten. Bei Abweichungen vom Treuegebot, dessen Form sich soweit erhärtet hat, dass sie sich in Gesetzen manifestiert hat, erfolgt sehr langsam und in mühevollen Anpassungs- oder Wandlungsprozessen eine schrittweise Lockerung beziehungsweise eine Veränderung der strikten Formvorgaben der Institution Ehe – zum Beispiel im Scheidungsrecht.

Es ist kein weiter Weg, die von der sozialen Mikroebene ausgehende Entstehung von Formen bis auf höchste gesellschaftliche Aggregationsniveaus zu übertragen. Die grundskeptische Annahme einer fortdauernd konflikthaften Dynamik, die allem vermeintlich Statischen innewohnt, bleibt dabei stets erhalten. Aus der Sicht einer globalisierten Welt oder Weltgesellschaft wird dann beispielsweise die Form der Nation schnell problematisch als eine soziale Erscheinung, die dem Leben an vielen Stellen so starke Grenzen setzt – ohne ihm zu ›helfen‹ oder zu ›nützen‹ –, dass in ihrem Inneren die Herausbildung einer neuer Form vorangetrieben wird. All dies ist eher Vergesellschaftung als Gesellschaft, sofern man diese als festgefügte Struktur begreift. Alles ist ständig im Fluss.

Lern- und Kontrollfragen

- Was bedeutet für Georg Simmel der Begriff der Wechselwirkung und warum ist dieser zentral für Simmels Verständnis von Soziologie?
- Warum neigt Simmel eher dazu von Vergesellschaftung zu sprechen als von Gesellschaft?
- Was stellt sich Simmel unter einer gesellschaftlichen Form vor?

Literatur

Primärliteratur

Simmel, Georg (1987 [1918]). Der Konflikt der modernen Kultur. In: Landmann, Michael (Hg.): Georg Simmel. Das individuelle Gesetz. Philosophische Exkurse. Frankfurt a. M.: Suhrkamp, S. 148–173.

Simmel, Georg (1989 [1892]). Die Probleme der Geschichtsphilosophie. Eine erkenntnistheoretische Studie. In: Dahme, Heinz-Jürgen (Hg.): Georg Simmel. Gesamtausgabe. Band 2. Frankfurt a. M.: Suhrkamp, S. 297–421.

Simmel, Georg (1989 [1892]). Einleitung in die Moralwissenschaft. Eine Kritik der ethischen Grundbegriffe. Zwei Bände. In: Köhnke, Klaus C. (Hg.): Georg Simmel. Gesamtausgabe. Band 3/4. Frankfurt a. M.: Suhrkamp.

Simmel, Georg (1989 [1890]). Über sociale Differenzierung. Soziologische und psychologische Untersuchungen. In: Dahme, Heinz-Jürgen (Hg.):

Georg Simmel. Aufsätze 1887 bis 1890. Über sociale Differenzierung. Die Probleme der Geschichtsphilosophie (1892). Frankfurt a. M.: Suhrkamp, S. 109–295.
Simmel Georg (1992 [1894]). Das Problem der Sociologie. In: Dahme, Heinz-Jürgen & Frisby, David P. (Hg.): Georg Simmel. Gesamtausgabe. Band 5. Frankfurt a. M.: Suhrkamp, S. 52–61.
Simmel, Georg (1992 [1908]). Soziologie. Untersuchungen über die Formen der Vergesellschaftung. In: Rammstedt, Otthein (Hg.): Georg Simmel. Gesamtausgabe. Band 11. Frankfurt a. M.: Suhrkamp.
Simmel, Georg (1999 [1917]). Grundfragen der Soziologie. Individuum und Gesellschaft. In: Fitzi, Gregor/Rammstedt, Otthein (Hg.): Georg Simmel. Gesamtausgabe. Band 16. Frankfurt a. M.: Suhrkamp, S. 59–149.
Simmel, Georg (2001 [1920]). Philosophie des Geldes. Köln: Parkland.

Sekundärliteratur

Dahme, Heinz Jürgen/Rammstedt, Otthein (1983). Einleitung. In: Dies.: Georg Simmel. Schriften zur Soziologie. Frankfurt a. M.: Suhrkamp, S. 7–34.
Helle, Horst Jürgen (2001). Georg Simmel: Introduction to his Theory and Method, Georg Simmel: Einführung in seine Theorie und Methode. München, Wien: Oldenbourg.
Lichtblau, Klaus (1997). Georg Simmel. Frankfurt a. M.: Campus.
Nedelmann, Brigitte (1984). Georg Simmel als Klassiker soziologischer Prozeßanalysen. In: Dahme, Heinz-Jürgen/Rammstedt, Otthein (Hg.): Georg Simmel und die Moderne. Neue Interpretationen und Materialien. Frankfurt a. M.: Suhrkamp, S. 91–115.
Nedelmann, Brigitte (2003). Georg Simmel (1858–1918). In: Käsler, Dirk (Hg.): Klassiker der Soziologie. Band 1. Von Auguste Comte bis Norbert Elias. München: Beck, S. 127–149.
Schnabel, Peter-Ernst (1976). Georg Simmel. In: Käsler, Dirk (Hg.): Klassiker des soziologischen Denkens. Band 1. Von Comte bis Durkheim. München: Beck, S. 267–311.
von Wiese, Leopold (1971). Geschichte der Soziologie. Berlin: de Gruyter.

4. Gesellschaftstheorie als Kritik

Eine für die deutsche Soziologie nicht unbedeutende Zeit ist die Phase zwischen den beiden Weltkriegen. In der Weimarer Zeit konnte sich ein breit gefächertes soziologisches Denken entfalten, das sich intensiv mit den zu dieser Zeit als grundlegend empfundenen Umbrüchen befasste. Tendenzen einer zunehmenden Politisierung und Radikalisierung der (massenmedialen) Öffentlichkeit wurden vonseiten der akademischen Soziologie zur Kenntnis genommen und – wie sich im fortschreitenden politischen Diskurs der 1920er und 1930er Jahre erwies – zunehmend ignoriert. Drei namhafte Vertreter einer möglicherweise qua Erkenntnisinteresse in die Kritik gezwungenen Soziologie werden im nun folgenden Abschnitt vorgestellt. Theodor Geiger, der sich Verdienste um eine sozialstrukturelle Perspektive auf gesellschaftstheoretische Fragen erwirbt, muss emigrieren und gelangt in der Emigration zu Fragen der gesellschaftstheoretischen Bildung. Karl Mannheim sucht Antworten auf die von ihm konstatierten gesellschaftspolitischen Entwicklungen in sozialen Lebenslagen und den sozialstrukturellen Verhältnissen insbesondere im Wechsel sich ablösender Generationen. Max Horkheimer und Theodor W. Adorno lehnen als Vertreter einer marxistischen Position kritischer Gesellschaftstheorie solche als affirmativ verbrämten Überlegungen im Grunde ab. Sie entwickeln in den 1920er Jahren eine kapitalismuskritische Perspektive weiter, die, historisch-materialistisch begründet, die politischen Entwicklungen ihrer Zeit als Konsequenz der Entwicklung des Kapitalismus zu interpretieren weiß. So unterschiedlich diese drei kritischen Perspektiven auf gesellschaftliche Entwicklungen auch sind, so klar ist die Konsequenz einer solchen soziologischen Kritik in der ersten Hälfte der 1930er Jahre in Deutschland: Das nationalsozialistische Regime kann mit einer solchen Denkweise nichts anfangen und zwingt die Vertreter aller drei Positionen in die Emigration – unbenommen des Umstands, dass deren Protagonisten wenig miteinander anzufangen wussten.

4.1 Theodor Geiger: Ideologiekritische Gesellschaftsanalyse

Es ist ungewöhnlich, Theodor Geiger als Gesellschaftstheoretiker auszuweisen; er gilt vielen als Gründervater der Sozialstrukturanalyse. Ohne seine Verdienste in diesem Bereich mindern zu wollen, ist er jedoch als Kind seiner Zeit möglicherweise verkannt: Seine Schichtungstheorie ist dem Erkenntnisinteresse geschuldet, zu verstehen, warum sich Kollektive politisch in bestimmte Richtungen entwickeln. Geiger macht dies an unterschiedlichen Schichtzugehörigkeiten fest. Erst später erkennt er, dass gesellschaftliche und individuelle Entwicklung keinesfalls synchron verlaufen müssen, was in eine Aufforderung zu sozialkundlicher Bildung mündet.

Zur Person

Wie viele Sozialwissenschaftler seiner Generation ist auch Theodor Geigers Lebensweg von den großen Umbrüchen und Katastrophen des 20. Jahrhunderts geprägt (vgl. Geißler 2007; Geißler und Meyer 2003; Hillmann 2007; Knospe 1959; Trappe 1978). Als Sohn eines Münchner Gymnasialprofessors und einer Apothekerstochter wird er am 9. November 1891 in eine katholische Bürgerfamilie geboren und besucht während einer behüteten Kindheit das Gymnasium in Landshut, welches er im Jahr 1910 abschließt. Nach dem Studium der Rechts- und Staatswissenschaften an den Universitäten München und Würzburg meldet er sich freiwillig zum Kriegsdienst. Kurz nach Kriegsende siedelt er nach Berlin um, um dort ab 1920 den Aufbau und die Leitung der Großberliner Volkshochschule zu übernehmen. In dieser Zeit engagiert er sich für die Sozialdemokratie, tritt der SPD bei und verfasst neben Arbeiten zur Volkshochschulbewegung und Erwachsenenbildung das Buch *Die Masse und ihre Aktion*, mit dem er in Kreisen der akademischen Soziologie auf sich aufmerksam macht. Im Jahr 1928 erreicht ihn der Ruf auf eine Professur für Soziologie an der *Technischen Hochschule Braunschweig*, den er annimmt, um sich im Weiteren mit Problemen der ›sozialen Frage‹ und ihrer politischen Bedeutung zu befassen. Ein Jahr nach der Veröffentlichung einiger Beiträge zu soziologischen Grundbegriffen in Alfred Vierkandts *Handwörterbuch der Soziologie* erscheint 1932 sein Werk *Die soziale Schichtung des deutschen Volkes*, das später zum Klassiker der Sozialstrukturanalyse avancieren sollte. Den sich immer stärker manifestierenden Nationalsozialismus überzieht er mit vehementer Kritik, distanziert sich aber auch von der deutschen Sozialdemokratie, indem er sein Parteibuch zurückgibt. Trotz verhaltener Signale seiner Anpassungsbereitschaft an die neue Macht erfährt er aus der Zeitung von seiner Entlassung aus dem Staatsdienst. Ohne zu zögern verlässt er mit seiner Familie Deutschland in Richtung Dänemark. Finanziert durch ein Stipendium der Rockefeller Stiftung engagiert sich Geiger, dem nordische Sprachen geläufig sind, ab 1933 für die Etablierung der Soziologie in Skandinavien, was 1938 in eine Berufung auf die erste Soziologieprofessur Dänemarks in Aarhus mündet. Als die Wehrmacht Dänemark besetzt, entgehen er und seine Familie nur knapp der Verhaftung. 1943 muss er im neutralen Schweden wieder neu beginnen, hält Vorlesungen an den Universitäten in Lund sowie in Uppsala und kehrt nach Kriegsende wieder nach Aarhus zurück. Dort hatte man ihm sein Gehalt weiter bezahlt; eine Rückkehr nach Deutschland schließt er trotz einiger Rufe an deutsche Universitäten aus. Nach 1945 beginnt Geiger sich zunehmend für die internationale Vernetzung der Soziologie zu engagieren und beteiligt sich als Gründungsmitglied an der Einrichtung der *International Sociological Association* (ISA). Nach einer anstrengenden Vortragsreise in Kanada stirbt Theodor Geiger am 16. Juni 1952 während der Heimreise auf See.

Fragestellungen und Erkenntnisse

Das Schaffen Geigers ist aufgrund seiner weitreichenden wissenschaftlichen Interessen nicht leicht auf einen Nenner zu bringen. Dennoch zeichnen sich unter den vielfältigen Arbeiten vier Grundlinien ab, die man als Themenschwerpunkte begreifen kann (vgl. hierzu Knospe 1959). Deren erster ist sein Bemühen um eine Systematisierung der Sozialstrukturanalyse, das in die Ausarbeitung eines Schichtkonzepts mündet. Schon im schwedischen Exil entwickelt er zweitens die historisch-empirisch gestützte Analyse der Intelligenz als einen Personenkreis der Kulturschaffenden im Bereich repräsentativer Kultur. Das dritte Interessengebiet führt ihn zu seinen juristischen Wurzeln zurück. Im Rahmen seiner Soziologie des Rechts fordert er eine Reinigung der Rechtslehre von metaphysischen und ideologischen Bezügen, was nur im Verständnis als theoretische Rechtssoziologie zu gewährleisten sei. Im vierten Themenfeld entfaltet Geiger schließlich seine Ideologiekritik als Instrument der Überprüfung wissenschaftlicher Erkenntnisse.

Diesen Schwerpunkten vorgelagert findet sich eine Reihe formalsoziologischer Untersuchungen, von denen Geiger sich im Laufe seines späteren Lebens zunehmend distanziert hat. Für sein Verständnis von Gesellschaft erscheinen sie dennoch von Belang, weshalb an der einen oder anderen Stelle auf sie zurückgegriffen werden muss.

Grundlage von Geigers Arbeiten zur Sozialstrukturanalyse ist das Unterfangen, den Zustand gegenwärtiger wie vergangener Gesellschaften mithilfe einer statistisch angelegten und mathematisch informierten Soziographie zu beschreiben. Es ist schwer möglich, ein solches methodologisches Anliegen ohne eine theoretische Vorstellung von Gesellschaft zu realisieren. Hinweise auf solchermaßen konzeptuelle Festlegungen gibt Geiger bereits im Vorwort seines Buches über die soziale Schichtung von 1932. Dort ist die Rede von einem Gesellschaftsensemble, in dem sich Typen spezifischer Bevölkerungsteile abzeichneten, welchen eine Größenbedeutung beizumessen sei. Ausgangspunkt der Geiger'schen Überlegungen ist die Klassengesellschaft beziehungsweise das Konzept der sozialen Klasse, in dem er zwei grundlegende Tendenzen erkennt: Eine Bedeutung von Klasse bestehe darin, dass der Begriff bestimmte ›Moleküle‹ der vergesellschafteten Bevölkerung beschreibe. Die andere Interpretation ziele auf die Gesellschaft als strukturiertes Gefüge. »Dort werden die kleinsten Einheiten *geordnet*, klassifiziert; hier werden sie einem Sozialgebilde als dessen Elemente *zugeordnet*« (Geiger 1972 [1932]: 2, Hervorh. i. Orig.). Der Unterschied zwischen diesen beiden Verständnissen besteht also darin, dass man es auf der einen Seite mit einem sich rein auf empirische Fakten beziehenden Zugang zu tun hat, aus dem sich dann typische Zusammenhänge ablesen lassen. Auf der anderen Seite gibt es die Analyse spezifischer Mentalitäten oder Geisteshaltungen, welche sich aus der sozialen Lage eines bestimmten Individuums ergeben. Man kommt dann zu den Haltungen und Interessen des ›typischen‹ Lohnarbeiters oder des ›typischen‹ Kapitalisten. Beide Ebenen in einem objektiv-subjektiv gemischten Klassenbegriff zusammenzudenken ist nach Geiger unkorrekt, da zwei grundverschiedene Denkebenen verbunden werden. Empirisch erweise sich dieser Fehler schnell, wenn man auf Fälle stoße, die zwar die Merkmale einer bestimmten Klasse aufweisen, sich dieser in ihrem Verhalten aber nicht zugehörig zeigen. Dasselbe Problem entstehe bei Fällen, die sich zu einer bestimmten Klasse solidarisch zeigen ohne jedoch über die typischen Merkmale zu verfügen.

Als zentrales Kriterium der sozialstrukturellen Erfassung von Gesellschaften erkennt Geiger die Aspekte, die den *wirtschaftenden* Menschen betreffen – es geht ihm also nicht um Fragen der Rassenzugehörigkeit, des Geschlechts, des Alters oder der Bildung. Den wirtschaftenden Menschen kann er allerdings nicht allein mit den Mitteln der Statistik erfassen, da die gesellschaftliche Entwicklung des Wirtschaftslebens auch bestimmten Interessen und Mentalitäten unterliegt. Diese Interessen sind Bezugspunkt der öffentlichen Meinungsbildung und damit von erheblicher Bedeutung. Geiger schlägt dementsprechend vor, für solche sozialen »Blocks« die Bezeichnung der ökonomisch-sozialen Schichten zu verwenden (1972 [1932]: 4 f.). Diese Schichten sind zwar nicht deckungsgleich mit bestimmten sozio-ökonomischen Lagen, aber es gibt Bevölkerungsgruppen, die aufgrund ihrer Interessen ein typisches Rekrutierungspotenzial haben oder ein typischer Nährboden für entsprechende Mentalitäten sind. Den durch Marx popularisierten Begriff der ökonomisch-sozialen Klasse grenzt Geiger von diesem Schichtverständnis ab, indem er ihn zu einem schichttheoretischen Sonderfall erklärt. Dieser trete dann ein, wenn das zentrale Merkmal einer typisch rekrutierungsrelevanten Bevölkerungsgruppe mit dem je spezifischen Verhältnis dieser Menschen zu den Produktionsmitteln zusammenfalle.

Wie wird Gesellschaft konzeptualisiert?

Will man die Gesellschaft einer Zeit aus historisch-ökonomischer Sicht beschreiben, sind es allein die Schichten, die als »entscheidende Mächte der wirtschaftsgeschichtlichen Entwicklung« hinsichtlich ihrer Interessengegensätze untersucht werden müssen (Geiger 1972 [1932]: 6). Nur so ist es möglich etwas darüber zu erfahren, wohin sich eine Gesellschaft in Zukunft entwickeln wird. Aus der Perspektive eines allgemeinsoziologischen Schicht- und Klassenbegriffs lässt sich demgegenüber das Konzept der *Stilverwandtschaft* in den Mittelpunkt rücken. Diesem liegt die These zugrunde, dass sich im Verlauf der Vergesellschaftung zwischen Schichtungen gemäß einzelner Kulturbereiche bestimmte Zusammenhänge einstellen. Die daraus hervorgehenden Kräfte können so massiv werden, dass sie als Vergesellschaftungsstil das gesamte Gesellschaftsgefüge beeinflussen. Die Schicht wird dann – analog zum Begriff der sozialen Bewegung – zum Träger einer grundlegenden Gesellschaftsgesinnung (Geiger 1972 [1932]: 7).

Was nun die empirische Analyse dieser Schichten angeht, hält Geiger fest, dass die Schichtzugehörigkeit per se nicht messbar ist. Allerdings gibt es einen Zusammenhang spezifischer Merkmale der sozialen Lage bestimmter Bevölkerungsgruppen mit schichttypischen Mentalitäten. Die Entsprechung zwischen dem soziologischen Ordnungsbegriff und empirischen Daten ist also indirekt und lediglich wahrscheinlichkeitsmäßig zu bestimmen. Ein Verfahren, mit dessen Hilfe eine solche Annäherung durchgeführt werden kann, ist nach Geiger (1972 [1932]: 13 f.) das einer »Tiefendifferenzierung der Gruppierungsmerkmale in Verbindung mit einem Berechnungsverfahren, das bei möglichst kleinen statistischen Massen [sic!] ansetzt.« Ohne im Weiteren näher auf Geigers Befunde zur Schichtstruktur Deutschlands einzugehen, ist festzuhalten, dass auch er im Rahmen einer Grobgliederung drei Bereiche in der sozioökonomischen Struktur ausmacht: die »kapitalistische Lage«, die »mittlere Lage« und die »proletarische Lage«. Die daran anschließende Tiefengliederung ordnet der erstgenannten die Gruppe der »Kapitalisten« zu. Zur mittleren Lage zählt er »mittlere und kleinere Unternehmer« sowie »Lohn- und Gehaltsbezieher höherer Qualifikation«. Die proletarische Lage setzt sich zusammen aus »Tagewerkern für eigene Rechnung« und aus »Lohn- und Gehaltsbeziehern minderer Qualifikation« (Geiger 1972 [1932]: 24).

Wenn einer sozialen Schicht ein Mentalitätstypus als einer seelisch-geistigen Disposition entspricht, rührt dies aus der Prägung der hier typischerweise anzutreffenden Einzelnen durch ihre soziale Lebenswelt. Während die Mentalität also auf die Geistesverfassung des Subjekts bezogen ist, richtet sich der Begriff der Ideologie auf Momente eines objektiven Geistes; Mentalität, so betont Geiger (1972 [1932]: 78), ist »Lebensrichtung – Ideologie ist Überzeugungsinhalt. Aus der Mentalität wächst die Ideologie als Selbstauslegung hervor – und umgekehrt: kraft schichttypischer Mentalität bin ich für diese oder jene ideologische Doktrin empfänglich: sie ist mir adäquat.«

Aus diesen Feststellungen ergibt sich eine bedeutsame Einsicht: Während eine Ideologie als richtig oder falsch befunden werden kann, gilt das für die Mentalität nicht. Sie kann bestenfalls in Bezug auf den sozialen Standort eines Menschen typisch oder untypisch sein. Und damit lässt sich im Hinblick auf die Entwicklungsmöglichkeiten von Gesellschaften sagen, dass es der typischen Mentalität einer ganzen Schicht entsprechen kann, einer falschen Ideologie aufzusitzen. Dies ist dann der Fall, wenn es die soziale Lage oder die historischen Umstände nicht gestatten, dass eine

Schicht (bisher) einen ideologischen Standpunkt ausbilden konnte (vgl. Geiger 1972 [1932]: 78).

Mit Blick auf die Tiefengliederung der Schichtstruktur betrifft dies insbesondere die Berufe der Angestellten und Beamten, welche Geiger dem »neuen Mittelstand« zurechnet. Kennzeichen der Anfälligkeit für falsche Ideologien seien beispielsweise der »Akademikerhochmut, dem keine bevorzugte soziale Ranggeltung des Akademikers mehr entspricht [...], das ständische Geltungsbedürfnis, das der Sohn des Besitzbürgers mitbringt, wenn er – Büroangestellter wird« (Geiger 1972 [1932]: 105).

Auf dem Nährboden dieser sozialen Lage beziehungsweise Schicht entsteht nun eine Mentalität des völkischen Fühlens und des Staatswillens, die dem Wirtschaftsdenken nicht zugänglich ist. Diese am Vorabend des Dritten Reiches ermittelten Befunde dokumentieren eine sozialstrukturtheoretisch begründete Diagnose eines fundamentalen Wandels der Gesellschaftsgesinnung hin zu einem staatsvölkischen Idealismus.

Geigers Verdienst besteht nun nicht darin, die Gesellschaft nach Schichten zu untergliedern – auch die fünfstufige Einteilung gab es bereits vor ihm. Neu ist vielmehr die Erkenntnis standorttypischer Mentalitäten und eine andere Verkoppelung der ›unteren‹ vier Schichten. So kann man nicht die mittleren Unternehmer von den Lohnbeziehern abgrenzen; vielmehr sollten die mittleren Unternehmer als alter Mittelstand mit den höher qualifizierten Lohn- und Gehaltsempfängern, also mit dem neuen Mittelstand zusammengedacht werden. Wenn es sich sodann als unzutreffend erweist, dass, wie Marx annahm, der Mittelstand aufgerieben werde und letztlich dem Proletariat zuzuordnen sei, müsse man von einem neuen Schichtungsprinzip ausgehen. Unterscheidet man aber den alten vom neuen Mittelstand, zeigt sich, dass diese mittlere Lage unterschiedliche Mentalitäten aufweist und die klaren Trennlinien, an die vormals geglaubt wurde, immer unschärfer werden.

In den 1940er Jahren nimmt Geiger im Rahmen einer Auftragsarbeit für einen schwedischen Verlag einen bedeutsamen Aspekt des neuen Mittelstands wieder auf, indem er ein Buch über die gesellschaftliche Funktion der Intellektuellen verfasst (Geiger 1949). Dessen Ausgangspunkt ist eine differenzierte Betrachtung des Kulturbegriffs einerseits als ein substanzielles Verständnis von Repräsentativkultur, mit der die so genannte geistige Substanz einer gesellschaftlichen Epoche dargestellt wird. Hierzu gehören Kunst- und Bauwerke, Dichtungen, Kompositionen, Theorien und so weiter.

Andererseits erkennt er Kultur aber auch als geistigen Gesellschaftsprozess, an dem jeder teilhat und der als anonyme Kultur oder Volkskultur begriffen werden muss. Die ihr erwachsenen Werke sind nicht einem Urheber zuzuschreiben, sondern als Produkte der Gemeinschaft zu verstehen. Kulturbestände dieser zweiten Art werden nicht bewusst aufgesucht, sondern mehr oder weniger automatisch von vorgängigen Generationen übernommen, aus- und eingeübt, ein bisschen verändert und dann an nachfolgende Generationen weitergegeben. Beide Kulturformen sind eng miteinander verwoben, und es hängt vom ›Entwicklungsgrad‹ der Gesellschaft ab, welcher von beiden ein stärkerer Akzent verliehen wird.

Zu den drei kulturellen Schichten zählt Geiger die Akademiker, die Gebildeten und die Intelligenz. Die akademische Ausbildung resultiert seit dem Mittelalter aus dem steigenden Bedarf an theoretisch geschulten Fachleuten, was in ein zunehmendes Interesse an Forschung und Theorieentwicklung mündete. Der *Akademiker* soll Probleme abstrakt lösen; er bereitet vor, was der Techniker dann zur Ausführung bringt. Der *Gebildete* hat demgegenüber Anteil an den Beständen der Geisteskultur. Gemäß der Metapher der ›Bildung des Herzens‹ verfügt er über die Fähigkeit der Verarbeitung und Verinnerlichung der geistigen Werte einer Gesellschaft in ihrer Zeit. War eine solche Bildung zunächst den höheren Schichten vorbehalten, führt die moderne und auf die Massen gerichtete demokratisierte Allgemeinbildung zu einer graduell abgestuften Vermischung von repräsentativer und anonymer Kultur. Dies liegt nicht zuletzt daran, dass dem erwerbstätigen Gebildeten schlicht die Zeit fehlt, sich umfassend mit dem gesamten Bestand an geistigen Werten seiner Zeit auseinanderzusetzen. Er ist auf Vermittlung, Popularisierung bis hin zur Vulgarisierung dieser Inhalte angewiesen. Dadurch verliert er aber auch seine gesellschaftliche Funktion als Bewahrer der geistigen Kultur. Als *Intelligenz* bezeichnet Geiger sodann diejenigen, die die Gegenstände der repräsentativen Kultur hervorbringen. Im Blick steht damit eine bestimmte Form der Elite, welche unabhängig vom Intellekt des Einzelnen oder von seinem Habitus als Intellektueller die gesellschaftliche Funktion des Kulturschöpferischen erfüllt. Man kann damit sagen, dass die Intelligenz diejenigen Kulturgüter produziert, die die Gebildeten dann konsumieren.

Für die Gesellschaft hat die Intelligenz somit spezifische Funktionen oder Aufgaben, die Geiger weiter differenziert. Die erste Leistung besteht in der, wie er es nennt, Vergeistigung des Daseins. Sie besteht letztlich in einer

Kraftersparnis und Freisetzung von Energie, die nicht mehr zur Sicherung des Überlebens gebraucht wird. Damit werden Kräfte mobilisiert, die auf neue Dinge angewendet werden können. Als zweite Leistung erkennt er die Rationalisierung des Lebens, die eine Fortsetzung der Vergeistigung darstellt. Nur freie Wissenschaft ermöglicht gesellschaftlichen Fortschritt – ohne sie würde die materielle Kultur stagnieren. Die dritte Leistung der Intelligenz ist die Kritik und Mäßigung der Macht. Hierbei geht Geiger unterschiedliche Staatsformen und Arten der Kritikäußerung durch, diskutiert die beratende Stellung der Intelligenz im Absolutismus, ihre instrumentelle Indienstnahme durch die Herrschenden und schließlich ihre Emanzipation und Demokratisierung im Zuge der Aufklärung. Nach einer Analyse ihres Wirkens im Kontext öffentlicher Meinungsbildung und Presse wendet er sich den Formen der Machtkritik durch die sozialwissenschaftliche Intelligenz zu. Diese richte sich zunächst auf die Mängel der Gesellschaftsordnung, könne sich aber auch auf einzelne politische Maßnahmen der Machthabenden wie singuläre Ressortpolitiken und Gesetzesinitiativen beziehen und schließlich auch die ideologische Propaganda der Herrschenden als »Scheinrechtfertigungen« entlarven (Geiger 1949: 73 f.).

Aus der Geiger'schen Intelligenz-Soziologie lässt sich als gesellschaftstheoretische Einsicht gewinnen, dass der Gesellschaftsprozess immer machtvermittelt ist. Gesellschaftlicher Fortschritt kann nur stattfinden, wenn es innerhalb der Gesellschaft bestimmte Personengruppen gibt, die sich mit ihren Ideen frei entfalten können. Unfrei sind diese Gruppen dann, wenn sie entweder in einem Herrschaftsverhältnis unterdrückt beziehungsweise instrumentalisiert werden oder wenn sie nur im Rahmen einer ökonomischen Nutzungserwartung wirken dürfen. Gesellschaften mit gegängelter Intelligenz können sich nicht weiterentwickeln.

Aber auch die theorieinteressierte und theorieerzeugende freie Intelligenz der Wissenschaft ist nicht frei von Fehlern. Eines der Hauptprobleme auch der modernen Wissenschaft liegt in der Behauptung empirisch ungeprüfter Aussagen. Die moderne Wissenschaft nimmt in der Befreiung des Erkennens von spekulativen Begründungen, wie sie im Denken in Begriffen und Vorannahmen religiöser Weltanschauungen üblich waren, ihren Ausgang. Die Empiristen gehörten zu den Vordenkern einer Geisteshaltung, deren Erkennen allein auf beobachtbare Fakten gestützt ist. Alles, was sich nicht aus solchen Fakten begründen lässt, wird als Ideologie bezeichnet. In seinem Buch über *Ideologie und Wahrheit* nimmt Geiger dieses Thema auf und folgt dem Diskurs bis zur Wissenssoziologie Karl Mannheims, die er einer kritischen Überprüfung unterzieht. Dessen Begriff des Denkstils sowie seine eng damit verbundene Interpretation des Ideologiekonzepts kritisiert Geiger nicht zuletzt, weil Stil und Wirklichkeit aus erkenntnistheoretischer Sicht nicht zusammengehen. Erkenntnis, stellt er fest, sei der Wahrheit verpflichtet. Stil als historisch, situativ und kulturell begründetes Motiv sei dagegen ein »erkenntnisfremdes und erkenntnisstörendes Element« (Geiger 1953: 161). Daraus leitet sich die Folgerung ab, dass der bei Mannheim diagnostizierte totale Ideologiebegriff die Erkenntnisfähigkeit mit den kulturspezifischen Lebensumständen verbinde und nicht mit der faktengestützten Analyse objektiver Wirklichkeit. Ohne einem naiven Faktenglauben aufzusitzen stellt Geiger fest, dass sich stets kontrollieren lasse, »ob eine Aussage gemäß den zur Zeit zu Gebote stehenden Beobachtungsmitteln und Methoden wirklichkeitsadäquat ist oder nicht« (1953: 176). Aus diesem Grund genüge es nicht, lediglich standortspezifische und damit relativistische Perspektiven der Wirklichkeit geltend zu machen, wenn man doch in der Lage sei, zu einer adäquaten Erkenntnis der Wirklichkeit zu gelangen, die über den Standort eines einzelnen Betrachters hinausreiche.

Diese Überlegungen zur Ideologiekritik stehen in engem Zusammenhang mit einer Kritik zeitgenössischer Gesellschaftsdiagnosen. In einer unter dem Titel *Die Gesellschaft zwischen Pathos und Nüchternheit* erschienenen Arbeit, die er ausdrücklich als nicht-wissenschaftlich im strengen Sinn deklariert, geht Geiger der Frage nach, was es mit der Behauptung einer Entwicklung hin zur Massengesellschaft oder zur Atomisierung auf sich habe. Ausgehend von einer Einzelfallstudie, die er als systematische Selbstbeobachtung vornimmt, entwickelt er ein Untersuchungsverfahren, das alle Sozialkontakte über mehrere Vergleichszeiträume erfasst. Im vollen Bewusstsein, damit nicht zu repräsentativen Aussagen gelangen zu können, nimmt er hypothetische Vergleiche mit anderen gesellschaftlichen Schichten vor und kommt zu der Einsicht, dass von Vereinzelung, Vereinsamung oder der Anonymität in der Masse nur in wenigen Zusammenhängen gesprochen werden könne. Die Identifizierung eines entsprechenden Trends gesellschaftlicher Entwicklung sei somit völlig unangebracht. Da die Rede vom »atomisierten Massendasein« (Geiger 1960: 81) jedoch ein gängiges und verbreitetes Deutungsmuster sei, fragt er sich, was eine solche – möglicherweise ideologische – Diagnose befeuert haben könnte. Auf den ersten Blick scheinen ihm zwei Sichtweisen auf die moderne Gesellschaft naheliegend zu sein. So habe die in Funktionssysteme (Politik, Wirtschaft, Kultur etc.) ausdifferenzierte Gesellschaft zu einer weitgehenden Abstraktion gesellschaftlichen Handelns geführt, unter der die Geschicke des Individuums als »winziges Rädchen ohne selbständige Bedeutung« (ebd.) erscheinen müssen. In früheren Zeiten hätten sich diese Funktionen innerhalb der Gruppe, also in für den Einzelnen überschaubarer Reichweite abgespielt. Hinzu komme, dass die gesellschaftlichen Großgebilde als Organisationen begriffen würden (Staat, Partei, Verband, Kirche etc.) und aus der Sicht des alltäglichen sozialen Lebens einer Person kaum eine Rolle spielten. Man ist ein winziges, unbedeutendes Mitglied, das nur gelegentlich mit diesen Großformationen in Kontakt kommt, und auch aus dieser Sicht wundere es nicht, dass sich viele Menschen klein und vereinzelt vorkämen. Der Eindruck, ein Atom in der Masse zu sein, könne sich nicht aus einem Rückgang intimer Beziehungen speisen, sondern ergebe sich aus etwas ganz anderem: aus

> »der Macht, die einzelne Personen und Cliquen dadurch über uns ausüben, dass sie die Apparate solcher Großgebilde manipulieren. Unsichtbare Hände greifen schiebend, hemmend und gestaltend in das Dasein des Einzelnen ein und zwingen es in gewisse Bahnen. Aber das ist nichts Neues, ist nicht Teufelswerk der Gegenwart. Es war immer so, unser erwachter Persönlichkeitsdrang lässt es uns nur doppelt fühlen, bäumt sich dagegen auf. Die Gegengewichte müssten sein 1) wachsende Einsicht in die Unvermeidlichkeit menschlicher Koordination, – 2) Einräumung einer grösst-möglichen Freiheitssphäre des privaten Daseins und – 3) demokratische Kollektivbestimmung über die notwendigen kollektiven Zwänge.« (Geiger 1960: 82)

Im Anschluss an diese Einschätzungen entfaltet Geiger eine gesellschaftstheoretische Figur, die seine Diagnose konkretisiert und ihn dazu veranlasst, eine bildungspolitische Agenda zu formulieren. Wenn der Ausbau des technischen Apparats die Struktur der Gesellschaft zunehmend bestimme, müssten die Menschen dazu gebracht werden, diese Struktur auch intellektuell bewältigen und gestalten zu können. Entgegen der Einschätzung von Kulturpessimisten, der zufolge die fortschreitende Modernisierung zu nichts weiter führe als zum Rückbau gemeinschaftlich-emotionaler Strukturen, identifiziert er zwei parallel existierende Formen der Vergesellschaftung. So gebe es neben den den Alltag des Individuums weitgehend bestimmenden Gruppen I. Ordnung, in welchen ein persönlich-intimer Umgangsstil vorherrsche (Familie, Freundeskreis, Nachbarschaft), auch Gruppen II. Ordnung, die von einem sachlich-distanzieren Stil geprägt seien (Organisationen, Verbände, Staaten). In modernen Gesellschaften würden die Gruppen II. Ordnung immer weiter ausdifferenziert, was durch den Prozess der Rationalisierung hinreichend beschrieben werden könne.

Die Rationalität der Beziehungen in Gruppen II. Ordnung erfordere nun aber auch ein anderes Wissen und eine andere Umgangshaltung, die höhere Anforderungen an den Intellekt stelle. Im Alltag der Individuen sehe das so aus, dass sie nicht nur in weitgehend homogenen Gruppen zwischen geselligen Situationen wechselten. Die Zugehörigkeit zu unterschiedlichen Gruppen I. und II. Ordnung nötige dem Individuum den ›sozialen Takt‹ eines situationsadäquaten Umgangs auf. Dies kontrastiere das Problem, dass viele Menschen zu einer solchen Integrations- und Anpassungsleistung nicht in der Lage seien. Geiger erklärt sich diese Anpassungsschwierigkeiten mit der Grundstruktur der modernen, pluralistischen, demokratischen und damit *polyzentrischen* Gesellschaft. Andere Gesellschaftstypen, wie die hierarchisch-korporative oder stabil-geordnete *monozentrisch* aufgebaute Gesellschaft, stellten diese Anforderungen nicht. In solchen Gesellschaften stand ein Sich-Zurechtfinden-Müssen nicht zur Disposition, weil die Struktur, in die man sich zu fügen hatte, entweder herrschaftlich vor- oder gottgegeben war.

Die gesellschaftlichen Zusammenhänge der polyzentrischen Gesellschaft sind für das nicht explizit geschulte Individuum unübersichtlich. Die Gruppen II. Ordnung werden auch nicht als Gruppen im Sinne einer Ansammlung von Personen gesehen, sondern als abstrakte Einheiten, die für den Einzelnen eine funktional begrenzte Bedeutung haben. Hier, wo es keine personale oder emotionale Identifikation und kein Zusammenleben gibt, stehen begriffliche Abstraktionsfähigkeit und eine intellektuelle Grundhaltung im Mittelpunkt. Der Bestand dieser durch Koordination, Organisation und Apparatbildung charakterisierten Gruppen

»beruht nicht auf sympathetischen Gemeinschaftsgefühlen, sondern auf rationaler Gleichordnung. In *diesem* Sektor des gesellschaftlichen Lebens und

> Treibens also führt der homo intellectualis das Wort – der homo sentimentalis hat zu schweigen.« (Geiger 1960: 93, Herv. i. Orig.)

Angesichts dieser Einschätzung konstatiert Geiger, dass der rationale Geist eine »Riesenmaschine der Gütererzeugung« (Geiger 1960: 93) in Gang gehalten habe, die nur von einer rational hochentwickelten Bevölkerung bedient werden könne.

Ein Hauptgesichtspunkt des Lebens in der von den Gruppen II. Ordnung bestimmten Gesellschaft ist die Notwendigkeit einer Steigerung der inneren Selbständigkeit. Diesen Vorgang bezeichnet Geiger als Individualisierung – Individuen sind nicht mehr Teilchen innerhalb einer Gesellschaft, sondern gestaltungsmächtige Schnittpunkte gesellschaftlicher Lebenskreise. Solches werde allerdings von vielen Menschen nicht erkannt und von der staatlichen Bildung nicht gefördert. So orientiere sich die Masse an den »Posaunen der Propaganda« (Geiger 1960: 94), was darauf zurückzuführen sei, dass sich das Erziehungs- und Schulwesen nicht um die Entfaltung selbständigen Denkens bemühe, sondern um die »Pflege von Gemütswerten« (ebd.: 94).

> »Die Individualisierung ist aber auch um des einzelnen Menschen selbst willen notwendig. Seine Wurzellosigkeit ist eben eine Folge davon, dass er geistig nicht für die Selbständigkeit und Freiheit gerüstet ist, die ihm die heutige Gesellschaft gewährt. Da die Gefühlsgemeinschaft sinngemäss [sic!] nur im einen, dem ›privaten‹ Sektor der gegenwärtigen Gesellschaft sich entfalten kann, der Mensch aber nicht darin geübt ist sein eigenes inneres Leben zu führen, klammern seine objektlos gewordenen Gemeinschaftsgefühle sich an Surrogatinhalte.« (Geiger 1960: 95)

Geiger schließt mit dieser gesellschaftstheoretischen Interpretation der 1950er Jahre an das bei Ferdinand Tönnies und Max Weber diskutierte Begriffspaar Gemeinschaft und Gesellschaft an, allerdings ohne die beiden Termini in ein Ablösungsverhältnis zu stellen. Er konstatiert keine Atomisierung, Vereinzelung oder Vereinsamung und auch keinen Verlust an Emotionalität, sondern weist der Gefühlsbezogenheit und den Gemeinschaftsgefühlen ebenso einen gesellschaftlichen Ort zu wie der Rationalität und dem Intellekt. Die von ihm diagnostizierten sozialen Probleme erwachsen einem durch eine verfehlte Bildung geschuldeten Grundmissverständnis, welches einer mangelnden Gestaltungs- und Kommunikationskompetenz im Umfeld der Gruppen II. Ordnung erwächst.

Wie gestaltet sich das Verhältnis von Mikro- und Makroanalyse?

Vor allem in späteren Jahren wird Geiger mit Blick auf pauschalisierende Gesellschaftsdiagnosen sehr skeptisch. Eine Behauptung, die sich auf gesellschaftliche Großformationen sowie das Schicksal der Einzelnen in gesellschaftlichen Institutionen bezieht, darf nicht einfach hingenommen, sondern muss empirisch überprüft werden. Mittel der Wahl ist hierbei die *Kasuistik*. Ausgehend von der Überprüfung am Einzelfall können umfassende Theorieaussagen auf ihren Ideologiegehalt sowie auf ihre Angemessenheit überprüft werden. Eine weitere notwendige Bezugsquelle zur Überprüfung von theoretischen Aussagen sind die soziodemographischen Datensätze der Sozialstrukturanalyse. Das Verhältnis von Mikro- und Makroanalyse gestaltet sich somit im Sinne einer stets an den messbaren Fakten orientierten Untersuchung, wobei diese Fakten aus der Erhebung der Lebensumstände – und nicht etwa aus den Meinungen und Befindlichkeiten – des Einzelnen ermittelt werden. Die Analyserichtung, bei der vom Einzelnen ausgehend auf die Struktur von Gruppen oder größeren gesellschaftlichen Formationen geschlossen wird, nennt Geiger *Anaskopie*. Sind diese sozialen Formationen einmal identifiziert, können mit ihrer Hilfe auch Aussagen über wahrscheinliche Dispositionen und Orientierungen der in ihnen versammelten Individuen formuliert werden. Diese Bewegung vom Großen ins Kleine bezeichnet er als *Kataskopie*.

Wie wird die Veränderung beziehungswiese die Entwicklung von Gesellschaft gedacht?

Geiger versteht Gesellschaft als einen dynamischen, nicht als einen statischen Zusammenhang sozialer Beziehungen. Aus seinen Untersuchungen ist ersichtlich, dass sich Gesellschaften grundsätzlich in unterschiedliche Richtungen entwickeln können und damit keiner universellen Entwicklungslogik folgen. Die Beobachtung des Aufkommens sowie des Untergangs des Nationalsozialismus in Deutschland veranlasste ihn dazu, an einer adäquaten Passung der Geschwindigkeiten gesellschaftlicher und individueller Entwicklung zu zweifeln. Die Entwicklungsdynamik in modernen Demokratien mit ihrer funktionalen Ausdifferenzierung abstrakter Gruppen II. Ordnung hält er nicht für unumstößlich, gleichwohl aber für einen zivilisatorischen Fortschritt, dem viele Menschen intellektuell noch nicht zu folgen in der Lage sind. Wenn es aber eine Gesellschaft unterlässt, ihre Individuen für den Umgang mit neuen Unübersichtlichkeiten und komplexen wie abstrakten Sozialbeziehungen zu rüsten, werden sie sich wieder den gesellschaftlichen Strukturangeboten und -versprechen zuwenden, die es ihnen zumindest in dieser Hinsicht einfacher machen.

Lern- und Kontrollfragen

- Welchen Unterschied sieht Geiger zwischen den Begriffen ›Schicht‹ und ›Klasse‹?
- Was ist die Funktion der kulturschaffenden Intellektuellen in einer Gesellschaft?
- In welchem Zusammenhang sieht Geiger Individualisierung und rationale Gesellschaftsstruktur?

Literatur

Primärliteratur

Geiger, Theodor (1949). Aufgaben und Stellung der Intelligenz in der Gesellschaft. Stuttgart: Enke.

Geiger, Theodor (1953). Ideologie und Wahrheit. Eine soziologische Kritik des Denkens. Stuttgart/Wien: Humboldt-Verlag.

Geiger, Theodor (1960). Die Gesellschaft zwischen Pathos und Nüchternheit. Kopenhagen: Universitätsverlag Aarhus.

Geiger, Theodor (1972 [1932]). Die soziale Schichtung des deutschen Volkes. Soziographischer Versuch auf statistischer Grundlage. Darmstadt: Wissenschaftliche Buchgesellschaft.

Geiger, Theodor (1982 [1931]). Gesellschaft. In: Vierkandt, Alfred (Hg.): Handwörterbuch der Soziologie. Gekürzte Studienausgabe. Stuttgart: Enke, S. 38–48.

Sekundärliteratur

Geißler, Rainer (2007). Theodor Geiger. In: Kaesler, Dirk/Vogt, Ludgera (Hg.): Hauptwerke der Soziologie. Stuttgart: Kröner, S. 148–153.

Geißler, Rainer/Meyer, Thomas (2003). Theodor Geiger (1891–1952). In: Kaesler, Dirk (Hg.): Klassiker der Soziologie. Band 1. Von Auguste Comte bis Norbert Elias. München: C. H. Beck, S. 278–295.

Hillmann, Karl-Heinz (2007). Geiger, Theodor. In: Ders. (Hg.): Wörterbuch der Soziologie. Stuttgart: Kröner, S. 267.

Knospe, Horst (1959). Geiger, Theodor. In: Bernsdorf, Wilhelm (Hg.): Internationales Soziologenlexikon. Stuttgart: Enke, S. 175–179.

Trappe, Paul (1978). Theodor Geiger. In: Kaesler, Dirk (Hg.): Klassiker des soziologischen Denkens. Band II. Von Weber bis Mannheim. München: C. H. Beck, S. 254–285.

4.2 Karl Mannheim: Ein Spannungsfeld zwischen Reformstreben und Beharrung

Wie kaum ein anderer Soziologe, der seine Karriere in der Zwischenkriegszeit beginnt, ist Karl Mannheim auf der Flucht vor politischer Verfolgung. Das liegt nicht an seiner besonders systemkritischen Haltung, sondern an einer schonungslos nüchternen Reflexion der politischen Verhältnisse. Gleichwohl ›gerät‹ Mannheim durch die Situation seiner Zeit und die Art und Weise wie er die jeweilige politische Lage denkerisch durchdringt auch auf einen bestimmten Kurs politisch-soziologischer Analysen, die ihn zu grundlegenden Einsichten über grundlegende Formen gesellschaftlich-politischen Zusammenlebens führen. Auf dem Höhepunkt seiner Studien zur Verbindung von Generationen, sozialen Lagen und politischen Gesinnungen formuliert er schon früh Antworten auf fast ein Jahrhundert später relevant werdende Fragen nach den Funktionsweisen von politischem Populismus.

Zur Person

Als Kind einer ungarisch-deutschen Bürgerfamilie jüdischen Glaubens am 27. März 1893 in Budapest geboren besucht Karl Mannheim das humanistische Gymnasium und schreibt sich im Jahr 1912 zum Studium der Philosophie an der Universität Budapest ein, das er sechs Jahre später mit einer Promotion über die *Strukturanalyse der Erkenntnis* abschließt (vgl. zur Biographie Wolff 1978; Gebhardt 1993; Kettler und Meja 2000). Zu dieser Zeit erscheinen einige kleinere literaturwissenschaftlich beziehungsweise philosophisch interessierte Arbeiten. Nachdem er Studienaufenthalte im europäischen Ausland absolviert hat – unter anderem lernt er in Berlin Georg Simmel kennen –, verlässt er 1919 nach dem Sturz der kommunistischen Bela Kun-Regierung Ungarn in Richtung Deutschland, wo er sich im Jahr 1922 bei dem Kultursoziologen und Bruder Max Webers Alfred Weber in Freiburg habilitiert. Zu dieser Zeit heiratet er seine langjährige Kommilitonin, die Exil-Ungarin und spätere Psychologin Juliska Láng, die sein Verhältnis zu empirischer Forschung prägt. Die 1925 eingereichte Habilitationsschrift, eine Analyse über die Entstehung und die Formen des *konservativen Denkens*, ist geprägt von der Auseinandersetzung mit den Arbeiten Max Webers, Ernst Troeltschs und Max Schelers. Nach einem viel beachteten Referat zur *Bedeutung der Kon-*

kurrenz auf dem Gebiet des Geistigen, das Mannheim im Rahmen des Züricher Soziologentages im Jahr 1928 hält und nach dem Erscheinen des berühmten Aufsatzes über *Das Problem der Generation* im selben Jahr sowie seines Buches *Ideologie und Utopie* von 1929 erhält er zunehmende Beachtung unter den deutschen Soziologen. Bereits im Jahr 1930 folgt er einem Ruf an die Frankfurter Johann-Wolfgang-Goethe Universität, wo er die Nachfolge Franz Oppenheimers antritt. Unter günstigen Bedingungen widmet er sich weiter seinen Arbeiten zur Wissenssoziologie sowie zur Allgemeinen Soziologie und bringt 1932 ein Buch über die *Lehraufgaben der Soziologie* heraus. Infolge der Machtergreifung der Nationalsozialisten 1933 wird er unvermittelt seiner universitären Ämter entbunden. Wenig später flieht er über Amsterdam und Paris nach London, wo er, finanziert durch einen Fonds für emigrierte Wissenschaftler, an der *London School of Economics and Political Science* eine Anstellung als Lecturer findet. Im englischen Exil verlagern sich seine inhaltlichen Schwerpunkte hin zu einem zeitdiagnostischen Programm, mit dessen Hilfe er versucht, die Bedingungen der politischen Entwicklungen in Europa zu verstehen. Es erscheinen die Bücher *Mensch und Gesellschaft im Zeitalter des Umbaus* 1935 und in englischer Sprache *Diagnosis of our time* 1943. Nachdem er sich im Laufe der Zeit zunehmend erziehungswissenschaftlichen Fragen zuwendet, wechselt er im Jahr 1941 an die *London University*, wo er ab 1945 eine Professur für Pädagogik innehat. Am 9. Januar 1947 stirbt Karl Mannheim noch nicht 54jährig in London.

Fragestellungen und Erkenntnisse

Dreh- und Angelpunkt der Soziologie Karl Mannheims ist die Analyse des Wissens. Dabei geht es allerdings nicht primär um ein Wissen, welches dem Einzelnen zur Orientierung seines Handelns dient und das immer und notwendig sozial ist. Vielmehr steht bei Mannheim ein Wissenskonzept im Vordergrund, das unterschiedlichen Grundhaltungen der politischen Orientierung erwächst und auf diese Weise die Grundströmungen gesellschaftlicher Veränderung erfasst. Da zur Gestaltung sozialen Wandels aber nicht nur bestimmte Haltungen, sondern auch Akteure gehören, die sich einer gemeinsamen Haltung verpflichtet fühlen und daraus Einflusschancen ableiten, bietet es sich an, zwei Grundideen Mannheims nebeneinander zu stellen. Die erste entstammt seiner in *Ideologie und Utopie* vorgebrachten Analyse divergierender Denkstile, die dem Spektrum politischer Parteien entsprechen. Die zweite beantwortet die Frage nach dem Aufkommen neuer politischer Kräfte und findet sich im Aufsatz *Zum Problem der Generationen*.

In den politischen Strömungen des 19. und 20. Jahrhunderts entdeckt Mannheim unterschiedliche Grundorientierungen der für die Gestaltung von Gesellschaften relevanten Wissenserzeugung. Zunächst identifiziert er dabei zwei Konservatismen. Der bürokratische Konservatismus besteht in der Umformung politischer Probleme in Verwaltungsprobleme. Aus der Sicht des Beamten entsteht dadurch eine gesellschaftliche Ordnung, die nicht historisch begründet werden kann. Da sich die Ordnung in Gesetzen manifestiert, die nicht von Beamten, sondern von Politikern verabschiedet wurden, erscheint dem für ihre Einhaltung zuständigen Beamten jede Infragestellung als Störung, die zu unterbinden ist. Am Ende steht ein als absolut aufzufassendes statisches Ordnungssystem.

Dem bürokratischen stellt Mannheim den historischen Konservatismus gegenüber. Er beruht auf dem Glauben daran, dass alles Gesellschaftliche in seinem Werden nur und notwendig als Konsequenz des Vergangenen und damit aus historischen Prozessen hervorgegangen sein muss. Gestaltungskompetenz kommt demzufolge nur den sozialen Gruppen zu, die eine solche Fähigkeit über Generationen ausgebildet und entsprechende Verdienste erworben haben: Adelsgeschlechter beziehungsweise Politikerdynastien. Hauptmerkmal dieser strukturgebenden Kraft ist die Vorstellung, der zufolge langjährige Erfahrung zur Ausbildung eines Instinkts führt, das politisch Richtige zu tun. Historikerwissen erscheint demgegenüber als Hilfswissenschaft zur Schärfung des Führungsinstinkts; es dient allerdings nicht dazu, das politische ›Geschäft‹, welches den betreffenden Akteuren gewissermaßen ›in die Wiege gelegt‹ wurde, zu erlernen.

Diesen beiden Konservatismen stellt Mannheim einen dritten Typus zur Seite: das liberal-demokratische Bürgertum. Das Spezifikum der aus ihm hervorgehenden Geisteshaltung ist ein extremer Intellektualismus, der darin besteht, alle Gefühle, Interessen oder Weltanschauungen auszublenden und jede soziale Problemlösung in einem vernunftgesteuerten und damit rationalistischen Vorgehen zu suchen. Im Gegensatz zu den Konservatismen wird hier eine wissenschaftliche Politik ausdrücklich gefordert – Regierungsfähigkeit kann gelernt werden und will erlernt sein. Allerdings entsteht dabei auch die Einsicht, dass das freie Spiel der Kräfte bestimmter Regularien bedarf, womit durch die Hintertür das Irrationale wieder Einzug hält. Das liberal-demokratische Denken vollzieht als Gestaltungsweise des Gesellschaftlichen eine problematische Trennung von Theorie und Praxis, die jeden Zusammenhang von Intellekt und Emotion leugnet. Der mit einem solchen Denkstil eng verbundene Parlamentarismus lässt diese Schwierigkeiten offen zutage treten, wenn es in Debatten eben nicht um intellektuelle Fragen, sondern um wie auch immer zu begründende Interessen geht.

Die sozialistisch-kommunistische Konzeption ist als vierte Variante strukturgebender Kräfte dadurch gekennzeichnet, dass der Ursprung politischen Denkens in sozial-vital gebundenen Interessen gesehen wird. Die daraus hervorgehenden theoretischen Vorstellungen erwachsen dem Kollektiv. Bemerkenswert ist vor allem mit Blick auf kommunistisch-leninistische Ausprägungen, dass eigentlich kein gesellschaftliches Ziel formuliert wird, sondern ein fortwährender Prozess der Kritik und Aufhebung eines aktuell als unbefriedigend wahrgenommenen Zustands. Im Zentrum steht die soziale Bewegung. Nach Mannheims Einschätzung läuft diese Haltung auf eine Synthese von Intuitionalismus, der die Idee einer Vorausberechnung tendenziell ablehnt, und Rationalisierungswillen hinaus. Der Rationalismus besteht darin, dass jede neue Situation ihrerseits theoretisch bewertet wird, was zu neuen Gestaltungserfordernissen führt. Ein besonderes Merkmal ist dabei, dass die gemeinschafts- oder solidaritätsstiftende ›Klammer‹ in der gemeinsamen theoretischen Grundlegung besteht. Als Problem besteht allerdings ein spezifisches Verhältnis von Theorie und Praxis fort, da sich die Frage nach dem Gestaltungsspielraum nur in der Tat erweist und die Antwort ausschließlich im Gelingen oder Scheitern gefunden werden kann.

Als fünfte Gestaltungskraft des Gesellschaftlichen identifiziert Mannheim den Faschismus, in dem er sowohl aktivistische als auch irrationalistische Tendenzen erkennt. Zentral ist dabei die Ablehnung eines Programms bei gleichzeitigem Glauben an die Durchsetzungskraft einer Elite, die Geschichte schreibt, und an die unbezweifelbare Herrschaft eines Führers. Legitimatorische Grundlage einer solchen Haltung ist die starke Fokussierung einer Jugend, welche Geschichtlichkeit eher aus den evolutorisch-biologischen Dispositionen denn aus der historisch-politischen Entwicklung gewinnt. Jede Geschichtsauffassung wird vor diesem Hintergrund als Konstruktion begriffen. Daraus ergibt sich eine tiefgreifende Skepsis im Hinblick auf die geisteswissenschaftliche Reflexion und eine Bevorzugung positivistischer Wissenschaften, da sich diese sozialmechanisch oder sozialtechnisch nutzbar machen lassen. Protagonisten eines solchen Denkstils sind allerdings nicht etablierte Eliten, sondern putschistische, von liberal-demokratischen oder sozialistischen Intellektuellen angeführte Gruppen, deren Führer in ihren Herkunftsmilieus Außenseiter geblieben sind. Das Mobilisierungspotential erwächst einer allgemeinen Verunsicherung durch den rasanten Wandel in modernen Gesellschaften. Insgesamt erscheint der Faschismus als Gegenideologie in Bezug auf jedwede etablierte Führungselite – es geht ihm nie um die Etablierung eines neuen Gesellschaftssystems, sondern stets um den Austausch einer Führungselite durch eine andere.

Alle fünf Spielarten gesellschaftlicher Gestaltung, also die beiden Konservatismen, das liberal-demokratische Bürgertum, die sozialistisch-kommunistische Orientierung und der Faschismus sind mit bestimmten sozialen Milieus verbunden und werden von dort aus personell gespeist. Welche dieser konkurrierenden Weltsichten die Oberhand gewinnt, lässt sich im Rückgriff auf Mannheims Theorie der Generationen verstehen. Jede gesellschaftliche Zeit oder Epoche lässt sich demnach als durch einen bestimmten dominierenden Denkstil, verstanden als ein ›Weltwollen‹, das mit der »Situation des einzelnen innerhalb einer sozialen Schicht verbunden ist« (Kettler/Meja 2007: 262 f.), charakterisieren. Mannheim fällt dabei auf, dass ein klar benennbarer Unterschied zwischen solchen Epochen mit dem Wechsel von einer Generation zur nachfolgenden und damit nach Ablauf von ungefähr 25 Jahren erkennbar wird. Bemerkenswert ist dabei, dass der vorherrschende Denkstil vor allem in sich modernisierenden Gesellschaften innerhalb einer Führungselite nicht von den Eltern an die Kinder weitergegeben wird, sondern dem Wettstreit unterschiedlicher Generationsgestalten erwächst. Wenn die Zeit reif für einen Wandel einiger Grundeinstellungen der gesellschaftlichen Ordnung ist, treten unterschiedliche Milieus innerhalb eines nachwachsenden Generationszusammenhangs in Konkurrenz. Aufgrund ihrer je spezifischen sozialen Lage verfügt jede Generationseinheit über eigene Zielvorstellungen und je nachdem, welche dieser Gruppen sich durchzusetzen vermag, nimmt der gesellschaftliche Wandel eine bestimmte Richtung. Die Durchsetzung einer dieser Generationseinheiten besteht in der Regel nicht in der Etablierung einer Herrschaftsform, sondern eher darin, dass ihr spezifisches Wissen um kulturelle ebenso wie gesellschaftspolitische Gestaltung Raum greifen kann. Damit kann in letzter Instanz auch ein politischer

Systemwechsel oder der Umbau der gesellschaftlich-institutionellen Ordnung verbunden sein. Die Umstellung von einem Denkstil auf den anderen muss jedoch nicht revolutionär erfolgen, sondern verläuft im Wechsel der Generationen permanent und mit für das Individuum mehr oder weniger spürbaren Auswirkungen. Ausgangspunkt des Wandels ist aber stets eine nachwachsende Generation, die das Ruder übernimmt. Sie existiert als Ungleichzeitigkeit des Gleichzeitigen neben anderen Alterskohorten, tritt aber durch einen besonderen gesellschaftlichen Gestaltungswillen hervor, der die Beharrungstendenzen der Älteren herauszufordern und mitunter zu brechen vermag. Gesellschaft befindet sich vor dem Hintergrund dieser Einsichten ›von Natur aus‹ in einem Prozess fortlaufenden Wandels. Dass dieser Wandel als schneller oder langsamer erfahren werden kann, hängt demgegenüber mit anderen Einflüssen zusammen.[1]

Mit der zweiten Exilierung Mannheims durch die Flucht nach England geht eine Neuausrichtung seines gesellschaftsdiagnostischen Denkens einher. In einigen Schriften, die teilweise auch an ein größeres Publikum gerichtet sind, analysiert er die Entstehungsbedingungen faschistisch-totalitärer Gesellschaftsstrukturen. Zentral ist hierbei, dass er die gesellschaftliche Entwicklung nicht dem freien Spiel der Kräfte – oder dem ›Laissez-Faire-Liberalismus‹, welcher Toleranz mit Neutralität verwechsle – überlassen möchte.[2] Vielmehr sei es Auftrag der Erziehung, die Grundlagen einer Absicherung gegen die politische Durchsetzung radikaler Regimes zu legen. Aufgabe der Politik sei es zudem, einen Weg zwischen Freiheit und gesellschaftlicher Planung zu finden.

Eine theoretische Fundierung findet dieser Wandel der Soziologie Mannheims in dem bereits in Teilen im Jahr 1935, vollständig 1941 in englischer Sprache publizierten und in deutscher Rückübersetzung 1958 erschienenen Werk *Mensch und Gesellschaft im Zeitalter des Umbaus.* Mannheim führt dort seine wissenssoziologischen Analysen des Weltgestaltungswillens über die

---

1 Vergleiche zur Verbindung der Mannheim'schen Generationstheorie mit sozialem Wandel auch Oliver Dimbath (2016).

2 Diese Positionen entwickelt Mannheim in der Aufsatzsammlung *Diagnosis of our time* aus dem Jahr 1943, dessen deutsche Übersetzung posthum zu Beginn der 1950er Jahre erschienen ist. Mithin wird diese Episode als der schwächste Teil seines Werkes begriffen (vgl. Hofmann 1996).

Konzeption einer militanten Demokratie mit seiner Planungssoziologie zusammen (vgl. Hofmann 1996: 161 ff.).

Ausgangspunkt dieser Untersuchungen ist eine Diagnose der Krise moderner Gesellschaften, deren Massencharakter die Herausbildung der individuellen Persönlichkeit hemmt.[3] Dies resultiert daraus, dass die Persönlichkeit nicht mit Überrationalisierung und technischer Entwicklung Schritt halten kann. Die Rückkehr zur Irrationalität auf der Ebene des Individuums ist somit eine Nebenfolge fortschreitender gesellschaftlicher Rationalisierung. Dies führt dazu, dass Menschen im Modus gesellschaftlich erzwungener Selbstrationalisierung Rationalitätsimperativen folgen, die sie gar nicht mehr verstehen. Die auf der Ebene der Individuen noch nicht überwundenen Urängste vor den Naturgewalten werden auf Katastrophenängste der modernen Gesellschaft und Wirtschaft übertragen. Auch die demokratische Staatsform leistet dieser Entwicklung insofern Vorschub als ihre egalitäre Ausrichtung und Aufklärung zum einen alle Individuen zum Gebrauch von Medien der Massenkommunikation ermächtigt und zum anderen die bisher die Gesellschaft stützenden »organischen Verbände« (Mannheim 1958: 73), in denen die kollektiven Triebe und Wünsche gesellschaftlicher Teilgruppen gebunden und orientiert werden, verschwinden lässt. Individuen werden nun nicht mehr in gesellschaftlichen Teilgruppen integriert, sondern als Einzelne in der Masse. Wenn Gruppen mit vormodernen Weltbildern diese Propagandachancen nutzen, kann der Zustand einer Massenhysterie erreicht werden. Gegenstand solcher Hysterien sind nicht mehr reale, sondern symbolisch-fiktive Probleme.

Mannheim beschreibt dies als eine dem Übergang von realer zu symbolischer Bedürfnisbefriedigung geschuldeten Veränderung des Aggregatszustands der aus dem Gleichgewicht geratenen Gesellschaft. Hierbei identifiziert er drei Stufen der symbolischen Verhaltenssteuerung. *Erstens* konstatiert er im Anschluss an Sigmund Freud einen Überschuss libidinöser Energien, denen kein reales Objekt der Triebbefriedigung mehr entspricht. Dies führt dazu, dass Objekte durch Symbole ersetzt werden. Diese Symbolisierung erreicht *zweitens* eine utopische Phase, wenn die symbolischen Ersatzobjekte zu Referenzpunkten einer neuen Gruppenintegration werden.

3 Die folgende Zusammenfassung bezieht sich auf die Darstellungen bei Wilhelm Hofmann (1996).

En passant werden die bisherigen, tradierten Eckpunkte gemeinsamer Situationsdefinition und Geltungsbegründung infrage gestellt. Daraus erwächst *drittens* die Preisgabe der individuellen Eigenständigkeit im Hinblick auf eine sehnsüchtige Zuwendung zu einem hoch organisierten System, welches alle abweichenden Rationalitätsdefinitionen eliminiert. Diese Eingliederung und Unterwerfung wird offenbar als so beglückend empfunden, dass auch schwerwiegende Fehlsteuerungen mit großer Opferbereitschaft hingenommen werden, ganz gemäß der Abwandlung des Sinnspruchs ›Brot und Spiele‹ in ›Je weniger Brot, desto mehr Spiele‹. Am Ende dieser Entwicklung steht allerdings kein gesellschaftliches Ziel, sondern der Bankrott, aus dem es aus Sicht der dann herrschenden Eliten nur einen letzten Ausweg gibt: den Krieg als Vollendung der Programmatik organisierter Unsicherheit.

Um diesem Schicksal, das sich programmatisch in allen spätkapitalistischen Gesellschaften abzeichnet, entgegenzuwirken, empfiehlt Mannheim ein interdisziplinäres Zusammenwirken der Wissenschaft. Dieses darf jedoch nicht bei reinen Zustandsbeschreibungen enden, sondern muss Hypothesen über die ablaufenden gesellschaftlichen Prozesse hervorbringen, die dabei helfen Fehlentwicklungen zu vermeiden. Zentral ist hier das Prinzip gesellschaftlicher Planung, die von Verwaltung ebenso zu unterscheiden ist wie von Erfindung oder Neugründung. Die Geschichte soll dabei experimentierend erlebt werden, wobei aus dem dem Gesellschaftsprozess entwachsenen Potential der Wille geschöpft werden soll, die Geschichte aktiv zu gestalten.

> »Planung bedeutet ein bewußtes Eingreifen an den Fehlerquellen des Gesellschaftsapparates aufgrund eingehender Kenntnis des gesamten Sozialmechanismus' und seiner Wirkungsweise. Sie ist keine Behandlung von Symptomen, sondern der Zugriff an den richtigen Schaltstellen, mit dem klaren Wissen um die entsprechenden Fernwirkungen.« (Mannheim 1958: 136)

Ein solcher Planungsansatz ist, das gibt Mannheim zu, durchaus an manchen Stellen utopisch. Er zielt nicht auf Egalisierung oder eine klassen- oder unterschiedslose Gesellschaft, sondern versucht Auswüchsen entgegenzuwirken. Insgesamt geht es darum, die Chancen gleichmäßiger zu verteilen. Dies wird angestrebt durch mehrjährige Wirtschaftsplanung, die die Vorteile des Liberalismus jedoch nicht aufgibt. Die planende Gesellschaft plant somit auch die

Spielräume von »Konkurrenz und Kooperation« je nach »Funktionalität oder Disfunktionalität« und in letzter Instanz auch ihre eigene Kritik (Hofmann 1996: 177).

Wie wird Gesellschaft konzeptualisiert?

Gesellschaft ist bei Mannheim im Wesentlichen ein dynamischer Begriff. Stets geht es ihm um die Diagnose der als Wissen bezeichneten Strebungen und Kräfte, welche gesellschaftliche Ordnung gestalten und fortlaufend verändern. Gesellschaftspolitische Grundorientierungen ideologischer, also vergangenheitsbezogener und utopischer im Sinne von zukunfts- oder gestaltungsorientierten Tendenzen stehen miteinander im Wettstreit, wobei jede im Fall ihrer Durchsetzung an die Umsetzung einer bestimmten Gesellschaftsordnung geht und somit teilhat an der Konstituierung des Begriffs moderner Gesellschaft (vgl. auch Reitz 2016: 137). Anders gewendet besitzt »jede Gesellschaftsgruppe in einer bestimmten geschichtlichen Situation ihre eigentümliche Weltauffassung« woraus folgt, »daß es ebenso viele ›Perspektiven‹ wie Standpunkte, ebenso viele Teilwahrheiten wie Klassen gibt« (Aron 1965: 76) – Mannheim nennt diesen radikalen Relativismus, der vor dem Hintergrund einer ›Seinsgebundenheit des Denkens‹ jeder Dogmatik widerspricht, ›Relationismus‹ oder ›Perspektivismus‹ (vgl. hierzu ebenfalls Aron 1965).

In der späteren Phase seiner Gesellschaftsdiagnostik akzentuiert Mannheim dann jedoch den Aspekt der sozialen Ordnung stärker, indem er damit beginnt, den Zusammenhang von Kulturleben und Gesellschaftsstruktur im Ganzen zu untersuchen. Grundfrage bleibt hierbei, wie es in hochdifferenzierten demokratischen Gesellschaften zu Tendenzen der Gesellschaftsauflösung beziehungsweise zur Errichtung von Diktaturen kommen kann. In Verbindung mit Kultur gelangt Mannheim zu der Einschätzung, dass es nicht die gesellschaftliche Ordnung sein kann, welche die Kultur verändert. Vielmehr sei von einer Wechselwirkung auszugehen. Damit ist Gesellschaft als »Summe bestimmter Faktoren und Prinzipien« aufzufassen, die »ganz allgemein das Miteinanderleben und Miteinanderhandeln der Menschen regulieren« (Mannheim 1958: 92). Es gehe nicht darum, Veränderungen in Wirtschaft und Politik als zentrale Einflussgrößen zu begreifen, sondern auch die Kultur. Nicht allein wirtschaftliches Handeln stehe im Spannungsfeld von *laissez-faire* und Regulierung. Auch der Bereich der Kultur sei einer ähnlichen Spannung, nämlich der zwischen einer sich im liberalistischen Sinn selbst überlassenen demokratischen Massengesellschaft und ihrer Verdrängung durch diktatorische Formen, ausgesetzt.

Im Einzelnen meint Mannheim mit dem Kulturgeschehen zweierlei. Da ist auf der einen Seite das nicht regulierte Gesellschaftsleben, das durch »spontane Zusammenschlüsse das geistige und kulturelle Leben mitgestaltet« (ebd.: 94). Auf der anderen Seite sind da die Institutionen, die als Kirchen, Schulen, Universitäten oder Massenmedien das Kulturelle ausmachen. Im Zentrum von Mannheims Analyse steht nun die Frage, wohin sich die Institutionen eines nicht regulierten modern-liberalen Gesellschaftsgefüges entwickeln und an welchen Stellen sie die Tendenz aufweisen, in eine diktatorisch geführte Massengesellschaft zu münden. Den empirischen Zugang zu diesem Problem findet er dann in der genauen Betrachtung der politischen, organisierenden, intellektuellen, künstlerischen, moralischen und religiösen Eliten. In jeder Gesellschaft sind bestimmte Elitegruppen mit Blick auf ihre Freizeitgestaltung und ihren Lebensstil freigestellt, um neue Strukturen auszubilden. In dem Maße, in dem sich die Zusammensetzung und die Funktion dieser Eliten verändern, kann die Entwicklung der Gesellschaftsstruktur einen krisenhaften Verlauf nehmen. Einen Hauptgrund für den Verfall der Eliten sieht Mannheim in der Vermassung der liberal-demokratischen Gesellschaft, in der sich breite Schichten der Bevölkerung, die in ungünstigen gesellschaftlichen Verhältnissen leben, aktiv am kulturellen Leben beteiligen. Die liberale Ordnung führe somit im Gegensatz zu älteren Ordnungen mit wenigen Elitegruppen zunächst zu einer fruchtbaren Vielfalt. Dies schlägt nach einer Weile um:

> »Über eine bestimmte Grenze hinaus wird jedoch die Mannigfaltigkeit zur Verschwommenheit. Je mehr Eliten in einer Gesellschaft vorhanden sind, desto mehr verliert jede einzelne Elite ihre Funktion und ihren führenden Einfluß, da sich die einzelnen Gruppen gegenseitig neutralisieren. In der demokratischen Massengesellschaft, vor allem dort, wo eine große soziale Beweglichkeit möglich ist, kann sich keine Gruppe mehr so weit durchsetzen, daß sie die gesamte Gesellschaft zu prägen vermöchte.« (Mannheim 1958: 101)

Wie gestaltet sich das Verhältnis von Mikro- und Makroanalyse?

Mannheim ist ein ausgesprochener Makro-Theoretiker. Seine Analysen setzen bei allgemeinen Beobachtungen des kulturellen, ökonomischen und politischen gesellschaftlichen Lebens an. Bezugspunkte seines Denkens sind die zu seiner Zeit vorliegenden Theorieangebote; gelegentliche empirische Bezüge entnimmt er groß angelegten statistischen Untersuchungen. Dennoch verliert er die Individuen nicht aus den Augen, sieht er doch den Einzelnen als Endpunkt gesellschaftlicher Prozesse. Nur in der Gruppe entfaltet dieser indes seine strukturgestaltende und damit -verändernde Wirkung. Im Rahmen seiner Krisendiagnose stellt Mannheim fest, dass sich die objektiven Veränderungen der modernen Massengesellschaft schneller vollzögen als dies die immer hinterherhinkenden und orientierungslosen Subjekte nachvollziehen könnten. Diese Verunsicherung schlage auch auf die Akzeptanz liberal-demokratischer Gesellschaften zurück, wenn sich die Individuen nach mehr Sicherheit zu sehnen begännen, was sie in die Arme diktatorischer Regimeangebote treibe.

Wie wird die Veränderung beziehungsweise die Entwicklung von Gesellschaft gedacht?

Grundsätzlich gestaltet sich die Veränderung beziehungsweise die Entwicklung von Gesellschaft bei Mannheim über den Wettstreit unterschiedlicher sozial verwurzelter Denkstile, die durch politisch aktive Generationseinheiten zur Geltung gebracht werden. Diese Denkstile entsprechen in der modernen Massendemokratie den politischen Lagern, wobei ideologische – und das heißt bei Mannheim: vergangenheitsorientierte – und utopische im Sinne von zukunftsorientierten Tendenzen einen wesentlichen Unterschied markieren. Als Beobachter und Leidtragender der Entwicklung der jungen deutschen Demokratie hin zum Nationalsozialismus sucht Mannheim nach Erklärungen. Er findet sie in der Diagnose einer Vermassung, die nicht zuletzt in einer Diffusion der gesellschaftlichen Eliten besteht. Mit anderen Worten gibt es also zwei Entwicklungsmomente in Mannheims Gesellschaftstheorie. Das eine erwächst aus dem Wettstreit politischer Tendenzen und Strömungen, die sich in einem demokratischen System ablösen und damit nicht nur zu bestimmten Regierungen, sondern auch zur permanenten

Veränderung oder Anpassung der gesellschaftlichen Ordnung führen. Das andere besteht in einer grundlegenden Systemkrise, die der liberal-demokratischen Gesellschaftsordnung erwächst und die das System gleichsam als Konstruktionsfehler zerstört. Eine Lösung sieht Mannheim in einer politisch kontrollierten Neuordnung des Verhältnisses von individueller Freiheit und gesellschaftlicher Planung. Problematisch bleibt dabei jedoch die unbefriedigende Antwort darauf, »wer die Planer seiner geplanten Gesellschaft plant und wie sie daran gehindert werden können, ihre Macht zu mißbrauchen« (Wolff 1998: 82).

Lern- und Kontrollfragen

- Was versteht Mannheim unter einer ›Generation‹?
- Welche gesellschaftliche Funktion kommt bei Mannheim den intellektuellen Eliten zu?
- Wie kommt es zur Krise der liberal-demokratischen Gesellschaftsordnung?

Literatur

Primärliteratur

Mannheim, Karl (1952 [1929]). Ideologie und Utopie. 3. Auflage. Frankfurt a. M.: Schulte-Bulmke.

Mannheim, Karl (1952). Diagnose unserer Zeit. Gedanken eines Soziologen. Frankfurt a. M.: Büchergilde Gutenberg.

Mannheim, Karl (1958). Mensch und Gesellschaft im Zeitalter des Umbaus. Darmstadt: Wissenschaftliche Buchgesellschaft.

Mannheim, Karl (1964 [1928]). Das Problem der Generationen. In: Ders.: Wissenssoziologie, herausgegeben von Kurt H. Wolff. Neuwied/Berlin: Luchterhand, S. 509–564.

Mannheim, Karl (1984 [1925]). Konservatismus. Ein Beitrag zur Soziologie des Wissens. Frankfurt a. M.: Suhrkamp.

Sekundärliteratur

Aron, Raymond (1965). Deutsche Soziologie der Gegenwart. Systematische Einführung in das soziologische Denken. Stuttgart: Kröner.

Dimbath, Oliver (2016). Soziologische Zeitdiagnostik. Generation – Gesellschaft – Prozess. Paderborn: Fink (UTB).

Gebhardt, Winfried (1993). Karl Mannheim. In: Biographisch-bibliographisches Kirchenlexikon. Band 5. Herzberg: Traugott Bautz, S. 558–562.

Hofmann, Wilhelm (1996). Karl Mannheim zur Einführung. Hamburg: Junius.

Kettler, David/Meja, Volker (2000). Karl Mannheim. In: Kaesler, Dirk (Hg.): Klassiker der Soziologie. Band 1. Von Auguste Comte bis Norbert Elias. München: Beck, S. 296–314.

Kettler, David/Meja, Volker (2007). Karl Mannheim: Ideologie und Utopie. In: Kaesler, Dirk/Vogt, Ludgera (Hg.): Hauptwerke der Soziologie. Stuttgart: Kröner, S. 259–263.

Reitz, Tilman (2016). Das zerstreute Gemeinwesen. Politische Semantik im Zeitalter der Gesellschaft. Wiesbaden: Springer.

Wolff, Kurt H. (1978): Karl Mannheim. In: Kaesler, Dirk (Hg.): Klassiker des soziologischen Denkens. Band 2. Von Weber bis Mannheim. München: Beck, S. 286–387.

Wolff, Kurt H. (1998). Soziologie in der gefährdeten Welt. Zur Rehabilitierung des Individuums. Frankfurt a. M.: Suhrkamp.

4.3 Max Horkheimer und Theodor W. Adorno: Dialektik der Aufklärung

Obwohl Max Horkheimer und Theodor W. Adorno jeweils eigenständige intellektuelle Biografien und Schwerpunktsetzungen haben (vgl. Breuer 2012), werden sie gerade unter gesellschaftstheoretischen Perspektiven oft in einem Atemzug genannt. Dies vor allem wegen eines gemeinsamen Buches, nämlich der *Dialektik der Aufklärung* (1944). Allerdings markiert diese nur eine Variante der von beiden vertretenen ›Kritischen Theorie‹ der Gesellschaft, die in historischer wie in systematischer Hinsicht selbst noch in einem größeren Kontext gesehen werden muss (vgl. Jay 1976; Dubiel 1988; Wiggershaus 1988; Breuer 2016; Bittlingmayer et al. 2019).

Zur Person

Max Horkheimer (vgl. Gumnior/Ringguth 1973; Rosen 1995; Wiggershaus 2013) wird am 14.2.1895 als Sohn des konservativ-jüdischen Kunstwollfabrikanten Moritz Horkheimer und seiner Frau Babette in Stuttgart-Zuffenhausen geboren. Nach dem Realgymnasium, das er 1910 auf Wunsch des Vaters verlässt, tritt er eine Handelslehre in der väterlichen Fabrik an, um sich auf die Nachfolge in der Unternehmensführung vorzubereiten (Rosen 1995: 15). Ab 1914 ist er, eher widerwillig, als Juniorchef tätig. 1917 wird er zum Militär einberufen. Wieder ausgemustert geht er 1918 mit seinem Freund Friedrich Pollock nach München (Lenhard 2019: 9), holt 1919 das Abitur nach und beginnt ein Studium der Psychologie, Philosophie und Nationalökonomie (Walter-Busch 2010: 20 f.). Noch während des Studiums lernt er 1922 Theodor W. Adorno kennen (Müller-Doohm 2003: 112 ff.). Nach Promotion (1922) bei Hans Cornelius und Habilitation (1925) wird er Privatdozent in Frankfurt, heiratet 1926 seine langjährige Lebensgefährtin Rosa Christine (Maidon) Riekher (1887–1969) und engagiert sich in dem 1924 gegründeten Frankfurter *Institut für Sozialforschung* (IfS) (Kluke 1972: 486 ff.; Müller-Doohm 2003: 199 ff.). 1930 wird er zum Ordinarius für Sozialphilosophie und 1931 als Nachfolger von Carl Grünberg zum Direktor des IfS ernannt. Das von ihm in diesem Zusammenhang entwickelte Konzept eines ›interdiziplinären Materialismus‹ (Bonß/Schindler 1982) ist leitend für die Institutsarbeiten, wie sie in der *Zeitschrift für Sozialforschung* (1980 [1932–1941]) dokumentiert sind. Mit der nationalsozialistischen Machtergreifung wird das Institut und die meisten seiner Mitglieder in die Emigration getrieben (vgl. Wheatland 2009). Horkheimer geht über Genf (1933) nach New York (1934) und später – dann gemeinsam mit Theodor W. Adorno – nach Los Angeles (1941). 1949 kehrt Horkheimer nach Frankfurt zurück. Er erhält sein altes Ordinariat, wird erneut Direktor des IfS, amtiert 1951/1952 als Rektor der Universität und avanciert zusammen mit Adorno zum Hauptvertreter der sogenannten *Frankfurter Schule* (Wiggershaus 1988), die neben der ›Kölner‹ und der ›Leipziger‹ als eine von drei zentralen deutschsprachigen soziologischen Schulen gilt (Sahner 1982: 23 ff.). 1957 übersiedelt Horkheimer in die Schweiz nach Montagnola und zieht sich aus der universitären Arbeit allmählich zurück. Er stirbt am 7. Juli 1973 in Nürnberg und wird auf dem jüdischen Friedhof in Bern beigesetzt.

Theodor Ludwig Wiesengrund Adorno (vgl. Müller-Dohm 2003; Klein et al. 2011: 475 ff.) wird am 11.9.1903 in Frankfurt als Sohn des jüdischen Kaufmanns Oscar Alexander Wiesengrund und seiner Frau, der Sängerin und Pianistin Mareia Barbara Calvelli-Adorno della Piana geboren und katholisch getauft. Seine Mutter und deren Schwester, auch eine Sängerin, fördern insbesondere seine musikalischen Neigungen. 1921 legt Adorno das Abitur als Jahrgangsbester ab und studiert in Frankfurt Philosophie, Psychologie, Soziologie und Musikwissenschaft. Wie Horkheimer promoviert er bei Hans Cornelius (1924), geht danach für ein Jahr nach Wien (1925), um unter anderem bei Alban Berg zu studieren und schreibt vor allem Musikkritiken. Sein erstes Habilitationsprojekt (bei Hans Cornelius) wird nicht eingereicht, aber 1930 habilitiert er sich in Frankfurt mit einer Arbeit über Kierkegaard bei Paul Tillich (mit Horkheimer als Zweitgutachter). 1933 wird ihm wegen seiner jüdischen Abstammung die Lehrerlaubnis entzogen. Adorno geht nach Oxford, kehrt aber aus familiären und finanziellen Gründen immer wieder nach Deutschland zurück. 1937 muss auch seine langjährige Freundin Gretel Karplus, eine jüdische Chemikerin und Unternehmerin, emigrieren; beide heiraten 1937 in London. 1938 gehen sie auf Einladung von Horkheimer nach New York, wo Adorno nach einem Zwischenspiel beim *Princeton Radio Research Project* fester Mitarbeiter am Institut für Sozialforschung wird. 1941 folgen die Adornos dem Ehepaar Horkheimer nach Los Angeles. Dort beginnen Horkheimer und Adorno unter Assistenz von Gretel Adorno mit der Arbeit an der *Dialektik der Aufklärung* (1944/1947). 1944 steigt Adorno in das Forschungsprojekt zum Antisemitismus ein, aus dem 1950 die *Studies in Prejudice* hervorgingen (vgl. American Jewish Committee Archives o. J.).[4] 1949 beginnt auch Adorno mit Überlegungen zu einer Rückkehr nach Deutschland, die 1953 umgesetzt werden. Adorno wird zum Professor für Philosophie und Soziologie in Frankfurt ernannt (1953) und zugleich stellvertretender Direktor des IfS (1954). Er entwickelt sich zu einem wichtigen Vertreter der ›Kritischen Theorie‹, der die *Dialektik der Aufklärung* zur *Negativen Dialektik* weiter entwickelt und den *Positivimusstreit in der deutschen Soziologie* (1961) ebenso prägt wie die Debatte um *Spätkapitalismus oder Industriegesellschaft?* (1968). Obwohl diese Schriften für die Studentenbewegung von erheblicher Bedeutung sind, gerät er zunehmend in Konflikte mit den studentischen AktivistInnen. Ob dies für seinen unerwarteten Tod mit verantwortlich ist, ist umstritten (Kraushaar 2009) – er stirbt jedenfalls mit nur 63 Jahren an einem Herzinfarkt im schweizerischen Visp und findet seine letzte Ruhestätte auf dem Frankfurter Hauptfriedhof.

Fragestellung und Erkenntnisse

Im Jahr 1931 kann man in Frankfurt gleich zwei Antrittsvorlesungen hören, die sich mit der Zukunft von Wissenschaft und Gesellschaft beschäftigen: Am 24.1.1931 hält Max Horkheimer seine Antrittsrede zur Übernahme des Direktorats am Frankfurter *Institut für Sozialforschung* (IfS). Am 7. Mai lädt Theodor W. Adorno zu seinem Antrittsvortrag als Privatdozent an der Universität Frankfurt. Horkheimers Rede trägt den Titel *Die gegenwärtige Lage der Sozialphilosophie und die Aufgaben eines Instituts für Sozialforschung* (HGS 3: 20 ff.). Adorno spricht über *Die Aktualität der Philosophie* (AGS 1: 324 ff.). Beide Vorträge kreisen um die Frage der Bedingung der Möglichkeit von Gesellschaftstheorie. Allerdings wird dieses Thema insofern indirekt angegangen, als Horkheimer und Adorno zunächst und vor allem über die Situation der Erkenntnisbildung sprechen. Freilich verstehen sie Erkenntnistheorie als Gesellschaftstheorie und sehen Parallelen zwischen der Lage der Wissenschaft und der Gesellschaft. Erkenntnisfortschritt und gesellschaftliche Entwicklung erscheinen einander wechselseitig bedingend, wobei Horkheimer und Adorno mit leicht unterschiedlichen Akzentsetzungen eine prinzipiell *krisenhafte* Situation konstatieren. Sowohl auf der Ebene der Gesellschaft als auch

4 Verfügbar unter www.ajcarchives.org/main.php?GroupingId=1380.

in der Wissenschaft zeigt sich nach ihrer Auffassung eine widersprüchliche Mixtur von vorwärts strebenden und retardierenden Momenten, deren weitere Entwicklung offen erscheint.

In seinen *Bemerkungen über Wissenschaft und Krise,* die in der ersten Nummer der Zeitschrift für Sozialforschung erscheinen (HGS 3: 40 ff.), formuliert Horkheimer seine Krisendiagnose in einem unverkennbar marxistischen Duktus:

> »Die wissenschaftlichen Erkenntnisse teilen das Schicksal der Produktivkräfte und Produktionsmittel anderer Art: Das Maß ihrer Anwendung steht in fürchterlichem Mißverhältnis zu ihrer hohen Entwicklungsstufe und zu den wirklichen Bedürfnissen des Menschen; dadurch wird auch ihre weitere quantitative und qualitative Entwicklung gehemmt.« (Ebd., 42)

Der Widerspruch von Produktivkräften und Produktionsverhältnissen schlägt sich für ihn in der Trennung von totalitätsbezogener Philosophie und einzelwissenschaftlicher Forschung nieder. Zwar werden die einzelwissenschaftlichen Analysen immer präziser. Aber die positive Detailforschung, so seine These, verliert das übergreifende Ganze aus dem Blick. Umgekehrt verkommt die Philosophie, sofern sie sich von der (positiven) einzelwissenschaftlichen Forschung abkoppelt, zu einer haltlosen Metaphysik.

Aus dieser Diagnose ergibt sich für Horkheimer eine spezifische Krisenlösung. Die anvisierte kritische Theorie der Gesamtgesellschaft scheint für ihn in genau dem Maße realisierbar, wie es gelingt, die prekäre Trennung von Philosophie und Einzelwissenschaft zu überwinden. Es

> »kommt [...] darauf an [...] aufgrund aktueller philosophischer Fragestellungen Untersuchungen zu organisieren, zu denen Philosophen, Soziologen, Nationalökonomen, Historiker, Psychologen in dauernder Arbeitsgemeinschaft sich vereinigen und [...] ihre aufs Große zielenden philosophischen Fragen an Hand der feinsten wissenschaftlichen Methoden [...] verfolgen [...] und doch das Allgemeine nicht aus den Augen [...] verlieren« (HGS 3: 29 f.).

Die anvisierte kritische Gesellschaftstheorie ist für Horkheimer dabei weniger ein methodologisches als ein wissenschaftsorganisatorisches Problem; sie scheint für ihn in genau dem Maße realisierbar, wie es gelingt, allgemeine

Sozialphilosophie und einzelwissenschaftliche *Sozialforschung* arbeitsteilig zu vereinen und prozessual zu verknüpfen.

Dass Adorno einen anderen Ansatz entwickelt, zeigt sich bereits in den ersten Sätzen seiner eigenen Antrittsvorlesung:

> »Wer heute philosophische Arbeit als Beruf wählt, muss von Anfang an auf die Illusion verzichten [...]: Dass es möglich sei, in der Kraft des Denkens die Totalität der Wirklichkeit zu ergreifen. Keine rechtfertigende Vernunft könnte sich selbst in einer Wirklichkeit wiederfinden, deren Ordnung und Gestalt jeden Anspruch der Vernunft niederschlägt; allein polemisch bietet sie dem Erkennenden als ganze Wirklichkeit sich dar, während sie nur in Spuren und Trümmern die Hoffnung gewährt, einmal zur richtigen und gerechten Wirklichkeit zu geraten.« (AGS 1: 325)

Die Absage an die bisherigen Formen philosophischen Denkens ist also keineswegs gleichbedeutend mit einer Absage an die Möglichkeit gesamtgesellschaftlicher Erkenntnisbildung. Aber sofern »die Bilder unseres Lebens nur noch durch Geschichte verbürgt sind« (AGS 1: 335), verändern sich die Bedingungen der Möglichkeit der Produktion ›wahrer‹ Erkenntnisse entscheidend. Der emphatische Anspruch der Aufklärung, wie er von Kant formuliert wurde, verkehrt sich in sein Gegenteil, und es kommt zu dem, was später als *Dialektik der Aufklärung* (AGS 3: 7 ff.; HGS 5: 11 ff.) beschrieben werden sollte.[5] Die gesellschaftlichen Verhältnisse lassen sich nicht mehr als potentielles Resultat subjektiv-vernünftigen Handelns begreifen; vielmehr treten sie als ein dem Subjekt äußerlicher, quasi naturhafter Zwang in den Blick, der herrscht, ohne gewollt werden zu können. Genau deshalb ist es auch nicht mehr möglich, »in der Kraft des Denkens die Wirklichkeit zu ergreifen« (AGS 1: 325). Denn der Idee der Vernünftigkeit entspricht kein sichtbares Substrat mehr, und Wahrheit und Wirklichkeit treten auseinander. Abgelöst von ihren sozialen Trägern und eingebunden in die Entwicklung der Aufklärung zur Unvernunft lässt sich die Totalität des gesellschaftlichen Prozesses nicht mehr als ein ›positives‹ System im Sinne Hegels entfalten. Was die Welt ist, und was sie sein könnte, scheint allenfalls in Spuren, Splittern und Trümmern auf,

5 Die gemeinsame Arbeit findet sich in den gesammelten Schriften Horkheimers (HGS 5: 11 ff.) wie in denen Adornos (AGS 3: 7 ff.). Im Folgenden wird nach AGS zitiert.

und dies bedeutet, dass auch ihre Analyse nur noch als eine Art ›Rätselspiel‹ und ›Spurensicherung‹ verlaufen kann.[6]

Für Horkheimer ist dieses Plädoyer für eine alternative Methodologie zu Beginn der dreißiger Jahre nur begrenzt von Bedeutung.[7] Zwar teilt er Adornos These, dass »der Glaube an die Selbständigkeit und Unbedingtheit der Philosophie [...] vernichtet worden« (HGS 9: 17) ist. Aber vor dem Hintergrund seines Konzepts eines interdisziplinären Materialismus vertraut er auf die einzelwissenschaftliche Methodenvielfalt, die es über die Sozialphilosophie zu integrieren gilt, um Antworten auf offene gesellschaftstheoretische Fragen zu finden. Offen ist für ihn vor allem »die Frage nach dem Zusammenhang zwischen dem wirtschaftlichen Leben der Gesellschaft, der psychischen Entwicklung der Individuen und den Veränderungen auf den Kulturgebieten« (HGS 3: 32). Eben diese Frage ist zentral für die Institutsarbeit der dreißiger Jahre und prägt nicht nur die Aufsätze in der Zeitschrift für Sozialforschung (vgl. Dubiel 1988: 17 ff.), sondern auch empirische Untersuchungen aus den frühen dreißiger Jahren wie die über *Arbeiter und Angestellte am Vorabend des Dritten Reiches* (Fromm 1980) und die Studien über *Autorität und Familie* (Horkheimer 1936).

All diese Arbeiten werden als gesellschaftstheoretische Analysen verstanden, wobei das Etikett der Gesellschaftstheorie – und dies ist für die kritischen Intellektuellen der Weimarer Republik schon fast eine Selbstverständlichkeit – mit materialistischer beziehungsweise marxistischer Theorie gleichgesetzt wird. Allerdings wird die Marx'sche Theorie in diesem Zusammenhang nicht umstandslos übernommen. Die Gründe hierfür werden schlaglichtartig durch ein von Paul F. Lazarsfeld überliefertes Bonmot aus den zwanziger Jahren deutlich:

> »Eine beginnende Revolution muss die wirtschaftlichen Verhältnisse auf ihrer Seite haben (Marx), eine siegreiche Revolution braucht vor allem Ingenieure

6 Zur Konzeption des »Rätselspiels« und der »Rätsellösung« bei Adorno vergleiche Bonß (2008: 16 ff.); zu dem mehr als 50 Jahre später entstandenen Konzept der ›Spurensicherung‹ Ginzburg (2011).

7 Zum Verhältnis von Adorno zu Horkheimer und dem Projekt »Institut für Sozialforschung« zu Beginn der dreißiger Jahre vergleiche genauer Müller-Doohm (2003: 230 ff., 236 ff., 334 ff.).

> (Sowjetunion); eine erfolglose Revolution bedarf der Psychologen.« (Lazarsfeld 1968: 149)

Erklärungsbedürftig ist dementsprechend, warum die Revolution von 1918 in Deutschland erfolglos war, und die krisenhafte Entwicklung seither eher zum Faschismus führt – eine Frage, die sich für Horkheimer weniger ökonomisch beantworten lässt, sondern zusätzliche interdisziplinäre und insbesondere sozialpsychologische Erklärungen erfordert.

Die angemahnte Differenzierung der Marx'schen Theorie tangiert für Horkheimer freilich nicht die grundsätzliche Brauchbarkeit des Materialismuskonzepts. So stellt er 1927 in seiner Vorlesung zur *Einführung in die Geschichte der neueren Philosophie* fest:

> »De [n] wirkliche [n] Lebensprozeß der Menschheit, also die Art, wie die Menschen ihr Leben gewinnen und erhalten, [...] müssen wir als das Ursprüngliche, als die eigentliche Geschichte ansehen.« (HGS 9: 16)

Ausgangspunkt ist also die Auseinandersetzung mit und Aneignung der Natur, wie sie sich »aus den Erfordernissen des materiellen Lebensprozesses auf seinen verschiedenen Gestaltungsstufen« (HGS 3: 56) ergibt. Betrachtet man diese »verschiedenen Gestaltungsstufen« genauer, so wird stets ein Widerspruch zwischen den Produktivkräften und den Produktionsverhältnissen sichtbar, und es ist dieser »Gegensatz zwischen den wachsenden menschlichen Kräften und der gesellschaftlichen Struktur, der sich [...] als Motor der Geschichte erweist« (HGS 3: 56). »Die ökonomische oder materialistische Geschichtsauffassung« (ebd.: 54) ist für Horkheimer »eine der gegenwärtigen Erkenntnis entsprechende Formulierung der historischen Erfahrung« (ebd.: 56), die aber gerade als solche nicht verabsolutiert werden darf. Denn tritt sie »als universales Konstruktionsschema an die Stelle konkreter Untersuchungen [...], so kann sich die soeben angedeutete Geschichtsauffassung in eine abschließende dogmatische Metaphysik verwandeln« (ebd.), die in theoretischer wie praktischer Hinsicht falsch ist.

Wie wird Gesellschaft konzeptualisiert?

Für Horkheimer ist das Stichwort des Materialismus gleichbedeutend mit dem, was er später als »kritische Theorie« (HGS 4: 162 ff.) bezeichnen wird. Ähnlich wie bei Marx zielt Materialismus auf Geschichte und Gesellschaft gleichermaßen. Geschichte ist immer Gesellschaftsgeschichte und Gesellschaft verweist umgekehrt auf sich historisch verändernde Konfigurationen mit ökonomischen, sozialen, psychologischen und kulturellen Aspekten. Dass sich diese Konfigurationen nicht einfach auf den Begriff bringen lassen, betont Adorno knapp 30 Jahre später in seinem Artikel *Gesellschaft* im Evangelischen Staatslexikon (AGS 8: 9 ff.). Er bezeichnet Gesellschaft als »einen emphatischen Begriff« (ebd.: 11), der nicht verwechselt werden darf »mit einem herkömmlich-definitorischen. Er ist zu entfalten, keiner vermeintlichen Sauberkeit zuliebe willkürlich terminologisch festzusetzen« (ebd.).

Aber auch wenn Gesellschaft prozessual und dialektisch zu begreifen ist und letztlich »bloß eine ausgeführte (Theorie) der Gesellschaft […] sagen (könnte), was Gesellschaft ist« (ebd.), so lassen sich doch bei Adorno wie bei Horkheimer in analytischer Hinsicht zwei Aspekte des Gesellschaftskonzepts unterscheiden: Auf der einen Seite wird Gesellschaft als ein *Möglichkeitsraum* thematisch. Unter dieser Perspektive spricht Adorno von einer »wahren Gesellschaft […] frei von Widerspruch und Widerspruchslosigkeit gleichermaßen« (AGS 8: 309) und Horkheimer von »einer vernünftigen Gesellschaft« (HGS 4: 191), die weitergehend bestimmt wird als eine »Gemeinschaft freier Menschen, wie sie bei den vorhandenen technischen Mitteln möglich ist« (ebd.). Eine solche »Assoziation freier Menschen, bei der jeder die Möglichkeit hat, sich zu entfalten« (ebd.: 193), ist für ihn trotz aller normativen Akzentsetzungen keine »abstrakte Utopie«; von einer abstrakten Utopie »unterscheidet sich diese Idee durch den Nachweis ihrer realen Möglichkeit beim heutigen Stand der Produktivkräfte« (ebd.). Dass der Möglichkeitsraum der Gesellschaft nicht realisiert werden kann, verweist auf den Widerspruch von Produktivkräften und Produktionsverhältnissen, der grundsätzlich in Anschluss an Marx beschrieben wird, aber dessen Auflösbarkeit zunehmend skeptisch eingeschätzt wird.

Stehen der Stand der Produktivkräfte (aber auch die Ideen der emphatischen Aufklärung) für den Möglichkeitsraum der Gesellschaft, so steht das Stichwort der Produktionsverhältnisse für den *Wirklichkeitsraum* der Gesellschaft. Unter diesem Gesichtspunkt stellt sich Gesellschaft als ein Funktionszusammenhang dar, den Adorno in den sechziger Jahren wie folgt charakterisiert:

> »Mit Gesellschaft meint man eine Art von Gefüge zwischen Menschen, in dem [...] das Ganze sich erhält nur durch die Einheit der von allen Mitgliedern erfüllten Funktionen [...]. Der Begriff der Gesellschaft ist also ein *Funktions*begriff, der mehr die Verhältnisse zwischen seinen Elementen und die Gesetzmäßigkeiten solcher Verhältnisse bezeichnet als die Elemente [...] Nur in diesem funktionellen Sinn läßt sich von Gesellschaft überhaupt reden, und Soziologie ist vorab die Wissenschaft von ihren Funktionen, ihrer Einheit, ihrer Gesetzmäßigkeit.« (FAB VIII: 143 f.)

Als Wirklichkeitsraum und Funktionszusammenhang ist Gesellschaft dabei doppelt bestimmt. Sie ist auf der einen Seite ein Ergebnis menschlichen Handelns, und »in ihr, dem menschlichen Produkt, vermögen stets noch die lebendigen Subjekte [...] sich wiederzufinden« (AGS 8: 11). Auf der anderen Seite, und hierauf hat unter anderem Durkheim hingewiesen (vgl. AGS 8: 270), ist sie ein den Individuen vorgegebener Zwangszusammenhang, ein »Strukturzusammenhang [...], der sie sowohl zur puren Selbsterhaltung dressiert wie die Erhaltung ihres Selbst ihnen verweigert« (AGS 8: 13). Diesen Aspekt erläutert Adorno am Beispiel des Rollenkonzepts im Vergleich zum Marx'schen Begriff der Charaktermaske. Während »der Begriff der Rolle, unanalysiert von der sozialen Fassade bezogen, hilft, das Unwesen der Rolle zu perpetuieren« (ebd.: 13), gelingt es Marx nicht nur, das Rollenkonzept zu antizipieren, sondern »von dessen unmittelbaren Evidenzen fortzuschreiten zur Erkenntnis seines sozialen Grundes: warum die Menschen immer noch auf Rollen vereidigt sind« (ebd.). Ein solcher Schritt in Richtung einer *kritischen* Gesellschaftstheorie setzt an einer Analyse des Funktionszusammenhanges an, weist aber zugleich auf Gesellschaft als Möglichkeitsraum hin, der freilich nie positiv, sondern nur negativ beschrieben werden kann, nämlich in Spuren, Splittern und Trümmern.

Diesem Verständnis schließt sich auch der späte Horkheimer an, der 1968 schreibt: »Ich bekenne mich zur kritischen Theorie; das heißt, ich kann sagen, was falsch ist, aber ich kann nicht definieren, was richtig ist.« (HGS 8: 331) Aber dadurch, dass man wissenschaftlich zeigen kann, was falsch läuft, öffnet sich der Blick auf den Möglichkeitsraum der Gesellschaft. So beginnt

> »die kritische Theorie der Gesellschaft [...] mit einer durch relativ allgemeine Begriffe bestimmten Idee des einfachen Warentausches; unter Voraussetzung des gesamten verfügbaren Wissens [...] wird dann gezeigt, wie die Tauschwirtschaft [...] notwendig zur Verschärfung der gesellschaftlichen Gegensätze führen muss.« (HGS 4: 200)

Zwar lässt sich hieraus nicht schließen, in welche Richtung sich die Gegensätze weiter entwickeln werden, aber »die Marx'schen Kategorien Klasse, Ausbeutung, Mehrwert, Profit, Verelendung, Zusammenbruch sind Momente eines begrifflichen Ganzen, deren Sinn nicht in der Reproduktion der gegenwärtigen Gesellschaft, sondern in ihrer Veränderung zum Richtigen zu suchen ist.« (HGS 4: 192)

Wie gestaltet sich das Verhältnis von Mikro- und Makroanalyse?

Das Verhältnis von Mikro- und Makroanalysen wird bei Horkheimer und Adorno unter zwei Perspektiven zum Thema: zum einen unter theoretischen Gesichtspunkten; hier geht es um das Problem des Verhältnisses und der wechselseitigen Beeinflussung von Individuum und Gesellschaft, zum anderen in methodologischer Hinsicht; unter diesem (vor allem von Adorno verfolgten) Blickwinkel steht die Frage im Vordergrund, inwiefern Mikroanalysen auf Makroentwicklungen verweisen können (und umgekehrt).

Betrachtet man die theoretischen Aspekte, so knüpft die *Kritische Theorie* zunächst an Marx und Engels an, die in der *Deutschen Ideologie* festgestellt hatten, dass »die erste Voraussetzung aller Menschengeschichte [...] die Existenz lebendiger menschlicher Individuen« (MEW 3: 20) sei. Aber diese Individuen sind keine autonomen Akteure, sondern als gesellschaftlich-geschichtlich produzierte zu begreifen. »Die Menschen sind [...] ein Resultat der Geschichte [...]. Die Art und Weise, wie sie sehen und hören, ist von dem gesellschaftlichen Lebensprozeß [...] nicht abzulösen.« (HGS 4: 174) Der »gesellschaftliche Lebensprozeß« wiederum verweist zwar auf menschliche Handlungen, tritt aber im Ergebnis den Individuen als ein Zwangszusammenhang gegenüber:

> »Die Existenz der Gesellschaft hat entweder auf unmittelbarer Unterdrückung beruht oder ist eine blinde Resultante widerstrebender Kräfte, jedenfalls nicht das Ergebnis bewußter Spontaneität der freien Individuen.« (Ebd.)

Genau deshalb ist die gesellschaftliche Prägung der Individuen auch prinzipiell kritisch zu betrachten (vgl. ebd.: 180 f.). »Jedes Individuum hat seine Natur, aber diese ist weit über das heute wissenschaftlich fassbare Maß hinaus gesellschaftlich bedingt.« (HGS 3: 197) Sozialisation und Individuierung sind gesellschaftliche Prozesse, und »die Wirkung der Gesellschaft auf das Individuum beginnt, wenn nicht schon früher als bei der Geburt, so vom Tage an, da sie geschieht« (HGS 8: 131). Diese Wirkungen in ihrer Systematik zu beschreiben, setzt insbesondere in modernen Gesellschaften eine Makroanalyse voraus. So charakterisierte Adorno 1944 in den *Minima Moralia* das moderne Individuum als eine »Monade«, für die gilt:

> »Das Individuum verdankt seine Kristallisation den Formen der politischen Ökonomie, insbesondere dem städtischen Marktwesen. [...] Das Individuum spiegelt gerade in seiner Individuation das vorgeordnete gesellschaftliche Gesetz der [...] Exploitation wider. Das besagt aber auch, daß sein Verfall in der gegenwärtigen Phase selber nicht individualistisch, sondern aus der gesellschaftlichen Tendenz abgeleitet werden muß, wie sie vermöge der Individuation und nicht als deren bloßer Feind sich durchsetzt.« (AGS 4: 169)

In dieser Formulierung wird die These einer »total vergesellschafteten Gesellschaft« (AGS 6: 309) und einer »verwalteten Welt« (AGS 8: 145) vorweggenommen, wie sie in der *Dialektik der Aufklärung* (1944; HGS 5: 11 ff.; AGS 3: 7 ff.), der *Kritik der instrumentellen Vernunft* (1946; HGS 6: 21 ff.) und der *Negativen Dialektik* (1966; AGS 6: 9 ff.) immer deutlicher formuliert wird. Adorno sieht eine totale Vergesellschaftung auf zwei Ebenen:

> »Einmal in dem einigermaßen simplen (Sinn), daß anwachsende Zahlen von Menschen [...] in den gesellschaftlichen Funktionszusammenhang hineingerissen, immer mehr ›vergesellschaftet‹ werden. [...] Zum anderen gibt es auch insofern immer mehr Gesellschaft, als das Netz der gesellschaftlichen Beziehungen zwischen den Menschen immer enger gesponnen wird.« (FAB VIII: 148)

Verknüpft mit dieser Zunahme an Vergesellschaftung ist zugleich eine Universalisierung von Herrschaft, die total wird, ferner ein »Zerfall der Individualität« (AGS 3: 277) sowie schließlich »die Reduktion der Vernunft auf ein bloßes Instrument« (HGS 6: 71). Die Durchsetzung der »instrumentellen Vernunft« (ebd.: 21 ff.) und die »vollständige Transformation der Welt in eine Welt, die mehr eine von Mitteln ist als von Zwecken« (ebd.: 113) verweist darauf, dass »die Dynamik der Gesellschaft dem einzelnen gegenüber so überwältigend geworden ist, dass sie eigentlich kaum noch durch irgendwelche Kritik abgeändert werden kann« (HGS 8: 324). Denn die »Irrationalität der gegenwärtigen Gesellschaftsstruktur verhindert ihre rationale Entfaltung in der Theorie« (AGS 8: 359).

Irrationalität der Gesellschaftsstruktur bedeutet dabei, dass trotz der wachsenden Widersprüche von Produktivkräften und Produktionsverhältnissen die einstige Eindeutigkeit der Klassen- und Interessengegensätze ebenso unscharf wird wie die Idee eines möglichen Andersseins. Dies heißt nicht, dass sich die Gesellschaft als Möglichkeitsraum auflöst und die seit Marx diagnostizierten Gegensätze und Grenzziehungen tatsächlich verschwinden. Aber sie werden verdeckt, überlagert, in den Hintergrund gedrängt und damit zu einem ›Rätsel‹ (AGS 1: 335). Dies ist nicht nur theoretisch, sondern auch methodologisch von Interesse. Denn in einer verrätselten Welt verändern sich die Erkenntnismöglichkeiten und damit auch das Verhältnis von Mikro- und Makroanalysen.

Schon in seiner Antrittsvorlesung benutzte Adorno das Stichwort der »Rätsellösung« (ebd.). zur Umschreibung der notwendigen Analysestrategie. Rätsellösungen sind aktive Deutungen, die darauf abzielen, »Chiffren in einen Text zu verwandeln« (ebd.: 334), und »an Zügen sozialer Gegebenheit der Totalität gewahr (zu) werden« (AGS 8: 315). Solche Deutungen verweisen auf experimentelle Verstehensversuche, die sich »bilden, indem die singulären und versprengten Elemente der Frage solange in verschiedene Anordnung gebracht werden, bis sie zu der Figur zusammenschießen, aus der die Lösung hervorspringt« (AGS 1: 335). In der *Negativen Dialektik* hat Adorno diese Herstellung von Versuchsanordnungen mit dem (von Walter Benjamin übernommenen) Konzept der »Konstellation« (AGS 6: 166 ff.) erläutert, wie es in der Astronomie verwendet wird. Dort bezeichnet Konstellation die gegenseitige Stellung der Gestirne, die sich aufgrund der unterschiedlichen Umlaufbahnen um die Sonne fortwährend verändert. Genau dieses Bild permanenter Bewegung und doppelter Relationierung schwebt Adorno vor, wenn er die deutende Herstellung von Versuchsanordnungen als einen Aufbau von Konstellationen beschreibt, die den Gegenstand in sich verändernden Kontexten sichtbar werden lassen.

Die Realisierung begrifflicher Versuchsanordnungen im Sinne einer Herstellung von Konstellationen gelingt dabei am besten über die Analyse von Fallbeispielen, nämlich über die exemplarische »Auskonstruktion kleiner und intentionsloser Elemente« (AGS 1: 336). Ähnlich wie in Husserls Phänomenologie werden diese kleinen und intentionslosen Elemente in ihren Beziehungen, Differenzen und Widersprüchlichkeiten solange experimentell ausgedeutet, bis sich auf einmal eine Lesart einstellt, die den Fall und seine verschiedenen Aspekte stimmig aufschließt. Die Plötzlichkeit der Lösung und der hiermit einhergehende visuelle Gestaltwandel sind für Adorno ein wichtiger Ansatzpunkt, um den Prozess der Rätsellösung weiterführend zu charakterisieren. So spricht er davon, dass bei gelungener Dechiffrierung »die Wirklichkeit aufspringt« (AGS 1: 340), die Rätselgestalt »blitzhaft erhellt wird« (AGS 1: 325), und das Objekt »sich öffnet« (AGS 6: 165). Auf einmal passen alle Aspekte zusammen und die Lesart überzeugt, wobei dies nicht planbar ist, sondern soziologische Phantasie, begriffliche Strenge und exemplarisches Lernen auf der Grundlage eigener Leidenserfahrungen erfordert.

Im Besonderen das Allgemeine experimentell zu entdecken, in den Brechungen des Einzelfalls das Ganze aufzuspüren und in der faktischen Unvernunft die Möglichkeit von Vernunft wahrzunehmen – mit diesen Formeln lässt sich die Adorno'sche Grundidee einer kritisch spurensichernden Erkenntnis wohl am knappsten umreißen. Als zentrales Beispiel für derartige Mikroanalysen in makrotheoretischer Absicht können die *Minima Moralia* (1944; AGS 4: 12 ff.) gelten, die zahlreiche Miniaturen und Fragmente enthalten, welche sich dadurch auszeichnen, dass an typischen Alltagsszenen grundlegende Strukturen des gesellschaftlichen Insgesamt enthüllt werden. Aber auch Adornos Interpretationen von Mac und Larry, zweier Collegestudenten, die im Rahmen der *Studies in the Authoritarian Personality* (1950; AGS 9.1: 143 ff.) interviewt wurden, stehen für ein rätsellösendes Vorgehen. Denn an diesen beiden Einzelinterviews werden fallorientiert grundlegende Strukturen der ›autoritären‹ und der ›nicht-autoritären Persönlichkeit‹ entwickelt, die über die Fälle hinausreichen und einen exemplarischen Verallgemeinerungsanspruch erheben.

Wie wird die Veränderung beziehungsweise die Entwicklung von Gesellschaft gedacht?

Das wohl bekannteste Werk aus dem Kontext der Kritischen Theorie ist die 1944 abgeschlossene und 1947 veröffentlichte *Dialektik der Aufklärung*. Diese von Horkheimer und Adorno gemeinsam verfasste Sammlung von Essays und »Fragmente(n)« (AGS 3: 11) verweist schon vom Titel her auf einen gattungsgeschichtlich akzentuierten Entwicklungs- und Veränderungsgedanken. Die Menschheitsgeschichte erscheint als ein widersprüchlicher Prozess der (Selbst-)Aufklärung, der mit den ersten Menschheitsmythen einsetzt und in der Durchsetzung der instrumentellen Vernunft ein vorläufiges Ende findet. Für Horkheimer und Adorno lässt sich diese Dynamik »in ihrem kritischen Teil auf zwei Thesen [...] bringen: schon der Mythos ist Aufklärung, und: Aufklärung schlägt in Mythologie zurück« (AGS 3: 16; HGS 3: 18). Ebendies kennzeichnet die *Dialektik der Aufklärung*, in deren Verlauf die Fähigkeiten zur Beherrschung der äußeren und inneren Natur zwar stetig steigen, aber dies nicht eine Realisierung des Möglichkeitsraums von Gesellschaft zur Folge hat. Stattdessen zeichnet sich eine blinde Ausweitung des Funktionssystems in Richtung einer »radikale(n) Vergesellschaftung« (AGS 3: 81) ab, die durch vollständige Ökonomisierung ebenso gekennzeichnet ist wie durch totale Herrschaft und »radikale Entfremdung« (ebd.).

Diese höchst pessimistische Einschätzung insbesondere moderner Gesellschaften ist charakteristisch für den »Übergang von der Kritischen Theorie der dreißiger Jahre zur Kritik instrumenteller Vernunft der vierziger Jahre, die zugleich theoretisch radikaler und praktisch konservativer wird« (Schmid Noerr 1987: 434). Hiermit verknüpft sind (mindestens) drei Thesen zur ökonomischen, politischen, sozialen und kulturellen Entwicklung. An erster Stelle steht dabei für Horkheimer wie für Adorno die ökonomische Dynamik, die als Basis und Hintergrundfolie für politische, soziale und kulturelle Entwicklungen begriffen wird. »Wer aber vom Kapitalismus nicht reden will, sollte auch vom Faschismus schweigen« (HGS 4: 308 f.), schreibt Horkheimer 1939 und betont damit die nach wie vor ungebrochene Aktualität und Relevanz der ökonomischen Strukturen als Basis des gesellschaftlichen Lebensprozesses.

Allerdings verändert der Kapitalismus »in der Ära der großen Konzerne und Weltkriege« (AGS 3: 229) selbst noch seine Gestalt: Er wandelt sich zu einem »Monopolkapitalismus« (AGS 7: 40) mit wenigen Akteuren, in dem »weithin der Tauschwert, nicht mehr der Gebrauchswert genossen« wird (ebd.). Die Universalisierung von Tauschwert und Lohnarbeit hat auch Auswirkungen auf »die konkreten Arbeitsbedingungen in der Gesellschaft« (AGS 3: 54). Hier zeichnet sich ein Übergang zur »Industriegesellschaft« (ebd.) ab, der letztlich parallel zur Herausbildung des »Monopol-« oder »Spätkapitalismus« (AGS 3: 158) zu begreifen ist. Zwar wird die Diskussion um *Spätkapitalismus oder Industriegesellschaft?* explizit erst 1968 geführt (vgl. AGS 8: 354 ff.). Aber schon in der *Dialektik der Aufklärung* deuten Horkheimer und Adorno eine doppelte Lesart an: Während das Stichwort der ›Industriegesellschaft‹ sich auf die Entwicklung der Produktivkräfte bezieht und jene Veränderungen umfasst, die heutzutage als ›Sektorenwandel‹ beschrieben werden, kennzeichnen die Etiketten ›Monopol-‹ beziehungsweise ›Spätkapitalismus‹ die Dynamik der Produktionsverhältnisse (und damit der Organisationsmuster der Produktivkraftentwicklung).

Die angedeuteten Veränderungen der ökonomischen Basis beeinflussen auch die Einstellungen und Handlungsmöglichkeiten der Individuen und Gruppen, und zwar weniger in Richtung einer Ermöglichung, sondern einer Stillstellung von Widerstandspotentialen. So erzwingen »die konkreten Arbeitsbedingungen der Gesellschaft [...] den Konformismus und nicht die bewußten Beeinflussungen, welche zusätzlich die unterdrückten Menschen dumm machten und von der Wahrheit abzögen« (AGS 3: 54.). Allerdings ist dies nur die halbe Wahrheit. Zwar sind Konformismus und »Ohnmacht der Arbeiter [...] die logische Konsequenz der Industriegesellschaft« (ebd.). Aber die erfolgreiche Stillstellung von Widersprüchen und Widerstandspotentialen wäre nicht möglich ohne die Aktivitäten der Kulturindustrie mit ihren breit gestreuten Zerstreuungsangeboten. Die Kulturindustrie fungiert als gesellschaftlicher Kitt, und »Amusement ist die Verlängerung der Arbeit unterm Spätkapitalismus. Es wird von dem gesucht, der dem mechanisierten Arbeitsprozeß ausweichen will, um ihm von neuem gewachsen zu sein« (AGS 3: 158).

Mit der Kulturindustrie verändern sich aber nicht nur die Strukturen und Funktionen der Zerstreuung, sondern auch die von Aufklärung und Bildung. Letztere werden verdrängt durch die »Halbbildung, die im Gegensatz zur bloßen Unbildung das beschränkte Wissen als Wahrheit hypostasiert« (AGS 3: 221 f.). Durch die Halbbildung wird Aufklärung in ihr Gegenteil verkehrt. Rationalität wird auf Zweck-Mittel-Rationalität reduziert und die produktive Gestaltung auf eine bloße Verwaltung, die angesichts der ökonomischen Sachzwänge alternativlos erscheint.

> »Schließlich ist unter den Bedingungen des Spätkapitalismus die Halbbildung zum objektiven Geist geworden. In der totalitären Phase der Herrschaft ruft diese die provinziellen Scharlatane der Politik und mit ihnen das Wahnsystem als ultima ratio zurück und zwingt es der durch die große und die Kulturindustrie ohnehin schon mürbe gemachten Mehrheit der Verwalteten auf.« (AGS 3: 223)

Die verwaltete Welt ist eine ›entzauberte‹ im Sinne Max Webers, in der sich die Zweckrationalität ebenso restlos durchgesetzt hat wie die bürokratische Herrschaft und für die gilt: »Technische Rationalität heute ist die Rationalität der Herrschaft selbst. Sie ist der Zwangscharakter der sich selbst entfremdeten Gesellschaft« (AGS 3: 142), »in der die Schlupfwinkel verschwinden« (AGS 8: 145). Wenn es noch Widerstandspotentiale gibt, so ergeben sich diese aus einem individuellen Leiden an der Gesellschaft, das zumindest Adorno weniger bei den Verwalteten als bei den Verwaltenden für möglich hält. So hofft er auf die »Verfügung Einsichtiger, Zentren von Freiheit zu schaffen, wie sie der blinde und bewußtlose Prozeß bloßer gesellschaftlicher Selektion ausmerzt« (ebd.), räumt aber zugleich ein, dass dies ein hilfloser Hoffnungsschimmer ist. Denn »derlei Hoffnungen (gehen) von einem Bewußtseinsstand der Verwaltenden aus, der nicht durchweg supponiert werden kann: ihrer kritischen Unabhängigkeit von der Macht und dem Geist jener Konsumgesellschaft, die identisch ist mit der verwalteten Welt selbst« (ebd.). So gesehen bleibt letztlich auch nur ein ebenso resignatives wie zutreffendes Fazit: »Es gibt kein richtiges Leben im falschen« (AGS 4: 43).

Lern- und Kontrollfragen

- Was bedeutet das Etikett ›interdisziplinärer Materialismus‹?
- Worin besteht die Dialektik der Aufklärung?
- Inwiefern ist die moderne Gesellschaft ›Industriegesellschaft‹ und inwieweit ist sie ›Spätkapitalismus‹?

Literatur

Primärliteratur

Adorno, Theodor W. (2003 [1971–1998]). Gesammelte Schriften in 20 Bänden, herausgegeben von Rolf Tiedemann unter Mitwirkung von Gretel Adorno, Susan Buck-Morss und Klaus Schultz. Frankfurt a. M.: Suhrkamp. Zitiert als AGS; die erst nach der Erstausgabe (1970–1986) gefundenen, in den *Frankfurter Adorno Blättern* erstveröffentlichten und später in die AGS integrierten Texte werden dort als FAB zitiert. Auch als digitale Ausgabe (CD) erhältlich: Adorno, Theodor W. (2003): Gesammelte Schriften. Band 97 der Digitalen Bibliothek. Berlin: Directmedia Publishing.

Fromm, Erich (1980). Arbeiter und Angestellte am Vorabend des Dritten Reiches: Eine sozialpsychologische Untersuchung. München: dva.

Horkheimer, Max (Hg.) (1936). Studien über Autorität und Familie. Paris: Librairie Félix Alcan. Reprint: Lüneburg: Dietrich zu Klampen 1987. Vollständig verfügbar unter: https://archive.org/details/HorkheimerEtAlAutoritatUndFamilie/ [Zugriff: 29.10.2020].

Horkheimer, Max (1985–1996). Gesammelte Schriften in neunzehn Bänden, herausgegeben von Alfred Schmidt und Gunzelin Schmid Noerr. Frankfurt a. M.: Fischer. Zitiert als HGS.

Institut für Sozialforschung (IfS) (Hg.) (1932 ff.). Zeitschrift für Sozialforschung. Jg. 1-9 (1932–1941). Reprint München 1980: dtv. Vollständig verfügbar unter: https://adresscomptoir.twoday.net/stories/64982965/main [Zugriff: 29.10.2020].

Sekundärliteratur

Bittlingmayer, Uwe/Demirovic, Alex/Freytag, Tatjana (Hg.) (2019). Handbuch Kritische Theorie. Wiesbaden: Springer VS.

Bonß, Wolfgang (2008). Wie weiter mit Theodor W. Adorno? Hamburg: Hamburger Edition.

Bonß, Wolfgang/Schindler, Norbert (1982). Kritische Theorie als interdisziplinärer Materialismus. In: Bonß, Wolfgang/Honneth, Axel (Hg.): Sozialforschung als Kritik. Zum sozialwissenschaftlichen Potential der Kritischen Theorie. Frankfurt a. M.: Suhrkamp, S. 31–66.

Breuer, Stefan (2012). Horkheimer oder Adorno: Differenzen im Paradigmenkern der Kritischen Theorie. In: Kritiknetz – Zeitschrift für Kritische

Theorie der Gesellschaft. Verfügbar unter: https://www.kritiknetz.de/images/stories/texte/Adorno%20oder%20Horkheimer%20von%20Stre fan%20Breuer.pdf [Zugriff: 29.10.2020].

Breuer, Stefan (2016). Kritische Theorie. Schlüsselbegriffe, Kontroversen, Grenzen. Tübingen: Siebeck-Mohr.

Dubiel, Helmut (1988). Kritische Theorie der Gesellschaft. Eine einführende Rekonstruktion von den Anfängen im Horkheimer-Kreis bis Habermas. München: Juventa.

Ginzburg, Carlo (2011). Spurensicherung. Die Wissenschaft auf der Suche nach sich selbst. Berlin: Wagenbach.

Gumnior, Helmut/Ringguth, Rudolf (1973). Max Horkheimer. Reinbek: Rowohlt.

Jay, Martin (1976). Dialektische Phantasie. Die Geschichte der Frankfurter Schule und des Instituts für Sozialforschung 1923–1950. Frankfurt a. M.: Fischer.

Klein, Richard/Kreuzer, Johann/Müller-Doohm, Stefan (Hg.) (2011). Adorno Handbuch. Leben – Werk – Wirkung. Stuttgart, Weimar: Metzler.

Kluke, Paul (1981). Das Institut für Sozialforschung. In: Lepenies, Wolf (Hg.): Geschichte der Soziologie. Studien zur kognitiven, sozialen und historischen Identität einer Disziplin. Band. 2. Frankfurt a. M.: Suhrkamp, S. 390–430.

Kraushaar, Wolfgang (2009). Streit um ›Busenattentat‹ auf Theodor W. Adorno. In: Die Welt v. 14.8.2009. Verfügbar unter: https://www.welt.de/kultur/article4316315/Streit-um-Busenattentat-auf-Theodor-W-Adorno.html [Zugriff: 29.10.2020].

Lazarsfeld, Paul F. (1968). Eine Epoche in der Geschichte der empirischen Sozialforschung. In: Parsons, Talcott/Shils, Edward/Ders.: Soziologie autobiographisch. Drei kritische Berichte zur Entwicklung einer Wissenschaft. Stuttgart: Enke.

Lenhard, Philipp (2019). Friedrich Pollock. Die graue Eminenz der Frankfurter Schule. Berlin: Jüdischer Verlag im Suhrkamp Verlag.

Müller-Doohm, Stefan (2003). Adorno. Eine Biografie. Frankfurt a. M.: Suhrkamp.

Rosa-Luxemburg-Stiftung (Hg.). Marx-Engels-Werke (= MEW). 44 Bände. Berlin: Dietz.

Rosen, Zvi (1995). Max Horkheimer. München: Beck.

Sahner, Heinz (1982). Theorie und Forschung – zur paradigmatischen Struktur der westdeutschen Soziologie und zu ihrem Einfluß auf die Forschung. Opladen: Westdeutscher Verlag.

Schmid Noerr, Gunzelin (1987). Nachwort des Herausgebers. Die Stellung der ›Dialektik der Aufklärung‹ in der Entwicklung der Kritischen Theorie. In: HGS 5, S. 423–552.

Walter-Busch, Emil (2010). Geschichte der Frankfurter Schule. Kritische Theorie und Politik. München: Wilhelm Fink.

Wheatland, Thomas (2009). The Frankfurt School in Exile. Minneapolis: University of Minnesota Press.

Wiggershaus, Rolf (1988). Die Frankfurter Schule. Geschichte, theoretische Entwicklung, politische Bedeutung. München: dtv.

Wiggershaus, Rolf (2013). Max Horkheimer: Unternehmer in Sachen ›Kritische Theorie‹. Frankfurt a. M.: Fischer.

5. Theorien des Wandels von Gesellschaft

Eine starke Traditionslinie innerhalb der soziologischen Gesellschaftstheorie bemüht sich um die Synthese und damit auch um die Integration der sich im 20. Jahrhundert zunehmend ausdifferenzierenden Sozialwissenschaften. Dazu zählen insbesondere die im Folgenden vorgestellten Wissenschaftler Norbert Elias, Karl Polanyi und Talcott Parsons. Norbert Elias zeichnet sich durch die Verbindung von Geschichtswissenschaft, Psychologie und analytischer Gesellschaftsanalyse aus. Er hat durch seine empirisch-historische Rekonstruktion den Wandel hin zur modernen Gesellschaft als einen einmaligen, langsamen Zivilisationsprozess seit dem 5. Jahrhundert vorgestellt. Karl Polanyi wählt die Verbindung von polit-ökonomischer Betrachtung mit historisch-empirischer Archivarbeit und identifiziert einen Umschlagspunkt, der zur Ausbreitung des Marktprinzips und der Durchsetzung der Marktgesellschaft in Europa nach dem 18. Jahrhundert geführt hat und die weitere Entwicklung bestimmt. Polanyi sieht den gesellschaftlichen Wandel in Form von Bewegung und Gegenbewegung geprägt. Auch der jüngere US-amerikanische Soziologe Talcott Parsons steht für eine theoretische Synthese, welche Ökonomie und Soziologie verbindet, um danach zu fragen, ob und wie Gesellschaften zu einem Ordnungsgleichgewicht finden. Talcott Parsons' These ist, dass sich auch die moderne Gesellschaft über gemeinsam geteilte Werte und Professionsgemeinschaften integriert und so Ordnungsgleichgewichte entstehen.

Diese zweite Generation der modernen soziologischen Gesellschaftstheorie sucht einerseits eine interdisziplinäre Perspektive und eine Synthese der Sozialwissenschaften. Es wird andererseits aber auch die alte Frage der soziologischen Gesellschaftstheorie aufgegriffen und die Ausbildung zentraler Merkmale der modernen westlichen Gesellschaft thematisiert. Freilich werden dann aber unterschiedliche Entwicklungspfade und -optionen dargelegt. So finden sich klassische Theorien, welche soziale Gleichgewichte bestimmen, wie etwa Talcott Parsons, aber auch dialektisch argumentierende Theorien (Karl Polanyi), welche Gesellschaft als durch Umbrüche und Gegenreaktionen geprägt sehen und damit die Offenheit der weiteren Entwicklung betonen. Einen dritten Weg schlägt Elias ein, indem er eine parallele und sich verstärkende Entwicklung auf der Mikroebene der Individuen und der Makroebene der Gesellschaft aufzeigt und als den entscheidenden Motor im gesellschaftlichen Entwicklungsprozess der westlichen Welt angibt. Für Elias garantieren die neuen Institutionen moderner Gesellschaften: vor allem Markt und Demokratie, die Einhegung von Gewalt und damit soziale Stabilität. Bemerkenswert ist daher auch, dass in allen diesen Ansätzen nunmehr Markt, Nationalstaat, Organisationen, Parteien und so weiter als die zentralen Institutionen und Grundlagen der modernen westlichen Welt thematisiert und in den Mittelpunkt soziologischer Gesellschaftstheorie und -analyse gerückt werden.

5.1 Norbert Elias: Der Prozess der Zivilisation

Norbert Elias ist einerseits ein Außenseiter der Soziologie: er gehört keiner Schule an und ist durch sein erzwungenes frühes Exilleben auch lange Zeit nicht in der deutschen und europäischen Soziologie präsent gewesen. Auf der anderen Seite hat er mit seinen bereits seit den 1930er Jahren geschriebenen und veröffentlichten Arbeiten dann in den wichtigen 1970er Jahren die Debatte um soziologische Studien zur Entwicklung moderner Gesellschaften wesentlich mitgeprägt. Das liegt einerseits darin begründet, dass er als Exilant von allen politischen Bedenken freigestellt war, das hat andererseits aber sicherlich auch darin eine wesentliche Ursache, dass er, wie Max Weber, eine historisch-empirische Rekonstruktion des langen Weges zur modernen westlichen Gesellschaft vorgelegt hat, die allen Versuchungen normativer Postulate widersteht. Damit konnte Norbert Elias in dem die1960er und 1970er Jahre prägenden sogenannten »Positivismusstreit« zwischen Kritischen Rationalisten wie Karl Popper und Hans Albert und den Kritischen Theoretikern wie Max Horkheimer und Theodor W. Adorno als alternative Position gelesen werden.

Zur Person

Norbert Elias wird 1897 in Breslau geboren und verstirbt 1990 in Amsterdam. Er genießt eine klassische philosophisch-humanistische Erziehung in einem bildungsorientierten jüdischen Elternhaus in Breslau (vgl. Elias 2005: 13). Dort absolviert er auch ab 1918 – unterbrochen von je einem Semester in Heidelberg und Freiburg – ein Doppelstudium der Medizin und Philosophie. Trotz inhaltlicher Kontroversen schließt er 1924 erfolgreich ein Promotionsverfahren unter der Leitung seines Doktorvaters Richard Hönigswald in Philosophie ab. Bereits 1923 wechselt er als junger Doktor nach Heidelberg und wendet sich zunehmend von der Philosophie ab und der Soziologie zu. In Heidelberg besucht er das Seminar von Alfred Weber und freundet sich mit dem Privatdozenten der Soziologie Karl Mannheim, einem Schüler des marxistischen Vordenkers Georg Lukács, an. Er bekennt in seinen autobiographischen Schriften offen, dass ihm »allmählich die Unzulänglichkeit der philosophisch-idealistischen Orientierung klar wurde und [...] [er] schließlich mit dem Übertritt zur Soziologie eine zunehmend kritische Stellung gegenüber dem spezifischen Humanismus dieser Tradition einnahm« (Elias 2005: 14). Er beginnt also relativ spät, im Alter von 28 Jahren, sich mit den Hauptwerken der Soziologie vertraut zu machen (ebd.: 11). Durch das Heidelberger Milieu angeregt (ebd.: 24) beschäftigt er sich mit den Arbeiten von Max Weber, liest aber auch Georg Simmel und Karl Marx (vgl. dazu ausführlich Elias 2005: 35 ff.). Elias sieht sich damals als einen »interessierten Zuschauer« der politischen Verhältnisse und will ausdrücklich nicht »die Diagnose existierender Sozialstrukturen durch vorgefaßte, politische Wunsch- oder Furchtvorstellungen« (ebd.: 19) korrumpiert wissen.

Die von Elias angestrebte Universitätslaufbahn wird durch die Machtübernahme der Nationalsozialisten 1933 unterbrochen. Zwar hatte Norbert Elias schon eine Habilitation bei Alfred Weber angefragt und bei Karl Mannheim seit 1930 eine Mitarbeiterstelle gefunden (ebd.: 26), emigriert dann aber zunächst nach Paris und ab 1935 nach England und später nach Afrika. Er schlägt sich mit diversen Arbeiten durch und beendet und veröffentlicht trotz der widrigen Umstände 1939 sein Hauptwerk *Über den Prozess der Zivilisation* in einem Schweizer Verlag. Erst im Jahr 1954 findet er eine feste Dozentenstelle für Soziologie an der Universität Leicester und von 1962 bis 1964 eine befristete Professur für Soziologie in Ghana. Seine späte Wiederentdeckung in Deutschland beginnt in den 1970er Jahren. Diese wird wesentlich durch Forschungsaufenthalte an der Universität Bielefeld und das Engagement einiger holländischer und deutscher Kollegen wie Michael Schröter, Eric Dunning, Johan Goudsblom, Hermann Korte, Annette Treibel und anderen sowie durch das Engagement des Suhrkamp Verlags befördert. Die 1976 aufgelegte preisgünstige Taschenbuchausgabe von *Über den Prozess der Zivilisation* und die folgenden *Gesammelten Schriften* haben die Wirkung Norbert Elias, dem eine Wissenschaftskarriere in Deutschland verwehrt bleibt, seit den 1970er und 1980er Jahren weltweit befördert. Im Mittelpunkt der Rezeption steht bis heute einerseits die These vom spezifischen *Zivilisationsprozess* im Westen und andererseits sein Verständnis der Soziologie als ›Menschenwissenschaft‹, verbunden mit einer historisch-empirischen Erklärungsweise.

Fragestellungen und Erkenntnisse

Das allgemeine Anliegen von Nobert Elias ist die Ausarbeitung einer »Menschenwissenschaft«, die er insbesondere in seiner Einführung *Was ist Soziologie* (2004) darstellt. In diesem Rahmen gibt er der Soziologie zwei zentrale Aufgaben: 1) Die Ausbildung, die Funktionsweisen und die gesellschaftlichen Folgen typischer sozialer Verflechtungen (»Figurationen«) zwischen den Menschen zu erklären und 2) dafür die passenden soziologischen Begriffe und Erklärungsweisen zu entwickeln. Elias strebt erkennbar keine allgemeine Sozialtheorie auf der Basis eines Handlungsprinzips an, er will aber durchaus kausale Erklärungen durch die Verbindung spezifischer Verflechtungs- und Akteursmodelle formulieren. Damit verbindet sich in seinem Werk ein sozialwissenschaftlich-empirischer Blick auf Gesellschaft, der eine universalgeschichtliche Perspektive umfasst, mit dem Bemühen um einen realistischen, dem Gegenstand entsprechenden Zuschnitt der Soziologie. Elias grenzt sich dabei insbesondere von der struktur-funktionalistischen Theorie Talcott Parsons sowie auch »individualistischen Ansätzen« (ebd.: 123; vgl. auch Esser 1984) ab, weil diese mit ihren Begriffen und Konzepten der Lernfähigkeit des Menschen und der daraus folgenden Wandelbarkeit des Sozialen nicht Rechnung tragen. Stattdessen – so Elias – arbeiten viele Soziologen mit der Entgegensetzung von »Individuum und Gesellschaft« (Elias 2004: 13) und Begriffen, die *»zur Erschließung der spezifischen gesellschaftlichen Funktionszusammenhänge ungeeignet sind«* (ebd.: 119, Hervorh. i. Orig.).

Demgegenüber sieht Elias die Soziologie als eine Wissenschaft, deren Aufgabe es ist, die *objektive soziale Wirklichkeit* zu erklären und dafür einen »wachsenden Fundus zuverlässigeren Wissens« über »menschlich-gesellschaftliche Geschehenszusammenhänge zu erarbeiten« (ebd.: 13), der metaphysisches und magisches Wissen ablöst und daher die Realität besser zu erklären vermag. Elias schreibt der Soziologie damit eine immense aufklärerisch-emanzipatorische Aufgabe im Hinblick auf die Gestaltung der sozialen Welt – die Wissenschaft eingeschlossen – zu. Er bietet damit eine Ergänzung zum Aufklärungsdenken, wie es sich im Kritischen Rationalismus und in Webers Rationalisierungsthese findet beziehungsweise auch eine Gegenposition zum Rationalisierungs- und Aufklärungsskeptizismus der Frankfurter Schule (vgl. dazu Bogner 1989).

> »Zu den Aufgaben der Soziologie gehört es also nicht nur, die spezifischen Zwangsläufigkeiten zu untersuchen und zu erklären, denen sich Menschen in bestimmten empirisch beobachtbaren Gesellschaften und Gruppen oder in Gesellschaften überhaupt ausgesetzt finden, sondern auch, das Denken und Sprechen über solche Zwangsläufigkeiten von seiner Bindung an heteronome Vorbilder zu lösen und statt der Wort- und Begriffsbildungen, deren Gepräge auf magisch-mythische oder auf naturwissenschaftliche Vorstellungen zurückgeht, allmählich andere zu entwickeln, die der Eigenart der von Individuen gebildeten gesellschaftlichen Figurationen besser gerecht werden.« (Elias 2004: 15)

Norbert Elias hat ein breites und umfängliches Werk hinterlassen (vgl. Suhrkamp 2017 sowie Norbert Elias Foundation 2017), das durch seine zentralen Konzepte und Perspektiven gerahmt ist, zu denen vor allem a) die Verortung von Menschen in Figurationen und Verflechtungszusammenhängen, b) die Analyse von Machtbalancen und Machtwandel sowie c) das Finden neuer Begriffe und Perspektiven gehören, welche die Wandelbarkeit und die Prozesshaftigkeit menschlicher Gesellschaften in den Blick nehmen. Zu seinen zentralen methodologischen Schriften zählen *Was ist Soziologie* (2004) beziehungsweise *Die Gesellschaft der Individuen* (1999) und zu seinen weltweit rezipierten empirischen Analysen das mit John Scotson verfasste Buch *Etablierte und Außenseiter* (1990). Überraschende wissenssoziologische Einsichten bietet Elias in seinem Buch *Über die Zeit* (1988) und zur Ausbildung des Künstlerberufs in *Mozart* (1991).

Kern der soziologischen Analyse bei Norbert Elias ist das Figurationskonzept, mit dem er die oftmals und fälschlich hergestellte Trennung oder auch gar Polarisierung von Individuum und Gesellschaft zu überwinden sucht. Figurationen sind nach ihm »wandelbare Muster« (Elias 2004: 142), welche die Menschen in verschiedenen Kontexten bilden: die Bewohner eines Dorfes, Kinder im Kindergarten, Ärzte und Patienten in einer Therapie und so weiter. Komplexe Figurationen, wie die Bürger eines Staates oder die Arbeiter und Unternehmer einer Wirtschaft, können zu Analysezwecken in Interdependenzketten unterschieden werden. Das Konzept der Figuration hält also dazu an, spezifische soziale Interdependenzen oder Verflechtungen zu entschlüsseln, zu beschreiben und deren prozesshafte Veränderungen zu erfassen (ebd.: 144). Machtbalancen und deren Veränderung sind für Elias ein zentrales Merkmal von Verflechtungen oder Figurationen.

Als sein Hauptwerk gilt *Über den Prozeß der Zivilisation* (Elias 1976 [1939]). Hier entwickelt Norbert Elias gleich mehrere Verflechtungsmodelle, den 1) Monopolmechanismus, 2) den Königsmechanismus und 3) den Steuermechanismus, mit deren Abfolge ein langer und komplexer Prozess der Zivilisation als Durchlaufen neuer Verflechtungen erklärt wird. Die zentrale Handlungsannahme besagt, dass im Kontext von Konkurrenz alle Menschen bestrebt sind, ihr soziales Prestige und ihre materielle Existenz zu sichern. Sie handeln entsprechend so, dass ihre Angst vor Prestige- oder Existenzverlust minimiert wird. Dabei können sie Erfahrungen machen, aus diesen lernen und so ihr Handeln verbessern. Das zu erklärende Phänomen ist auf der gesellschaftlichen Ebene die umfassende Macht- und Gewaltkontrolle sowie die damit möglich werdenden langen und komplexen Handlungsketten und Arbeitsteilungsformen, welche die modernen westlichen Gesellschaften auszeichnen.

Die im *Prozess der Zivilisation* als Startpunkt beschriebene Machtbalance zwischen vielen kleinen Territorialherren erhält durch zufällige Machtchancen und die für diese Interdependenz kennzeichnende Konkurrenz, die sich in der berechtigten Angst ausdrückt, dass jede Verbesserung des oder der anderen die eigene Position schwächt, eine starke Triebkraft im Streben nach dem Ausbau der eigenen Macht und der sozialen Generierung von Machtzentren. Die typische Interdependenzstruktur, die aus der Verflechtung von Konkurrenzen und ohne Exit erfolgt, erklärt, dass alle um Macht konkurrieren müssen. Jede erfolgreich genutzte Machtchance trägt zum Aufbau eines Machtmonopols bei, sodass die anfängliche Figuration der relativ gleichen Feudalherren Anfang des fünften Jahrhunderts bis zum 15. Jahrhundert in die Figurationsform der großen Territorialstaaten und der modernen Nationalstaaten transformiert wird. Der erklärende Mechanismus beschreibt die unauflösbare Konkurrenz um Machtchancen, welche das Handeln bestimmt und dazu führt, dass jede zufällige Chance zu einem Vorsprung gegenüber den anderen führt. Der Verlauf des durch Konkurrenz in Gang gesetzten Prozesses hängt dementsprechend vor allem von der Zahl und der Ausstattung der beteiligten Konkurrenten und der Option in andere Verflechtungen zu wechseln ab. Für die betrachteten historischen Phasen verweist Elias auf die prekäre Konstellation zwischen Adel und Bürgertum sowie zwischen dem höfischen Adel und dem feudalen Landadel.

> »Ein Menschengeflecht, in dem kraft der Größe ihrer Machtmittel relativ viele Einheiten miteinander konkurrieren, neigt dazu, diese Gleichgewichtslage (Balance vieler durch viele, relativ freie Konkurrenz) zu verlassen und sich einer anderen zu nähern, bei der immer weniger Einheiten miteinander konkurrieren können; sie nähert sich mit anderen Worten einer Lage, bei der eine gesellschaftliche Einheit durch Akkumulation ein Monopol über die umstrittenen Machtchancen erlangt.« (Elias 1976 [1939]: 135, 144)

Der Monopolmechanismus erklärt, dass und warum angesichts einer unausweichlichen Konkurrenz um endliche Machtressourcen schon kleine und zufällige Machtchancen hinreichen, um schrittweise zum Machtaufbau einiger weniger und zum Machtverlust der vielen – erkennbar seit dem 11. Jahrhundert (ebd.: 143) – zu führen. Den Annahmen folgend ergreifen die Individuen in harten Konkurrenzkonflikten zur Sicherung der eigenen Position jede Machtchance, sodass sich in vielen Ausscheidungsrunden ein König mit Machtmonopol durchsetzt. Dieser ist dann im Folgenden (Königs- und Steuermechanismus) in der Lage einerseits Adel und Bürgertum von sich abhängig zu machen und zu zivilisieren und kann andererseits die Konkurrenz zwischen den beiden Gruppen nutzen, um seine eigene Position zu stärken und ein Steuermonopol aufzubauen. Es entsteht ein Verflechtungszusammenhang, der durch die Abhängigkeiten von der Machtposition des Königs (Monopol der Gewaltverfügung und der Steuereinziehung und -verwendung) und der Konkurrenz zwischen Bürgern und Adel charakterisiert ist. Das macht Elias zufolge eine verbesserte Funktions- und Arbeitsteilung und damit eine bessere materielle Versorgung, mehr Gewalt- und Triebregelung und längere Handlungsketten möglich. Der König schützt so vor willkürlicher Gewalt und fördert sozialen und materiellen Wohlstand, welche seinem Machtmonopol Anerkennung und Legitimation geben. Er findet aber im dadurch erstarkten Bürgertum, das, durch das Gewalt- und Steuermonopol geschützt, an Einfluss gewinnen konnte, eine neue gesellschaftliche Kraft, welche vor allem gegen die Verteilung der Lasten protestiert und eine Demokratisierung des Macht- und Gewaltmonopols, das heißt dessen Kontrolle durch eine größere Zahl, in Gang zu setzen vermag (ebd.: 157).

Das Gewaltmonopol hat durch Arbeitsteilung und mehr wechselseitige Beziehungen zu einer neuen Figuration geführt, die dadurch bestimmt ist, dass nicht mehr einige wenige nur miteinander verflochten, sondern dass immer mehr Menschen zueinander in Beziehung gesetzt und voneinander abhängig sind. Das befördert das Interesse vieler an einer Regelung beziehungsweise einer Vergesellschaftung des Machtmonopols, wie es dann auch mit der Französischen Revolution geschah. Elias weist eindringlich darauf hin, dass solche Mechanismen durchaus auch Prozesse in anderen Handlungsfeldern: Sport, Tanz, Geschlechterverhältnisse und so weiter erklären können, und dass sie sich erst im Zusammenhang mit konkreten Fakten bewähren beziehungsweise von diesen widerlegtund korigiert werden müssen (ebd.: 158). Zur Stützung dieser Vermutung hat er selbst umfängliche Archivarbeiten vorgenommen und Etikett- und Benimmbücher ebenso herangezogen wie Steuer- und Haushaltsaufzeichnungen sowie militärische Zahlen, um einerseits mit Hilfe des Monopol-, Königs- und Steuermechanismus und andererseits mit dem der Affektkontrolle und Selbstdisziplinierung den schrittweise und über verschiedene Verflechtungszusammenhänge verlaufenden langen Prozess der Zivilisation im Abendland zu erklären.

Norbert Elias ist ein unkonventioneller, zwischen den klassischen Theorien wandelnder und vor allem ein historisch-empirisch arbeitender Soziologe (Kocka 1993). Innerhalb der Soziologie grenzt er sich einerseits von reinen Makroerklärungen im Sinne von Talcott Parsons oder reinen Individualtheorien wie bei George C. Homans und andererseits von abstrakten Groß- oder Sozialtheorien sowie von reinen Beschreibungen ab. Am ehesten kann er noch mit dem von Robert K. Merton eingeführten Begriff der ›Theorien mittlerer Reichweite‹ (Merton 1967) beziehungsweise mit den heute daran anschließenden Mechanismus-Erklärungen oder Teilen der Neuen Institutionentheorie in Beziehung gesetzt werden.

Wie wird Gesellschaft konzeptualisiert?

Gesellschaft wird bei Elias als eine dominante Figuration oder als ein Komplex an typischen Figurationen beschrieben. Das sind Muster, welche Verflechtungszusammenhänge darstellen und die durch sie freigesetzten Kräfte präzise benennen. Man könnte auch sagen, dass Figurationen angeben, welche Handlungsoptionen und -motive soziale Individuen in konkreten

Kontexten haben. In diesem Sinne bergen Konkurrenzkonstellationen ohne Ausweg eine bestimmende Dynamik zur Akkumulation von Machtressourcen und parallel dazu die zunehmende Abhängigkeit vieler von den wenigen Mächtigen. Für eine Machtbalance aus relativ Gleichen ist daher relativ erwartbar vorherzusagen, dass aufgrund der Konkurrenz und bei nicht vorhandenen Alternativen, der Aufbau eines Monopols zu erwarten ist. Gesellschaften oder Gruppen, in denen Konkurrenz um essentielle und nicht vermehrbare Güter besteht und denen keine Auswege offenstehen, werden daher in Machtmonopole übergehen, woraufhin eine Sozialstruktur vielfältiger Abhängigkeiten entsteht, die wiederum Konflikte und Konkurrenz hervorbringt und für weitere Prozesse sorgt. Gesellschaften wie auch andere soziale Einheiten (zum Beispiel Städte, Familien, Klassen, Berufsgruppen und so weiter) sind für Elias (2004: 12) keine Kollektive mit einer eigenen Logik, sondern stellen spezifische Interdependenzen zwischen Individuen dar.

Die Ausbildung der modernen zivilisierten Gesellschaften des Westens führt über das Macht- und Gewaltmonopol zur Entstehung von Bürgertum und Adel, in denen der König nun neue Gegenkräfte findet, die er selbst befördert hat. Diese kann er zwar durch ihre Konkurrenz untereinander in Schach halten, sie entwickeln aber auch neue Ansprüche und Handlungsmöglichkeiten, welche ihnen die Demokratisierung und Vergesellschaftung des Macht- und Gewaltmonopols in Form der modernen demokratischen Nationalstaaten gestattet. Aus der Theorie der Zivilisation lässt sich damit auch für die Gestaltung der modernen Gesellschaft lernen, dass zwar Macht- und Gewaltmonopole wichtige öffentliche Güter produzieren, dass aber aus deren Schatten und Gefolge auch neue Gruppen und Verflechtungszusammenhänge hervorgehen können, welche die überkommene Machtbalance durchaus in Richtung einer demokratischen Machtverteilung zu verändern mögen. Je stärker die Arbeitsteilung und die wechselseitige Abhängigkeit voneinander, desto wichtiger sind (demokratische) Zentralinstanzen, die vor Willkür im politischen, gesellschaftlichen und wirtschaftlichen Handeln schützen. Weiterhin besagt die Theorie der Zivilisation, dass die Triebhaftigkeit und die Affektgeladenheit des menschlichen Handelns auch einer Einhegung in Form von Selbstkontrolle und Triebregulierung bedarf, um soziale Handlungsketten zu ermöglichen und dass dafür auch die Integration in großen Verbänden unerlässlich ist. Zumindest findet sich bei Elias die Idee, soziale Verhaltensstandards immer wieder zu reflektieren (1976 [1939]: 443) und in der sozialen

Sicherung und einem physischen Schutz die notwendigen Grundlagen eines langsichtigen, triebbeherrschten und gesteuerten Verhaltens zu sehen, welche durch Angstspannung (vgl. ebd.: 445) schnell zerstört wird. »Keine Gesellschaft kann bestehen ohne eine Kanalisierung der individuellen Triebe und Affekte, ohne eine ganz bestimmte Regelung des individuellen Verhaltens.« (Ebd.: 447)

Wie gestaltet sich das Verhältnis von Mikro- und Makroanalyse?

Norbert Elias entwickelt sein soziologisches Programm und vor allem seine gesellschaftstheoretische Sichtweise als Menschenwissenschaft. Damit verbindet sich bei ihm die grundlegende Annahme, dass es keine vom Zutun der Menschen unabhängigen, autonomen ›Systeme‹ oder ›Strukturen‹ gäbe, sondern dass Gesellschaft durch Menschen in spezifischen Verflechtungszusammenhängen definiert ist. Auch das Wissen über die Gesellschaft wird von Menschen gewonnen, die ihrerseits Teil der Gesellschaft sind. Elias will daher auch beide Ebenen: die des Individuums (Mikro) und die der Gesellschaft (Makro) einander nicht gegenüberstellen, sondern deren Vermittlung betonen.

> »Die Gesellschaft, die man so oft gedanklich dem ›Individuum‹ gegenüberstellt, wird ganz und gar von Individuen gebildet, und eines dieser Individuen ist man selbst.« (Elias 2004: 9)

Dazu sind folgende Prämissen wichtig: 1) Es gibt eine objektive historisch-soziale Realität (spezifische Gesellschaft), welche mittels des zeitgebundenen Denkens erschlossen wird. Dabei beschreibt Elias den empirisch beobachtbaren Prozess, dass es vor allem in den Naturwissenschaften seit dem 15. und 16. Jahrhundert gelingt, zunehmend realistischeres und weniger mythisch-phantastisches Wissen über Naturzusammenhänge vorzulegen; so wird der Mond heute zutreffender als Planet und nicht mehr als Mensch oder Gottheit verstanden. 2) Die »Naturkonstante« des Menschen ist es, Erfahrungen machen und lernen, also Wissen verarbeiten und speichern zu können (ebd.: 110). Das macht nach Norbert Elias die Gattung Mensch aus und führt dazu, dass sich menschliche Gesellschaft dauernd wandelt und weiterentwickelt. Erkenntnistheoretisch folgert er daraus zwei wichtige Forderungen. Erstens ist die Soziologie eine von der Biologie unabhängige Wissenschaft, weil das menschliche Handeln nicht einer automatischen, angeborenen Verhaltenssteuerung durch Instinkt- und Reflexmechanismen folgt, sondern aus sozialen Mechanismen und dem gesellschaftlich eingebundenen Wissen und Lernen. Daraus folgt für Elias zweitens, dass die ›Menschenwissenschaft‹ im Unterschied zur Naturwissenschaft keine konstanten Universalien sucht und aufdeckt, sondern die soziale Konstitution (Psychogenese) der Menschen sowie die daraus folgende Prozesshaftigkeit und Wandelbarkeit von Gesellschaft zu erfassen sucht und dafür auch entsprechende Konzepte entwickelt. Daher will er eine Reorientierung der Soziologie, welche »Objektivationen« vermeidet und die grundsätzliche Bezogenheit der Menschen aufeinander in den Mittelpunkt rückt. Das macht bei Elias die zentrale Position des Konzepts der »Figuration« oder der »Verflechtungszusammenhänge« aus, das starke Parallelen zum Konzept des sozialen Handelns beziehungsweise der sozialen Beziehungen aufweist (vgl. das Kapitel zu Max Weber in diesem Band). Elias selbst sieht als zentrales Merkmal von sozialen Beziehungen »Macht« und folgert daraus, dass Machtbalancen und der Wandel von Macht wichtige Aspekte einer gesellschaftstheoretischen Perspektive sind (ebd.: 125). Gesellschaft wirkt doppelt. Es sind einerseits die Figurationen, die als Handlungsrahmen die individuellen Entscheidungen beschränken und oftmals, wie etwa im Falle des Monopolmechanismus, durchaus als Zwang wirken können. Sie prägt aber auch die individuellen Ziele (Interessen und Werte) und Fähigkeiten sowie vor allem das Wissen. Elias selbst hat die soziale Konstitution des modernen Menschen als einen Prozess der zunehmenden »Selbstdisziplinierung« und »Affektkontrolle« anhand empirischen Materials und verschiedener Handlungsfelder (Sport, Tanz, höfisches Etikett, Körperpflege) als Teil des Zivilisationsprozesses ausgemacht. Dabei gelingt es ihm auch, nationale Unterschiede zwischen Deutschland, Frankreich und England zu rekonstruieren und mit der unterschiedlichen Bedeutung von Höfen deren zivilisierenden Wirkungen zu erklären (Kocka 1993).

Wie wird die Veränderung beziehungsweise die Entwicklung von Gesellschaft gedacht?

Der Wandel und die Form von Gesellschaften werden nicht als von einzelnen oder vielen Menschen bewusst gestaltet oder geplant erklärt (Elias 2004: 13), sondern als Folge von individuellen und sozialen Wandlungsprozessen, die aus typischen sozialen Verflechtungszusammenhängen folgen. Die dominante soziale Dynamik der westlichen Welt seit dem 5. Jahrhundert ist nach Elias die *Ausbildung und Kontrolle von gesellschaftlichen Machtmonopolen* in Form des Übergangs von vielen kleinen Territorialstaaten in einige große Imperial-Staaten und deren Demokratisierung durch Einführung von Parlamenten im 17. und 18. Jahrhundert. Es ist die spezifische »Zivilisationswirkung« der Bildung von gesellschaftlichen Machtzentren und der Selbstkontrolle der Einzelnen, welche nach Elias die modernen westlichen Gesellschaften auszeichnet.

Die moderne Gesellschaft versteht Elias – ähnlich wie Karl Marx und Max Weber – als das Ergebnis eines langen historischen Prozesses. Im Unterschied zu Marx und Weber nimmt Elias seinen historischen Ausgangspunkt im 5. Jahrhundert und seinen analytischen Ausgangspunkt bei Menschen in »Machtbalancen« beziehungsweise der Affektkontrolle durch die Individuen selbst und geht durchaus davon aus, dass sich auch Prozesse der Dezivilisierung einstellen können. So analysiert er den Holocaust und den Nationalsozialismus als eine Phase, in der sich Zivilisation auflöst und die triebhafte Seite des Menschen wieder durchsetzt (Elias 1989).

Lern- und Kontrollfragen

- Warum lehnt Norbert Elias sprachliche »Objektivationen« ab und was unterscheidet nach ihm die Gattung Mensch von anderen Lebewesen?
- Was besagt der »Monopolmechanismus« und welche Anwendungsfelder können Sie dafür angeben?
- Was beschreibt der Prozess der Zivilisation nach Norbert Elias und welche Gegen- oder Alternativpositionen zu Elias' Zivilisationsthese kennen Sie?

Literatur

Primärliteratur

Elias, Norbert (1976 [1939]). Über den Prozeß der Zivilisation. 2 Bände. Frankfurt a. M.: Suhrkamp.

Elias, Norbert (1988 [1984]). Über die Zeit. Frankfurt a. M.: Suhrkamp.

Elias, Norbert (1989). Studie über die Deutschen. Machtkämpfe und Habitusentwicklung im 19. und 21. Jahrhundert. Frankfurt a. M.: Suhrkamp.

Elias, Norbert (1991). Mozart. Zur Soziologie eines Genies. Frankfurt a. M.: Suhrkamp.

Elias, Norbert (1999 [1987]). Die Gesellschaft der Individuen. 4. Auflage. Frankfurt a. M.: Suhrkamp.

Elias, Norbert (2004 [1970]). Was ist Soziologie. München und Weinheim: Beltz.

Elias, Norbert (2005). Autobiographisches und Interviews. Gesammelte Schriften Band 17, bearbeitet von Hans-Peter Waldhoff und Michael Fischer. Amsterdam und Frankfurt a. M.: Suhrkamp.

Elias, Norbert/Scotson, John L. (1990). Etablierte und Außenseiter, herausgegeben und übersetzt von Michael Schröter. Frankfurt a. M.: Suhrkamp.

Weiterführende Internetquellen

www.norberteliasfoundation.nl, Norbert Elias Foundation 2017: Englischsprachige Seite der Norbert-Elias-Stiftung (Niederlande) mit Biographie, Gesamtausgabe und so weiter [zuletzt am 29.10.2020].

Suhrkamp 2017: www.suhrkamp.de/werkausgabe/gesammelte_schriften_in_baenden_39.html, Seite des Suhrkamp Verlags mit den »Gesammelten Schriften von Norbert Elias« [zuletzt am 29.10.2020] .

Sekundärliteratur

Bogner, Arthur (1989). Zivilisation und Rationalisierung. Die Zivilisationstheorien Max Webers, Norbert Elias' und der Frankfurter Schule im Vergleich. Opladen: Westdeutscher Verlag.

Esser, Hartmut (1984). Figurationssoziologie und Methodologischer Individualismus. Zur Methodologie des Ansatzes von Norbert Elias. In: Kölner Zeitschrift für Soziologie und Sozialpsychologie 36, S. 667–702.

Kocka, Jürgen (1993). Über Norbert Elias aus einer Historiker-Perspektive. Mit Zeichnungen von Theodor Schulze. In: Kastner, Maria (Hg.): Norbert Elias im ZiF. Bielefeld: Hans Kock, S. 11–18.

Korte, Hermann (1990). Gesellschaftliche Prozesse und individuelle Praxis. Bochumer Vorlesungen zu Norber Elias' Zivilisationstheorie. Frankfurt a. M.: Suhrkamp.

Merton, Robert K. (1967). On Theoretical Sociology. Five Essays, Old and New. New York et al.: The Free Press.

5.2 Karl Polanyi: Die Marktgesellschaft

Karl Polanyi wird in der Soziologie erst Ende des 20. Jahrhunderts als prominenter Interpret und Kritiker der Marktgesellschaft entdeckt. Er ist hingegen Anthropologen und Ethnologen schon länger ein Begriff, da sie seine Arbeiten über antike Ökonomien und das antike Wirtschaftsdenken schon lange rezipieren (vgl. Polanyi 1957; 1979). Demgegenüber ist Karl Polanyis (1995 [1944]) große Schrift *The Great Transformation* lange Zeit weitgehend unbemerkt geblieben (Block 2001, 2003), obwohl sich Polanyi darin schon relativ früh und gegen den Mainstream mit der Ausbildung der modernen Wirtschaft und deren Entbettung aus der Gesellschaft auseinandergesetzt hat. Erst im Zuge von Neuorientierungen in den Sozialwissenschaften, der weltweiten Krisen seit 2007 und der wachsenden Kritik gesellschaftlicher Gruppen am Markt erhält auch Karl Polanyi seit geraumer Zeit verstärkt die Aufmerksamkeit von Intellektuellen und Sozialwissenschaftlern und ist zu einem wichtigen Bezugspunkt des Nachdenkens über das Verhältnis von Wirtschaft und Gesellschaft auf der einen Seite und die gesellschaftlichen Organisationsformen der Wirtschaft auf der anderen Seite geworden.

> »Polanyi saw the market as part of the broader economy, and the broader economy as part of a still broader society. He saw the market economy not as an end in itself, but as means to more fundamental ends.« (Stiglitz 2001: xv)

Zur Person

Karl Polanyi wird am 21. Oktober 1886 in Wien geboren und studiert anfänglich Jura und Philosophie in Budapest, das er 1919 in den Wirren der ungarischen Revolution verlässt. Er geht nach Wien, wo er als Redakteur und Journalist arbeitet. In der frühen Jugend- und Studentenphase in Budapest wie auch anschließend in Wien unterhält er zahlreiche Kontakte zu sozialistisch-anarchistischen und sozialistisch-christlichen Kreisen mit russischem und ungarisch-österreichischem Hintergrund. Im ›roten Wien‹ von 1918 bis 1933 wird Polanyi durch die vielfältigen Experimente mit sozialistischen Ideen geprägt und wendet sich Fragen der Wirtschaftsorganisation und vor allem der sozialistischen Rechnungslegung und Planung zu. In der Tradition von

Karl Marx und Adam Smith benennt er das Verhältnis von Wirtschaft und Gesellschaft als bestimmendes Moment der Gesellschaftsentwicklung und -analyse. Davon ausgehend beschreibt er späterhin die *Entbettung* der Wirtschaft aus der Gesellschaft als das Spezifikum der modernen westlichen Welt. Durch seine Redakteursarbeit für verschiedene Zeitschriften verbindet er von Anfang an wirtschaftsgeschichtliche und wirtschaftstheoretische Analysen. 1933 verlässt Karl Polanyi angesichts der dramatischen politischen Geschehnisse und der faschistischen Gefahr Österreich und geht zunächst nach England, wohin ihm 1934 seine Tochter Kari Polanyi-Levitt und 1936 auch seine Ehefrau, Ilona Duczynska, folgen. In England unterrichtet er Sozial- und Wirtschaftsgeschichte für die *Workers Education Association* und beginnt die Archivstudien zu *The Great Transformation* (1995 [1944]). Diese Schrift war anfänglich stark an marxistischen Begriffen und Thesen angelehnt, nimmt aber durch die Archivarbeit eine Wende, die sich vor allem in der These von der Entbettung der Wirtschaft manifestiert. 1940 erhält er ein Stipendium der *Rockefeller Foundation* und kann so die Arbeit in New York fertigstellen. An die Stelle zentraler marxistischer Begriffe tritt die These von der Transformation von Gesellschaften und insbesondere die Durchsetzung des Marktes als entscheidendes Merkmal der modernen Gesellschaft seit dem 18. Jahrhundert. Parallel erscheinen in den 1940er Jahren auch Studien über antike Wirtschaftsformen und das antike Denken über die Wirtschaft als integraler Teil der Gesellschaft. Da seine Frau aufgrund ihrer politischen Aktivitäten keine dauerhafte Aufenthaltsgenehmigung für die USA erhält, pendelt Polanyi mehrere Jahre zwischen New York, wo er an der *Columbia University* lehrt, und Kanada, wo seine Familie lebt. Nach seiner Pensionierung verbringt auch er zunehmend mehr Zeit in Kanada, wo er am 23. April 1964 verstirbt. Seine Tochter Kari Polanyi-Levitt hat seither die Herausgabe und Verbreitung seiner Arbeiten besorgt und so die Rezeption und Renaissance seiner Schriften befördert (vgl. Burawoy 2019; Dale 2010; Polanyi-Levitt 1990).

Fragestellungen und Erkenntnisse

Polanyis Arbeiten sind sowohl historisch, anthropologisch als auch gesellschaftsanalytisch ausgerichtet. Insbesondere das Werk *The Great Transfor-*

mation (1995 [1944])[1] stellt eine Rekonstruktion der Ausbildung der modernen Gesellschaft dar und bietet eine ebenso theoriegeleitete wie empirisch ausgerichtete Gesellschaftsanalyse. Vor allem aus dem empirisch-historischen Material zur Armen- und Arbeitsgesetzgebung in England im 18. Jahrhundert gewinnt Polanyi eine empirisch unterlegte Beschreibung der Um- und Neuordnung des Verhältnisses von Gesellschaft und Wirtschaft in der westlichen Moderne. Polanyi zeichnet – wie schon vor ihm Karl Marx aber auch Max Weber und Norbert Elias – einen langen Prozess der institutionellen Transformation nach. In dessen Verlauf ändern sich zentrale Integrationsformen der traditionalen Gesellschaft und treten neue auf den Plan. Nach Polanyi ändern sich mit Beginn der Moderne in der westlichen Welt vor allem die Tauschprinzipien und die sie rahmenden institutionellen Formen. Ähnlich wie die Klassiker der Soziologie beschreibt Polanyi damit den Übergang von der traditionalen zur modernen Gesellschaft als einen historisch einmaligen Prozess, den er vor allem für England seit dem 17. und 18. Jahrhundert nachzeichnet. Ein zentraler Auslöser dafür ist die Umwandlung von Arbeit aber auch von Kapital und Boden in fiktive Waren. Der an Marx anschließende Begriff wird von Polanyi dahingehend übersetzt, dass Arbeit aber auch Geld und Boden an sich Dinge sind, die nicht für den Markt geschaffen werden, aber nun zunehmend über Märkte getauscht und koordiniert werden.

> »Die Welt des 19. Jahrhunderts ist zusammengebrochen. Das vorliegende Werk befaßt sich mit den politischen und wirtschaftlichen Ursachen dieses Geschehens sowie mit der großen Transformation, die es einleitete.« (Polanyi 1995 [1944]: 121)

Polanyi identifiziert, dass sich die ehemals feudalabhängigen Bauern und Handwerker zunehmend in die Städte begeben, damit ihre überkommene Grundlage als Produzenten und Selbstversorger verlieren und ihre Existenz über Lohnarbeit sichern müssen. Parallel dazu wird anfänglich noch über die

---

1 Das Buch *The Great Transformation* beginnt Polanyi noch in Wien und beendet es 1944 in New York. Kapitalismusanalyse und -kritik weicht zunehmend der kritischen Analyse der Marktgesellschaft. In anderen Arbeiten dominiert der anthropologische Blick auf vormoderne Wirtschafts- und auch Marktformen (Polanyi 1979) sowie der Kontrast antiker Lehren mit der Standardperspektive der modernen Ökonomik (Polanyi 1996 [1947]).

neuen Armutsgesetze[2] versucht, diesen Prozess zu mildern und zurückzudrängen. Dennoch muss Arbeitskraft zunehmend auf Arbeitsmärkten angeboten werden, sodass Arbeit zu einer fiktiven Ware wird. Das gilt auch für Boden und Kapital, die beiden anderen zentralen Ressourcen. Aber an die Stelle von Mehrwert- und Entfremdungsanalyse tritt bei Polanyi die These von der Durchsetzung der Marktkoordination und der Regelung sozialer Beziehungen und Handlungen mittels Preisen, Eigentum und Wettbewerb. Die Wirtschaft befreit sich damit von sozialen oder gesellschaftlichen Normen, Regeln und Kriterien; sie wird sozial entbettet. Das nutzt Polanyi dann, um über eine gesellschaftliche Regelung des Marktsystems als Zukunftsoption nachzudenken. Anders als Karl Marx sieht er keine gesetzmäßig anzunehmende Revolution und auch keinen gesetzmäßigen Übergang in eine kommunistische Gesellschaft. Vielmehr geht er, wie auch andere Vertreter einer Kritischen Theorie (insbesondere Max Horkheimer und Theodor W. Adorno) aufgrund seiner empirischen Beobachtungen in den 1930er Jahren, nicht mehr davon aus, dass die Arbeiterklasse einen revolutionären Umbruch und eine neue Gesellschaft ins Leben ruft. Vielmehr stellt Polanyi, ähnlich wie Max Weber, das sich verändernde Verhältnis von Wirtschaft und Gesellschaft in den Mittelpunkt und sieht zwei Entwicklungsoptionen: Die eine würde ihm zu Folge in einer demokratisch kontrollierten Marktgesellschaft liegen und die andere in einer von wirtschaftlichen und politischen Krisen bestimmten Welt, die durchaus nationalistische Kräfte freisetzt. Polanyi setzt aber auf die grundsätzliche Chance einer Neuordnung von Wirtschaft, Staat und Gesellschaft und sieht in den (christlichen) Gewerkschaften deren Träger, weil nur die Gewerkschaften als organisierte Arbeiterklasse überhaupt das Allgemeinwohl erkennen und zu realisieren vermögen.

Karl Polanyi analysiert – wie Weber und im Übrigen auch Norbert Elias – die Ausbildung der modernen westlichen Welt als einen historisch einmaligen und kontingenten Prozess. Er sieht also nicht wie Karl Marx ein allgemeines Entwicklungsgesetz am Wirken und auch nicht den Willen oder

---

2 Als Beleg dafür, dass sich Gesellschaften im 18. Jahrhundert gegen die Durchsetzung des Marktprinzips wehrten, führt Polanyi das Speenhamlandgesetz von 1795 an, das de facto dazu diente, die Entstehung freier Arbeitsmärkte zu verhindern, indem Löhne durch staatliche Zuschüsse ergänzt oder Preise reduziert wurden, wodurch die Notwendigkeit, Arbeitskraft auf Märkten anzubieten, zumindest kurzfristig entschärft wurde (Polanyi 1995 [1944]: 113 ff.).

einen Plan mächtiger Akteure. Vielmehr nimmt Polanyi zwar Anleihen bei den Arbeiten von Karl Marx und sieht in der Organisation der Wirtschaft die Grundlage von Gesellschaft und im zur fiktiven Ware-Werden von Arbeit, Kapital und Boden die Initialzündung für die Umordnung von Wirtschaft und Gesellschaft. Das ist zwar nicht direkt ein Basis-Überbau-Modell wie bei Marx aber doch eine Gesellschaftsanalyse, welche die Wirtschaft als ein entscheidendes Moment der Ausbildung der modernen Gesellschaft einbezieht. Bemerkenswert ist, dass Karl Polanyi zwar zu Beginn seiner Arbeit Marx'sche Fragen und Konzepte eingesetzt hat, aber dann zunehmend dessen Begriffe, vor allem Kapital und Klassenkampf, sowie Thesen, vor allem den antagonistischen Klassenkonflikt und die Überwindung der bürgerlichen Gesellschaft, durch andere ersetzt. Nach Polanyi ist das entscheidende Merkmal der Entwicklung der modernen Gesellschaft nunmehr, dass sich die Wirtschaft aus der Gesellschaft herauslöst und das Marktprinzip sich durchsetzt: es entsteht die Marktgesellschaft. An die These der sozial entbetteten Wirtschaft anknüpfend geht Polanyi davon aus, dass dies positive und negative Folgen für den Bestand und die Ausbildung der Gesellschaft bedeuten kann. So sind etwa erhebliche gesellschaftliche Gegenbewegungen *(double movement)* zu erwarten, die sich gegen das Marktprinzip richten und oftmals die Vorteile der Marktkoordination durch Staatseingriffe begrenzen und unterminieren. Das sah Polanyi vor allem in der Krise in den 1920er Jahren gegeben, als die Währungspolitik fatale Folgen nach sich zog und das gesamte Geld-, Banken- und Währungssystem so erschütterte, dass nationalistische Bewegungen überhandnahmen und direkt in den Faschismus führten (vgl. Polanyi 1995 [1944]: 314 ff.).

Polanyi sieht und beschreibt also positive wie negative Seiten des modernen Marktsystems. Insbesondere behandelt er die Ablösung sozialer Institutionen, die Dominanz des Marktprinzips und das zur fiktiven Ware-Werden von Arbeit und Geld. Aus diesen negativen Folgen leitet er mögliche Gegenbewegungen ab, durch die sich die Gesellschaft versucht vor dem Marktprinzip zu schützen, so aber auch negative Effekte hervorrufen kann. Allgemein sieht Polanyi aber durchaus auch eine Chance dafür, dass das Marktsystem demokratisch durch Gewerkschaften geregelt werden könnte und sich so Vorteile und Nachteile des Marktsystems zugunsten der positiven Effekte austarieren. Polanyi positioniert sich damit gegen den von vielen Ökonomen vertretenen Marktliberalismus aber auch gegen die von Marxisten und kritischen

Theoretikern vertretenen Entwürfe einer idealen Gesellschaft (freie Assoziation freier Produzenten) beziehungsweise einer zum Untergang verdammten Welt (Rückfall in die Barbarei). Es ist die Option einer demokratisch geregelten Marktwirtschaft, die allerdings auch immer wieder gesichert werden muss, die seinen 3. Weg ausmacht. Die gegenwärtige Ausweitung und das Übergreifen marktwirtschaftlicher Kriterien auf immer mehr gesellschaftliche Bereiche, wie etwa die Kunst, die Wissenschaft und die staatliche Wohlfahrtsproduktion, wäre nach Polanyi wohl Anlass, über demokratische Entscheidungsinstitutionen in der Wirtschaft nachzudenken und auch das Verhältnis von Politik, Gesellschaft und Wirtschaft neu zugunsten der beiden ersten zu justieren.

Wie wird Gesellschaft konzeptualisiert?

Polanyi kann dem institutionentheoretischen Denken zugeordnet werden (vgl. Humphreys 1979: 12), da er Gesellschaften über die Art der vorherrschenden Regeln und Prinzipien beschreibt und unterscheidet. Für ihn ist daher auch die Transformation vormoderner zur modernen Gesellschaft zuvorderst ein Wechsel in den grundlegenden Institutionen. Konkret sieht er die Freisetzung der Marktprinzipien aus sozialen Regeln als Kernmerkmal der Transformation an. Diese gipfelt für ihn darin, dass die Produktion und Verteilung von Gütern und Leistungen in der Marktgesellschaft durch Preise, Wettbewerb und Eigentum erfolgt und die Wirtschaft somit sozial entbettet wird. Markt und Marktprinzipien werden in den modernen westlichen Gesellschaften die dominanten Institutionen. Wir finden bei Karl Polanyi eine Konzeption von Gesellschaft, die ihren Ausgangspunkt bei der Organisation der wirtschaftlichen Tätigkeiten nimmt. Polanyi geht entschieden davon aus, dass die Art und Weise wie gewirtschaftet wird und wie und welche Interessen sich daraus ergeben wesentlich ist für die entstehenden sozialen und gesellschaftlichen Integrationsformen. Demgegenüber ist das Wirtschaftssystem in vormoderner Zeit vor allem durch nicht-ökonomische Motive bestimmt (Polanyi 1995 [1944]: 71 ff.).

> »Die neuere historische und anthropologische Forschung brachte die große Erkenntnis, daß die wirtschaftliche Tätigkeit des Menschen in der Regel in seine Sozialbeziehungen eingebettet ist. Sein Tun gilt nicht der Sicherung seines

individuellen Interesses an materiellem Besitz, sondern der Sicherung seines gesellschaftlichen Rangs, seiner gesellschaftlichen Ansprüche und seiner gesellschaftlichen Wertvorstellungen.« (Polanyi 1995 [1944]: 75)

Aus der Unterscheidung zweier typischer Tauschprinzipien *(transaction modes)* und dem Konzept der fiktiven Warenform *(fictious commodities)* gewinnt Polanyi (1979: 219 ff.) kontrastierende Formen sozialer Integration: 1) Reziprozitätsnormen und symmetrische Gruppenstrukturen sowie 2) Redistribution vermittels zentraler Instanzen.[3] Die Verbindung der Tauschprinzipien mit sozialen Institutionen hilft Polanyi bei der Charakterisierung und vor allem bei der Unterscheidung vormoderner und moderner Wirtschafts- und Gesellschaftsformen. Die allgemeine These ist, dass die vormodernen Gesellschaften die Produktion, die Verteilung und den Konsum von Gütern und Leistungen entweder durch Reziprozitätsnormen oder durch die Redistribution regeln. Märkte waren zwar bekannt und wurden auch im Binnenverhältnis genutzt, hatten aber eben keine eigenständige Bedeutung und waren in soziale Institutionen eingebunden. Demgegenüber setzen sich seit dem 18. Jahrhundert das Marktprinzip und entsprechende institutionelle Formen durch und lösen sich von gesellschaftlichen Regeln und sozialen Integrationsformen (vgl. auch North 1977). Vielmehr noch drängt der Markt andere Institutionen und Tauschprinzipien weitgehend zurück und setzt sich als umfassendes System ab dem 18. Jahrhundert durch.

»Eine solche institutionelle Schablone konnte nicht funktionieren, außer, die Gesellschaft wurde ihren Erfordernissen irgendwie untergeordnet. Eine Marktwirtschaft kann nur in einer Marktgesellschaft existieren.« (Polanyi 1995 [1944]: 106)

Polanyis Thema war die Freisetzung des Marktprinzips aufgrund der Tatsache, dass seit dem 18. Jahrhundert Arbeit, Kapital und Boden zu fiktiven Waren werden und so den von den Klassikern der Soziologie beschriebenen Übergang von vormodernen zur modernen Gesellschaft in Gang setzten. Bei

3 Ergänzend fügt Polanyi als drittes Prinzip noch die Logik der Haushaltsproduktion ein, ein Konzept, das er von Aristoteles übernimmt, um die Produktion für den Eigenbedarf im privaten Haus zu kennzeichnen (Polanyi 1995 [1944]: 84 f.).

Polanyi besteht dieser Prozess im Umschlag institutioneller Formen, der nach ihm ganz konkret die Durchsetzung des Marktprinzips gegen andere Prinzipien wie Reziprozität, zentrale Verteilung und auch die Haushaltsproduktion meint.

Wie gestaltet sich das Verhältnis von Mikro- und Makroanalyse?

Zwar finden sich in Polanyis Werk starke anthropologische Beschreibungen des Menschen, aber der von ihm in *The Great Transformation* offengelegte langsame Wandlungsprozess wird vor allem in institutionentheoretischen Begriffen und als ein Makroprozess dargelegt, der sich aus dem Zusammenspiel sozial-institutioneller Änderungen und der Durchsetzung eines Tauschprinzips: des Marktes, ergibt. Zwar resultiert dies auch in einer Neuausrichtung individueller Motivlagen hin zu Eigeninteresse, Gewinn- und Konsumorientierung, aber der Entstehungsprozess der modernen Marktgesellschaft wird nicht eigentlich aus individuellen Handlungen und Interessen gefolgert und vor allem auch nicht als Änderung individuellen Handelns aufgefasst. Vielmehr beschreibt Polanyi einen Prozess auf der Sozial- oder Institutionenebene. Dem entspricht auch, dass die neu entstehende Marktgesellschaft allenfalls durch Gegenbewegungen aus der Gesellschaft oder durch organisierte Gewerkschaften verändert und herausgefordert wird.

> »Aristoteles hatte recht: Der Mensch ist kein ökonomisches, sondern ein soziales Wesen [...] Seine Motivationen sind von jener ›gemischten‹ Art, die wir mit dem Bemühen zur Erlangung von gesellschaftlicher Anerkennung verbinden – Bemühungen um Produktion sind hierbei bloße Begleiterscheinungen. *Die Wirtschaft der Menschen ist in der Regel in seine gesellschaftlichen Verhältnisse eingebettet.*« (Polanyi 1979: 135; Hervorh. im Orig.)

Wie wird die Veränderung beziehungsweise die Entwicklung von Gesellschaft gedacht?

Die gesellschaftliche Entwicklung wird von Karl Polanyi als ein dialektischer Prozess beschrieben, der sich aus Bewegungen und Gegenbewegungen auf der sozialen oder Makroebene entfaltet. Polanyi sucht dafür kein allgemeines

Entwicklungsgesetz und auch keine selbststabilisierenden und ordnungsgenerierenden Prozesse. Er kombiniert vielmehr zwei unterschiedliche theoretische Denkfiguren: 1) Die langsame Ausbildung der modernen Gesellschaft in Form eines institutionellen Wandels, der sich aus dem Prozess der Warenbildung erklärt und durch vielfältige Faktoren verstärkt wird. 2) Die These, dass sich in modernen Gesellschaften einerseits Gegenbewegungen ausbilden können, welche durchaus die Vorzüge der Marktgesellschaft ins Gegenteil verkehren und fatale Folgen für die Gesellschaft haben können. Und andererseits die immer denkbare Option eines demokratischen Sozialismus, das heißt einer demokratisch kontrollierten und geregelten Marktgesellschaft, in der die organisierte Arbeiterklasse für das Allgemeinwohl steht und eintritt. Das wäre nach Polanyi die vorteilhafte und normativ wünschenswerte Variante. Beide Entwicklungen sind als Optionen in der modernen Gesellschaft angelegt. Politisch wichtig ist in Polanyis Analyse, dass das Aufkommen faschistischer und nationalistischer Bewegungen eine Gegenreaktion auf (falsche) Staatseingriffe in die Wirtschaft war und damit Wirtschaftskrisen für die politische und gesellschaftliche Integration von höchster Bedeutung sein können. Es handelt sich bei ihm durchgängig um dialektische Denkfiguren, die aber nicht aus gesetzesförmigen Entwicklungen folgen, sondern aus Zufallskonstellationen resultieren. Damit ist die Entwicklung moderner Gesellschaften grundsätzlich offen und zugleich immer bedroht. Auch der Weg zur demokratisch geregelten Marktgesellschaft folgt nach Polanyi keinem linear-universellen Fortschritt, sondern ist das Ergebnis sozialer Prozesse (Polanyi 1996 [1947]). Die moderne westliche Gesellschaft ist durch diesen Doppelcharakter geprägt und birgt dialektische Prozesse.

> »Die Gesellschaftsgeschichte des 19. Jahrhunderts war somit das Ergebnis einer Doppelbewegung. Während sich die Marktorganisation in bezug auf echte Waren ausweitete, wurde sie in bezug auf fiktive Waren eingeschränkt [...] Die Gesellschaft schützte sich selbst gegen die einem selbstregulierendem Marktsystem innewohnenden Gefahren – dies war das bedeutsamste Merkmal der Geschichte dieses Zeitalters.« (Polanyni 1995 [1944]: 71 ff.)

Als positives Gesellschaftsmodell entwirft Polanyi einen besonderen Sozialismus, der sich aus der Option herleitet, dass die Arbeiter und vor allem deren Organisationen, die Gewerkschaften, in der Lage und willens sind, das Allgemeinwohl zu erkennen und dieses auch zu vertreten.

> »Das ergebene Ertragen der gesellschaftlichen Wirklichkeit gibt dem Menschen unbezwinglichen Mut und die Kraft, alle Ungerechtigkeit und Unfreiheit, die sich beseitigen lassen, zu beseitigen.« (Polanyi 1995 [1944]: 344)

Karl Polanyi hat eine Gesellschaftsanalyse vorgelegt, die der Tradition der soziologischen und polit-ökonomischen Arbeiten nahesteht, welche Gesellschaft im Wechselspiel mit der Wirtschaft betrachten (vgl. Ebner 2011). Vielmehr noch hat er eine Rekonstruktion der Entstehung der modernen Marktgesellschaft ausgearbeitet, in der der wesentliche Motor zum Übergang in die Moderne der ungeplante Wechsel in den gesellschaftlichen Institutionen und Tauschprinzipien ist. Die moderne Gesellschaft setzt ein, indem das Marktprinzip sich entbettet und Reziprozität und Gruppen sowie zentrale Redistribution und Staat an Bedeutung verlieren (vgl. Maurer 2017). Das kann von neuen Motivlagen, Integrationsformen und auch Gegenbewegungen begleitet sein, so dass nach Polanyi die moderne Gesellschaft sowohl das positive Potential zu einer demokratisch geregelten Marktgesellschaft als auch das negative Potential zu Krisen, Nationalismus und Faschismus in sich trägt. Seine Gesellschaftsanalyse ist offensichtlich normativen Charakters und warnt vor allem vor dem Marktliberalismus (vgl. Österreichische Zeitschrift für Soziologie, SH 2/2019). »Der Faschismus war ebenso wie der Sozialismus in einer Marktgesellschaft verwurzelt, die nicht funktionieren wollte.« (Polanyi 1995 [1944]: 344)

Lern- und Kontrollfragen

- Wie beschreibt und erklärt Karl Polanyi den Übergang von vormodernen zu modernen Gesellschaften? Welche Faktoren, Zusammenhänge und Zeitpunkte gibt er dafür konkret an?
- Was ist nach Karl Polanyi das zentrale Merkmal der modernen Gesellschaft?
- Was bedeutet das Konzept der *fiktiven Waren* und welche Waren meint Karl Polanyi?

Literatur

Primärliteratur

Polanyi, Karl (1957). The Economy as an Instituted Process. In: Ders./Arensberg, Conrad M./Pearson, Harry W. (Hg.): Trade and Market in the Early Empires. Economies in History and Theory. Glencoe: Free Press, S. 243–270. Eine deutsche Übersetzung findet sich in Polanyi 1979, S. 219–243.

Polanyi, Karl (1979). Ökonomie und Gesellschaft. Frankfurt a. M.: Suhrkamp Verlag.

Polanyi, Karl (1995 [1994]). The Great Transformation. Politische und ökonomische Ursprünge von Gesellschaften und Wirtschaftssystemen. 3. Auflage. Frankfurt a. M.: Suhrkamp.

Polanyi, Karl (1996 [1947]). Our obsolete Market Mentality. Civilization Must Find a New Thought Pattern. In: Swedberg, Richard (Hg.): Economic Sociology. Cheltenham (UK) und Brookfield (US): Edward Elgar, S. 147–154. Eine deutsche Übersetzung findet sich in Polanyi 1979, S. 129–146.

Sekundärliteratur

Block, Fred (2001). Introduction. In: Polanyi, Karl. The Great Transformation, xviii–xxxviii. Boston: Beacon Press.

Block, Fred (2003). Karl Polanyi and the Writing of The Great Transformation. In: Theory and Society, Jg. 32, S. 275–306.

Buroway, Michael (2019). »Wo immer mein Vater lebte, war er involviert«. Gespräch mit Kari Polanyi-Levitt. In: Aulenbacher, Brigitte et al. (Hg.): Karl Polanyi. Wiederentdeckung eines Jahrhundertdenkers. Wien: Falter, S. 45–57.

Dale, Gareth (2010). Karl Polanyi, Key Contemporary Thinkers. Cambridge: Polity Press.

Ebner, Alexander (2011). The Polanyi Problem and Transnational Markets. In: Joerges, Christian/Falke, Josef (Hg.): Karl Polanyi, Globalisation and the Potential of Law in Transnational Markets. Oxford: Hart, S. 19–41.

Humphreys, Sally C. (1979). Einleitung: Geschichte, Volkswirtschaft und Anthropologie: Das Werk Karl Polanyis. In: Polanyi, Karl, Ökonomie und Gesellschaft. Frankfurt a. M.: Suhrkamp, S. 7–58.

Maurer, Andrea (2017). Die Institutionen des modernen Kapitalismus. Karl Polanyi contra Max Weber. In: Hirschbrunn, Katharina, Gisela Kubon-

Gilke und Richard Sturn (Hg.): Kapitalismus, Globalisierung, Demokratie. Marburg: Metropolis, S. 105–133.

North, Douglass C. (1977). Markets and Other Allocation Systems in History. The Challenge of Karl Polanyi. In: Journal of European Economic History, Jg. 6, S. 703–716.

Österreichische Zeitschrift für Soziologie (2019). Sonderheft Karl Polanyi, ›The Great Transformation‹ and Contemporary Capitalism, H. 2.

Polanyi-Levitt, Kari (Hg.) (1990). Life and Work of Karl Polanyi. Montreal: Black Rose Press.

Stiglitz, Joseph E. (2001). Foreword. In: Polanyi, Karl. The Great Transformation: The Political and Economic Origins of Our Time, vii–xvii. Boston: Beacon Press.

5.3 Talcott Parsons: Gesellschaft als soziales System

Talcott Parsons gilt als ein Denker, der sich vom Beginn seiner Karriere um eine *theoretische Synthese* der unterschiedlichen Sozialwissenschaften bemühte. Dabei haben ihn zwei Fragestellung angeleitet: Zum einen hat ihn beschäftigt, wie sich menschliche Beziehungsverhältnisse vermittels gemeinsamer Werte und Normen regulieren lassen, und zum anderen wollte er untersucht wissen, unter welchen strukturellen Bedingungen das *Sozialsystem* einem Ordnungsgleichgewicht unterworfen werden kann. Beide Themen haben das Selbstverständnis der Soziologie nachhaltig geprägt und Parsons Theorievorschlag für Jahrzehnte zum führenden, wenn auch zunehmend umstrittenen ›Paradigma‹ werden lassen.

Zur Person

Talcott Parsons wird am 13. Dezember 1902 in Colorado Springs (Col.) als Sohn eines congregationalistischen Geistlichen und späteren Collegeprofessors und dessen Ehefrau Mary Augusta, die als Frauenrechtlerin bekannt wurde, geboren. Ab 1920 widmet er sich der Biologie, um Arzt zu werden, wechselt aber 1921 zur Nationalökonomie, deren Studium er 1924 abschließt. Hernach beginnt er einen mehrjährigen Auslandsaufenthalt an der *London School of Economics* sowie in Heidelberg. In London lernt Parsons neben Leonard T. Hobhouse, Richard Henry Tawney und Harold Laski auch Bronislaw Malinowski kennen, der seine anthropologischen Interessen anregt und seine Auffassung darüber, was unter ›rationalem Handeln‹ zu verstehen sei, nachdrücklich prägt. In Heidelberg studiert er unter anderem bei Karl Jaspers und Alfred Weber und beginnt sich mit Karl Marx, Max Weber und Werner Sombart zu beschäftigen. Gegen Ende seines Europaaufenthalts entsteht 1927/1928 eine von Edgar Sahlin betreute, in Teilen leider verloren gegangene Dissertation zum Thema *Capitalism in Recent German Literature: Sombart and Weber* (Parsons 1991: 3 ff.). Nach seiner Rückkehr in die USA macht sich Parsons als Übersetzer von Max-Weber-Texten einen Namen und erweitert seine theoriegeschichtlichen Kenntnisse durch seine Beschäftigung mit den Werken von Émile Durkheim und Vilfredo Pareto. 1927 heiratet er und wird, zunächst als *Instructor of Economics*, seit 1931 als *Instructor of Sociology* und sodann von 1944 bis zu seiner Verabschiedung 1973 als *Full Professor in Sociolo-*

gy beschäftigt, Mitglied der *Harvard Universität*. Als Dekan seiner Fakultät (1944–1956) baut er unter anderem zusammen mit Gordon Allport, Samuel Stouffer und George C. Homans ab 1946 ein *Department of Social Relations for Interdisciplinary Social Studies* auf, an dem namhafte Wissenschaftler tägig werden. Parallel dazu arbeitet er sich in die Freud'sche Psychoanalyse ein und profiliert sich durch zahlreiche Publikationen, in denen er seine anfänglichen Überlegungen zur »Struktur des sozialen Handelns« (Parsons 1968 [1937]) zu einer »allgemeinen Theorie des Handlungssystems« (Parsons 1951, Parsons et al. 1953) und – diese spezifizierend – zur »Theorie des Gesellschaftssystems« ausbaut (Parsons 1969; 1972; 1975; 1976; 1977). Seine Wahl zum Präsidenten der *American Sociological Association* im Jahr 1949 macht seine disziplininterne Vernetzung und Wertschätzung deutlich; er gilt als Mitbegründer der »funktionalen Analyse« (vgl. Parsons 1977: 49, 109) und wird – auch außerhalb der USA – zu einem der einflussreichsten Soziologen der Nachkriegszeit, auch wenn sein Bemühen um eine alle relevanten Natur- und Sozialwissenschaften umfassenden »Synthese« (Parsons 1975a), in der auch die Soziologie ihre Verortung finden sollte, letztlich scheitert und deren derzeitige Multiparadigmatik nicht verhindern kann. Parsons stirbt während eines Deutschlandaufenthalts, den er anlässlich der Erneuerung seiner Heidelberger Promotionsurkunde unternommen hatte, am 8. Mai 1979 in München.

Fragestellung und Erkenntnisse

Wir hatten uns mit Talcott Parsons bereits in unserer Einführung in die *Handlungstheorie* (vgl. Bonß et al. 2013: 74 ff.) beschäftigt und ihn dort, in Übereinstimmung mit der Einschätzung vieler seiner Interpreten (vgl. Schwanenberg 1970; Rocher 1974; Münch 1982; Schneider 2002), als *Handlungstheoretiker* vorgestellt. Ausgangspunkt dieser Deutung war, dass Parsons das Handeln eines Akteurs weder als durch dessen ›Interessen‹ oder ›Ideen‹ bestimmt sieht noch unter Verweis auf die Determinanten seiner Handlungssituation erklären will, sondern es als (freiwilliges) *Wahlhandeln* versteht. Als solches ist Handeln als *zielabhängiges* Tun zu konzipieren, zu dessen Realisation der Akteur bestimmte *Mittel* sowie die internen wie externen *Bedingungen* beachten muss, die seinen jeweiligen Handlungsspielraum festlegen. Zusätzlich gilt, dass dem Akteur Ziele und Mittel weder durch situative noch durch innere Zwänge vorgegeben sind; vielmehr muss er in beiden Fällen zwischen ihnen anhand sogenannter ›normativer Orientierungen‹ *entscheiden*, was wiederum den Rückgriff auf ›selektive‹ Maßstäbe oder ›Standards‹ erfordert, mit deren Hilfe der Akteur die Erwünschtheit seiner Ziele beziehungsweise die sachliche Richtigkeit der Mittelauswahl *beurteilen* kann. Jede Einzelhandlung oder – wie Parsons sagt – jeder »unit act« (vgl. Parsons 1968, Band 1: 43 ff.) ist demnach mit Hilfe einer im Prinzip formalisierbaren *Funktion* darstellbar, welche die Ziele, Mittel und situativen Bedingungen und die zu deren Abwägung benötigten Selektionsstandards, die ein Akteur in bewusster ›Anstrengung‹ zum Einsatz bringen muss, in eine Beziehung zueinander setzt.

Diese Kerntheorie des *individuellen Handelns* will Parsons in zweifacher Hinsicht zu einer *Theorie des sozialen Handelns* erweitern und umgestalten. Dazu ist *zunächst* einzurechnen, dass kein Akteur (immer) nur auf sich gestellt handelt, sondern dass er in ›sozialen‹ Situationen oder, wie Parsons sagt, in »sozialen Handlungssystemen« (Parsons 1951: 3 ff.) agiert, in denen die Handlungsplanungen und -erfolge aller aufeinander treffenden Akteure voneinander abhängen. Diese *Interdependenz* führt dann zu Problemen, wenn die Akteure nicht vorweg ausschließen können, dass ihr Wechselhandeln in ›Desinformation‹, ›Zwang‹ und ›Gewalt‹, ›Betrug‹ und ›Nötigung‹ und damit, sofern sich die Geschädigten gegen derartige Hinterlistigkeiten zu wehren beginnen, in ›Kampf‹ und ›Krieg‹ ausartet (vgl. Parsons 1986: 140 ff.). Aus der unvermeidbaren Unverträglichkeit der Absichten, Mitteleinsätze und Selektionsstandards entsteht das sogenannte ›Hobbes'sche Problem‹ (vgl. Parsons 1968, Band 1: 89 ff.) beziehungsweise das ›Problem der sozialen Ordnung‹. Dessen Lösung fordert als eine *zweite Ergänzung* ein, dass die Akteure ihr Handeln so wählen, dass die von ihm betroffenen Mitakteure ihrem Vorhaben zustimmen können und ihrerseits auf schädigende Reaktionen verzichten. Zur Herstellung des Ordnungsfriedens müssen sich die Akteure darauf *verständigen*, ein möglichst dauerhaftes Gleichgewicht ihrer Zumutungen anzustreben, was voraussetzt, dass sie alle die wechselwirksame Bereitschaft dafür aufbringen, die Handlungsfreiheiten ihrer Mitakteure *anzuerkennen* (vgl. Parsons 1986: 160, 177 ff.).

Parsons bietet zwei Lösungen des damit geschilderten Abstimmungsproblems an, auch wenn er deren Zusammenhang nicht eigens thematisiert. Zum einen glaubt er zeigen zu können, dass jeder Akteur zwischen einer begrenzten Anzahl von *Handlungsalternativen* wählen muss, den sogenannten »pattern variables« (Parsons 1951: 46 ff., 58 ff., 101 ff.), die sich – wenigstens fallweise – zu einem gemeinsamen und »integrierten System von Orientierungsstandards« (vgl. Parsons 1967: 193) beziehungsweise zu einer allgemeinverbindlichen »cultural tradition« (Parsons 1951: 11) aggregieren lassen. Sofern diese kulturellen Muster eine eigenständige *institutionelle* oder *normative* Kraft gewinnen, indem jeder der beteiligten Akteure bereit ist, das regelgerechte Handeln seiner Mitakteure zu belohnen und deren eventuelles Fehlverhalten zu ahnden, können alle zusammen sichere Erwartungen darüber ausbilden, welche Handlungsrechte und welche -obligationen gelten sollten und welche der Verteilungswirkungen ihres gemeinsamen Handelns akzeptabel sind. Diese Anerkennung der Erwartungen anderer fällt jedem Akteur umso leichter, je nachhaltiger er die dazu erforderliche ›normative Orientierung‹ in der Form von handlungsleitenden ›Bedürfnisdispositionen‹ zu *internalisieren* in der Lage ist. In umfangreichen Studien hat Parsons die »Kontroll-« und »Korrekturmechanismen« (Parsons 1976: 73, 254 f.) untersucht, denen sich die Gleichgewichtszustände verdanken, die sich unter diesen Voraussetzungen aus der wechselseitigen ›Anpassung‹ der Verhaltenserwartungen ergeben (vgl. Parsons 1951: 201 ff., Parsons/Shils 1951, Parsons/Bales 1955, Parsons 1964 u. a.).

Die zweite Lösung des Ordnungsproblems will wissen, wie die jeweiligen *Handlungssysteme* gestaltet sein müssen beziehungsweise welche ihrer *kollektiven Folgen* dazu führen, »dass ein Handlungsakt gelingen kann« (Bonß et al. 2013: 82). Parsons verschiebt demnach den Akzent seiner Analyse von den Verträglichkeitsbedingungen individueller Handlungsorientierungen hin zu den gleichgewichtsdienlichen ›Funktionsbeiträgen‹ eben jener Beziehungsverhältnisse, die aus dem Wechselhandeln der Akteure entstehen und auf diese zurückwirken. Dieser Perspektivwechsel bedeutet indessen nicht, dass Parsons darauf verzichtet, auch weiterhin die Gleichgewichtsbedingungen sozialer Verkehrsverhältnisse zum »fundamentalen Bezugspunkt« (Parsons 1976: 169) seiner theoretischen Untersuchungen zu erklären.

Um verständlich zu machen, wie Parsons seine *allgemeine Theorie des Handlungssystems* anlegt und weshalb er jede »allgemeine Gesellschaftstheorie« (Parsons 1980: 60) davon abhängig sieht, dass ›gesellschaftliche Systeme‹ als deren *Anwendungs-* oder *Unterfall* betrachtet werden können, müssen wir die Leitlinien der Parsons'schen »Funktionsanalyse« (vgl. Parsons 1970: 29 ff.) rekonstruieren. Dazu ist wiederum zu klären, *was* er unter einer ›Theorie‹ versteht, weshalb in seinen Augen *jede* Theoriebildung auf den Begriff des

›Systems‹ zurückgreifen muss, und *wie* er seine Analyse ›gesellschaftlicher Funktionen‹ aus diesem Theorie- und Systemverständnis heraus entwickelt und vorantreibt.

Wie wird Gesellschaft konzeptualisiert?

Viele Kommentatoren haben vermerkt, dass Parsons der anderswo üblichen Auslegung nicht folgt, der zufolge ›Theorien‹ das Gesetzeswissen bereitzustellen hätten, das wir zur Erklärung ›konkreter‹ Ereignisse benutzen sollten (vgl. Homans 1972; Rocher 1974: 164). Tatsächlich lehnt Parsons kausale Erklärungen nicht rundweg ab (vgl. Parsons 1968, Band 2: 747), verfolgt aber genau besehen ein *vorgelagertes* Problem; ihm geht es nicht um die Identifikation sozialer Gesetze, sondern um die Entwicklung eines Systems von ›Kategorien‹ und ›Aussagen‹ *(propositions)*, dessen Semantik erlaubt, jene ›Aspekte‹ des sozialen Lebens zu *beschreiben* und in einem möglichst vollständigen und in sich konsistenten *conceptional scheme* (Parsons 1951) *zusammenzustellen*, die aus der Sicht einer an der Erstellung funktionaler Gleichgewichtsmodelle interessierten Analyse einschlägig sind. In diesem Sinn ist jede Theorieentwicklung mit ›Begriffsarbeit‹ gleichzusetzen. Hinter dieser Auffassung steht die Überzeugung, die Parsons von Max Weber und Alfred N. Whitehead bezogen hat, dass unsere Welterkenntnis ohne *Begriffe*, die der Theoretiker zu finden, wenn nicht zu erfinden hat (vgl. Parsons 1976: 70), nicht auskommt. Dass der Theoretiker seine Konzepte ›konstruieren‹ muss, heißt zugleich, dass es »Tatsachen als solche« (Parsons 1986: 69) nicht gib. Unserer Erfahrung ist die Fülle *konkreter* Ereigniskonstellationen nicht zugänglich; wir sind vielmehr darauf beschränkt, uns ihnen mit Hilfe konzeptioneller ›Abstraktionen‹ zu nähern. Das heißt nicht, dass diese Abstraktionen keinen realen Sachverhalt erfassen – Parsons hat sein Vorgehen immer als »analytischen Realismus« bezeichnet (Parsons 1968, Band 2: 757); aber sie tun dies in der ›idealisierten‹ und insoweit »instrumentalistischen« (Parsons 1976: 72) Form eines Modells, das unter keinen Umständen als Abbild eines ›empirisch konkreten‹ Sachverhalts verstanden werden darf. Wiederholt hat Parsons diesen Fehler mit Alfred N. Whitehead als »fallacy of misplaced concreteness« (Whitehead 1925: 51) diskreditiert.

Wendet man diese Auffassung auf die von Parsons in Aussicht gestellte »allgemeine Theorie des Handlungssystems« an (vgl. Parsons 1951: 3 ff.), sollte diese dazu in der Lage sein, die sie interessierenden Aspekte des Handelns in einen (möglichst logisch geschlossenen) »action frame of reference« einzuordnen (Parsons 1968, Band 2: 727 ff.). Woher aber kommen die ›Probleme‹, die mit Hilfe des geschilderten Bezugsrahmens beschrieben werden (können)? An dieser Stelle tritt der *Systembegriff* als eine Art »master construct« (Lackey 1987: 12) in sein Recht ein. Mit Alfred N. Whitehead geht Parsons davon aus, dass wir die Welt nur als ein stabiles »system of mutual relevance« (er)kennen (Whitehead 1953 [1925]: 149), das sich daraufhin untersuchen lässt, unter welchen Bedingungen derartige Systemverhältnisse entstehen und überdauern (vgl. Parsons 1961a: 337). Zu diesem Zweck muss der Theoretiker in Rechnung stellen, dass er es mit *umweltoffenen* und zugleich *umweltabhängigen* Systemen zu tun hat, die sich gleichwohl gegenüber ihrer Umgebung *abgrenzen* können (vgl. Parson 1976: 166 ff.). Damit wird es möglich, systemexterne Prozesse und deren Systemeinflüsse von den internen Prozessen, welche die Art der Systemelemente und deren Beziehungen aufrechterhalten oder verändern, und deren umweltrelevanten Folgen *getrennt* zu behandeln. Das alles entscheidende Problem besteht diesem Aufriss folgend darin festzuhalten, wie sich aus dem Zusammenspiel interner und externer Prozesse ein *Systemgleichgewicht* einstellt und erhält, das gleichzusetzen ist damit, dass jene ›Beziehungsstrukturen‹ zwischen den Systemelementen, die die *Grenzerhaltungsdynamik* des Systems zur Folge haben, konstant oder stabil gehalten werden können. Solche Gleichgewichtsprozesse lassen sich nicht nomologisch erklären, sondern allenfalls einer ›funktionalen Erklärung‹ unterziehen, die die Stabilität von Beziehungsverhältnissen voraussetzt und sodann deren notwendigen Vorbedingungen zu erschließen sucht (vgl. Parsons 1970: 33).

Zu Beginn seiner Überlegungen wollte Parsons derartige Restabilisierungsprozesse ausschließlich auf der Ebene motivationaler Mechanismen aufsuchen (vgl. Parsons et al. 1953: 99 ff.), erweiterte seine Suche aber späterhin mit Hilfe der Leitfrage, auf welche Weise Systeme in einen dauerhaften und stabilen *Leistungsaustausch* treten können. Die gleichgewichtsförderliche Folge einer wie auch immer erbrachten Aktivität nennt Parsons, anderweitige Vorschläge aufgreifend (vgl. Merton 1974), *Funktion*. Deren (›funktionale‹) Analyse dient somit dem Nachweis, dass soziale Systeme über die Fähigkeit verfügen, sich *selbst herzustellen* und zu *erhalten*. Da solche Selbststabilisierungsprozesse zwar gleichgewichtsorientiert, immer aber kontingent verlaufen und deshalb nicht durchgängig gelingen, ist zugleich auch der Hintergrund ausgemalt, vor dem sich der eventuelle ›strukturelle Wandel‹ eines Systems abzeichnet. Wir sollten festhalten, dass alle derartigen Funktionsanalysen insoweit kein ›natürliches Ende‹ finden, als auch die ›Elemente‹ eines jeden Systems systemische Eigenheiten aufweisen; Systeme setzen sich in der Folge nicht aus nicht weiter untergliederbaren ›Einzelteilen‹, sondern immer aus nachgelagerten oder ineinander eingebetteten Teil- oder ›Subsystemen‹ – ›Komponenten‹ genannt – zusammen; Systeme bauen sich aus Systemen auf. Wer sich auf die Analyse ihrer Funktionen einlässt, tut in jedem Fall gut daran, sich immer genau zu vergegenwärtigen, welche Funktionsbeziehungen zwischen welchen Leistungsbeiträgern welcher Systemkomponenten der Theoretiker darstellen möchte (vgl. Schneider 2002: 151).

Wie wirken sich die damit geschilderten Vorgaben auf die weitere Parsons'sche Analyse des »allgemeinen Handlungssystems« aus (vgl. Parsons 1972: 12 ff.)? Die beiden ersten Schritte, die Parsons in die damit gekennzeichnete Richtung unternimmt, verdanken sich seinem Versuch, die Frage zu beantworten, aus welchen Komponenten ein System zusammengesetzt sein muss, um es als ein zugleich ›handelndes‹ und ›strukturerhaltendes System‹ verstehen zu können (vgl. Parsons 1976: 73 ff.). Man muss sich zu diesem Zweck vor Augen halten, dass Parsons an eine Gleichsetzung eines ›Handlungssystems‹ mit Menschenansammlungen oder Menschenaggregaten nicht denkt; vielmehr geht es Parsons darum, jedem der Bestandteile des (oben dargestellten) *unit acts* ein jeweils ›analytisch‹ getrenntes Subsystem ›zuzuordnen‹ (vgl. Parsons 1976: 75, 121 ff. u. a.). Dabei verfiel er auf die Idee, dass man den Akteur selbst, *soweit* er als Sitz von *Handlungsmotivation* gelten kann, als das Subsystem ›Persönlichkeit‹ kennzeichnen könnte; normative Orientierungen sollten ihren Platz im ›sozialen Subsystem‹ des allgemeinen Handlungssystems finden, in dessen Rahmen sich die Handlungen divergierender Motivationsträger wechselseitig *integrieren* beziehungsweise mit- oder aufeinander abstimmen lassen sollten, wohingegen die Selektions- beziehungsweise Beurteilungsstandards, die die Akteure zur Lösung ihrer Wahlentscheidungsprobleme zum Einsatz bringen müssen, im sogenannten ›kulturellen Subsystem‹ unterzubringen sind. Dieses ist ein symbolisch codiertes Bedeutungssystem und verfügt als solches über keine Handlungsenergie, muss aber von den Akteuren in Anspruch genommen werden, wenn es ihnen darum gehen sollte, sich selbst und anderen gegenüber die Berechtigung normativer Forderungen zu begründen. Gelegentlich fand sich Parsons bereit, sein ›generelles Handlungssystem‹ durch ein weiteres Subsystem, das sogenannte ›Verhaltenssystem‹, zu bereichern; in diesem residiert die biologische ›Energie‹ beziehungsweise die organismisch vermittelten Kapazitäten der ›Persönlichkeit‹.

Der zweite Schritt, den Parsons zur Definition seines allgemeinen Handlungssystems zu gehen gezwungen war, sollte die Dynamiken dieser vier Subsysteme ihrerseits miteinander verbinden, was in *mehrerlei Hinsicht* naheliegt. Zum einen ist festzuhalten, dass sich die vier Subsysteme, in strikter Verfolgung der systembegrifflichen Vorgaben, ihrerseits als ebenso offene wie umweltabhängige Systeme erweisen sollten. Die etwas gewöhnungsbedürftige Implikation dieser Festlegung ist, dass aus der Perspektive jedes der Subsysteme des allgemeinen Handlungssystems die übrigen als seine »Umwelt« gelten müssen. Damit stellt sich die Frage, in *welcher Art* von Beziehung diese Subsysteme zueinanderstehen können sollten, damit ihr Verbund seinen Systemcharakter nicht verliert. Ohne Parsons' Ausführungen hierzu zu überdehnen, kann man sagen, dass er wohl an *zwei Verknüpfungsformen* gedacht hatte. Zum einen kommt er auf die sogenannte ›Interpenetration‹ zu sprechen, der zufolge zwei benachbarte Subsysteme über *ein und denselben Faktor* ›verfügen‹ können (vgl. Parsons 1976: 124, 279; Parsons 1980: 172 u. a.) und sich mit Hilfe dieser Tatsache ineinander ›verzahnen‹. Ein Beispiel wäre, dass eine bestimmte Idee einesteils Bestandteil des semantisch autonomen ›Kultursystems‹ ist, zugleich aber auch den Motivationskomplex der ›Persönlichkeit‹ beeinflusst. Die zweite Verknüpfungsform liegt dann vor, wenn die Subsysteme in ein ›Austauschverhältnis‹ zueinander treten (vgl. Parsons 1976: 97 ff.), wobei sich Parsons den Normalfall so vorstellte, dass der jeweilige *In-put* das belieferte System mit einer *Ressource* versorgt, während jeder *Out-put* dazu dient, (funktional verwertbare) *Leistungen* an Nachbarsysteme *abzugeben*. Parsons entlehnt diesen Vorschlag Transferverhältnissen, wie sie in der Ökonomik beschrieben werden (vgl. Parsons/Smelser 1956); ein von Parsons vielfach benutztes Beispiel wäre der ›Austausch‹ von ›Arbeitskraft‹, die innerhalb familialer Haushalte ›produziert‹ wird, gegen ›Lohnzahlungen‹ der Unternehmen (vgl. Parsons 1976: 200; Parsons 1980: 117 u. a.).

Gelegentlich hat Parsons aber noch an eine ganz andere intersystemische Beziehungsform gedacht. Man kann sich nämlich fragen, *nach welchen theoretisch einschlägigen Gesichtspunkten* sich die Aufteilung der Subsysteme und deren funktionalen Leistungen ergeben mag. Im Rahmen einer funktionalen Analyse der damit verbundenen Prozesse liegt die Vermutung nahe, dass sich diese Verselbständigung der Subsysteme als »funktionale Differenzierung« (vgl. Parsons 1951: 113, 137 ff.) verstehen lassen sollte. Zur Beantwortung der nachgelagerten Frage, an *welche* Funktionen dabei zu denken ist, verfiel Parsons der Idee, wonach jede sozialtheoretisch taugliche funktionale Analyse sowohl dem Handlungs- als auch dem Systemaspekt eines zu untersuchenden sozialen Phänomens gerecht zu werden hat. Den ersten Aspekt wollte Parsons mithilfe der begrifflichen Unterscheidung zwischen ›instrumentell‹ und ›konsumatorisch‹ einfangen, wobei sich der Erstbegriff auf das Feld der Mittelbeschaffung und der zweite auf den Bereich der Zielfindung ›beziehen‹ sollte. Den Systemaspekt hingegen sollte die systemdefinierende Differenz zwischen ›Innenbezug‹ und ›Umweltbezug‹ abbilden. Diese beiden ›Dimensionen‹ oder »Achsen« (vgl. Parsons 1976: 86) erlauben eine vier-feldrige Kreuztabellierung, wobei dem instrumentell/externen Feld eine mittelbeschaffende *Adaptionsfunktion* zugewiesen wird und dem konsumatorisch/externen Feld eine *Zielerreichungsfunktion*, wohingegen dem konsumatorisch/internen Feld eine *Integrationsfunktion* zugedacht ist und dem instrumentell/internen die Funktion der ›Wertlegitimation‹ beziehungsweise der *Strukturerhaltung*. Ein Handlungssystem beziehungsweise dessen Untersysteme, so die implizierte These, können ihren Gleichgewichtzustand nur solange erhalten, als diese vier »funktionalen Erfordernisse« (Parsons 1967: 21, 216, 260 ff. u. a.) gleichermaßen erfüllt sind. Damit war das berühmte »Vier-Felder-Paradigma« (vgl. Parsons 1970; Parsons 1976: 124; Parsons/Smelser 1956) geboren, das unter Verwendung der Anfangsbuchstaben der englischen Funktionsbezeichnungen *adaption*, *goal-attainment*, *integration* und *latency* die Bezeichnung »AGIL-Schema« erhielt (vgl. Parsons 1976: 85 ff.).

Vor dessen Hintergrund lässt sich endlich eine dritte Verknüpfungsform intersystemischer Beziehungen identifizieren, die sogenannte »Kontroll-« oder »Steuerungshierarchie« (vgl. Parsons 1976: 79). Damit verbindet Parsons seine Systemauffassung mit einer Kernidee der Sozialkybernetik, was ihm erlaubt, der sukzessiv gestaffelten, *informationsgeleiteten* Steuerung des jeweils untergeordneten Subsystems durch das übergeordnete, die der Linie von L nach A folgt, einen Transferstrom entgegen zu setzen, durch den die informationsarmen Subsysteme, ausgehend von A, die jeweils übergeordneten bis hin zu L mit *Energie* versorgen.

Bildet man diese Liste möglicher Beziehungsformen auf die vier Felder des allgemeinen Handlungssystems ab, so lässt sich folgern, dass die A-Funktion durch das ›Verhaltenssystem‹ zu erfüllen ist, die G-Funktion durch das ›Persönlichkeitssystem‹, die I-Funktion durch das ›soziale System‹ und endlich die L-Funktion durch das ›Kultursystem‹. Diese Aufteilung hat den Vorteil, die sozialsystemische *Richtung* von Kontrolle und Energieversorgung festzulegen, und sie zeigt, dass sich die Soziologie als Wissenschaft mit der *Psychologie* der Persönlichkeit, der *Biologie* des Verhaltenssystems und den *Semantiken* des Kultursystems *genau genommen* nicht eigens beschäftigen muss; sie kann sich stattdessen auf die Erforschung der *Gleichgewichtsbedingungen des Sozialsystems* konzentrieren und muss dessen Nachbarsubsysteme nur insoweit berücksichtigen, als deren Zulieferungen die Dynamik des Sozialsystems berühren beziehungsweise überall dort, wo die sozialsystem-internen Prozesse auf die Erstellung von Außenabflüssen ausgerichtet sind. Das lässt Raum dafür, sich darauf zu besinnen, in welcher Weise die *Binnenprozeduren des Sozialsystems* ihrerseits den Vorgaben des AGIL-Schemas folgen beziehungsweise, wie man seine *interne Differenzierung* erheben und beschreiben kann (Parsons 1951: 137 ff.). Parsons abschließendem Vorschlag zufolge (vgl. Parsons 1976: 80, 87 f., 177 f. u. a.) wird die A-Funktion dadurch bedient, dass Akteure *Rollen* übernehmen, die als Bündel von Erwartungen definiert sind, denen die Akteure jeweils genügen sollten, um ihrer zentralen Leistungsaufgabe der Beschaffung und Zuteilung von Mitteln und Opportunitäten gerecht zu werden; die Zielerreichung sieht Parsons demgegenüber abhängig davon, dass die Akteure sich als *Mitglieder eines Kollektivs* organisieren, dessen Verfassung es ihnen erlaubt, sich auf gemeinsame Ziele zu einigen, was wiederum nur gelingt, wenn *institutionalisierte* Normen diese Zielvorgaben für alle Subsysteme verbindlich gestalten und insoweit *integrieren*, und wenn die Akteure endlich zur Lösung ihrer lokalen Produktions-, Transfer- und Abstimmungsprobleme auf *spezifizierbare Werte* zurückgreifen können, die in einem umfassenderen Kultursystem ihre Rechtfertigung finden.

Nun gibt es unzählige Arten von Sozialsystemen: Familien, Berufsassoziationen, Stämme, Betriebe, Regierungen, Clubs, bürokratische Abteilungen und so fort, die alle in diesem AGIL-orientierten Funktionsrahmen analysiert werden können, und sie mögen in allen denkbaren historischen beziehungsweise ›empirisch-konkreten‹ Konstellationen ›vorkommen‹. Aber die Ebene der ›Gesellschaft‹ erreichen solche Konstellationen nicht zwangsläufig, denn als ein *societal social system* möchte Parsons nur jene sozialen Systeme beschrieben wissen, die über ein *Höchstmaß* an *Selbständigkeit* gegenüber ihrer Umwelt verfügen (Parsons 1951: 113; Parsons 1975: 19 f.; Parsons 1972: 16 f.; Parsons 1976: 121 ff. u. a.) beziehungsweise als ein »empirically self-subsistent system« (Parsons 1951: 19) auftreten. Solche Gebilde müssen alle ›funktionalen Erfordernisse‹ gewissermaßen aus ›eigener Kraft‹ erfüllen und sind insoweit ›selbstregulativ‹ oder ›autonom‹. Auch in diesem Fall dürfen wir uns ›Gesellschaft‹ *nicht* als eine Menge konkreter Menschen denken, die sich in historisch einmaligen Verkehrsformen versammeln, um ihr alltägliches Leben zu fristen, sondern wir müssen uns darauf beschränken, die Rollen-, Institutionen-, Norm- und Wertstrukturen eines sozialen Systems in Beantwortung der Frage abzuhandeln, in welcher Weise es seine »Autarkie« (Parsons 1976: 126 f., 185, 281 u. a.) gegenüber einer hierfür relevanten Umwelt sicherstellt.

Parsons macht geltend, dass nicht alle ›Sozialsysteme‹ einen sich selbst erhaltenden Grad an Umweltunabhängigkeit und ›Selbst-Subsistenz‹ erreichen (können) (vgl. Parsons 1972; Parsons 1975); am ehesten gilt dies für »moderne Gesellschaften« (vgl. Parsons 1969: 34 ff., 157 ff.; Parsons 1976: 126 ff. u. a.), die sich aufgrund ihrer ›Evolution‹ durch den folgenden Eigenschaftskatalog auszeichnen. Zunächst handelt es sich bei ihnen um ›voll ausdifferenzierte‹ Sozialsysteme; das heißt jeder der vier Funktionen wird durch ein *eigenständiges*, grenzbewahrendes Subsystem betreut, dessen interner Aufbau und dessen selbststabilisierende Prozesse mit Hilfe des AGIL-Schemas verfolgt werden können. Sodann sind alle gesellschaftsbildenden Subsysteme durch stabile *wechselseitige Austauschprozesse* miteinander ›verknüpft‹, die eine bestandskritische Bedeutung für die jeweiligen Nachbarsysteme besitzen und zudem die Bedingungen der oben genannten ›kybernetischen‹ Steuerungs- beziehungsweise Energetisierungshierarchien erfüllen. Alle diese Transferformen lassen sich als *Funktionsgleichgewichte* modellieren. Auf diese Weise kann klargestellt werden, dass und wie ein ›ökonomisch‹ ausgerichtetes Funktionssubsystem für die *adaptionsdienliche* Versorgung seiner Nachbarsysteme mit ›materiellen‹ Ressourcen und Handlungsmitteln zuständig ist, sodann wie das »politische Subsystem« (vgl. Parsons 1969: 473 ff.) allgemein verbindliche *Zielentscheidungen* zur Verfügung stellt, wie darüber hinaus ein als »gesellschaftliche Gemeinschaft« gekennzeichnetes Subsystem (vgl. Parsons 1969: 41 ff.) jenen Grad an ›Rechtssicherheit‹ und ›Solidarität‹ beschafft und bereithält, der zur Bewahrung funktionsförderlicher Rollen und Institutionen in der Lage ist, und wie endlich alle Subsysteme zur Organisation ihrer Binnenverhältnisse Bezug nehmen können auf einen im Kultursystem abgelagerten Komplex abstrakter ›Werte‹ und verallgemeinerten Wissens, den die Akteure zur ›Definition‹ ihrer jeweiligen Handlungsprobleme und zur ›Legitimation‹ der dazu passenden Lösungen nutzen können. Die normsichernden Institutionen, die im Rahmen des ›kulturellen Subsystems‹ ihrerseits die Bereitstellung und Verbreitung solcher allgemeinen Orientierungen besorgen, führt der späte Parsons unter der Bezeichnung »Treuhändersystem« in seine Theorie ein (vgl. Parsons 1978: 25 ff.).

Eine interessante Theorieerweiterung nimmt Parsons insoweit vor, als er die binnengelagerte Leistungserbringung wie den externalen Leistungsaustausch davon abhängig sieht, dass beide damit verbundenen Prozesse auf sogenannte »symbolisch generalisierte Interaktionsmedien« zurückgreifen können (vgl. Parsons 1976: 302 ff.; Parsons 1980). Jedem der vier Subsysteme lässt sich ein spezifisches Medium zuweisen, und jedes von ihnen wird durch seinen besonderen Beitrag definiert, den es zur Regulierung und Steuerung jener internen Reproduktionsprozesse und Austauschbeziehungen gleichermaßen beitragen kann. ›Geld‹ ist für Parsons das der Ökonomie entnommene Musterbeispiel eines derartigen Mediums, das als Tauschmittel ebenso zum Einsatz kommen kann wie als Wertbewahrungsvehikel; ohne Geld stößt die arbeitsteilige Güterproduktion auf frühe Grenzen und lässt sich der Gütertransfer in und zwischen Systemen nicht organisieren. Demgegenüber muss die Herstellung verbindlicher Kollektiventscheidungen auf das Medium (legitimierbarer) ›Macht‹ zurückgreifen, um die in verschiedenen Kollektiven organisierten Mitglieder der Gesellschaft vom Sinn einmal gefundener Regeln zu überzeugen, wohingegen die gesellschaftliche Gemeinschaft Solidarität anhand von ›Einflussprozessen‹ aktivieren kann, die das Vertrauen und darauf aufbauend die Neigung der Gemeinschaftsmitglieder schaffen und dazu anhalten, die Regulierungskompetenz und Regelerwartungen anderer anzuerkennen. Und endlich lassen sich allgemeine Werte nur dann institutionalisieren, wenn jenes Maß an ›Wertbindung‹ *(commitment)* herzustellen ist, von dem die Geltung des kulturellen Systems abhängt. Parsons sucht darüber hinaus zu zeigen, dass alle diese Medien im jeweiligen Interaktionssystem ›zirkulieren‹, indem ihr Einsatz die Situation oder die Einstellungen der Akteure mit weitergebbaren Effekten aus- und umgestaltet, und dass sich ein Medium durch ein anderes gegebenenfalls ersetzen lässt, dass Wert und Reichweite eines Mediums mit inflationären oder deflationären Folgen schwanken können, weil sich die Nachfrage nach einer medialen Vermittlung mit dem jeweiligen Angebot nicht decken muss. Und endlich diskutiert Parsons die Möglichkeit, dass sich der Nutzungswert eines Mediums gezielt vermehren lässt, so dass sich Allokationskonflikte vermeiden lassen.

Wie gestaltet sich das Verhältnis von Mikro- und Makroanalyse?

Diese Frage lässt sich kurz abhandeln. Unseres Erachtens gibt die Parsons'sche Theoriearchitektur auf sie keine aus heutiger Sicht haltbare Antwort. Die Unterscheidung zwischen einer *kausalwirksamen Mikroebene* des interaktionsvermittelten Handelns, und einer sich hieraus ergebenden *makroskopischen* Ebene der *Struktur- beziehungsweise Verteilungseffekte*, die auf die situativen und mentalen Handlungsbedingungen der Akteure zurückwirken, lässt sich im Rahmen der ›Agilisierungstechnik‹ nicht abbilden. Zwar kann man ›Systeme‹ als ›Makroebene‹ und deren ›Subsysteme‹ als ›Mikroebene‹ verstehen (vgl. Münch 2004: 106 f.), aber das AGIL-Schema enthält anders als die Logik mikrofundierender Erklärungen keine Behauptung über deren Kausalverhältnis (vgl. Schneider 2002: 178). Wenn man soziologischen Untersuchungen eine Parsons'sche Analyseform geben möchte, muss man AGIL-funktionalistisch denken und auf Kausalerklärungen verzichten. Das gelingt – wie es scheint – nicht allen Autoren, die mit Parsons' Theoriewerk sympathisieren.

Wie wird die Veränderung beziehungsweise die Entwicklung von Gesellschaft gedacht?

Man hat befürchtet, dass Parsons' Suche nach systemischen »Integrations-« (Parsons 1976: 187) beziehungsweise »Gleichgewichtsmechanismen« (ebd.: 108) die Thematisierung der Probleme des ›sozialen Wandels‹ behindert (vgl. Dahrendorf 1965: 49 ff.). Dem steht entgegen, dass uns Parsons genau besehen zwei Wandlungstheorien anbietet. Im ersten Fall behandelt er »Strukturwandel als das Gegenteil des Gleichgewichtsprozesses« (Parsons 1976: 243). Damit ist angedeutet, dass sich »kumulative Veränderungsprozesse« (ebd.: 243) dann einstellen, wenn sich die Bedingungen, unter denen ein Sozialsystem seine Grenzerhaltung absichern muss, auflösen. Das wird dann der Fall sein, wenn die binnensystemischen Reproduktionsprozesse infolge der Veränderung jeweils *externer* Einflussgrößen unter ›Druck‹ (*strain*) geraten. Vermittels seiner Funktionalanalyse kann Parsons relativ genau angeben, dass »Spannungen« (ebd.: 245) dann unvermeidbar werden, wenn die Austauschbeziehungen eines Systems zu Fehlbilanzierungen führen, wenn die zur Vermeidung von Fehlverhalten eingesetzten Kontroll- oder Isolationsmechanismen versagen und wenn die Akteure infolge fehlender Mittel oder Informationen ihre Erwartungen und Zielsetzungen nicht länger erfolgreich aufeinander abstimmen können. Je höher die Kontrollebene ist, auf der sich solche »Störungen« (ebd.: 348) einstellen beziehungsweise nicht länger bewältigen lassen, desto geringer ist die Veränderungsresistenz eines Gesellschaftssystems und umso heftiger fällt der Wandlungsanstoß aus. Insoweit kann nicht Wunder nehmen, wenn Parsons den »Wandel des obersten Wertesystems« (Parsons 1976: 250) für das gleichgewichtskritischste Ereignis hält, dessen Unabwendbarkeit zum »Verfall der Grenzen des Systems« (ebd.: 169) beziehungsweise zu seiner »radikalen Auflösung« führen mag (ebd.: 255). Eine geordnete Form des Strukturwandels lässt sich hingegen dann erwarten, wenn Mechanismen zur Überwindung der obwaltenden Widerstände gegen Wandlungsvorschläge errichtet werden können und wenn die positiven Effekte neuer Handlungsmuster sichtbar und in hinreichendem Ausmaß positiv selegiert werden (vgl. ebd.). Eine parallele Liste von Prozessmechanismen, die Parsons leider nicht vorgibt, müsste sich auch für die Bearbeitung *interner* Wandlungsursachen beziehungsweise der ›Kräfte‹ finden lassen, die diesem Binnenwandel entgegenstehen beziehungsweise ihn zu kanalisieren suchen.

Diese ›Bilanzierungstheorie des Strukturwandels‹ lehnt sich dem Darwin-Modell von Variation, Selektion und Retention an, und hat zur Folge, dass man ihr die *Richtung* sozialer Veränderungen nicht entnehmen kann. Um das zu ändern, nähert sich Parsons der Evolutionstheorie von Herbert Spencer (vgl. Parsons 1961), die ein ›Richtungstheorem‹ kennt. Zu dessen Erläuterung geht Parsons in zwei Schritten vor. Zunächst identifiziert er einen Satz ›evolutionärer Universalien der Gesellschaft‹ (vgl. Parsons 1969), die im Verlauf der Gesellschaftsgeschichte mehrfach ›erfunden‹ werden und die darauf hinwirken, dass sich vor-sozietäre soziale Systeme nicht nur *verändern*, sondern in Richtung auf die Ausbildung einer »selbstgenügsamen Gesellschaft« (Parsons 1972: 16 f.) *entwickeln* (können). Zu diesen evolutionsförderlichen Bedingungen zählt Parsons eine religionsbasierte ›Kultur‹, sprachlich codierte ›Kommunikationsmedien‹, ›verwandtschaftliche Organisationsformen‹ und eine ›einfache Technologie‹. Auf dieser Basis kann es zur Ausformung von Systemen ›sozialer Schichtung‹ kommen, welche die Verwandtschaftsbeziehungen zurückdrängen und die Ausbildung von politischen und anders gearteten Eliten zulassen. Wenn es vorgesellschaftlichen sozialen Systemen zugleich gelingt, einen Prozess kultureller Legitimierung der damit provozierten Ungleichheiten zu installieren, lassen sich eventuelle Selektionsmechanismen finden, die die Entwicklung von ›generellen Rechtsnormen‹, ›Bürokratien‹, ›Geld und Marktorganisationen‹ und endlich ›demokratischen Assoziationen‹ fördern und durchsetzen, deren Zusammenklang es ihnen erlaubt, einen in der Regel mehrstufig angelegten Übergang zur »Struktur moderner Gesellschaften« (Parsons 1969: 74) zu finden und zu beschreiten.

Späterhin hat Parsons diese Übergangsmechanismen näher bestimmt und die Gesellschaftsentwicklung hin zur Moderne davon abhängig gesehen, dass die folgenden »evolutionären Wandlungsprozesse« (vgl. Parsons 1977: 279 ff., Parsons 1972: 40 ff.) zum Durchbruch gelangen. Zunächst kommt er verständlicherweise erneut auf Prozesse der (systemischen) *Differenzierung* zu sprechen, in deren Gefolge sich die vier Basisfunktionen des gesellschaftlichen Reproduktionsgeschehens in ›autonomen‹ Subsystemen etablieren, zwischen denen sich dann jene Wechseltransfers einstellen können, von deren Gelingen – wie oben geschildert – die Grenzerhaltung des Gesamtsystems abhängt; wie bei Adam Smith führt die Teilung von Aufgaben zu Spezialisierung- und Effektivitätsgewinnen. Sodann ist an allen subsystemischen Fronten für eine »Standardanhebung durch Anpassung« (Parsons 1972: 41) zu sorgen und damit ein Mechanismus zu schaffen, in dessen Gefolge sich die Ressourcenausstattung aller Funktionssysteme kontinuierlich mehren und verbessern lässt. Die damit angestoßene Steigerungsdynamik sollte sich durch die Erhöhung der *Inklusionsrate* absichern lassen, was den Umfang der integrationsbeschaffenden ›gesellschaftlichen Gemeinschaft‹ und damit die Solidaritätsbereitschaft aller Rollenträger bestärkt. Wenn die Anzahl der ›Einheiten‹ in modernen Gesellschaften und damit deren ›Komplexität‹ (Parsons 1976: 148) zunimmt, wird es sich endlich nicht vermeiden lassen, dass Selektionsmechanismen auf die zunehmende ›Generalisierung von Werten‹ (vgl. Parsons 1972: 26) hinwirken, die – wie bereits angedeutet – bei jeder konkreten »Anwendung« (Parsons 1975: 41) neu und den lokalen Erfordernissen gemäß ›spezifiziert‹ werden müssen.

Im Anschluss an diese Bestimmung modernisierungsförderlicher Evolutionsprozesse arbeitet Parsons – unter fortlaufender Beachtung der Leitlinie, die sein Vier-Funktionen-Schema vorgibt – heraus, wie sich die Gesellschaftsgeschichte als ein gerichtetes, stufenförmiges Fortschreiten (vgl. Parsons 1972: 176; Parsons 1976: 150) von ›primitiven‹, über ›archaische‹ und ›intermediäre‹ zu ›modernen‹ und das heißt ›industrialisierten Gesellschaften‹ interpretieren lässt. Dabei unterstützen viele Kommentatoren seine bis in die Spätphase seiner Theorieentwicklung nachweisbare These, dass die Schubkraft der Evolution hin zu einem »System von Gesellschaften« (Parsons 1972: 9) vor allem in den normativ-kulturell verbürgten Solidaritätsbanden innerhalb der ›gesellschaftlichen Gemeinschaft‹ zu suchen ist. Und zugleich dient ihm die Identifikation dieser »Kernstruktur der gesellschaftlichen Gemeinschaft« (Parsons 1969: 41; Parsons 1976: 281) als Kontrastfolie für die Behandlung gesellschaftlicher »Rückentwicklungen« (Parsons 1972: 51) und »Pathologien«, wie »moralischen Absolutismus« und Autoritarismus, Gewalt- und Unterdrückungsverhältnisse, »Anomie« und »Entfremdung« und anderem (Parsons 1976: 82; Parsons 1978: 254 ff.; Parsons 1993). In diesem Zusammenhang ist nicht zu Unrecht Parsons' Vorhersage bekannt geworden, dass sich ›totalitäre kommunistische Organisationen‹ wegen ihrer Demokratiemängel evolutionär *nicht* auf Dauer durchsetzen werden (vgl. Parsons 1969: 70 f.).

Lern- und Kontrollfragen

- Wie lässt sich nach Parsons das Hobbes'sche Problem der sozialen Ordnungsbildung kennzeichnen?
- Was versteht Parsons unter einem *allgemeinen Handlungssystem*?
- In welcher Weise modelliert Parsons den gesellschaftlichen beziehungsweise den sozialen Wandel?

Literatur

Primärliteratur

Parsons, Talcott (1951). The Social System. London: Routledge & Kegan Paul.

Parsons, Talcott (1961). Introduction. In: Spencer, Herbert: The Study of Sociology. Ann Arbor: University of Michigan Press, S. V–X.

Parsons, Talcott (1961a). The Point of View of the Author. In: Black, Max (Hg.): The Social Theories of Talcott Parsons. A Critical Examination. Englewood Cliffs, N. J.: Prentice-Hall, S. 311–363.

Parsons, Talcott (1964). Social Structure and Personality. New York: The Free Press.

Parsons, Talcott (1968 [1937]). The Structure of Social Action. A Study in Social Theory with Special Reference to a Group of European Writers. Zwei Bände. Zweite Auflage. New York/London: The Free Press/Collier Macmillan Publishers.

Parsons, Talcott (1969). Evolutionäre Universalien der Gesellschaft. In: Zapf, Wolfgang (Hg.): Theorien des sozialen Wandels. Köln: Kiepenheuer & Witsch, S. 55–74.

Parsons, Talcott (1970). Some Problems of General Theory in Sociology. In: McKinney, John C./Tiryakian, Edward A. (Hg.): Theoretical Sociology. Perspectives and Developments. New York: Appleton-Century-Crofts, S. 27–68.

Parsons, Talcott (1972). Das System moderner Gesellschaften. München: Juventa.

Parsons, Talcott (1975). Gesellschaften. Evolutionäre und Komparative Perspektiven. Frankfurt a. M.: Suhrkamp.

Parsons, Talcott (1975a). Die Entstehung der Theorie des sozialen Systems: Ein Bericht zur Person. In: Ders./Shils, Edward/Lazarsfeld, Paul L.: Soziologie autobiographisch. Drei kritische Berichte zur Entwicklung einer Wissenschaft. München: dtv.

Parsons, Talcott (1976). Zur Theorie sozialer Systeme. Herausgegeben von Stefan Jensen. Opladen: Westdeutscher Verlag.

Parsons, Talcott (1977). Social Systems and the Evolution of Action Theory. New York/London: The Free Press/Collier Macmillan Publishers.

Parsons, Talcott (1978). Action Theory and the Human Condition. New York/London: The Free Press/Collier Macmillan Publishers.

Parsons, Talcott (1980). Zur Theorie der sozialen Interaktionsmedien. Herausgegeben von Stefan Jensen. Opladen: Westdeutscher Verlag.
Parsons, Talcott (1986). Aktor, Situation und normative Muster. Ein Essay zur Theorie des sozialen Handelns. Frankfurt a. M.: Suhrkamp.
Parsons, Talcott (1991). The Early Essays. Herausgegeben und mit einer Einleitung versehen von Charles Camic. Chicago/London: The University of Chicago Press.
Parsons, Talcott (1993). On National Socialism.Herausgegeben und mit einer Einleitung versehen von Uta Gerhardt. New York: Aldine des Gruyter.
Parsons, Talcott/Bales, Robert F. (1955). Familiy, Socialization and Interaction Process. New York/London: The Free Press/Collier Macmillan Ltd.
Parsons, Talcott/Shils, Edward A. (Hg.) (1951). Toward a General Theory of Action. Cambridge, MA: Harvard University Press.
Parsons, Talcott/Smelser, Neil J. (1956). Economy and Society. A Study in the Integration of Economic and Social Theory. London: Routledge & Kegan Paul.

Sekundärliteratur

Bonß, Wolfgang/Dimbath, Oliver/Maurer, Andrea/Nieder, Ludwig/Pelizäus-Hoffmeister, Helga/Schmid, Michael (2013). Handlungstheorie. Eine Einführung. Bielefeld: transcript.
Dahrendorf, Ralf (1965). Gesellschaft und Freiheit. Zur soziologischen Analyse der Gegenwart. München: R. Piper & Co.
Homans, George C. (1972). Grundfragen soziologischer Theorie. Herausgegeben und mit einem Nachwort versehen von Viktor Vanberg. Opladen: Westdeutscher Verlag.
Lackey, Pat N. (1987). Invitation to Talcott Parsons' Theory. Houston: CAP and GOWN Press.
Merton, Robert K. (1974). Funktionale Analyse. In: Mühlfeld, Claus/Schmid, Michael (Hg.): Soziologische Theorie. Hamburg: Hoffmann & Campe, S. 199–234.
Münch, Richard (1982). Theorie des Handelns. Zur Rekonstruktion der Beiträge von Talcott Parsons, Émile Durkheim und Max Weber. Frankfurt a. M.: Suhrkamp.
Münch, Richard (2004). Vom Analytischen Funktionalismus zum Neofunktionalismus: Das Erbe von Talcott Parsons. In: Münch, Richard: Soziolo-

gische Theorie. Band 3: Gesellschaftstheorie. Frankfurt/New York: Campus, S. 41–177.

Rocher, Guy (1974). Talcott Parsons and American Sociology, übersetzt von Barbara und Stephen Mennell und mit einer Einleitung versehen von Stephen Mennell. London et al.: Thomas Nelson and Sons.

Schneider, Wolfgang L. (2002). Das Problem sozialer Ordnung und das normative Modell des Handelns: Talcott Parsons. In: Ders.: Grundlagen der soziologischen Theorie. Band 1: Weber – Parsons – Mead – Schütz. Wiesbaden: Westdeutscher Verlag, S. 83–179.

Schwanenberg, Enno (1970). Soziales Handeln – Die Theorie und ihre Probleme. Bern/Stuttgart/Wien: Hans Huber.

Whitehead, Alfred N. (1953 [1925]). Science and the Modern World. New York: The Free Press.

6. Macht und Herrschaft in modernen Gesellschaften

Macht und Herrschaft sind ein zentrales Thema der Soziologie, das auch die Analyse moderner Gesellschaften durchzieht. Macht wird vor allem in makro- und mikro-soziologischen Konflikttheorien im Anschluss an Karl Marx aber eben auch in ordnungs- und institutionentheoretischen Ansätzen wie bei Max Weber als Bezugspunkt von Gesellschaftstheorie und -analyse benutzt. Dabei wird der Machtbegriff, der im öffentlich-politischen Diskurs meist negativ besetzt ist, in der klassischen Soziologie grundsätzlich als Handlungsfähigkeit definiert, aus der jedoch erhebliche und mitunter unerwünschte Konsequenzen für andere und das soziale Zusammenleben resultieren.

So werden auf der einen Seite in *kritisch-konfliktorientierten Gesellschaftstheorien* und *-analysen* negative Kräfte von Macht und Herrschaft aufgedeckt und als Mechanismen der Entfremdung, Unterdrückung und Ausbeutung analysiert. Das ist schon in der frühen Sozialtheorie von Jean Jacques Rousseau exemplarisch angelegt und wird heute aktuell in den hier dargestellten Ansätzen von Michel Foucault und Pierre Bourdieu weitergeführt. Vor allem Michel Foucault hat die stillen Mechanismen der Macht analysiert. Er hat für die Moderne gezeigt, wie Überwachen und Strafen als indirekte Formen der Machtausübung und Disziplinierung entstanden sind, und er hat in seinen späteren Arbeiten immer wieder aufgedeckt, wie Wissen die Individuen und die Gesellschaft diszipliniert. Pierre Bourdieu, als empirisch arbeitender und ebenfalls politisch aktiver Soziologe hat soziale Felder als Machtstrukturen gelesen und daraus hervorgehende Formen sozialer Ungleichheit empirisch untersucht. Dabei geht es ihm darum die in der modernen kapitalistischen Welt wirkenden Mächte aufzudecken, welche einer freien Entfaltung des Individuums entgegenwirken.

Auf der anderen Seite wird seit Thomas Hobbes danach gefragt, warum und wie in den modernen Gesellschaften Macht organisiert und als Herrschaft legitim sowie zum Vorteil aller ausgeübt werden kann und muss. Damit sind vor allem zwei Fragen verbunden: Wie kommt es, dass in modernen Gesellschaften Machtzentren entstehen, die die Anerkennung der Gesellschaftsmitglieder finden, und welche Aufgaben und Formen können solche Machtinstanzen haben? Norbert Elias hat – wie auch Heinrich Popitz und Ralf Dahrendorf – Macht als zentrale Kategorie der Gesellschaftsanalyse gesehen und sich analytisch und empirisch mit der Institutionalisierung von Macht als Herrschaft beschäftigt. In dieser Tradition steht die hier vorgestellte These von James Coleman, wonach in modernen Gesellschaften die Menschen in vielen Feldern hierarchische Strukturen schaffen, um damit Abstimmung und Kooperation zu erreichen. Die Schattenseite dieses Prozesses ist, dass immer mehr und vor allem große Organisationen entstehen, welche Macht akkumulieren und eigene Interessen ausprägen. Damit bedrohen sie die Freiheit der Menschen oder schränken sie zumindest ein. Die zentralen Fragen sind, woraus die gesellschaftliche Anerkennung von Herrschaft folgt, welche Vorteile und Nachteile Herrschaft mit sich bringt und was die Soziologie zur Gestaltung von Macht- und Herrschaftsstrukturen beitragen kann.

6.1 Michel Foucault: Macht durch Gesellschaft

Michel Foucault gilt als einer der in den Sozialwissenschaften am häufigsten zitierten Autoren des 20. Jahrhunderts. Dies ist auf den ersten Blick aufgrund seiner selbst gewählten Außenseiterposition verwunderlich. Indem er zum Theoretiker zahlreicher Protestbewegungen sowie einer Kritik an der gesellschaftlichen Vereinnahmung und Gängelung des Subjekts avancierte, wurde sein machtanalytischer Beitrag enorm einflussreich. Er stemmt sich gegen statische Gesellschaftsverständnisse, zeigt aber auch, dass es gerade gesellschaftliche Strukturen sind, die – allein schon über die Sprache – eine starke Determinationskraft auf den oder die Einzelnen ausüben.

Zur Person

Der französische Sozialphilosoph und -historiker Paul-Michel Foucault wird am 15. Oktober 1926 in Poitiers in eine Medizinerfamilie hineingeboren (vgl. hierzu und zum Folgenden Keller 2008). Im Gegensatz zu den Erwartungen seiner Eltern, ebenfalls den Medizinerberuf zu ergreifen, studiert er in Paris Philosophie und Psychologie; die beiden Examina legt er in den Jahren 1948 und 1949 ab. 1952 folgt ein Abschluss in Psychopathologie, 1953 in experimenteller Psychologie, die im Jahr 1951 begonnene Dissertation befasst sich mit der Geschichte der Psychologie. Politisch engagiert ist er schon 1950 in die kommunistische Partei eingetreten. Nach einigen Stellenwechseln im französischen Universitätsbetrieb übernimmt Foucault 1958 die Leitung des *Centre de Civilisation Française* in Warschau, im Jahr 1959 die des *Institut Français* in Hamburg von wo er im Jahr 1960 nach Frankreich zurückkehrt, um sich 1961 an der Sorbonne zu habilitieren und 1962 auf eine Professur für Psychologie an der Universität Clermont-Ferrand berufen zu werden. Bereits vier Jahre später wechselt er auf eine Professur für Philosophie an die Universität in Tunis. 1969 ereilt ihn der Ruf an die Universität Paris-Vincennes, wo er als Professor für Philosophie eingestellt wird. In diesem Jahr wird er aufgrund seiner Beteiligung an den Studentenprotesten verhaftet, was sich zwei Jahre später infolge der Mitbegründung einer Informationsgruppe über die Zustände in Gefängnissen wiederholt. Eine Vorlesungsreihe am *Collège de France* wird zum öffentlichen Ereignis. Als er sich für das Recht auf Abtreibung einsetzt, erhebt die Staatsanwaltschaft 1973 Anklage; aufgrund seiner

Sympathie für die Gegner des Franco-Regimes wird er 1975 aus Spanien ausgewiesen und 1977 nach der Teilnahme an Veranstaltungen linker Gruppen in Westberlin verhaftet. In den Folgejahren engagiert sich Foucault immer wieder politisch – zum Beispiel für die vietnamesischen *Boat-People* oder die polnische *Solidarność*-Bewegung – und gibt Interviews zur homosexuellen Lebensweise. Am 25. Juni 1984 stirbt er in Paris an AIDS.

Fragestellungen und Erkenntnisse

Geht man die Schriften Foucaults und die Vita seiner vielfältigen politischen Aktivitäten und Engagements durch, drängt sich die Frage nach der besonderen Motivlage dieses Forschers geradezu auf. Bereits auf den ersten Blick wird deutlich, dass sich hier Biographie, politische Persönlichkeit und wissenschaftliches Schaffen eng verbinden. So war der junge Foucault bereits früh mit dem übermächtig scheinenden System gesellschaftlicher Erwartungen konfrontiert worden. Zwei Anhaltspunkte dafür sind einerseits der elterliche Wunsch, gemäß der Familientradition Arzt zu werden, den er mit der Wahl des Studiums der Philosophie und Psychologie ausschlägt sowie andererseits seine Homosexualität, die zu leben in den 1940er Jahren in Frankreich ein Problem darstellt. Dass der angehende Psychologe unter diesen gesellschaftlichen Zwängen existentiell gelitten haben muss, könnte sich ebenso in einem Suizidversuch spiegeln wie im Versuch, das eigene Anderssein durch psychologische Studien verstehen zu lernen. Allerdings scheint eine Lösung dieser Probleme auf dem Weg der Selbsterkundung und Selbstzuschreibung nicht geglückt zu sein, da sich Foucault mit den Jahren zu einem der führenden Analysten gesellschaftlicher – also dem Subjekt äußerlicher – Machtstrukturen entwickelt. Möglicherweise erklärt sich daraus auch die bemerkenswerte Rezeption seiner Arbeiten, die gar nicht so sehr in der Psychologie als vielmehr in der Philosophie, der Soziologie und – kritisch – in der Geschichtswissenschaft stattfindet. Sein Kampf um individuelle Entfaltungschancen hat ihn, so lässt sich vermuten, erst in die Arme der Psychologie getrieben und dann aus ihnen heraus in die Richtung einer politisch engagierten Gesellschaftstheorie. Aufgrund des starken Akzents auf die Verbindung von Sprache und Macht lässt sich Foucault in der Theorietradition des Strukturalismus als Poststrukturalist einordnen. Die Bezeichnung des ›Historikers unter den Strukturalisten‹ leitet sich daraus ab, dass es ihm um ein geschichtliches Verständnis gesellschaftlicher Zusammenhänge ging, wie sie in der Sprache abgebildet werden. Vom Historiker unterscheidet ihn damit, dass er sich nicht für historische Fakten, sondern um die Art und Weise ihrer Thematisierung interessierte (vgl. Schiwy 1984: 80 ff.).

Die Entwicklung seines Denkens lässt sich auch mit Blick auf seine wichtigsten Arbeiten nachvollziehen. Seine ersten Bücher, *Psychologie und Geisteskrankheit* (1970 [1954]) sowie *Wahnsinn und Gesellschaft* (1973 [1961]) sind dem System der Psychiatrie gewidmet. Allerdings geht es hier keinesfalls um medizinische Einsichten, sondern um die Rekonstruktion der Sozial- und Begriffsgeschichte des Wahnsinns. Wenig später folgen zwei Bücher, von denen sich das eine mit der *Geburt der Klinik* (1976 [1963/1972]) befasst. Das andere enthält literaturwissenschaftliche Abhandlungen über den Schriftsteller *Raymond Roussel* (1989a [1963]). Sein begriffliches Instrumentarium für die Verbindung von Sprachgebrauch und gesellschaftlichen Machstrukturen entwickelt Foucault in den beiden Werken *Die Ordnung der Dinge* (1974a [1966]) und *Die Ordnung des Diskurses* (1974b [1972]). Im Fortgang dreier weiterer Bücher erprobt er seine diskursanalytische Methode, die er metaphorisch als ›archäologisch‹ bezeichnet, was sich insbesondere in *Überwachen und Strafen. Die Geburt des Gefängnisses* (1977 [1975]) und in *Archäologie des Wissens* (1981 [1969]) niederschlägt. Das Oeuvre schließt mit dem Mehrbänder über *Sexualität und Wahrheit* (1983, 1989b, 1989c [1976–1984]), dessen vierter Band posthum 2019 erschienen ist. Unterm Strich lässt sich Foucaults Arbeit insoweit auf einen Nenner bringen als es ihm wesentlich um die Analyse der Verbindung beziehungsweise der wechselwirkenden Herausbildung von Wissen und Macht geht. Diese Kombination mündet in zwei Grundunterscheidungen, die sich zum einen darauf beziehen, was wahr ist und was unwahr sowie zum anderen darauf, was als normal und was als un- oder abnormal zu gelten hat.

Auch wenn die soziologische Bedeutsamkeit seiner Arbeiten angesichts dieser Schwerpunktsetzungen offenkundig ist, würde man Foucault Gewalt antun, wenn man ihn als genuin soziologischen Theoretiker der Disziplin eingemeinden wollte. Allein der Blick auf seinen Werdegang zeigt, dass es ihm zumindest am Anfang nicht um einen soziologischen Zugang zu tun war – er selbst hat sich denn auch eher als Historiker bezeichnet. Hinzu kommt, dass er seine theoretischen Ansätze nicht in letzter Konsequenz systematisch ausgearbeitet hat. Die Inspirationskraft seiner Arbeiten liegt in vielfach anschlussfähigen Analysefiguren, Neologismen, Synthesen und Einsichten, was ihm – ähnlich wie auch Friedrich Nietzsche als einem seiner Vorbilder – den Ruf eingetragen hat, weniger trockener Theoretiker als vielmehr lesbarer Schriftsteller zu sein (vgl. Seitter 1990). Es ist daher bereits mit Blick auf seine Bildungsbiographie nachvollziehbar, dass sich Foucault weniger für die Weiterentwicklung soziologischer Grundbegriffe und Theorien als für ihren kritischen Gebrauch interessiert hat. Obzwar gesellschaftstheoretische Motive in seinem Werk leicht auffindbar sind, bedarf die Einordnung Foucaults als Gesellschaftstheoretiker also einer gewissen Nonchalance – man muss die geeigneten Konzepte identifizieren und in einen gesellschaftstheoretischen Zusammenhang bringen.

Im Folgenden geht es darum, den Zusammenhang von Macht und Gesellschaft im Werk Foucaults zu skizzieren. Im Mittelpunkt steht das Konzept des *Diskurses*. Für eine Untersuchung von Gesellschaften kann es um den Begriff des *Dispositivs* ergänzt werden. Mit Blick auf Hypothesen zur gesellschaftlichen Entwicklung mündet dieser Zusammenhang in die Begriffe der *Subjektivierung* und der *Gouvernementalität*. Da es Foucault im Wesentlichen um die Entstehung von Machtverhältnissen geht, wird im Anschluss daran gezeigt, inwiefern seine gesellschaftstheoretisch interpretierbaren Überlegungen einen dynamischen Gesellschaftsbegriff zugrunde legen müssen. Um dies näher zu beleuchten, rücken schließlich Foucaults metaphorisches Verständnis von *Archäologie* sowie das Konzept der *Genealogie* in den Mittelpunkt.

Wie wird Gesellschaft konzeptualisiert?

Vermutlich liegt man nicht ganz falsch, wenn man Foucault als einen Gesellschaftstheoretiker wider Willen versteht. ›Die‹ Gesellschaft ist ihm, der sich ausdrücklich nicht für ihre Analyse interessieren will, eher der Rahmen der Gängelung und Zurichtung des Subjekts sowie der Machtausübung. Wenn die Rede gar auf Begriffe wie die ›Gesamtgesellschaft‹ kommt, verwahrt er sich explizit. Fragen der in einer gesellschaftlichen Ordnung statthabenden Wechselwirkungen lehnt er brüsk mit dem Hinweis ab, dass man solchen Ordnungen nur mit Blick auf ihre Zerstörung Rechnung tragen solle (Foucault 2000: 104 f.). Diese Position, die Foucault im Zusammenhang eines Interviews über die Studentenproteste des Frühjahres 1968 vertritt, ist radikal, indem sie auf den ideologischen Gehalt des zu dieser Zeit dominierenden Verständnisses einer Gesamtgesellschaft – insbesondere vor dem Hintergrund ihrer Gestaltbarkeit – verweist. Das aber hält er für eine historisch gewachsene Illusion:

> »Man glaubt häufig, von Erfahrungen, Aktionen, Strategien, Projekten zu verlangen, daß sie die ›Gesamtgesellschaft‹ umfassen, sei das Mindeste. In Wirklichkeit zwingt man ihnen damit eine maximale, eine unmögliche Bedingung auf: denn die ›Gesamtgesellschaft‹ funktioniert gerade in der Weise und zu dem Zweck, daß sie nicht stattfinden, gelingen, dauern können. Die ›Gesamtgesellschaft‹ ist dasjenige, dem nur insoweit Rechnung zu tragen ist, als es zerstört werden soll. Es ist zu hoffen, daß es nichts mehr geben wird, was der Gesamtgesellschaft gleicht.« (Foucault 2000: 105)

Gesellschaft im Ganzen zu gestalten erscheint als aussichtslos – gleichwohl aber gibt es eine sehr dynamische gesellschaftliche Ordnung, die zu analysieren Foucault nicht müde wird. Ohne den Gesellschaftsbegriff näher zu bestimmen, behandelt er Gesellschaftliches im Sinne einer diskursiven Machtstruktur. Man kann daher vermuten, dass Foucaults Begriff von Gesellschaft dort als zu bekämpfendes Konzept erscheint, wo ein kohärentes soziales Ganzes oder eine politische Gemeinschaft beschworen werden soll. Ansonsten befasst er sich durchgängig mit Problemen, die viele Soziologen als genuin gesellschaftlich – und zwar aus einer prozesshaften Perspektive – bezeichnen würden. Allein den Begriff selbst scheint er zu meiden.[1]

Wie gestaltet sich das Verhältnis von Mikro- und Makroanalyse?

Foucault muss vor dem Hintergrund seiner psychologisch-psychoanalytischen Ausbildung zunächst von der Perspektive des Einzelnen ausgegangen sein. Allerdings kommt er bereits in seinen ersten Veröffentlichungen zu Ein-

1 Der Buchtitel *Wahnsinn und Gesellschaft* heißt im Original *L'histoire de la folie* und der Titel *In Verteidigung der Gesellschaft*, der auch im französischen Originaltitel das Wort ›société‹ führt, wurde, posthum erschienen, nicht von Foucault gewählt. In diesen Vorlesungen, die um die Thematik des Krieges kreisen, dürfte es eher um das Problem der Verteidigung des Staates und eben nicht der Gesellschaft gehen.

sichten, die eher Überindividuelles adressieren. Seine Machtanalytik erfasst zwar das durch gesellschaftliche Macht geformte Subjekt – für die Macht ausübende Person interessiert er sich indes kaum. Vielmehr erscheint Macht als Makrophänomen und auf den ersten Blick als paranoide Konzeption einer anonymen Instanz, die kaum fassbar und irgendwie konspirativ ihre Wirkungen entfaltet (vgl. Hillmann 2007: 156). Wenn auch der Antrieb der Macht im Dunkeln bleibt, wird als Ansatzpunkt der Machtanalytik – ganz im Sinne des Strukturalismus – zunächst die Sprache und dann alles Zeichenhafte beziehungsweise jeglicher irgend mit Bedeutung versehene Gegenstand ausgewiesen. Foucaults ›Machtsichtgeräte‹ sind dementsprechend zunächst der Diskurs und das Dispositiv.

Alltagssprachlich bezeichnet das Wort ›Diskurs‹ ein Gespräch oder eine Diskussion, mitunter in Verbindung mit der Ergänzung, dass es sich um eine Auseinandersetzung handelt, die in der Öffentlichkeit ausgetragen wird (vgl. Bublitz 2008). Der Diskursbegriff bei Foucault unterscheidet sich von diesem Verständnis in einigen Punkten. So bezeichnet er Aussagen, die »nach demselben [...] Regelsystem gebildet worden sind« (Keller 2007: 204). Dieses Regelsystem, auf dessen Offenlegung die Diskursanalyse zielt, besteht allerdings nicht nur aus sprachlichen Aussagen, sondern aus institutionalisierten Aussagepraktiken, die gesellschaftlich hergestellt worden sind und die die Funktion haben, ›wahres‹ Wissen zu sichern (vgl. Keller/Schneider 2020). Foucault kehrt damit die Vorstellung, dass man das weiß, was an Dingen oder Gegenständen gegeben ist, um. So wissen wir erst aufgrund von Diskursen, was wir mit einem Gegenstand oder Sachverhalt anzufangen haben. Mit anderen Worten legen Diskurse fest, was denkbar und was sagbar ist. Dieses Verständnis von Diskursen wird in der *Archäologie des Wissens* entfaltet. Anhand historischer Quellenanalysen entwickelt Foucault dort ein Forschungsprogramm, vermittels dessen die gesellschaftliche Herstellung und Ordnung von Praktiken und Objekten analysiert werden kann (vgl. Keller 2007). Diese gesellschaftliche Produktion von Wissen ist allerdings keine einvernehmlich geregelte Angelegenheit. Jede Entstehung neuen Wissens ist mit Macht verbunden. Diese Macht liegt nicht automatisch bei den politischen Machthabern und kann auch nicht als eine einen bestimmten Raum organisierende Struktur zur Freiheitsbeschränkung verstanden werden. Foucault begreift sie vielmehr als produktiv, indem sie im Modus sozialer Beziehungen Praktiken und damit Subjektivität hervorbringt. Macht wird also nicht nur als

Mittel der politischen und ökonomischen Interessen auf einer gesellschaftlichen Makroebene gesehen, sondern auf der Mikroebene der Subjekte und ihrer Beziehungen:

> »Der Grund dafür, daß die Macht herrscht, daß man sie akzeptiert, liegt ganz einfach darin, daß sie nicht nur als neinsagende Gewalt auf uns lastet, sondern in Wirklichkeit die Körper durchdringt, Dinge produziert, Lust verursacht, Wissen hervorbringt, Diskurse produziert; man muß sie als ein produktives Netz auffassen, das den ganzen Körper überzieht und nicht so sehr als negative Instanz, deren Funktion in der Unterdrückung besteht.« (Foucault 1978: 35)

Vor dem Hintergrund dieser alltagsweltlichen Relevanz von Machtwirkungen lassen sich nun unterschiedliche Diskurse analysieren. Foucault geht hierbei entlang von vier sogenannten Formationsregeln vor (vgl. Keller 2007) und untersucht erstens die Regeln, nach denen Gegenstände gebildet werden (Formation der Gegenstände). Zweitens will er herausfinden, von welcher Position aus über bestimmte Gegenstände gesprochen wird (Formation der Äußerungsmodalitäten). An dritter Stelle geht es um die Frage, wie Argumente aufgebaut beziehungsweise verbunden werden (Formation der Begriffe) und viertens möchte er wissen, was die im Diskurs zentralen Themen sowie Theorien sind und wie sie sich auf andere Diskurse beziehen lassen (Formation der Strategien).

Alle vier Formationsregeln zielen, so könnte man das im Grunde sprachtheoretische Argument soziologisieren, auf eine Beschreibung der Entstehung gesellschaftlicher Ordnung. Diese diskursiv fundierte Gesellschaftsordnung besteht darin, dass erst infolge einer ganz bestimmten Anordnung und Hierarchisierung von Gegenständen, Sprecherpositionen, Argumentationsmustern und thematischen Verknüpfungen klar wird, was als wahr und was als unwahr beziehungsweise was als normal und was als unnormal ausgewiesen werden kann. Bei einer solchen Sichtweise wird deutlich, dass keine von vornherein gegebene Sinnstruktur unterstellt werden kann; alles ist historisch geworden und in stetem Wandel. Allerdings ist kaum eine Einzelperson so machtvoll, diese Makroordnung, die für einen ganzen Kulturraum gilt, nach eigenem Gutdünken umzugestalten.

Foucault veranschaulicht dieses Vorgehen zunächst anhand der Entwicklung des Gefängnisses und des Irrenhauses beziehungsweise der Klinik. Dabei geht er der Frage nach, was historisch als normal und was als abweichend, was als vernünftig oder wahnsinnig sowie was als gesund und was als krank begriffen wurde. Eine wichtige Rolle in diesen Vorgängen spielt die Wissenschaft. Sie wird zum Instrument der Machtausübung, da sie die Kriterien der betreffenden Diskurse definiert und festlegt, was thematisiert werden kann, wer etwas zu sagen hat und wer nicht, in welcher Weise ein Argument vorzubringen ist und mit welchen anderen Themen es sinnvollerweise verbunden werden kann. Entsprechend erklärt sich die Entstehung der Disziplin der Kriminologie, die eine Steigerung der Kontrolle durch Rationalität bewirkt, indem sie an der Psyche des Kriminellen ansetzt. Gefängnisse entwickeln sich einerseits zu Umerziehungseinrichtungen, in denen verbrecherisches Verhalten abgestellt und Resozialisation durch Arbeit und Persönlichkeitsentwicklung unter den Augen eines besonders qualifizierten Personals geleistet werden soll. Andererseits werden sie auch zur Reproduktionseinrichtung von Delinquenz, indem sie den Diskurs im Sinne der Unterscheidung von normal und abweichend fortdauernd bestätigen und weiterentwickeln (vgl. Münch 2004).

Ein eng mit dem Konzept des Diskurses verbundener Begriff ist das *Dispositiv*. Diskurse sind ein wichtiger aber nicht der einzige Bezugspunkt für die Analyse machtvermittelter Ordnungen. Ihre Analyse erschließt die Voraussetzungen und Folgen ›wahren‹ Wissens. Dispositive greifen demgegenüber weiter aus. Sie können als Ensemble oder Anordnung diskursiver und nicht-diskursiver Praktiken, Objektivationen und Subjektivationen gefasst werden (vgl. Keller/Schneider 2020). Foucault definiert das Dispositiv entlang von drei Aspekten:

- »[…] erstens ein entschieden heterogenes Ensemble, das Diskurse, Institutionen, architekturale Einrichtungen, reglementierte Entscheidungen, Gesetze, administrative Maßnahmen, wissenschaftliche Aussagen, philosophische, moralische oder philanthropische Lehrsätze, kurz: Gesagtes ebensowohl wie Ungesagtes umfaßt. […] Das Dispositiv ist das Netz, das zwischen diesen Elementen geknüpft werden kann.« (Foucault 1978: 119 f.)
- Zweitens umfasst das Dispositiv als Netzwerk nicht nur ›positive‹ Aspekte, welche eine Praktik legitimieren, sondern auch Elemente, die Praktiken maskieren oder ausblenden.

- Und drittens besteht die strategische Funktion von Dispositiven darin, zu einem bestimmten historischen Zeitpunkt auf ein gesellschaftliches Problem zu reagieren.

Dispositive sind, so hält Foucault (1978: 121 f.) darüber hinaus fest, Orte eines doppelten Prozesses. Einerseits liege ein Prozess einer funktionellen Überdetermination insofern vor, als jede Wirkung, also jedes thematisch irgendwie zuordenbare Geschehen, mit Blick auf das ganze Ensemble disponierender Elemente abzugleichen ist. Dies führt mit jedem hinzukommenden Ereignis zu einer beständigen Neubewertung und Neuausrichtung des gesamten Netzwerks. Andererseits ist eine fortdauernde strategische Wiederauffüllung zu bemerken: Jede Neuerung erzeugt Wirkungen im gesamten Netzwerk, mit denen vorher nicht gerechnet worden ist und die wiederum die (strategische) Aufnahme neuer Elemente erfordern. Das Dispositiv ist damit immer machtvermittelt.

Ein bedeutendes Beispiel für Foucaults Dispositivanalyse sind seine Arbeiten zum *Sexualitätsdispositiv* (vgl. Foucault 1983). Sein Ausgangspunkt ist, dass er Sexualität nicht als biologische oder soziale Gegebenheit begreift, sondern als ein geschichtlich begründetes Netz unterschiedlicher Impulse zur körperlichen Stimulierung, zur Intensivierung der Lüste, zu einer Anreizung zum Diskurs, zur Formierung von Erkenntnis, zur Verstärkung von Kontrolle und zu Widerständen in großformatigen Wissens- und Machtstrategien. All diese Momente sozialer Beziehungen gestalten nicht nur das, was unter Sexualität verstanden werden kann; sie sind auch Aspekte einer neuzeitlichen Form der gesellschaftlichen Kontrolle des Subjekts. Neuzeitlich ist diese Vorstellung deshalb, weil Foucault den Beginn des Sexualitätsdispositivs erst im 18. Jahrhundert identifiziert. Zuvor waren Sexualbeziehungen gesellschaftlich in einem Zusammenhang geregelt, den er als *Allianzdispositiv* bezeichnet. Das Allianzdispositiv organisiert das System des Heiratens, der Verwandtschaften sowie der Weitergabe von Namen und Gütern über stabilisierende Zwangsmechanismen und ein komplexes Wissen. Mit dem Beginn der Neuzeit setzte jedoch insbesondere auf den Gebieten der Ökonomie und der Politik ein gesellschaftlicher Wandel ein, für dessen neue Strukturierungen das Allianzdispositiv mit seiner Regelung des Erlaubten und Verbotenen sowie des Vorgeschriebenen und des Ungehörigen keine hinreichende Steuerungswirkung mehr entfalten konnte. So entstand neben diesem hergebrachten Regelungssystem ein neues, das den veränderten Steuerungsanforderungen besser genügen konnte: »Das Sexualitätsdispositiv funktioniert vermittels mobiler, polymorpher und konjunktureller Machttechniken, [...] führt zu einer permanenten Ausweitung der Kontrollbereiche und -formen«, insbesondere im Bereich der »Empfindungen der Körper«, der »Qualität der Lüste« und um die »Natur noch der feinsten oder schwächsten Eindrücke.« Darüber hinaus wirkt es, indem es »die Körper immer detaillierter vermehrt, erneuert, zusammenschließt, erfindet, durchdringt und daß es die Bevölkerung immer globaler kontrolliert« (Foucault 1983: 128 f.). Es geht also nicht mehr um die Regelung und Organisation gesellschaftlicher – biologischer wie materieller – Reproduktion, sondern um die Intensivierung des Körpers und seine Neuinterpretation als Wissensgegenstand beziehungsweise als Element in Machtverhältnissen. Erst durch die wechselseitige Durchdringung des Allianz- und des Sexualitätsdispositivs kann die Familie zu einem Ort der Empfindungen, Gefühle und Liebe werden, aus dem die Sexualität hervorgeht. Die Hauptachsen der Allianzfamilie, welche die Beziehungen zwischen Mann und Frau sowie zwischen Eltern und Kindern organisieren, entwickeln sich weiter zu den Grundelementen des Sexualitätsdispositivs: der Hysterisierung der Frau (Körperlichkeit), der Sexualisierung des Kindes (Frühreife), der Regulierung der Bevölkerung (Geburtenregelung) und die Spezifizierung des Perversen (Klassifizierung der Perversionen). Dies führt zu Differenzierungen und neuen Problemlagen einer zunächst von Eltern oder Eheleuten als zentralen Akteuren des Dispositivs ausgehenden und dann von Ärzten, Pädagogen und Psychiatern fortgeführten Gemengelage. Foucault beschreibt dies wie folgt:

> »Neue Figuren treten damit auf den Plan: die nervöse Frau, die frigide Gattin, die gleichgültige oder von mörderischen Obsessionen gequälte Mutter, der impotente, sadistische oder perverse Gatte, die hysterische oder neurasthenische Tochter, das frühreife und bereits erschöpfte Kind, der junge Homosexuelle, der die Ehe verweigert oder seine Frau vernachlässigt.« (Foucault 1983: 133)

Das Sexualitätsdispositiv schafft somit neue Ordnungsmuster, die sich auf eine Kontrolle des Einzelnen richten. Es nimmt dabei eine Anpassung an gesellschaftliche Erfordernisse der beginnenden Neuzeit vor. Dementsprechend geht es zuerst darum, gesellschaftliche Arbeitskraft und ihre Reproduktion zu sichern. Dies erfolgt durch ihre Beschränkung auf die Institution der Ehe und eine geregelte Kinderfabrikation. Im Spätkapitalismus verändern sich die Bedingungen, und die Sexualität wird in kontrollierte Kreisläufe der Ökonomie geleitet. Sexualität wird nicht mehr funktional unterdrückt, sondern produziert – es entsteht etwas Neues.

Angesichts dieser Entwicklungen lässt sich nun die Frage stellen, ob tatsächlich die gesamte Gesellschaft der betreffenden Epoche erfasst wurde oder ob es sich hier um klassen- beziehungsweise schichtspezifische Einzelprobleme gehandelt haben könnte. Foucault stellt klar, dass die Einrichtung des Sexualitätsdispositivs zwar vom gehobenen Bürgertum ausgegangen, aber nicht im Sinne eines Verzichtssystems installiert worden sei. Vielmehr habe es sich um »neue Techniken der Maximalisierung des Lebens« gehandelt (Foucault 1983: 148) – im Zentrum stand nicht die Unterdrückung des Sexes der unteren Klassen und Schichten, sondern die Stärkung des Bürgertums als der herrschenden Klasse.

> »Die Klasse, die im 18. Jahrhundert zur Hegemonie kam, dachte gar nicht daran, ihren Körper eines Sexes zu berauben, der unnütz, kostspielig und gefährlich war, solange er nicht allein der Fortpflanzung dienstbar gemacht war. Im Gegenteil, sie hat sich einen Körper gegeben, den es zu pflegen, zu schützen, zu kultivieren, vor allen Gefahren und Berührungen zu bewahren und von den anderen zu isolieren galt, damit er seinen eigenen Wert behalte. Ein Mittel dazu war die Technologie des Sexes.« (Foucault 1983: 149)

Die Regelung der Sexualität des Proletariats wurde demgemäß erst in Angriff genommen, als dessen Verelendung einen Höhepunkt erreicht hatte – als Kontrolltechnologie, um die ungeregelte Reproduktion der unteren Schichten einzudämmen. Erst mit einiger zeitlicher Verzögerung wurde das Sexualitätsdispositiv, das wesentlich in einer fortdauernden Thematisierung des Sexes besteht, auch in anderen gesellschaftlichen Bereichen eingeführt – allerdings mit teilweise völlig anderen Wirkungen. Foucault spricht in diesem Zusammenhang von Klassensexualitäten. Hatte sich das Bürgertum durch die gesellschaftliche Einrichtung eines sexuellen Körpers gegenüber der durch ›edles Blut‹ organisierte Reproduktivität des Adels etabliert, sah es sich gegen Ende des 19. Jahrhunderts dazu veranlasst, diesen Körper gegenüber Einflüssen aus anderen Schichten zu schützen. Dies erfolgte durch repressive Maßnahmen im Sinne einer rechtlichen Regulierung des Sexuellen – eine Entwicklung, auf die dann die Psychoanalyse reagieren und zu erheblichem gesellschaftlichen Einfluss gelangen konnte.

Aus dieser kurzen Darstellung der ersten Entwicklungsschritte des Sexualitätsdispositivs wird ersichtlich, dass grundlegende gesellschaftliche Probleme – hier: die Regelung und Organisation der Reproduktion ganzer Schichten und Klassen – nicht allein dem Plan personal identifizierbarer Machthaber beziehungsweise den von ihnen etablierten und vertretenen politisch-gesellschaftlichen Systemen erwachsen, sondern sich aus komplexen gesellschaftlichen Konstellationen und den in ihnen ausgebildeten Machtbeziehungen ergeben. Im Mittelpunkt steht dabei der ständige formierende Zugriff des Sozialen auf den Körper sowie die Psyche des Individuums. Das Subjekt verinnerlicht, ja verkörperlicht die Vorgaben, die ihm aus seinem sozialen Umfeld entgegentreten – es wird gesellschaftlich diszipliniert beziehungsweise subjektiviert.

Es ist vor diesem Hintergrund nicht weit hergeholt, ein solches Verständnis von Gesellschaft als Disziplinargesellschaft zu bezeichnen. Aus dem Zusammenwirken von Diskursen und Dispositiven entsteht somit die Kraft, die das Verhalten der Einzelnen ebenso organisiert wie ihr Zusammenleben in Gruppen. Insofern handelt es sich hier um einen Modus der Formierung von Gesellschaft, um Vergesellschaftung. Mit anderen Worten wird das soziale Mit- oder Gegeneinander durch eine umfassende Infrastruktur geregelt, zu welcher – zum Beispiel im Fall des Gefängnisses – Rechtsordnungen ebenso gehören wie eine spezifische Architektur oder das Personal (vgl. Keller 2007). All diese Bezüge, die auf das Subjekt einwirken, werden bei Foucault nicht als einfache Gegebenheiten betrachtet, in denen es sich einzurichten gilt, sondern als Rahmenbedingungen von Machtverhältnissen. Veranschaulichen lässt sich dies an einer bestimmten Architektur des Gefängnisses (vgl. Foucault 1977 [1975]): Der Philosoph Jeremy Bentham hatte einen Rundbau entworfen, in dessen äußerem Rund die Zellen angeordnet sind. Die Gefängniszellen des sogenannten Panopticons sind von innen her einsehbar, da im Innenhof ein Beobachtungsturm steht, von dem aus jede einzelne Zelle vollständig überblickt werden kann. Aus der Perspektive der Insassen kann allerdings nicht erkannt werden, ob sich gerade jemand im Turm befindet beziehungsweise ob diese Person gerade herschaut. So leben die Gefangenen im fortdauernden Bewusstsein, beobachtet werden zu können und passen ihr Verhalten entsprechend an.

Die Machtverhältnisse gestalten sich jedoch nie einseitig sondern stets wechselseitig. Um dies zu betonen führt Foucault den Begriff der *Gouvernementalität* ein – ein Neologismus, der sich als Schachtel- oder Portmanteau-Wort aus Gouvernement (Regierung) und Mentalität zusammensetzt. Eine solche Verbindung ist nötig, um klarzustellen, dass sich Führung zugleich auf das Führen anderer und das Führen seiner selbst bezieht. Im Mittelpunkt steht hier die Idee der *Technologien des Selbst*, mit deren Hilfe verstanden werden kann, wie Individuen sich selbst subjektivieren, indem sie unter dem Einfluss der von ihnen vorgefundenen und sie betreffenden gesellschaftlichen Bedingungen zu spezifischen Wahrnehmungen und Einschätzungen ihrer Situation, ihrer Handlungsmöglichkeiten und schließlich ihres Selbst gelangen. Dieser Ansatz wird vorwiegend in den Arbeiten zur Sexualität entwickelt. Auf der Grundlage seiner historischen Studien geht Foucault der Frage nach, warum sexuelles Verhalten seit jeher mit moralischer Sorge verknüpft zu sein scheint. Einen Zugang findet er in der Einsicht, dass menschliche Problematisierungen immer mit Praktiken verbunden sind. Diese Praktiken nennt er *Künste der Existenz* oder *Selbsttechniken*. Quellen für solche Verhaltensmuster findet er in historischen Dokumenten, die als Ratgeber, Regelwerke oder Hinweise auf nicht gesetzlich regulierte Verhaltensbereiche zielen und die das Rüstzeug für tägliches Verhalten bieten sollen. Subjektivierend im Hinblick auf Selbsttechniken wirken sie insofern, als sie es den Individuen erlauben sich selbst als ethisches Subjekt zu entwerfen.

Foucault untersucht bestimmte Muster sozialer Ordnung und damit das, was eine Gesellschaft im Innersten zusammenhält. Allerdings geht er nicht von staatlich institutionalisierten Verboten und Moralsystemen aus; vielmehr schreibt er eine »Geschichte der ethischen Problematisierungen« (ebd.). Das Subjekt wird nicht nur durch äußerliche Sanktionen gefügig gemacht, sondern es macht sich vor allem von selbst gefügig, weil es durch Diskurse und Dispositive beziehungsweise durch die Problematisierungen seiner Praktiken bestimmten Machtmechanismen unterworfen ist, denen es scheinbar ›freiwillig‹ und ohne groß darüber nachzudenken entspricht.

Wie wird die Veränderung beziehungsweise die Entwicklung von Gesellschaft gedacht?

Im Grunde deutet vieles darauf hin, dass Foucault grundsätzlich eher von Prozessen gesellschaftlicher Entwicklung ausgeht als von statischen gesellschaftlichen Ordnungen. Durch seine historische Perspektivierung, wie er sie im Konzept der *Archäologie* des Wissens entfaltet, entsteht jedoch der Eindruck, dass er bestimmte gesellschaftliche Formationen einzelner historischer Epochen beziehungsweise die dort vorfindlichen Problematisierungen untersuche und daher eigentlich nur Momentaufnahmen aber keine Entwicklungen in den Blick bekomme. Archäologie bringe, so stellt er selbst einmal fest, die Geschichte zum Erstarren (Foucault 1973 [1961]: 236). Dieses Problem nimmt er in seinen späteren Schriften auf und beginnt sich für die Analyse gesellschaftlicher Entwicklungen zu interessieren. Als Grundmotiv entlehnt er Friedrich Nietzsches Konzept der *Genealogie*, vermittels dessen er »historische Veränderungen als Ergebnis von Verschiebungen gesellschaftlicher Konfliktlinien in den Blick nimmt« (Keller 2008: 74). Dabei konzentriert er sich konsequenterweise nicht auf Entwicklungen, wie sie die historische Geschichtsschreibung herausgearbeitet hat, sondern erneut auf das Wissen der Praxis. Es geht ihm darum,

> »lokale, diskontinuierliche, disqualifizierte Wissensarten ins Spiel zu bringen, die nicht legitimiert sind gegenüber der einheitlichen theoretischen Instanz, die den Anspruch erhebt, sie im Namen eines wahren Wissens und der Rechte einer Wissenschaft, die sich im Besitz von irgendjemandem befände, zu filtern, zu hierarchisieren, zu klassifizieren« (Foucault 1978: 62).

Genealogie heißt also nicht nur, Veränderungen zwischen zuvor ›archäologisch‹ ausgegrabenen historischen gesellschaftlichen Zuständen zu dokumentieren. Genealogie heißt auch, der Entstehung und Herkunft anderer Wissensarten als dem etablierten wissenschaftlichen Wissen Rechnung zu tragen und dieses Wissen – als problematisierungsrelevantes Wissen – in die Analyse gesellschaftlicher Veränderungen miteinzubeziehen.

Lern- und Kontrollfragen

- Welchen Begriff von *Diskurs* hat Foucault und was sagt dieser Begriff über gesellschaftliche Ordnung?
- Wie unterscheidet sich das *Dispositiv* vom *Diskurs* und was sagt eine Dispositivanalyse über den Zustand der Gesellschaft?
- Worin besteht der Zusammenhang zwischen *Techniken des Selbst, Subjektivierung* und *Gouvernementalität?*

Literatur

Primärliteratur

Foucault, Michel (1970 [1954]). Psychologie und Geisteskrankheit. Frankfurt a. M.: Suhrkamp.

Foucault, Michel (1973 [1961]). Wahnsinn und Gesellschaft. Eine Geschichte des Wahns im Zeitalter der Vernunft. Frankfurt a. M.: Suhrkamp.

Foucault, Michel (1974a [1966]). Die Ordnung der Dinge. Eine Archäologie der Humanwissenschaften. Frankfurt a. M.: Suhrkamp.

Foucault, Michel (1974b [1974]). Die Ordnung des Diskurses. München: Hanser.

Foucault, Michel (1976 [1963]). Die Geburt der Klinik. Eine Archäologie des ärztlichen Blicks. Frankfurt a. M.: Ullstein.

Foucault, Michel (1977 [1975]). Überwachen und Strafen. Die Geburt des Gefängnisses. Frankfurt a. M.: Suhrkamp.

Foucault, Michel (1978). Dispositive der Macht. Michel Foucault über Sexualität, Wissen und Wahrheit. Berlin: Merve.

Foucault, Michel (1981 [1969]). Archäologie des Wissens. Frankfurt a. M.: Suhrkamp.

Foucault, Michel (1983 [1976]). Der Wille zum Wissen. Sexualität und Wahrheit. Band 1. Frankfurt a. M.: Suhrkamp.

Foucault, Michel (1989a [1963]). Raymond Roussel. Frankfurt a. M.: Suhrkamp.

Foucault, Michel (1989b [1984]). Der Gebrauch der Lüste. Sexualität und Wahrheit. Band 2. Frankfurt a. M.: Suhrkamp.

Foucault, Michel (1989c [1984]). Die Sorge um sich. Sexualität und Wahrheit. Band 3. Frankfurt a. M.: Suhrkamp.

Foucault, Michel (2000). Von der Subversion des Wissens. Frankfurt a. M.: Fischer.

Foucault, Michel (2019). Die Geständnisse des Fleisches. Sexualität und Wahrheit. Band 4. Berlin: Suhrkamp.

Sekundärliteratur

Bublitz, Hannelore (2008). Diskurs. In: Farzin, Sina/Jordan, Stefan (Hg.): Lexikon Soziologie und Sozialtheorie. Hundert Grundbegriffe. Stuttgart: Reclam, S. 45–48.

Hillmann, Karl-Heinz (2007). Wörterbuch der Soziologie. Stuttgart: Kröner.

Keller, Reiner (2005). Michel Foucault (1926–1984). In: Kaesler, Dirk (Hg.): Aktuelle Theorien der Soziologie. Von Shmuel N. Eisenstadt bis zur Postmoderne. München: C. H. Beck, S. 104–126.

Keller, Reiner (2007). Diskurs/Diskurstheorien. In: Schützeichel, Rainer (Hg.): Handbuch Wissenssoziologie und Wissensforschung. Konstanz: UVK, S. 199–213.

Keller, Reiner (2008). Michel Foucault. Konstanz: UVK.

Keller, Reiner/Schneider, Werner (2020). Wissenssoziologische Diskurs- und Dispositivforschung: Zur machtanalytischen Rekonstruktion der Vorauslegung der alltäglichen Auslegung. In: Hitzler, Ronald/Reichertz, Jo/Schröer, Norbert (Hg.): Kritik der Hermeneutischen Wissenssoziologie. Weinheim: Beltz Juventa.

Münch, Richard (2004). Die Reproduktion von Machtstrukturen. Der Poststrukturalismus von Michel Foucault. In: Ders.: Soziologische Theorie. Band 3: Gesellschaftstheorie. Frankfurt a. M.: Campus, S. 393–416.

Schiwy, Günther (1984). Der französische Strukturalismus. Mode – Methode – Ideologie. Reinbek b. Hamburg: Rowohlt.

Seitter, Walter (1990). Michel Foucault – Von den Geisteswissenschaften zum Denken des Politischen. In: Deutsche Zeitschrift für Philosophie. Monatszeitschrift der internationalen philosophischen Forschung, Jg. 38, S. 922–930.

6.2 Pierre Bourdieu: Konkrete Gesellschaft als Praxis der Unterschiede

Der gelernte französische Philosoph gilt als einer der einflussreichsten Gesellschaftstheoretiker der Gegenwart. In den 1990er Jahren wurde er ins Standardwerk *Klassiker der Soziologie* (Kaesler 1999) aufgenommen. Seine Überlegungen zu gesellschaftlichen Ordnungen beziehungsweise Strukturen, deren Ursachen und die ihnen zugrunde liegenden Wirk- und Machtmechanismen haben maßgeblich zu einem Paradigmenwechsel in der Ungleichheitssoziologie beigetragen. Die Rezeption seiner Werke in Deutschland ist widersprüchlich und von Missverständnissen geprägt. Vielfach kritisiert wird zum Beispiel sein Anliegen, eigene Erkenntnisse in öffentliche Debatten einzubringen und sie für politische Empfehlungen zu nutzen. Politische Intervention sei nicht mit wissenschaftlicher Theoriebildung vereinbar, so argumentieren seine Gegner (vgl. zum Beispiel Rilling 2007: 4). Er hingegen will benachteiligten Gruppen eine Stimme verleihen, was ihm besonders eindrucksvoll in seinem Werk *Das Elend der Welt* (1993) gelingt. In Gesprächsform macht er darin auf eine Vielzahl an Lebensschicksalen aufmerksam. Sein Anspruch an die Soziologie:

> »Wenn sie tiefgehend und konsequent ist, begnügt sich die Soziologie nicht einfach mit bloßer Feststellung, die deterministisch, pessimistisch oder demoralisierend genannt werden darf. Sie kann realistische Mittel anbieten, um den der Gesellschaftsordnung immanenten Tendenzen entgegenzuwirken.« (Bourdieu 1996)

Zur Person

Bourdieu wird 1930 im südfranzösischen Dorf Denguin geboren. Er stammt aus bescheidenen Verhältnissen, sein Vater ist Postbeamter, seine Mutter Hausfrau. Zunächst besucht er ein Lycée in der Nähe seines Heimatortes, wechselt dann aber 1948 an das *Lycée Louis-le-Grand* in Paris. Anschließend studiert er in der *Faculté des Lettres* in Paris Philosophie, wird allerdings 1955 zum Militärdienst nach Algerien einberufen. Dieser Aufenthalt weckt sein Interesse an der kabylischen Gesellschaft, der er sich in Form ethnologisch-soziologischer Feldforschung widmet. In vielen seiner späteren Werke wird er auf diese Erfahrungen und Erkenntnisse zurückgreifen. Seinen Abschluss macht er 1958 an der Elitehochschule *École Normale Supérieure* in Paris. Er ist zunächst als Gymnasiallehrer und Hochschulassistent tätig, um ab Mitte der 1960er Jahre als Professor zu arbeiten. 1982 erhält er einen Ruf ans *Collège de France* und hat dort eine der höchsten Positionen im französischen Universitätssystem inne. Hier bleibt er bis zu seinem Tod im Jahre 2002. Er hat viele Auszeichnungen und Ehrungen erhalten, unter anderem die höchste akademische Auszeichnung in Frankreich, die *Médaille d'or du Centre National de la Recherche Scientifique* (1993), was deswegen so bemerkenswert ist, da ein derartiger sozialer Aufstieg gerade in Frankreich ungewöhnlich ist.

Sein Werk gilt als Synthese verschiedener, meist als gegensätzlich diskutierter Denkrichtungen. Bourdieu (1992: 137) beschreibt es als seine »wichtigste Absicht«, die Dichotomie zwischen Subjektivismus und Objektivismus, zwischen objektiven Strukturen und subjektiven Wahrnehmungs-, Denk- und Handlungsmustern zu überwinden. Er verbindet beide Theorietraditionen und überführt sie in sein makrosoziologisches Strukturmodell *des sozialen Raums*. Auch wenn er den Begriff der ›Gesellschaft‹ selbst weitestgehend vermeidet (vgl. zum Beispiel Hillebrandt 2009: 390) und für seine Theorien nicht den Status einer Gesellschaftstheorie beansprucht, so wird ihnen dieser in der Rezeption dennoch zugewiesen. Er entwickelt zwar partielle Theorien wie die Praxistheorie, das Raum-Modell sozialer Klassen oder die Habitus- und Feldtheorie. Diese könnten allerdings auf die gesamte soziale Welt angewandt werden, so dass sie eine umfassende Theorie ergäben, so formulieren es zum Beispiel Nassehi und Nollmann (2004: 12). Seinen besonderen Fokus auf die soziale Welt beschreibt Bourdieu in einem Satz:

> »Hätte ich meine Arbeit in zwei Worten zu charakterisieren, das heißt, wie es heute oft geschieht, sie zu etikettieren, würde ich von einem strukturalistischen Konstruktivismus oder von konstruktivistischem Strukturalismus sprechen.« (Bourdieu 1992: 135)

In Deutschland erhält zunächst sein Werk *La Distinction* 1979 große Bedeutung, das unter dem Titel *Die feinen Unterschiede* 1982 ins Deutsche übersetzt wird und ihm den Ruf eines Theoretikers der Lebensstile einbringt. Als weiteres seiner Hauptwerke gilt *Die Illusion der Chancengleichheit* (1971), in dem er – zusammen mit Jean-Claude Passeron – herausarbeitet, dass das Bildungssystem nicht zur Nivellierung sozialer und kultureller Ungleichheiten beiträgt, sondern diese gerade reproduziert und stabilisiert. Die größte Resonanz in Deutschland erfährt Bourdieu mit dem oben erwähnten *Elend der Welt* (1993). Hier präsentiert er mit seiner Forschergruppe umfangreiches empirisches Material zu einer Vielfalt von Leidtragenden der »neoliberalen Invasion« (ebd.: 10), wie er es nennt. In Form von Gesprächsskripten schildert er ihre alltäglichen Nöte und Sorgen und verweist auf deren gesellschaftsstrukturelle Bedingtheiten. Mit seinem ebenfalls grundlegenden *Entwurf einer Theorie der Praxis* (1976) knüpft er an seine algerischen Untersuchungen zur kabylischen Gesellschaft an. Mit dem Ziel, das Prinzip kollektiven Handelns zu verstehen, setzt er am Handlungsbegriff an und erklärt Handeln als wissens- und kontextabhängig und damit als relational. Er will die Genese des *praktischen Sinns* erfassen (vgl. Meier 2004: 66). Bourdieu inspiriert und beeinflusst mit seinen Werken nicht nur die Soziologie; seine Arbeiten sind anschlussfähig für viele weitere Disziplinen wie die Kunst- und Literaturwissenschaften, die Pädagogik und die Geschichte und so weiter.

Fragestellungen und Erkenntnisse

Bourdieu hat das Ziel, wissenschaftliche Erkenntnis zu generieren, um sie für politische Veränderungen nutzbar zu machen. Mit seinen Befunden zur Alltagspraxis will er auf das nicht Sichtbare, auf verborgene Strukturen und Mechanismen aufmerksam machen. Er betont:

> »[…] je stärker er [der Soziologe] wissenschaftlich gerüstet ist, je besser er das von seinen Vorgängern – Marx, Durkheim, Weber und vielen anderen – akkumulierte Kapital an Begriffen, Methoden und Techniken zu nutzen weiß und je ›kritischer‹ er ist, desto subversiver die ihn antreibende unbewußte oder bewußte Intention, das in der sozialen Welt Zensierte, Verdrängte aufzudecken« (Bourdieu 1993: 22).

Wie im Zitat angedeutet macht er vielfältige Anleihen bei soziologischen Klassikern, um darauf aufbauend die allen seinen Werken zugrunde liegende *Theorie der Praxis* zu entwickeln. Von Durkheim übernimmt er zunächst die Idee der Existenz *sozialer Phänomene*, also der Existenz von Gesellschaften beziehungsweise der des sozialen Tatbestands. Entgegen Durkheims Überzeugung geht er allerdings nicht von der zwingenden Kraft der *Idee* von Gesellschaft aus, die jeder/jede in sich trägt und die einseitig auf die Menschen einwirkt (vgl. Bourdieu 1993: 91). Vielmehr entsteht nach ihm die *reale* Wirklichkeit durch die Beziehungen der Akteure untereinander. Die *konkrete* Gesellschaft existiert nach ihm »als praktische Konstruktion aufeinander bezogener Akteure« (Bourdieu 1998: 99). In diesem Sinne ist es das alltägliche gesellschaftliche Miteinander, das die Gesellschaft konstituiert und zusammenhält. Von Spencer übernimmt er die Idee *funktional differenzierter* moderner Gesellschaften, ein Konzept, das auch von Durkheim aufgegriffen wird (siehe auch Spencer und Durkheim in diesem Band). Nach Durkheim entsteht Differenzierung durch soziale Arbeitsteilung; eine Verbundenheit ihrer Mitglieder ergäbe sich durch organische Solidarität. Bourdieu erweitert das Konzept der Differenzierung und entwickelt daraus das Konzept des *Unterschieds* zwischen den Akteuren. Unterschiede manifestieren sich nach ihm in spezifischen Identitäten und damit einhergehenden Handlungsweisen. Und diese implizieren zugleich *soziale Ungleichheiten* zwischen den Akteuren, so dass sie aus seiner Sicht nicht mit dem neutralen Begriff der Differenz gefasst werden können. In diesem Sinne entwirft Bourdieu eine eigene ungleichheitssoziologische Theorieperspektive. Er bezieht seine Unterschiede zudem (pragmatisch) auf die Praxis. In seinem Theorieentwurf entstehen Unterschiede im Rahmen der Konstruktionsprozesse der Akteure oder mit anderen Worten, sie werden erst im konkreten Tun produziert (vgl. hierzu auch Papilloud 2003: 15).

Auch die Entstehung gesellschaftlicher und subjektiver (Be-)Deutungen und Wahrnehmungen sieht Bourdieu in den konkreten Handlungspraxen der Akteure verortet. Wenn sie sich aufeinander beziehen, dann produzieren sie zugleich einen *Sinn*, so argumentiert er. Und hier greift er Max Weber auf: Ebenso wie dieser geht er von einem Sinn aus, der jeder Handlung zugrunde liegt, aber der den Akteuren nicht immer bewusst sein muss. Er betont: »Der Logozentrismus und Intellektualismus der Intellektuellen [...] haben die Einsicht verhindert, daß wir Menschen, laut Leibnitz, ›in Dreiviertel unserer Handlungen Automaten sind‹« (Bourdieu 1982: 740). Aber anders als Weber argumentiert er weiter, dass sich der Sinn erst aus der konkreten Praxis der Akteure ergibt. Für Bourdieu stehen die Akteure

> »nicht wie Subjekte vor einem Objekt [...]: Sie sind präsent für das, was zu kommen hat, zu tun ist, was ihre Sache (griechisch pragma) ist, ein unmittelbares Korrelat der Praxis (praxis), das keine gedankliche Setzung, kein planvoll ins Auge gefaßtes Mögliches ist, sondern etwas, das angelegt ist in der Gegenwart des Spiels.« (Bourdieu 1998: 144)

Sinn entsteht nach Bourdieu also immer erst in der Konkretion des Alltags, sodass er ihn nicht auf die Akteure selbst, sondern auf die konkrete Situation bezieht (ebd.: 41). Dabei ist Sinn nach Bourdieu ein

> »erworbenes Präferenzsystem, ein System von Wahrnehmungs- und Gliederungsprinzipien [...], von dauerhaften kognitiven Strukturen [...] und von Handlungsschemata, von denen sich die Wahrnehmung der Situation und die darauf abgestimmte Reaktion leiten läßt« (Bourdieu 1998: 41).

In diesem Sinne spricht Bourdieu auch von einem *Praxis*sinn. Als Soziologe geht es ihm, treffend von Papilloud ausgedrückt, um das »Begreifen des praktisch-sinnhaften Bezugs der individuellen und sozialen Unterschiede sowie den Prinzipien ihrer Strukturierung, auf denen die Konstruktion der Gesellschaft beruht« (2003: 21). Hier stimmt Bourdieu wieder mit Weber überein. Und ebenso wie Weber zielt Bourdieu in methodischer Hinsicht auf eine *Typisierung* beziehungsweise Klassifizierung der Prozesse sozialer Praxis. Er will sie in ihren Bedingungskonstellationen verstehen und erklären, was ihm mit der Bildung theoretischer Klassifikationen beziehungsweise homogener Klassen gelingt (vgl. Bourdieu 1998: 23). Seine Anleihen bei Karl Marx klingen schon beim Begriff der Klasse an. Und auch mit seiner Konzeption der *Unterschiede* knüpft Bourdieu an Marx' Thesen an. Er sieht die sozialen Unterschiede in *Machtbeziehungen* begründet. Und ebenso wie Marx geht er von einem steten gesellschaftlichen *Kampf* aus und versteht das soziale Miteinander als geprägt durch Auseinandersetzungen. Entsprechend beschreibt er die Aufgabe der Soziologie: »Gegenstand der Soziologie ist eine Wirklichkeit, die alle individuellen und kollektiven Kämpfe umfaßt, welche die Wirklichkeit bewahren oder verändern wollen.« (Bourdieu 1987: 258) Auseinandersetzungen beziehungsweise Kämpfe führt er – ebenso wie Marx – auf bestehende Machtverhältnisse beziehungsweise Machtungleichheiten zwischen den Akteuren oder Akteursgruppen zurück. Allerdings versteht er den Begriff der

Macht sehr viel weiter als Marx. Soziale Macht ist für ihn nicht nur sozioökonomisch bedingt, sondern sie beziehe sich auf den gesamten gesellschaftlichen Bereich. Sie ist die »Macht der Einzelnen, sich von den anderen Akteuren zu unterscheiden und diese Unterscheidung gesellschaftlich bedeutend zu machen«, so erläutert Papilloud (2003: 25) Bourdieus (1987: 249) Argumentation. Die Betonung liegt dabei auf der *gesellschaftlichen* (Be-)Deutung. Denn nur wenn die eigene Macht der Unterscheidung auch von anderen wahrgenommen – mit Sinn versehen beziehungsweise (an-)erkannt – wird, dann ist sie nach Bourdieu auch real. Er wendet gegen das Marx'sche Konzept ein:

> »Marx hat aus seinem Modell die subjektive Wahrheit eliminiert [...] Wäre nun aber die soziale Welt auf ihre Wahrheit als Kräfteverhältnis reduziert, wäre sie nicht auch als legitim anerkannt, würde das Ganze nicht funktionieren. Die subjektive Vorstellung der sozialen Welt als legitime gehört mit zur vollständigen Wahrheit dieser Welt.« (Bourdieu 1993: 25)

Bourdieus Ziel ist es, die Strukturen sozialer Machtdynamiken aufzudecken und zu erklären. Damit rücken die sozial-individuellen Unterschiede in den Mittelpunkt, die die Akteure *konstruieren* und ihre Gesellschaft damit strukturieren.

Wie wird Gesellschaft konzeptualisiert und begründet?

Den Begriff der Gesellschaft verwendet Bourdieu kaum. Um die soziale Welt beziehungsweise ihre soziale Gliederung begrifflich zu fassen, spricht er von *relationalen sozialen Räumen* und von *sozialen Feldern*, wobei der Begriff des Raumes als der umfassendere zu verstehen ist. In seinen Untersuchungen geht er meist auf konkrete soziale Felder ein, wie zum Beispiel auf die Kunst, die Wissenschaft, das Bildungssystem und so weiter. Den Zusammenhang von Feld und Raum beschreibt er folgendermaßen: »Aus einer Vielzahl sozialer Felder und Dispositionen wird ein einheitlicher sozialer Raum mit klassenspezifischem, typischem Habitus.« (Bourdieu 1974: 402) Beide Konzepte basieren auf dem Grundgedanken mehrdimensionaler, *relationaler Ordnungen*. Er beschreibt

> »das Prinzip einer relationalen Auffassung von der sozialen Welt: Sie behauptet nämlich, dass die ganze mit ihm bezeichnete ›Realität‹ darauf beruht, dass die Elemente, aus denen sie besteht, einander wechselseitig äußerlich sind. Die von außen und direkt sichtbaren Lebewesen, ob Individuen oder Gruppen, leben und überleben nur im und durch den Unterschied, das heißt nur insofern, als sie relative Positionen in einem Raum von Relationen einnehmen« (Bourdieu 1998: 48).

Mit dieser Konzeption grenzt er sich von den Auffassungen ab, die die Gesellschaft als einen Behälter oder Container beschreiben, Behälter, die von Menschen, Dingen und Eigenschaften quasi gefüllt würden. Bei der Betrachtung des sozialen Raums legt Bourdieu seinen Schwerpunkt auf die Analyse objektiver Beziehungen, »die unabhängig vom Bewusstsein und Willen der Individuen bestehen, wie Marx gesagt hat« (Bourdieu/Waquant 2006: 126). Aus seiner Sicht sind subjektive Beziehungen und Interaktionen den objektiven Relationen (wie zum Beispiel Einkommen und Bildung) untergeordnet und haben daher für seine Überlegungen nachrangige Wichtigkeit. Oder anders formuliert, er will nicht individuelle Unterschiede erfassen, sondern ihm geht es um die Untersuchung von Abständen und sozialen Differenzen im Raum und im Feld, die dann individuelle Unterschiede erklären können (vgl. Bourdieu 1998: 18).

Über die Positionen der Individuen im sozialen Raum bestimmen nach Bourdieu deren *Kapitalien*. Ihre Positionen ergäben sich einerseits aus dem Volumen ihrer Kapitalien und andererseits aus deren spezifischer Zusammensetzung. Hier greift er den Marx'schen Kapitalbegriff auf, geht aber über dessen rein sozio-ökonomisches Konzept weit hinaus. Aus seiner Sicht vermitteln weitere Kapitalformen gesellschaftliche Macht und Einfluss und bestimmen dementsprechend mit über die Positionen der Individuen im sozialen Raum. Er betont:

> »Es ist nur möglich, der Struktur und dem Funktionieren der gesellschaftlichen Realität gerecht zu werden, wenn man den Begriff des Kapitals in allen seinen Erscheinungsformen einführt, nicht nur in der aus der Wirtschaftstheorie bekannten Form.« (Bourdieu 1983: 184)

Neben dem im Marx'schen Sinne *ökonomischen Kapital* verweist er auf die Bedeutung des sogenannten *sozialen Kapitals.* Hierunter versteht er die Ressourcen, die einem Individuum aus seinen sozialen Beziehungen erwachsen. Er erklärt:

> »Der Umfang des Sozialkapitals, das der einzelne besitzt, hängt [...] sowohl von der Ausdehnung des Netzes von Beziehungen ab, die er tatsächlich mobilisieren kann, als auch von dem Umfang des (ökonomischen, kulturellen oder symbolischen) Kapitals, das diejenigen besitzen, mit denen er in Beziehung steht.« (Bourdieu 1983: 192)

Nach Bourdieu bedarf diese Kapitalform der ständigen Pflege; sie kann nicht juristisch abgesichert werden und ist entsprechend fragil (vgl. auch Schilcher 2005: 52). In seiner Gesamttheorie spielt sie eine eher untergeordnete Rolle, obwohl gerade in Frankreich den sozialen Netzwerken für die individuelle Karriere von vielen Autoren hohe Bedeutung zugewiesen wird.

Von ganz besonderer Wichtigkeit ist nach Bourdieu das sogenannte *kulturelle Kapital.* Unter diesen Begriff subsumiert er mehrere Varianten. Eine bezeichnet er als die verinnerlichte, inkorporierte Variante, eine als die objektivierte und eine als institutionalisierte Variante. Unter *inkorporiertem Kulturkapital* versteht er sämtliche kulturellen Fähigkeiten, Fertigkeiten und Wissensbestände, die sich ein Mensch im Laufe seiner Sozialisation und seines Lebensverlaufs in Familie, sozialen Gruppen und Bildungsinstitutionen angeeignet hat und die zum festen Bestandteil seiner Person geworden sind. Dieses Kapital sei »körpergebunden«, seine Aneignung koste *eigene* Zeit und sei entsprechend auch nicht delegier- oder verteilbar, so Bourdieu (1983: 3).

> »Die Zeit muss vom Investor persönlich investiert werden: Genau wie wenn man sich eine sichtbare Muskulatur oder eine gebräunte Haut zulegt, so lässt sich auch die Inkorporation von Bildungskapital nicht durch eine fremde Person vollziehen.« (Ebd.)

Das *objektivierte Kulturkapital* hingegen zeigt sich in Form von Kulturgütern wie Büchern, Kunstwerken und Maschinen und so weiter. Für dessen Aneignung ist neben Zeit und dem Wissen über die jeweiligen Güter auch und vor allem ökonomisches Kapital erforderlich. Das Geld spielt hier die größte Rolle, so dass die Differenz zum ökonomischen Kapital eher kleiner wird. Anderes hingegen gilt für das sogenannte *institutionalisierte Kulturkapital*. Bourdieu fasst hierunter schulische und akademische Bildungstitel, wie zum Beispiel Hochschulabschlüsse oder den Doktortitel, die ›offiziell‹ für die Wissensbestände seines Besitzers stehen. Den Unterschied zum Wissen eines Autodidakten sieht er darin, dass Letzterer ständig unter Beweiszwang seiner Kompetenz stehe, während dem Titelbesitzer seine Kompetenz quasi rechtlich garantiert und dauerhaft zugestanden würde (vgl. Bourdieu 1983: 5). Wichtig ist das institutionalisierte Kulturkapital vor allem für die Zulassung zu bestimmten Berufen und Diensten wie zum Beispiel dem Arztberuf. Nur wer über die ›richtigen‹ Bildungstitel verfügt, wird zugelassen und darf den jeweiligen Beruf ausüben. Entsprechend entscheidet gerade diese Kapitalform wesentlich mit über Positionen im sozialen Raum.

Als weitere Form des Kapitals sieht Bourdieu das *symbolische Kapital*, das die Möglichkeit der Gewinnung sozialer Anerkennung und Wertschätzung impliziere und die Legitimierung von gesellschaftlicher Macht bewirke. Zur Sichtbarmachung des symbolischen Kapitals dienen nach ihm Statussymbole und Distinktionsmerkmale (vgl. Bourdieu 1985: 11). Das symbolische Kapital ist meist aufs Engste mit den anderen Kapitalien verbunden. So kann symbolisches Kapital durch Bildungstitel generiert werden, aber zum Beispiel auch durch medial inszenierte großzügige Spenden, die ein gewisses Maß an ökonomischem Kapital voraussetzen. Die Wirkung symbolischen Kapitals liegt in seiner Legitimierung von Macht. Wie Marx geht auch Bourdieu von einem Primat des ökonomischen Kapitals aus, sieht aber die anderen Formen nicht darin aufgehoben. Er betont, dass die anderen Kapitalarten mit Hilfe des ökonomischen Kapitals erworben werden können, allerdings nur um den Preis einer mehr oder weniger aufwändigen Transformationsarbeit (Bourdieu 1983: 196).

Es bleibt festzuhalten, dass das Volumen des Kapitals und seine Zusammensetzung die Position seines Besitzers im sozialen Raum bestimmen. Wird der soziale Raum *räumlich* mit einer zweidimensionalen Ausdehnung gedacht, dann beschreibt ihn Bourdieu in seiner vertikalen Dimension als bestimmt durch das Volumen von kulturellem und ökonomischem Kapital. Die horizontale Dimension dagegen bezieht er auf die Zusammensetzung der Kapitalformen, was in einem intellektuellen und einem ökonomischen Pol der horizontalen Dimension mündet (vgl. Bourdieu 1998: 18). Das heißt: oben befinden sich die Individuen mit viel und unten die mit wenigen Kapitalien, links verortet er die mit vorrangig kulturellem Kapital (Lehrer, Intellektuelle, und so weiter), rechts die mit vorrangig ökonomischem Kapital (Unternehmer, Manager, und so weiter). In einer dritten Dimension berücksichtigt er zudem die Zeitachse, da sich Positionen im Zeitverlauf – im Lebensverlauf – verändern können. Und ein weiterer Aspekt ist für Bourdieus Argumentation wesentlich: Aus seiner Sicht entspricht der jeweiligen Position im Raum auch ein spezifischer Lebensstil, oder in seinen Worten ausgedrückt: »Der soziale Raum und die in ihm sich ›spontan‹ abzeichnenden Differenzen funktionieren auf der symbolischen Ebene als Raum von Lebensstilen.« (Bourdieu 1985: 21)

Wie gestaltet sich das Verhältnis von Mikro- und Makroanalyse?

Bourdieu beschreibt im letzten Zitat einen engen Zusammenhang zwischen den Positionen im sozialen Raum und den Lebensstilen, dem Verhältnis von gesellschaftlichen Strukturen (Makro) und individuellem Handeln (Mikro). Um dieses Verhältnis in seiner speziellen ›Logik‹ analytisch durchdringen und erklären zu können, entwickelt Bourdieu das Konzept des *Habitus*. Der Habitus vermittelt zwischen Struktur und Praxis und impliziert eine Doppelfunktion: Einerseits wird er von den Individuen selbst hervorgebracht, andererseits strukturiert er ihr Handeln, eine strukturierte Struktur also. Der Habitus gilt als ein Prinzip der Praxis und gleichzeitig als Klassifikationsschema, das Unterscheidung und Bewertung ermögliche. Bourdieu definiert ihn so:

> »Als Vermittlungsglied zwischen der Position oder Stellung innerhalb des sozialen Raums und spezifischen Praktiken, Vorlieben usw. fungiert das, was ich Habitus nenne, das ist eine Grundhaltung, eine Disposition gegenüber der Welt, die zu systematischen Stellungnahmen führt. Es gibt [...] tatsächlich [...] einen Zusammenhang zwischen höchst disparaten Dingen: wie einer spricht, tanzt, lacht, liest, was er liest, was er mag, welche Bekannte und Freunde er hat usw. – all das ist eng miteinander verknüpft.« (Bourdieu 1997: 206)

Und weiter: »Der Habitus ist ein System der Grenzen.« (Ebd.) Er umfasse zum Beispiel Dimensionen wie die Kleidung, die äußere Erscheinung und das Auftreten eines Menschen, ebenso wie seine Gewohnheiten und seine Hobbies. Doch seine tatsächlich umfassende Wirkung erschließt sich nach Bourdieu erst dann, wenn man berücksichtigt, dass er ein System *dauerhafter* Dispositionen ist, das – alle Erfahrungen integrierend – in Form einer Denk-, Wahrnehmungs-, Beurteilungs- und Handlungsmatrix die konkreten Alltagspraxen prägt (vgl. Bourdieu 1976: 169). Damit ist der Habitus quasi inkorporierte Kultur; sie macht den Menschen zu einem gesellschaftlichen ›Produkt‹. Mit dem Konzept des Habitus widerspricht Bourdieu der Vorstellung, dass Geschmack oder Vorlieben etwas Individuelles oder gar etwas Naturgegebenes seien. Vielmehr sei vieles, was der Begabung, dem Charakter oder der Persönlichkeit zugeschrieben würde, von (klassenspezifischen) gesellschaftlichen Prägungen und insbesondere vom familiären Milieu abhängig und nicht individuell gegeben.

Und nachdem Bourdieu den sozialen Raum durch die ›objektiven‹ Relationen zwischen den Positionen bestimmt sieht, erhalten Nähe und Entfernung eine besondere Beachtung und Wichtigkeit, auch für die Lebensstile. Er argumentiert, dass Individuen in räumlicher Nähe ähnliche Vorlieben und Sozialisationsverläufe aufwiesen, sich entsprechend vertrauter seien und mehr Umgang miteinander hätten. Er hält demgemäß Zusammenschlüsse beziehungsweise die Bildung gesellschaftlicher Gruppen von Individuen in räumlicher Nähe für wahrscheinlicher als eine Annäherung entfernt positionierter Individuen. Aus seiner Sicht ergeben sich hierdurch *Klassen*bildungen, die zwar durch die Nähe der Positionen im sozialen Raum bestimmt sind, aber erst durch klassenspezifisch unterschiedliche Alltagspraxen geschaffen würden. Die Analyse kultureller Praxen als Formen *klassenspezifischen Handelns* ist ein zentrales Motiv in Bourdieus Theorie.

Er spricht auch vom sogenannten *Klassenhabitus* – der von der jeweiligen Verortung im sozialen Raum bestimmt ist – und schafft damit den konzeptionellen Bezug zwischen Individuum und Kollektiv (vgl. Bourdieu 1993). Nach ihm sind Individuen *immer* einer Gruppe zugehörig, die durch spezifische Lebensbedingungen bestimmt ist, was ihre Wahrnehmung der Wirklichkeit und entsprechend auch ihr alltagspraktisches Handeln bestimmt. Ein Individuum hat sich in diesem Sinne die Dispositionen der Gruppe einverleibt und personalisiert (vgl. hierzu Papilloud 2003: 50). Bourdieu drückt es folgendermaßen aus: »Es ist daran zu erinnern, daß das Kollektiv in jedem Individuum niedergelegt ist, in Form dauerhafter Dispositionen.« (Bourdieu

1993: 29) An anderer Stelle spricht er von der »sozialisierten Subjektivität« (Bourdieu 1996: 159), um die gesellschaftliche Dimension des Persönlichen aufzuzeigen.

Entsprechend erfolgt durch den individuellen Habitus auch eine Reproduktion klassenspezifischer Dispositionssysteme. Dabei besitzt der individuelle Habitus eine Struktur, die der Struktur des Klassenhabitus' zwar sehr ähnlich ist, aber nicht unbedingt gleich sein muss. Der jeweilige Unterschied verweist darauf, wie weit sich das Individuum im Laufe seines Lebens von seiner ursprünglichen Klasse entfernt hat (vgl. hierzu Papilloud 2003: 50). Dennoch führt der Klassenhabitus zu einer gravierenden Vereinheitlichung individueller Dispositionssysteme, den daraus abgeleiteten Handlungspraxen und mit diesen verbundenen Alltagserfahrungen der Individuen einer sozialen Klasse.

Wie werden Veränderung beziehungsweise die Entwicklung von Gesellschaft gedacht?

Alle Konzeptionen Bourdieus zeichnen sich durch eine implizite Zeitperspektive aus, was die Diagnose und Abbildung von Veränderungen erlaubt. Beim Habitus zum Beispiel unterscheidet er zwischen *primärem* und *sekundärem* Habitus, um *positionale Veränderungen von Individuen* im sozialen Raum im Verlaufe des Lebens zu erklären (vgl. Bourdieu 1993). Dabei geht er davon aus, dass der *primäre* Habitus – der sich im Rahmen frühkindlicher familiärer Sozialisation ausbilde – die nachhaltigste Wirkung habe und Wahrnehmung, Handeln und Denken am deutlichsten präge. Der *sekundäre* Habitus entwickelt sich im Zuge weiterer sozialer Beziehungen und kann über den primären hinauswachsen. So kann ein Individuum zum Beispiel durch das Akkumulieren von Kapital seine Position im sozialen Raum und damit einhergehend seinen Habitus verändern. Der Sohn eines Arbeiters kann durch Aneignung kulturellen Kapitals in Form von Bildungstiteln eine andere Position im sozialen Raum erhalten, hohes Ansehen und Macht gewinnen und wird dementsprechend seinen Habitus verändern. Auch bei sich selbst beobachtet Bourdieu Veränderungen im Zeitverlauf. Als Sohn eines einfachen Postbeamten, der später eine der höchsten Positionen im französischen Universitätssystem bekleidet, diagnostiziert er bei sich einen »gespaltenen« Habitus (vgl. Bourdieu 2002: 123).

Für Bourdieu ist das Leben bestimmt vom nie endenden Kampf um den Erhalt beziehungsweise die Verbesserung der eigenen Position. Allerdings bleibe die Nähe zum primären Habitus stets erhalten, da dieser zugleich Regeln für Veränderung enthalte. Auch könne er kaum bewusst verändert werden. Der Habitus zeige sich als »verkörperlichtes Dispositionssystem« (vgl. Bourdieu 2005: 73), das sich nicht durch Willen oder Bewusstsein verändern lasse, sondern »allein von einer radikalen Umgestaltung der gesellschaftlichen Produktionsbedingungen eben jener Dispositionen« (Bourdieu 2005: 77).

In diesem Zitat verweist Bourdieu auf die gesellschaftliche Bedingtheit individueller Veränderung und damit scheint eine eher deterministische Sichtweise auf. Dennoch grenzt sich Bourdieu immer wieder von rein deterministischen Vorstellungen eines strengen Ökonomismus ab. Mit seinem Reproduktionsmodell *Struktur-Habitus-Praxis* verweist er darauf, dass Akteure gesellschaftliche Strukturen nicht einfach reproduzieren, sondern diese immer auch Gegenstand von Auseinandersetzungen sind und dadurch verändert werden (können) (vgl. hier auch Papilloud 2003: 58). So kann sich zum Beispiel eine Veränderung des Habitus *zwischen* den Generationen ergeben, wenn Eltern mit gesellschaftlichem Wandel wie etwa dem technischen Fortschritt nicht mehr in der Form mithalten können oder wollen wie ihre Kinder. Elterliche Verhaltensmuster würden dann als unpassend, als veraltet beziehungsweise als den gesellschaftlichen Anforderungen nicht mehr gerecht werdend erlebt und entsprechend nicht übernommen (vgl. Bourdieu 1982: 189).

Die Veränderung von Gesellschaft ist nach Bourdieu also möglich. Er konzeptualisiert sie als Resultat gesellschaftlicher und sozialer Auseinandersetzungen zwischen Gruppen und/oder Individuen. Diese begreift er als *Macht- und Konkurrenzkämpfe*. Triebfeder aller Veränderung ist nach ihm also der *Kampf*. Soziale Strukturen würden durch den Kampf um Positionen, um Macht und Herrschaft geschaffen und verändert, so lautet sein Hauptargument. Und dieses Argument bezieht er auf alle gesellschaftlichen Ebenen. Anders als bei Marx stehen bei ihm aber weniger Kämpfe zwischen politisch organisierten Großgruppen oder Klassen im Mittelpunkt. Bourdieu geht zwar auch von einer klassenstrukturierten Gesellschaft aus. Er spricht für Frankreich von drei Klassen (die legitime, die mittlere und die Volksklasse) und nimmt damit eine Grobgliederung des *sozialen Raumes* vor.

Kämpfe betrachtet er aber vor allem auf der Ebene der sogenannten *sozialen Felder*, die in ihrer Gesamtheit den sozialen Raum ausmachten. Er betrachtet soziale Felder »als historisch konstruierte Spielräume mit ihren spezifischen Institutionen und je eigenen Funktionsgesetzen« (Bourdieu 1992: 111), die sich über die soziale Praxis der in ihnen agierenden Akteure reproduzierten. Der soziale Raum findet bei Bourdieu seine Konkretion in sozialen (Praxis-)Feldern wie dem ökonomischen Feld, dem religiösen Feld, dem Feld der Kunst, dem akademischen Feld und so weiter. In diesen Feldern existieren nach ihm jeweils spezifische Interessen, die ganz bestimmte *Spielregeln* erzeugen und die sich durch die Verfügung über Kapitalien befolgen ließen (vgl. Bourdieu 1989: 400). Ähnlich wie Luhmanns Systemen ist auch Bourdieus Feldern eine *innere Logik* immanent, die die Akteure kennen, akzeptieren und beherrschen müssen, um im Feld mitspielen zu können. Dabei verweist Bourdieu aber immer wieder darauf, dass diese Spielregeln in der Regel nicht explizit gemacht würden (vgl. Bourdieu 1976: 203). Er geht von einer *fraglosen* Befolgung dieser Regeln aus und erläutert: »Es ist von Bedeutung, dass jeder Versuch [...], eine Praxis/Praktik auf der gehorsamen Erfüllung einer explizit formulierten Regel zu begründen, sich an der Frage nach den Regeln stößt« (Bourdieu 1976: 203 f.). Regeln sieht er vor allem im Habitus eingelagert, was wiederum auf den engen Zusammenhang zwischen inkorporiertem Habitus und objektiven Feldstrukturen verweist.

Das Ziel der Akteure bestehe darin, so Bourdieu, die eigene Position im Feld zu stärken oder sie zu erhalten, was durch den Kampf um Definitionsmacht erreicht werden solle. Zur Mitwirkung – zum *Mitspielen* im Feld – benötigen die Akteure spezifische Formen von ökonomischem, sozialem und kulturellem Kapital. Und ebenso wie im sozialen Raum bestimmt nach Bourdieu auch hier das Volumen die jeweilige Position des Akteurs. Diejenigen mit größerem Kapitalvolumen würden vor allem eine *Erhaltungs*strategie verfolgen, diejenigen mit geringem Kapitalvolumen eher eine der *Veränderung*. Und auch in diesem Zusammenhang verweist er auf die hohe Bedeutung eher unbewussten Handelns:

> »Die Sprache der Strategie, die zu verwenden man gezwungen ist, um die in allen Feldern zu beobachtenden, objektiv auf ein Ziel gerichteten Handlungssequenzen zu benennen, darf nicht täuschen: Die wirksamsten Strategien [...] sind diejenigen, die als Produkte von Dispositionen, die von den immanenten Erfordernissen des Feldes geformt wurden, sich diesen spontan, ohne ausdrückliche Absicht oder Berechnung, anzupassen tendieren.« (Bourdieu 2001: 178)

Die Kämpfe in den sozialen Feldern entwirft Bourdieu als zentrale Triebfedern gesellschaftlichen Wandels. Und das Resultat der Kämpfe – auf Akteursebene ihr (Miss-)Erfolg – ergibt sich nach ihm vor allem aus strukturellen Gegebenheiten, die im Habitus der Akteure oder der Akteursgruppen eingelagert wären, wie im letzten Zitat angedeutet. Vor diesem Hintergrund wird verständlich, dass Bourdieu immer wieder mit Determinismusvorwürfen konfrontiert wurde (vgl. zum Beispiel Honneth 2012). Er sei vor allem daran interessiert, auf die strukturellen Bedingtheiten individuellen Handelns hinzuweisen. Diesem Argument kann an Schärfe genommen werden, wenn man Bourdieus Praxistheorie einbezieht, die ja immer auch und gerade die Chancen für Veränderung durch individuelle Handlungsspielräume mit in den Blick nimmt.

Lern- und Kontrollfragen

- Inwiefern unterscheidet sich das Bourdieu'sche Gesellschaftskonzept des *sozialen Raums* von sogenannten ›Container-Modellen‹?
- Welche Formen des Kapitals unterscheidet Bourdieu und wie schätzt er ihre jeweilige Bedeutung für die jeweiligen Positionen im sozialen Raum ein?
- Wie konzeptualisiert Bourdieu gesellschaftlichen Wandel?

Literatur

Primärliteratur

Bourdieu, Pierre (1971 [1964]). Die Illusion der Chancengleichheit. Untersuchungen zur Soziologie des Bildungswesens am Beispiel Frankreich. Stuttgart: Klett.

Bourdieu, Pierre (1974). Zur Soziologie der symbolischen Formen. Frankfurt a. M.: Suhrkamp.

Bourdieu, Pierre (1976 [1972]). Entwurf einer Theorie der Praxis auf der ethnologischen Grundlage der kabylischen Gesellschaft. Frankfurt a. M.: Suhrkamp.

Bourdieu, Pierre (1982 [1979]). Die feinen Unterschiede. Kritik der gesellschaftlichen Urteilskraft. Frankfurt a. M.: Suhrkamp.

Bourdieu, Pierre (1983). Ökonomisches Kapital, kulturelles Kapital, soziales Kapital. In: Kreckel, Reinhard (Hg.): Soziale Ungleichheiten (Soziale Welt, Sonderband 2). Göttingen: Schwartz, S. 183–198.

Bourdieu, Pierre (1985). Sozialer Raum und »Klassen«. Zwei Vorlesungen. Frankfurt a. M.: Suhrkamp.

Bourdieu, Pierre (1987 [1980]). Sozialer Sinn. Kritik der theoretischen Vernunft. Frankfurt a. M.: Suhrkamp.

Bourdieu, Pierre (1989). Antworten auf einige Einwände. In: Eder, Klaus (Hg.): Klassenlage, Lebensstil und kulturelle Praxis. Frankfurt a. M.: Suhrkamp, S. 395–410.

Bourdieu, Pierre (1992). Rede und Antwort. Frankfurt a. M.: Suhrkamp.

Bourdieu, Pierre (1993 [1980]). Soziologische Fragen. Frankfurt a. M.: Suhrkamp.

Bourdieu, Pierre (1996). Die Demokratie braucht Soziologie. In: Die Zeit, 21.06.1996. Online verfügbar unter www.zeit.de/1996/26/soziol.txt.19960621.xml (zuletzt geprüft am 29.10.2020).

Bourdieu, Pierre (1997). Das Elend der Welt. Zeugnisse und Diagnosen alltäglichen Leidens an der Gesellschaft. Konstanz: UVK.

Bourdieu, Pierre (1998 [1994]). Praktische Vernunft. Zur Theorie des Handelns. Frankfurt a. M.: Suhrkamp.

Bourdieu, Pierre (2001). Meditationen – Zur Kritik der scholastischen Vernunft. Frankfurt a. M.: Suhrkamp.

Bourdieu, Pierre (2002 [2004]). Ein soziologischer Selbstversuch. Frankfurt a. M.: Suhrkamp.

Bourdieu, Pierre (2005 [1998]). Die männliche Herrschaft. Frankfurt a. M.: Suhrkamp.

Bourdieu, Pierre/Waquant, Loic J. D. (2006 [1992]). Reflexive Anthropologie. Frankfurt a. M.: Suhrkamp.

Sekundärliteratur

Hillebrandt, Frank (2009). Praxistheorie. In: Kneer, Georg/Schroer, Markus (Hg.): Handbuch Soziologische Theorien. Wiesbaden: Springer VS, S. 369–394.

Honneth, Axel (2012). Der Soziologe als Intellektueller. In: Die Tageszeitung (taz), 31.01.2012.

Kaesler, Dirk (1999). Klassiker der Soziologie. München: Beck.

Meier, Michael (2004). Bourdieus Theorie der Praxis – eine Theorie sozialer Praktiken? In: Hörning, Karl H./Reuter, Julia (Hg.): Doing culture. Neue Positionen zum Verhältnis von Kultur und sozialer Praxis. Bielefeld: transcript, S. 55–72.

Nassehi, Armin/Nollmann, Gerd (2004). Bourdieu und Luhmann – Ein Theorienvergleich. Frankfurt a. M.: Suhrkamp.

Papilloud, Christian (2003). Bourdieu lesen. Einführung in die Soziologie des Unterschieds. Bielefeld: transcript.

Rilling, Rainer (2007). Intellektuelle. Der Bourdieu der Linken. In: Böhlke, Effi/Rilling, Rainer (Hg.): Bourdieu und die Linke. Politik – Ökonomie – Kultur. Berlin: Dietz, S. 9–16.

Schilcher, Christian (2005). Der Beitrag von Bourdieu zur Sozialstrukturanalyse der gegenwärtigen Gesellschaften. Darmstadt: Sic et Non.

6.3 James Coleman: Organisationsgesellschaft

James Coleman gehört zu der Generation US-Amerikanischer Soziologen, welche sich in den 1960er und 1970er Jahren gegen den seinerzeit dominanten Struktur-Funktionalismus von Talcott Parsons wenden und an das klassische europäische Aufklärungsdenken anschließen. Dort wurde erstmals die Idee verhandelt, dass sich die moderne Gesellschaft und ihre Ordnungen und Institutionen aus der Vernunft der Menschen ableiten lässt und so auch begründen können muss. Coleman steht damit in einer Linie mit Thomas Hobbes, Adam Smith, Max Weber und vielen anderen, welche nicht – wie noch Durkheim oder Parsons – von einer moralischen Integration auf Basis kollektiver Werte ausgehen, sondern die eine Gesellschaft begründende Ordnung aus den Vorstellungen und Interessen von Einzelindividuen ableiten wollen. Dazu gehört auch die selbstverständliche Annahme, dass die normative Bewertung von gesellschaftlichen Verhältnissen nicht aufgrund kollektiver Werturteile erfolgen kann, weil es diese nicht gibt, sondern allein ausgehend von Individuen. Coleman zeigt darüber, dass die moderne Gesellschaft neue Sozialformen herbringt, welche aus Sicht der Individuen einen Macht- und Freiheitsverlust bedeuten, der immer mit den Vorteilen abzuwägen ist, welche die neuen Sozialstrukturen auch mit sich bringen.

Zur Person

James Samuel Coleman wurde am 12. Mai 1926 in Bedford Indiana geboren. Nach dem Besuch der High School (Abschluss 1944) absolvierte er den Militärdienst, begann 1947 ein BA-Studium an der Purdue University (Abschluss in Chemical Engineering) und arbeitete nach dem Studium für kurze Zeit bei Eastman-Kodak in New York. Er entschloss sich jedoch bald zur Aufnahme eines Graduierten-Studiums der Soziologie an der Columbia University in New York. Dort entwickelte er vor allem durch den Einfluss von Robert K. Merton sein Interesse für eine theoriegeleitete empirische Sozialforschung. Im inspirierenden Kosmos der Columbia University der 1950er Jahre engagierte sich James Coleman gemeinsam mit anderen jungen Sozialforschern für eine Neuausrichtung der Soziologie, die sich vor allem gegen den seinerzeit dominanten Struktur-Funktionalismus und eine empirische Forschung wandte, die sich mit Korrelationen ohne Erklärung begnügt. Von 1956 bis 1959 war Coleman Assistant Professor an der Universität von Chicago und ab 1959 Assistant Professor an der Johns Hopkins Universität in Baltimore. 1973 nahm er eine Professur am soziologischen Institut der Universität von Chicago an, wo er bis zu seinem Tod am 25. März 1995 arbeitete. James Coleman war unter anderem Präsident der *American Sociological Association*, Mitglied vieler Beiräte, gründete 1989 die bis heute existierende Fachzeitschrift *Rationality & Society* und förderte viele junge Soziologen wie etwa Ronald Burt, Peter Hedström, Gudmund Hernes und Peter Marsden. Coleman war in internationale Theoriedebatten eingebunden und stand in Chicago im Austausch mit Ökonomen wie Gary S. Becker (Coleman 1996; Swedberg 1990).

James Coleman gehört zu den modernen Soziologen, welche an die Ideen der europäischen Aufklärung anknüpfend fragen, wie vernünftige Menschen die soziale Welt so gestalten können, dass es für ihre Ziele vorteilhaft ist. Coleman war es ein großes Anliegen, diese Frage unter Berücksichtigung sozialer Interaktionen wie etwa dem bekannten Prisoner's Dilemma zu diskutieren. Der sozial situierte aber für sich und vernünftig handelnde Akteur ist für ihn demnach der Ausgangspunkt für eine Neuausrichtung der Soziologie in den 1980er Jahren. Coleman bezieht sich dabei auf das Europäische Aufklärungsdenken und soziologische Klassiker wie Max Weber, die für einen Methodologischen Individualismus in der Soziologie stehen, in dem das vernünftige und rationale Handeln der Einzelnen zum Ausgangspunkt für die Erschließung der sozialen Welt wird. Coleman steht mit einzelnen frühen Aufsätzen und seinem Spätwerk den *Foundations of Social Theory* für eine kritische Fortführung dieses Denkens und somit für die Erklärung und die funktionale Analyse verschiedener Sozialformen oder Handlungssysteme, wie er es nennt (vgl. Maurer 1998; Braun/Voss 2014: 31 ff.). In diesem Sinne ist er einerseits ein konstruktiver Kritiker naiver Rationaltheorien, welche direkt aus der individuellen Rationalität auf vorteilhafte soziale Zustände schließen. Andererseits hat ihn das auch zum profilierten Kritiker einer Makrosoziologie werden lassen, welche funktionale Aspekte ebenso ignoriert wie die Gestaltbarkeit sozialer, politischer oder wirtschaftlicher Institutionen durch die Menschen. Wie andere begann James Coleman den Strukturfunktionalismus von Talcott Parsons zu kritisieren und stellte so auch die These von einer gelingenden Integration der US-Gesellschaft auf Basis gemeinsamer Werte, Normen und von (Professions-)Verbänden in Frage. Dem setzte James Coleman den Anspruch entgegen, ausgehend von der Annahme zielgerichteter Individuen spezifische soziale Interaktionsformen beziehungsweise Handlungssysteme zu erschließen und daraus die Entstehung sowie positive und negative Effekte von Normen aber auch von Herrschaft, Markt und Vertrauen zu erschließen.

Fragestellungen und Erkenntnisse

Der Blick auf die Arbeiten von James Coleman zeigt, dass er kontinuierlich an bestimmten Themen gearbeitet hat, die er schließlich in seinem Gesamtwerk zusammenfasste und unter ein kohärentes Dach einstellen konnte (siehe Clark 1996; Müller/Schmid 1998). So sind bereits die frühen empirischen Studien über das Bildungssystem oder über Netzwerke im Medizinsektor darauf ausgerichtet, soziale Interdependenzen und ihren Einfluss auf das individuelle Handeln zu erschließen. Späterhin hat sich Coleman intensiver mit den vielfältigen methodologischen Problemen einer Verbindung von Handeln (Mikro) und Struktur (Makro) zur Erklärung sozialer Phänomene beschäftigt. Er bezog sich dabei auf Vordenker wie Kenneth Arrow, Mancur Olson, Gary Becker und James Buchanan. Auch für Coleman gewann die Problematik öffentlicher Güter, die bereits bei Thomas Hobbes sichtbar ist, eine besondere Bedeutung, weil sich daran klar aufweisen lässt, dass es die zugrundeliegende soziale Interaktionsform ist, welche erwartbar dazu führt, dass individuell zielgerichtetes Handeln die Erreichung kollektiver Vorteile behindert oder gar verhindert (Coleman 1978: 78 f.; 1991: 6 ff.).

Grundlegung einer Theorie des Sozialen: *Foundations of Social Theory*

Das Anliegen, eine Theorie des Sozialen ausgehend von einer Rationalperspektive auszuarbeiten und damit auch eine rationale Analyse moderner Gesellschaften und Sozialwissenschaften vorzulegen, bestimmt Colemans Arbeit fortan und mündete in die *Foundations of Social Theory* (1991; 1992b; 1994). Darin entwickelt Coleman in den ersten Kapiteln die methodologische Basis und die Elemente seiner Sozialtheorie. Das erkenntnistheoretische Ziel steht in der Tradition der Aufklärung und der Vorschläge von Karl Popper, wissenschaftlich fundierte und praxisrelevante Vorschläge für die Gestaltung der sozialen Welt aus Sicht vernunftbegabter und zielgerichteter Handelnder vorzulegen. Im Rahmen des Methodologischen Individualismus wählt er die Theorie zielgerichteten Handelns. Das schließt eine entsprechende Analyse moderner Gesellschaften aus Sicht von Individuen und deren Zielen ein. Zwar verwendet Coleman in den ersten Kapiteln den allgemeineren Begriff des Handlungssystems um rationale Analysen vorzulegen, er wendet sich aber dann im zweiten und dritten Teil den besonderen Akteuren und Sozialbeziehungen in modernen Gesellschaften zu und bestimmt daraus auch die Aufgaben einer modernen Sozialwissenschaft.

Die Ausarbeitung einer *rationalen Theorie des Sozialen* und der dazu notwendigen methodologischen Bausteine (vgl. dazu auch Bonß et al. 2020, Kap. 5.2) resultiert in einem allgemeinen Modell mehrstufiger Erklärungen basierend auf einer Handlungstheorie. Coleman wählt dafür aufgrund ihrer Einfachheit und analytischen Kraft die Theorie der rationalen Wahl. Zur Beschreibung der Makroebene und der Darstellung sozialer Interdependenzen setzt er das Konzept *sozial definierter Rechte* ein. Damit sollen gegenüber dem in der Ökonomie verwendeten Konzept privater Güter (vgl. dazu Coleman 1991: 33 f.) ausdrücklich verschiedene soziale Interaktionsformen modellhaft dargestellt und in ihrer Logik so erschlossen werden.

> »Ich vertrete also in diesem Buch die Position, daß der Erfolg einer Sozialtheorie, die sich auf Rationalität gründet, darin liegt, den Bereich sozialer Handlungen, den die Theorie nicht erklären kann, Schritt für Schritt zu verkleinern. Man kann die Theorie auch so betrachten, daß sie für eine Menge abstrakter rational handelnder Akteure konstruiert ist. Dann erhebt sich die empirische Frage, ob eine derartige Theorie das Funktionieren eines tatsächlichen sozialen Systems mit realen Personen widerspiegeln kann.« (Ebd.: 22)

Ausgehend von den zwei Grundelementen: zielgerichtet Handelnde und sozial definierte Handlungsrechte, unterscheidet er vier Typen von Handlungssystemen: 1. Handlungssysteme, in denen alle die Rechte halten, an denen sie interessiert sind; 2. Handlungssysteme, in denen Akteure an Handlungen und Ereignissen anderer interessiert sind; 3. Handlungssysteme, in denen Akteure ein gemeinsames, allgemeines Interesse an Rechten haben; und 4. Handlungssysteme, in denen konfligierende Interessen an Rechten vorliegen. Im ersten Fall sind keine Handlungen zu erwarten, im zweiten Fall jedoch der Tausch von Handlungsrechten, im dritten Fall das Zusammenlegen oder die einseitige Übertragung von Handlungsrechten und im vierten Fall zumindest keine freiwilligen, vertraglichen Änderungen. Aus den jeweils zu erwartenden Handlungen lassen sich Handlungssysteme mit neuen Eigenschaften erschließen (vgl. Schaubild in Coleman 1991: 43). Vor allem der Tausch und das Zusammenlegen von Handlungsrechten führen zu Handlungssystemen mit spezifischen Eigenschaften. So kann aus dem Tausch von Handlungsrechten gegen Entgelt etwa auf die Entstehung legaler Herrschaftssysteme wie Unternehmen und Arbeitgeber- und Arbeitnehmerbeziehungen geschlossen werden, wohingegen die einseitige Übertragung oder das Zusammenlegen auf Vertrauenssysteme, charismatische Herrschaft oder Parteien verweist. »Vorläufig kann man sagen, daß ein Akteur das *Recht* hat, eine Handlung auszuführen oder ausführen zu lassen, wenn alle, die von der Ausübung dieses Rechts betroffen sind, die Handlung ohne Einwand hinnehmen.« (Ebd.: 62) Der Begriff des Rechts, der auf dessen soziale Konstitution und dessen Geltung in einzelnen Handlungssystemen verweist, hilft komplexere Interdependenzen zwischen Handelnden in ihrer Logik zu erschließen. Vielmehr noch erlaubt er es Handlungssysteme als Verteilung von Handlungsrechten darzustellen und ihre Logik zu kennzeichnen (vgl. Maurer 1998). Das schließt vor allem auch ein, erwartbare Folgeprobleme und ungeplante Effekte zu erfassen, die etwa in Herrschaftssystemen und insbesondere formalen Körperschaften auftreten und Anlass für weitergehende sozialwissenschaftliche Analysen geben.

Das gilt insbesondere für Colemans Analyse der *modernen Gesellschaft*, in denen Organisationen oder *collective actors* ob ihrer funktionalen Effekte massenhaft eingerichtet werden, aber aufgrund der vorgenommenen Rechteübertragungen dann ein Kontrollproblem bedeuten, für das weitere Lösungen erforderlich werden. Eine rationale Analyse moderner Gesellschaft meint in diesem Sinne nicht, einmal einen vorteilhaften Zustand zu erkennen, sondern das dauerhafte Bemühen, positive und negative Effekte von Handlungssystemen zu erkennen. Gesellschaften sind in diesem Sinne Handlungssysteme, in denen Rechte sozial definiert und durch das zielgerichtete Handeln verteilt sind. Als Beispiel nennt Coleman das Recht Rauchen zu dürfen, das seit den 1980er Jahren zunehmend durch die Norm abgelöst wird, wonach in der Öffentlichkeit das Recht zu Rauchen von allen gehalten wird und eben nicht mehr den Einzelnen zugeteilt ist. In Organisationen sieht Coleman eine besondere, formal und hierarchisch geregelte Verteilung von Kontrollrechten über Handlungen, die Kontrollrechte an der Spitze akzeptieren, so dass derzeit etwa Universitäten das Recht zu Rauchen nicht bei den Einzelnen lassen, sondern die allgemeine Norm des Nicht-Rauchens behaupten.

Soziologische Anwendungen

Das allgemeine Modell von Handlungssystemen mit der Sicht auf dort vorliegende Verteilungen von Handlungsrechten macht es Coleman möglich unter einem Dach zentrale Themen der Soziologie zu behandeln und für seine Theorie in Anspruch zu nehmen, nicht einfach von der Existenz einer legitimen Herrschaft (Weber) oder geltenden Normen und Werten (Parsons) auszugehen, sondern deren Entstehung und deren Funktionsweisen ausgehend von zielgerichteten Handlungen der Individuen zu erklären und auch ungeplante und unerwünschte Effekte auszuweisen.

Sozialkapital

Dass es sich um eine rationale Sozialtheorie handelt, wird vor allem daran deutlich, dass Coleman unter dem Stichwort Sozialkapital zeigt, wie sich verschiedene soziale Strukturen und Handlungssysteme daraufhin betrachten lassen, ob und welche Vorteile sie für die einzelnen Akteure bieten, indem sie Handlungen und Beziehungen möglich werden lassen, die ohne sie nicht so einfach möglich wären. Das Konzept des *Sozialkapitals* (1991, Kapitel 12; vgl. zusammenfassend Marsden 2005, 2020) nutzt Coleman, im Unterschied zu anderen Soziologen, wie etwa Pierre Bourdieu oder Robert Putnam, dazu, um die Rechteverteilungen etwa in Gesellschaften oder formalen Organisationen, aber eben auch in Vertrauenssystemen oder in Gruppen, daraufhin zu betrachten, welche positiven Nebeneffekte sie für die Individuen haben. Die Gesellschaft ist dann nicht die von Sartre skizzierte Hölle, sondern die von John Locke, Adam Smith, Max Weber und anderen beschriebene sozial gestaltete Welt, welche Gewaltfreiheit, materielle Wohlfahrt oder Erwartbarkeit garantiert.

Organisationen *(corporate actors)*

Organisationen werden bei Coleman – ähnlich wie schon bei Max Weber oder Thomas Hobbes – als Grundform *kollektiven Handelns* zur Erreichung *gemeinsamer Ziele* eingeführt. Ihre Entstehung erklärt sich bei Coleman aus einerseits der Übertragung von Handlungsrechten gegen Entgelt an andere und andererseits aus dem Zusammenlegen von Handlungsrechten in einem zentralen Pool bei gemeinsamen Anliegen (Coleman 1992a, Kapitel 12). Im ersten Fall stellen sich alle besser, weil die einen die übertragenen Handlungsrechte zur Erreichung ihrer Ziele koordinieren können, was typischerweise in Unternehmen der Fall ist. Im zweiten Fall stellen sich auch alle besser, weil erst durch die zentrale und meist hierarchische Organisation von Entscheidungen und Handlungen kollektive Anliegen erreicht werden, die ansonsten nicht realisiert würden wie etwa Sicherheit, Gewaltfreiheit, Infrastrukturen und so weiter. Im Sinne Colemans sind Organisationen daher auch ein wertvolles Sozialkapital von Gesellschaften, weil sie quasi als Nebenprodukt zielgerichteten Handelns bestimmte vorteilhafte Handlungen und Beziehungsformen ermöglichen. Der Bestand und Erfolg formaler Organisationen hängt aber wesentlich davon ab, ob und wie es gelingt, die in beiden Organisationsformen typischerweise zu erwartenden Nebenfolgen und Dysfunktionalitäten so zu regeln, dass der Haupteffekt: die Vorteile einer zentralen Koordination von Handlungen, nicht überlagert wird. Im Falle von konjunkten Organisationen, die durch Zusammenlegen von Rechten entstehen und deren Vorteile in einer zentralen stellvertretenden Koordination wie im Falle von Parteien, Nationalstaaten, Interessenverbänden und so weiter liegen, sind die zu erwartenden und zu lösenden Folgeprobleme vor allem das Trittbrettfahren, die Definition einer Verfassung und die Verteilung der gemeinsam gewonnenen Vorteile. Die dafür einschlägigen Lösungen wären entsprechend Kontrolle oder zusätzliche Motivationen um Trittbrettfahrern zu begegnen, demokratische Verfahren und Sozialstaaten mit Wohlfahrtspolitik. Im Falle von disjunkten Organisationen macht Coleman in kritischer Erweiterung zur klassischen Organisationssoziologie darauf aufmerksam, dass private Wirtschaftsunternehmen und damit Arbeitnehmer-Arbeitgeber-Verhältnisse durch den für alle vorteilhaften Tausch von Rechten über Handlungen entstehen, weil die einen dafür Lohn und Gehalt beziehen und die anderen dadurch ihr Ziel der Gewinn- oder Rentabilitätssteigerung realisieren können. Dann ist vor allem mit Agency Problemen zu rechnen, die darin begründet sind, dass die Beauftragten nicht durch die Ziele direkt motiviert sind und die Auftraggeber in der Regel auch weniger wissen und können. Zwar kann mitunter Kontrolle helfen, aber Anreizsysteme und Normen sind nach Coleman in solchen disjunkten Organisationen unentbehrlich.

Organisationen und die modernen Gesellschaften

In seinen späteren Arbeiten wendete sich Coleman zunehmend der Analyse von *formalen Organisationen* (1991, Teil III und IV), *Herrschaft* (1991, Kapitel 4), *Vertrauen* (1991, Kapitel 5) und *Normen* (1991, Kapitel 10 f.) in modernen Gesellschaften zu. Dass er Organisationen – die er als *corporate actors* beschreibt – eine besondere Bedeutung für die moderne Gesellschaft zuschreibt, wird schon in zwei früheren Büchern (Coleman 1979; 1986) deutlich, in denen er früh auf die funktionalen Effekte und die Folgeprobleme dieser Form in modernen Gesellschaften für die Individuen hinwies. Die Einsetzung immer mehr und immer größerer Organisationen ob ihrer Vorteile führt so seine These zu einer unbeabsichtigten Machtverschiebung zwischen den natürlichen und den kollektiven Akteuren: zu Gunsten letzterer und zu Ungunsten ersterer. Die moderne Gesellschaft – vor allem die der USA – ist daher nach ihm eine *asymmetrische Gesellschaft* (Coleman 1986), in der die Macht vor allem bei großen Unternehmen konzentriert wird (Coleman 1992a: Kap. 20 f.). Die zentrale soziologische Frage ist dann, wie Organisationen auf die Rechte von Gesellschaften verpflichtet werden können und was diese neue Sozialstruktur für die Sozialwissenschaften bedeutet (ebd.: Kap. 24). Von dieser Rational- oder funktionalen Analyse formaler Organisationen ausgehend kann Coleman auch das empirische Faktum erklären, dass nach dem II. Weltkrieg in den westlichen Gesellschaften ein neuer Akteur die Sozialstruktur und die Sozialbeziehungen verändert: die formalen Organisationen oder *corporate actors*. Wie schon Jahrhunderte vorher Thomas Hobbes und später Alexis de Tocqueville und Max Weber misst auch James Coleman formalen und hierarchisch strukturierten Organisationen eine hohe Bedeutung für das Wohlergehen der Einzelnen und von Gesellschaften zu. Um deren Entstehung und funktionale Effekte zu erklären, hat er eine Sozialtheorie auf der Annahme rationaler Akteure entwickelt, so dass sich Handlungssysteme wie formale Organisationen aus deren zielgerichteten Handlungen erschließen lassen, also nicht einfach als gegeben vorausgesetzt werden, und deren Analyse auf funktionale und ungeplante Effekte bezogen werden kann.

Wie wird Gesellschaft konzeptualisiert?

Gesellschaft wird bei Coleman als ein Handlungssystem gesehen, das durch dort definierte soziale Rechte bestimmt ist und dessen Eigenschaften aus der Verteilung der Interessen an und der Kontrolle über Handlungsrechte bestimmt sind. Moderne Gesellschaften sind demnach durch die formale Verfügung über die Rechte der Akteure an ihren eigenen Handlungen gekennzeichnet. Darüber hinaus ist für Coleman die moderne Gesellschaft die Summe unabhängiger und zielgerichteter Individuen, die nicht per se durch Werte oder Normen integriert sind, sondern die unabhängig voneinander Ziele zu erreichen suchen. Allerdings finden zielgerichtete Handlungen in bestimmten Kontexten oder Handlungssystemen statt beziehungsweise führen durch Tausch, einseitige Übertragung oder das Zusammenlegen von Handlungsrechten zu neuen Handlungssystemen. Auch Gesellschaften bilden in sich Handlungssysteme, mit spezifischen Verteilungen von Handlungsrechten, und unterscheiden sich auch untereinander in dem Maße, in dem sie Sozialkapital in Form von formalen Organisationen, Vertrauen oder Gruppennormen für ihre Mitglieder zur Verfügung stellen. Eine besondere Bedeutung für die Analyse moderner Gesellschaften räumt Coleman der zunehmenden Verbreitung kollektiver Akteure in Form von formal-hierarchischen Organisationen und deren Effekten in und für moderne Gesellschaften ein.

> »Die Gesellschaften haben jedoch in der Zwischenzeit eine Revolution ihrer Organisation erlebt. So wie die Wälder und Felder des physikalischen Umfeldes von Straßen und Wolkenkratzern verdrängt werden, werden die ursprünglichen Institutionen, um die herum Gesellschaften aufgebaut wurden, durch eine zielgerichtet konstruierte Organisation ersetzt. Im Hinblick auf diesen Wandel mögen wir uns fragen: Gehen wir dahin, wohin wir gehen wollen? Können wir die Richtung ändern? Wie wählen wir die Richtung? Doch bevor wir diese Fragen stellen können, müssen wir wissen, wohin wir gehen, und dafür brauchen wir eine robuste Sozialtheorie.« (Coleman 1991: XIII)

Coleman hat, wie vor ihm die europäischen Aufklärer und Klassiker der Soziologie wie Max Weber, die rationale, vorteilhafte Gestaltung der sozialen Welt zum Ausgangspunkt seiner Sozialtheorie gemacht. Darauf aufbauend hat er seit den 1970er Jahren wissenschaftlich-rational fundierte Analysen und Studien zu relevanten Handlungssystemen der modernen Gesellschaft der USA vorgelegt. Seine Referenzpunkte sind neben den Klassikern vor allem Robert K. Merton, George C. Homans und Peter M. Blau. Coleman steht für eine Soziologie, die sich als Wissenschaft vom Sozialen versteht und kausale Zusammenhänge in der realen sozialen Welt zu erklären sucht und daher Normen, Vertrauen und Herrschaft nicht als gegeben in modernen Gesellschaften ansieht, sondern deren Entstehung und Funktionsweise über zielgerichtete Handlungen an sich autonomer Individuen erfassen will. Coleman hat die Tradition der erfahrungs- und handlungswissenschaftlich begründeten Soziologie auf Basis der Theorie rationaler Wahl weitergeführt und ein soziologisches Forschungsprogramm vorgelegt, das allgemein auf die Erklärung und Analyse verschiedener Formen der sozialen Handlungskoordination abstellt und der formal-hierarchischen Organisation in und für moderne Gesellschaften eine besondere Bedeutung zuspricht.

Wie gestaltet sich das Verhältnis von Mikro- und Makroanalyse?

Coleman hat die zentralen Elemente und Beziehungen einer auf Rationalität gegründeten Sozialtheorie in dem Bild der ›Badewanne‹ oder, wie es auch oft genannt wird, dem ›Coleman-Boot‹ dargestellt. In direkter Auseinandersetzung mit der Protestantismus-These von Weber (vgl. hier Kapitel 3.1; Bonß et al. 2020: Kapitel 3.2) hat er Vorschläge zur Anlage der dafür notwendigen Übergänge zwischen den Ebenen gemacht. Sein Modell mehrstufiger Erklärungen sieht dabei vor, Situations- oder Makrobeschreibungen (als Rechteverteilungen) so mit der Handlungsebene zu verbinden (Makro zu Mikro), dass Handlungsmöglichkeiten benannt werden können. Mit Hilfe der Handlungstheorie (Mikro) kann erklärt werden, welche Handlungen zielgerichtete Akteure ergreifen. Im dritten Schritt werden die Einzelhandlungen in kollektive oder Makroeffekte übersetzt, wobei Coleman an dieser Stelle kritisch gegen Webers Vorschlag argumentiert, dass dies nicht immer über die Addition gleichartiger Handlungen erfolgen kann. Vielmehr sieht Coleman dafür die Nutzung der Spieltheorie und der darin ausgearbeiteten Modelle, wie dem der öffentlichen Güter oder von Koordinationsspielen, vor. Für ihn bietet die Spieltheorie neben der präzisen und analytischen Beschreibung der Spielstruktur (Makro und Makro zu Mikro) auch die Option, die um kognitive Aspekte erweiterten Beschreibungen der Spieler (Mikroebene) so zu nutzen, dass sich Wechselwirkungen und Verbindungen der Einzelhandlungen (Mikro zu Makro) erschließen lassen und damit neue Strukturen und kollektive Ergebnisse abzuleiten (Coleman 1991: 14 f.; 1992b; 1996).

> »Man muss eine bestimmte Vorstellung darüber haben, wie Individuen geartet sind, und die verschiedenen Funktionsweisen von Systemen nicht von

unterschiedlichen Arten von Wesen her ableiten, sondern von verschiedenen Beziehungsstrukturen ausgehen, in die diese Wesen verwickelt sind.« (Coleman 1991: 254)

Das Systemverhalten oder die Struktur von sozialen Handlungssystemen zu erklären ist nach Coleman die eigentliche Leistung der Sozialwissenschaften, wohingegen die Mikroebene oder die Handlungstheorie möglichst einfach sein sollte, um komplexe Handlungssysteme und deren Mechanismen und Folgen möglichst präzise erschließen und empirisch testen zu können. Das leistet die Theorie zielgerichteten und rationalen Handelns, welche besagt, dass Handelnde bei mehreren Möglichkeiten die Handlung auswählen, die ihren Nutzen angesichts der Situation am besten realisiert (Coleman 1991: 17). Coleman bezieht sich hier, ohne es ausdrücklich zu benennen, auf das von Max Weber und Karl Popper vorgeschlagene Prinzip rationaler Situationsanalysen, das dazu auffordert, die Sichtweise rationaler Akteure in einer Situation zu erfassen und zu verstehen, weil das evident ist.

Wie wird die Veränderung beziehungsweise die Entwicklung von Gesellschaft gedacht?

Für die moderne Gesellschaft ist nach Coleman eine Sozialstruktur typisch, die immer weniger durch direkte persönliche Kontakte geprägt ist und in der die alten Institutionen wie Familie und Religion immer weniger regeln und zudem immer mehr von mächtigen korporativen Akteuren abgelöst werden. Zwar entsteht dieser neue Akteurstyp durch die zielgerichtete Übertragung von Handlungsrechten durch die Akteure, er entwickelt aber selbst eigene Interessen und kann über immer mehr Macht verfügen. Damit stehen die Individuen vor dem Problem, zunehmend mehr und immer mächtigeren und ressourcenstarken Organisationen in ihrer Sozialstruktur zu begegnen und mit diesen in soziale Interaktion treten zu müssen. Zum anderen durchlaufen, wie Coleman (1979; 1986) feinsinnig erkennt, kollektive Akteure im Unterschied zu natürlichen Personen nicht die gängigen Sozialisationsinstanzen, weshalb moderne Gesellschaften mit der Anforderung konfrontiert sind, ihre Ziele und Rechte mit denen der neuen Akteure abzugleichen und dafür neue Formen wie Governance- und Ethik-Codizes ins Leben zu rufen. Auch bringen kollektive Akteure durch ihr Handeln positive und negative externe Effekte für die Individuen hervor. Vor allem die Verursachung externer Kosten, wie die von Coleman schon früh identifizierte beispiellose Umweltverschmutzung und -zerstörung durch Wirtschaftsunternehmen, stellt sich als ein Folgeproblem der großen Unternehmen in der Wirtschaft dar, dessen Bewältigung eine zentrale Aufgabe sozialwissenschaftlicher Analysen in modernen Gesellschaften wird (Coleman 1992a, Kapitel 20–24). Die moderne Gesellschaft wird von Coleman daher als *asymmetrische Gesellschaft* (1979; 1986) oder als Organisationsgesellschaft beschrieben. Ihre Ausbildung und ihre Eigenschaften werden dabei weder als Rückfall in die Barbarei beklagt noch als beste aller Welten bejubelt, es wird vielmehr dargelegt, warum die alten Sozialformen an Bedeutung verloren und die neuen Sozialformen an Bedeutung gewonnen haben. Coleman zeichnet ein Bild der modernen Gesellschaft, das die Gestaltbarkeit der sozialen Welt betont und neue Formen aus zielgerichteten Handlungen der Individuen ableitet, die freilich immer wieder einer Nachjustierung bedürfen. Das gilt auch für die zunehmenden Interaktionen zwischen Individuen und mächtigen formal-hierarchischen Organisationen.

James Coleman hat eine Sozialtheorie vorgelegt, in deren Rahmen sich nicht nur die Entstehung von Organisationen, Normen, Herrschaft und Vertrauen ausgehend von einer Theorie rationalen Handelns erklären lassen, sondern die vielmehr noch zeigen kann, dass die moderne Gesellschaft von einem neuen Akteurstyp: den großen formalen Organisationen, geprägt ist. Dies ist ein sehr eigener Blick auf die moderne Gesellschaft, da er zwar einerseits deren funktionale Effekte und deren Entstehung aus dem zielgerichteten Handeln von Akteuren ableitet, gleichermaßen aber auch deutlich machen kann, dass der ungeplante Nebeneffekt darin zu sehen ist, dass alte und direkte Sozialbeziehungen an Bedeutung verlieren und sich auch ein Machtverlust der Individuen einstellt. Beides zu erfassen und zu analysieren ist nach Coleman die Aufgabe der modernen Sozialwissenschaften. Coleman ist so gesehen eine kritische Weiterführung der modernen Gesellschaftslehren der Aufklärung und auch von Max Webers Analyse der modernen westlichen Welt.

Lern- und Kontrollfragen

- Inwiefern schließt James Coleman mit seiner Sozialtheorie an das Denken der europäischen Aufklärung an?
- Welche besondere Verbindung von Makro-Mikro-Makroebene findet sich bei Coleman und wie begründet er diese?
- Wie erklärt Coleman die Entstehung moderner Organisationen und weshalb stellen diese neuen Akteure moderne Gesellschaften vor eine besondere Herausforderung?

Literatur

Primärliteratur

Coleman, James S. (1978). Soziale Struktur und Handlungstheorie. In: Blau, Peter M. (Hg.): Theorien sozialer Strukturen. Ansätze und Probleme. Opladen: Springer VS, S. 76–92.

Coleman, James S. (1979 [1974]). Macht und Gesellschaftsstruktur. Tübingen: Mohr.

Coleman, James S. (1986 [1982]). Die asymmetrische Gesellschaft. Weinheim und Basel: Beltz.

Coleman, James S. (1991 [1990]). Grundlagen der Sozialtheorie. Band 1: Handlungen und Handlungssysteme. München: Oldenbourg.

Coleman, James S. (1992a [1990]). Grundlagen der Sozialtheorie. Band 2: Körperschaften und die moderne Gesellschaft. München: Oldenbourg.

Coleman, James S. (1992b). The Vision of Foundations of Social Theory. In: Analyse & Kritik, Jg. 14, H. 2, S. 117–128.

Coleman, James S. (1994 [1990]). Grundlagen der Sozialtheorie. Band 3: Die Mathematik der sozialen Handlung. München: Oldenbourg.

Coleman, James S. (1996). A Vision for Sociology. In: Clark, Jon (Hg.): James S. Coleman. London: Falmer Press, S. 343–349.

Weiterführende Internetquellen

http://agso.uni-graz.at/lexikon/klassiker/coleman/07bio.htm 50 Klassiker der Soziologie – Biografie von James Coleman (zuletzt am 29.10.2020).

Sekundärliteratur

Braun, Norman/Voss, Thomas (2014). Zur Aktualität von James Coleman. Einleitung in sein Werk. Wiesbaden: Springer VS.

Bonß, Wolfgang et al. (2020). Handlungstheorie. 2. Auflage. Bielefeld: transcript (UTB), S. 114–127.

Clark, John (Hg.) (1996). James S. Coleman. London/Washington, D. C.: Falmer Press.

Marsden, Peter V. (2005). The Sociology of James Coleman. In: Annual Review of Sociology, Jg. 31, S. 1–34.

Marsden, Peter V. (2020). James Coleman, Social Capital, and Economic Sociology. In: Maurer, Andrea (Hg.): Handbook of Economic Sociology for the 21st Century. Heidelberg: Springer Nature.

Maurer, Andrea (1998). Herrschaft als Verteilung von Rechten. In: Müller, Hans-Peter/Schmid, Michael (Hg.): Norm, Herrschaft und Vertrauen. Beiträge zu James S. Colemans Grundlagen der Sozialtheorie. Wiesbaden: Westdeutscher Verlag, S. 103–116.

Müller, Hans-Peter/Schmid, Michael (Hg.) (1998). Norm, Herrschaft und Vertrauen. Beiträge zu James S. Colemans Grundlagen der Sozialtheorie. Wiesbaden: Westdeutscher Verlag.

Swedberg, Richard (1990). Economics and Sociology. Redefining their Boundaries: Conversations with Economists and Sociologists. Princeton: Princeton University Press.

7. De- und Restabilisierung

Gemeinsam ist den in diesem Kapitel präsentierten Autoren, dass sie Strukturveränderungen moderner Vergesellschaftungsmuster in Form zunehmender Differenzierungen behaupten. Dabei stellen sie die analytische Brauchbarkeit der ›klassischen‹ Gesellschaftstheorien in Frage und versuchen, neue Konzepte zu entwickeln. Niklas Luhmann beschreibt auf einer sehr abstrakten Ebene eine zunehmende Differenzierung der Systeme, deren Entstehen er auf die gesellschaftlichen Funktionen zurückführt, die das Zusammenleben jeweils erfordert. Vor diesem Hintergrund ergeben sich aus seiner Sicht unendliche Differenzierungsmöglichkeiten; es existieren so viele Systeme, wie einzelne gesellschaftliche Funktionen erfüllt werden. Wird eine Funktion überflüssig, verschwindet das jeweilige System, weil die Notwendigkeit der Kommunikation darüber entfällt. Auch in Ulrich Becks Analysen spätmoderner Gesellschaften scheint eine Vielfalt an Differenzierungen auf, die er auf verschiedene Wandlungsprozesse zurückführt. Dass er sie anders erklärt und in anderen Begriffen erläutert, ist seinem vor allem empirischen Blickwinkel geschuldet. Beck sieht im zweiten Individualisierungsschub, in der Pluralisierung von Wissensbeständen und Rationalitäten, in der Globalisierung, Transnationalisierung und zunehmend nicht einschätzbaren Nebenfolgen gesellschaftlicher Entwicklungen das Entstehen von Uneindeutigkeiten und Unsicherheiten, die in eine Ausdifferenzierung von (kognitiven) Grenz(-ziehung)en sowie Wissens- und Rationalitätsgrundlagen münden. Anders als Luhmann (und auch Bauman) sieht er die Notwendigkeit expliziter Restabilisierungen in Form neuer Grenzziehungen beziehungsweise sekundärer Institutionen, die einer unendlichen Differenzierung entgegenstehen. Dem liegt seine Annahme zugrunde, dass Handeln einer Orientierung – einer Struktur oder Ordnung – bedarf, sei diese auch noch so fiktiv oder pseudo-objektiv. Mit dem Argument der Restabilisierung setzt er sich schließlich von postmodern argumentierenden Autoren ab, wie zum Beispiel von Zygmunt Bauman. Dieser richtet seinen Blick auf die zunehmende Auflösung gesellschaftlicher Strukturierungen, die er mit Ambivalenz und Ambiguität verbunden sieht. Ambivalenzen können als unendliche Differenzierungen gelesen werden, da sie jeglicher Ordnung, Eindeutigkeit und Klarheit entbehren. Bauman beschreibt sie als unendliches Chaos, welches er zum Gegensatz von Ordnung erklärt. Anders als Beck sieht er allerdings keine Notwendigkeit, neue Grenzen zu ziehen, um Ordnung und damit Struktur zu schaffen. Flexibilität ist nach ihm die zentrale Maxime der flüchtigen Moderne; der Einzelne ist gefordert, sich im unendlichen Chaos (der immer weiter fortschreitenden Differenzierung) zurechtzufinden. Während es bei Beck vor allem (sub-)politische Prozesse sind, die die zunehmende Komplexität mehr oder weniger erfolgreich bremsen und bei Luhmann die den Sinnsystemen inhärenten Mechanismen der Komplexitätsreduktion, obliegt es somit bei Bauman dem Einzelnen, sich mit einer immer unübersichtlicher werdenden gesellschaftlichen Wirklichkeit zu arrangieren.

7.1 Niklas Luhmann: Gesellschaft als Kommunikationszusammenhang

Im direkten Rückgriff auf die Systemtheorie nach Talcott Parsons entwickelt Luhmann eine abstrakte Gesellschaftstheorie, bei der nicht mehr die immer bereits bestehenden Strukturen zur Herausbildung spezifischer gesellschaftlicher Funktionen führen. Vielmehr erwachsen dem Zusammenleben, das nur in einem bestimmten Modus, nämlich in Form von Kommunikation begriffen werden kann, bestimmte Probleme, deren Lösungen als Funktionen durch Wiederholung zur Entwicklung von Strukturen führen. Jede Gesellschaft setzt sich dann gemäß ihres Entwicklungsgrades aus solchen Strukturzusammenhängen, die als ›Systeme‹ bezeichnet werden, zusammen. Aus soziologischer Sicht radikalisiert Luhmann die Frage nach gesellschaftlicher Ordnung. Seine Gesellschaftstheorie erfasst nur noch Kommunikationsstrukturen – Individuen, Subjekte, Handelnde, Gruppen oder Kollektive verlieren an Bedeutung.

Zur Person

Niklas Luhmann kommt am 8. Dezember 1927 in Lüneburg als Kind einer Brauereifamilie zur Welt, wo er die Schule bis zum Gymnasium besucht. Im Jahr 1944 endet die Schulzeit kriegsbedingt und Luhmann wird als Luftwaffenhelfer rekrutiert (vgl. zur Biographie Horster 2005; Reese-Schäfer 1999; Stichweh 1999). Nach kurzer amerikanischer Kriegsgefangenschaft absolviert er ab 1946 ein Jurastudium an der Universität Freiburg, um anschließend zehn Jahre in öffentlichen Verwaltungen in Niedersachsen zu arbeiten. Nach einer Zeit am Oberverwaltungsgericht Lüneburg wechselt er 1955 ins niedersächsische Kultusministerium. In dieser Zeit beginnt er, die aus seiner (Feierabend-)Lektüre – er interessiert sich für Lyrik ebenso wie für Theorie – resultierenden Überlegungen auf Zetteln festzuhalten und diese in Kästen zu sammeln. Zu Beginn der 1960er Jahre – er heiratet die Goldschmiedin Ursula von Walter – lässt sich Luhmann beurlauben, um ein Studium der Verwaltungswissenschaften und der Soziologie aufzunehmen. Dies verbindet er mit einem Studienaufenthalt in den Vereinigten Staaten von Amerika, wo er an der Harvard University Talcott Parsons kennenlernt. Zurück in Deutschland findet Luhmann eine Anstellung an der Verwaltungshochschule in Speyer.

1966 promoviert er an der Universität Münster über das Thema *Recht und Automation in der öffentlichen Verwaltung: Eine verwaltungswissenschaftliche Untersuchung* bei Dieter Claessens und Helmut Schelsky. Kaum ein halbes Jahr später wird er bei Claessens und Heinz Hartmann über das schon im Jahr 1964 erschienene Buch *Funktionen und Folgen formaler Organisation* habilitiert, um anschließend eine Abteilungsleitung an der der Universität Münster zugeordneten Sozialforschungsstelle Dortmund zu übernehmen. Im Jahr 1968 erhält er als erster Ordinarius einen Ruf an die neu gegründete Universität Bielefeld. Nach dem frühen Tod seiner Ehefrau im Jahr 1977 kümmert er sich alleinerziehend um die drei Kinder. In Bielefeld verbleibt er, bis er 1993 in den Ruhestand tritt. Am 6. November 1998 erliegt er in Oerlinghausen einem Krebsleiden. Die berühmten Zettelkästen – mit über 90.000 Zetteln – werden zum Gegenstand von Nachlassstreitigkeiten zwischen seinen Kindern und 2007 von der Universität Bielefeld aufgekauft. Sie bilden mit zahlreichen unvollendeten Manuskripten aus unterschiedlichen Schaffensphasen Luhmanns den Grundstock des Luhmann-Archivs im Universitätsarchiv Bielefeld. Aber auch ohne diesen eigentümlichen Nachlass ist es Luhmann geglückt, sich nicht nur durch eine Vielzahl von Publikationen als neuen soziologischen Klassiker zu empfehlen. Vor allem die Art und Weise Theorie zu betreiben, die eine Reihe von Schülerinnen und Schülern beziehungsweise Nachfolgerinnen und Nachfolgern auf soziologischen Professuren hervorgebracht hat, verhalf ihm zu diesem Rang. Als herausragender Vertreter der soziologischen *Systemtheorie* wird er unvergessen bleiben.

Fragestellungen und Erkenntnisse

Mit Blick auf den akademischen Werdegang Luhmanns zeigt sich, dass er als ausgebildeter Verwaltungsjurist, der sich zunächst nebenher für Geschichte, Philosophie und zunehmend für Soziologie interessiert, seine ersten Schritte als Vertreter einer neuen organisationswissenschaftlichen Perspektive gegangen ist. Seine frühen Werke enthalten zwar bereits die Ausarbeitung seiner systemtheoretischen Position, bleiben allerdings der Analyse von Organisationen verpflichtet. Dieser Blickwinkel ist in den 1960er Jahren vorrangig in der Betriebswirtschaft üblich; Luhmann, der mit dem staatlichen Verwaltungsapparat vertraut ist, erkennt ein Forschungsdefizit für diesen Bereich (vgl. Horster 2005: 35 f.). Entsprechend sind die Bücher über *Funktio-*

nen und Folgen formaler Organisation, Zweckbegriff und Systemrationalität sowie *Legitimation durch Verfahren* unter organisations- beziehungsweise rechtssoziologischen Vorzeichen zu lesen. Erst später – als er Ordinarius für Soziologie geworden ist – tritt die Organisationsforschung hinter sein Bestreben der Formulierung einer allgemeinen Gesellschaftstheorie zurück. Doch der Reihe nach…

Ein wichtiger Ausgangspunkt der Theoriearbeit Luhmanns ist unzweifelhaft die Begegnung mit Parsons und dessen Überlegungen zum Strukturfunktionalismus sowie zur Systemtheorie. Wie Parsons folgt er der Grundfrage, wie soziale Ordnung möglich ist, und wie Parsons geht er davon aus, dass es typische Ordnungsprobleme gibt, die von Gesellschaften gelöst werden müssen. Während Parsons allerdings von universellen Strukturannahmen ausgeht, aus denen sich dann gesellschaftliche Funktionen ergeben, kehrt Luhmann dieses Wirkungsverhältnis um: Es sind nicht die Strukturen, die zu bestimmten und im Grunde immer gleichen Problemlösungen und damit Funktionen führen, sondern die Problemlösungen beziehungsweise gesellschaftlichen Funktionen, welche die Strukturen erst hervorbringen. Dem liegt der Einwand zugrunde, dass man aus der Annahme eines deterministischen Einflusses von Strukturen im Sinne festgelegter Normen und Regeln keine befriedigende Antwort auf den tatsächlichen Hergang von Handlungsabläufen erhält. Ersichtlich wird dies, wenn man Organisationen anschaut, die mitunter aufgrund der Nichtbefolgung von Regeln erfolgreicher agieren (vgl. Kiss 1977). Wenn man an der Funktion ansetzt, entstehen Systeme erst aus Handlungen, Erwartungen, aber auch Normen und Symbolen. Der noch bei Parsons recht starke Geltungsanspruch sozialer Normen wird damit also relativiert beziehungsweise zu einer Teilfunktion eines sozialen Systems degradiert: »Die Ordnung des sozialen Handelns durch formale Normen wird mit anderen Möglichkeiten konfrontiert.« (Luhmann 1976: 20)

Wie auch schon Parsons begreift Luhmann soziale Systeme als Sinnzusammenhänge oder -strukturen, die aus Kommunikation hervorgehen. Unter Kommunikation versteht er die Einheit von Information, Mitteilung und Verstehen (vgl. Luhmann 1984: 203; im Überblick Dimbath 2016: 258). Elemente der Sinnsysteme sind nicht die handelnden Subjekte – für diese interessiert sich die Systemtheorie nur als psychische Systeme, die an sozialen Systemen durch Kommunikation beteiligt sein können und in deren ›Köpfen‹ stets eine gewisse Anzahl sozialer Systeme bewusst gehalten wird. Systeme verfügen über eine Innen- und eine Außensicht. Nach innen sind sie thematische Kommunikationszusammenhänge, die weniger nach dem Schema eines Ganzen und seiner Teile zu begreifen sind als vielmehr im Sinne der Frage nach »der Funktion der Differenzierung des Systems in Teile« (Luhmann 1968: 120). Wenn man nun dem alten soziologischen Topos folgt, dass das Ganze mehr oder zumindest etwas anderes als die Summe seiner Teile sei, besteht dieses Ganze in der »Ordnungsleistung des Systems im Verhältnis zu seiner Umwelt. [...] Systeme müssen daher [...] als *Identitäten begriffen* werden, *die sich in einer komplexen und veränderlichen Umwelt durch Stabilisierung einer Innen-/Außen-Differenz erhalten*« (ebd., Hervorh. i. Orig.). Diese Stabilisierungsleistung erfolgt somit durch die Abgrenzung eines Systems von seiner Umwelt, was nur möglich ist, wenn das System den Unterschied seiner selbst zu dieser Umwelt erzeugt. Darüber hinaus kann festgehalten werden, dass das System sich durch die Erzeugung und Fortführung der Differenz zur Umwelt selbst erhält und diese Differenz zugleich reguliert (vgl. Luhmann 1984: 35).

> »Die Welt ist stets komplexer als jedes System in der Welt; das heißt, in der Welt sind mehr Ereignisse möglich als im System; sie kann mehr Zustände annehmen als ein System. Im Vergleich zur Welt schließt ein System für sich selbst mehr Möglichkeiten aus, reduziert Komplexität und bildet dadurch eine höhere Ordnung mit weniger Möglichkeiten, an der sich das Erleben und Handeln besser orientieren lassen. Die Trennung von Außen und Innen stabilisiert mithin ein Gefälle der Komplexität, um eine begrenzte Auswahl von Möglichkeiten dem Erleben und Handeln näher zu bringen.« (Luhmann 1968: 121)

Menschliche Systembildungen verwenden für diese Verringerung der Komplexität möglicher Ereignisse – und damit als Alleinstellungsmerkmal gegenüber anderen denkbaren Systemen – *Sinn*. Sinn stellt dabei eine Grundvoraussetzung für die Verarbeitung von Erlebnissen dar, die zur Auswahl von Bewusstseinszuständen herangezogen wird. Was dabei nicht ausgewählt wird, bleibt als Welt erhalten und weiterhin zugänglich (vgl. Luhmann 1984: 34). Wenn gegenwärtig in einer politischen Debatte festgestellt wird, dass der zu einem Problem unterbreitete Lösungsvorschlag ›alternativlos‹ sei, zeigt sich diese Komplexitätsreduktion durch Sinn sehr deutlich. Die politische Kommunikation innerhalb eines Systems ›Politik‹ grenzt sich von seiner Umwelt – also der restlichen Welt – dadurch ab, dass es um das Problem der Macht geht und die Prozesse der Sinnproduktion entsprechend ausgerichtet und eingeschränkt sind. Wenn nun jemand behauptet, es gebe keine Gestaltungsalternativen, beansprucht er oder sie für sich, dass – aus welchen Gründen auch immer – nur ein Weg zukünftigen Erlebens und Handelns zu sehen ist. Entgegnet nun jemand, dass aber doch der Himmel blau sei, kann diese Aussage aus Sicht des politischen Systems als ›sinnlos‹ zurückgewiesen beziehungsweise ignoriert werden. Lässt sich der Opponent jedoch auf die vorgebrachte und als alternativlos ausgewiesene Problematik ein und schlägt eine sinnvolle Alternative vor, steigert das System seine Komplexität – wenngleich nur um *eine* weitere Möglichkeit.

Festzuhalten ist, dass soziale Systeme nicht aus Personen bestehen, sondern aus ähnlichen kommunikativen Akten. Allerdings sind Systeme nicht flüchtig; sie stabilisieren sich dadurch, dass ihre Abgrenzungen von der Umwelt und die damit verbundenen Komplexitätsreduktionen nicht völlig variabel sind und immer wieder verwendet werden. Entsprechend finden sich in modernen Gesellschaften typische Sozialsysteme – nicht nur vier wie bei Parsons – aber doch eine endliche Zahl: Wirtschaft, Politik, Recht, Religion, Wissenschaft, aber auch Kunst, Liebe, Sport, Erziehung und so weiter.

Im Rahmen des Soziologentages im Jahr 1968 hält Luhmann einen vielbeachteten Vortrag unter dem Titel *Systemtheorie als Gesellschaftstheorie*, den auch Studierende des an der Universität Frankfurt beschäftigten Jürgen Habermas hören. Von seinen Studierenden nach seiner Position zu Luhmann befragt, beschließt Habermas, Luhmann zu sich ins Seminar einzuladen. Das Seminar ist als Schreibspiel organisiert, in dem Studierende kleine Abhandlungen vorlegen und auch die beiden Dozenten mit eigenen Papieren eingreifen. Aus diesen Diskussionsbeiträgen entsteht 1971 der gemeinsame Diskussionsband *Theorie der Gesellschaft oder Sozialtechnologie*. Das Buch trifft auf eine Situation, in der Allgemeine Soziologie in erster Linie in der Exegese klassischer Autoren besteht (vgl. Horster 2005: 40 f.). Allen voran liefert die zu dieser Zeit maßgebend von Habermas vertretene *Kritische Theorie* eine alternative Position. Diese Gemengelage hatte jeden Blick auf die in den Vereinigten Staaten mit Parsons vorangeschrittene Systemtheorie weitgehend verstellt. Durch das Eingreifen Luhmanns entsteht indes eine neue Konfliktlinie mit Habermas als einem dem emanzipativen Denken verpflichteten Marxisten auf der einen Seite und dem als konservativ etikettierten Luhmann auf der anderen. Im Zentrum dieser Kontroverse – im Übrigen dem ersten systematischen Theorievergleich auf dem Gebiet der Gesellschaftstheorien in Deutschland – stehen nicht einzelne theoretische Aussagen der beiden Autoren, sondern die komplette Infragestellung des jeweils gegnerischen Ansatzes (vgl. Reese-Schäfer 1999: 142 ff.). Allerdings gibt es, sieht man von Luhmanns Vorwurf, der von Habermas verwendete Subjektbegriff sei alteuropäisch ab, kaum eine ›Wechselseitigkeit‹ der Kritik, da die Gegenreden gegen die Systemtheorie von Habermas geführt werden. Er wirft Luhmann vor, die Aufgabe der Kritik durch Theorie aufzuheben und die Theorie auf affirmative, also die Herrschaftsverhältnisse bestätigende Fragestellungen zu richten. Entsprechend folge bei Luhmann die Gesellschaftstheorie auch den Reproduktionszwängen der Gesellschaft und gerate zu einer neuen Ideologie, in deren Mittelpunkt ein technokratisches Bewusstsein stehe.

Die Auseinandersetzung zwischen Habermas und Luhmann veranlasst beide, Korrekturen an ihren Theorien, in denen in beiden Fällen Kommunikation im Zentrum steht, vorzunehmen. Bei Luhmann führt dies zu einer Weiterentwicklung der Theorie im Hinblick auf die Veränderbarkeit sozialer Systeme. Allerdings ist seine Antwort, wie sich im Folgenden zeigen wird, keine, die aus Sicht einer kritisch-theoretischen Position geteilt werden könnte.

Eine Klärung erfährt das Problem ›prominent‹ in der Veröffentlichung eines ›Zwischenstandes‹ der Entwicklung seines systemtheoretischen Denkens. Das im Jahr 1984 erschienene Buch *Soziale Systeme* bündelt die an unterschiedlichen Stellen angestellten und teilweise publizierten Überlegungen und liefert ein – durchaus kompliziertes aber auch umfassendes – Grunddokument der Theorie sozialer Systeme. Luhmann selbst bezeichnet dieses Buch insofern als ›Meilenstein‹ als er die zahlreichen in Buchform vorliegenden oder folgenden Teilsystemstudien als Beiwerk ausweist (vgl. Horster 2005). Ein zentraler Aspekt wird hier besonders akzentuiert. Luhmann löst das Problem der Zeitlichkeit sozialer Systeme im Rückgriff auf ein Konzept aus der Biologie: Systeme bestehen fort, solange innerhalb ihrer Grenzen Kommunikation an Kommunikation angeschlossen werden kann. Sie werden also nicht von außen in ihrem Fortbestand gesichert, sondern schaffen sich selbst – freilich auch durch immer wieder neu vorgenommene Abgrenzungen zu ihrer Umwelt, aber stets durch interne Kommunikationsprozesse – neu. Dieser Vorgang der Selbstorganisation wird im Anschluss an den

Biologen Humberto R. Maturana als *Autopoiesis* beschrieben (vgl. Luhmann 1984: 60).

In einigen Arbeiten, die Luhmann nach dem Erscheinen der *Sozialen Systeme* verfasst, wird der Bezug von Teilsystemen zur Gesellschaft deutlich. So erscheinen neben anderen Schriften die Teilsystemstudien *Die Wissenschaft der Gesellschaft* im Jahr 1988 und im selben Jahr *Die Wirtschaft der Gesellschaft*. 1993 kommt *Das Recht der Gesellschaft* in die Buchläden und zwei Jahre darauf *Die Kunst der Gesellschaft*. Kurz vor seinem Tod liegt mit dem Zweibänder *Die Gesellschaft der Gesellschaft* ein weiterer Meilenstein vor, der, ähnlich wie *Soziale Systeme* den Anspruch einer umfassenden gesellschaftstheoretischen Abhandlung beanspruchen kann. Aus dem umfangreichen Nachlass erscheinen dann im Jahr 2000 *Die Politik der Gesellschaft* und *Die Religion der Gesellschaft*, 2002 *Das Erziehungssystem der Gesellschaft* und 2008 *Die Moral der Gesellschaft*.

Die Teilsystemstudien folgen einem ähnlichen Muster, das Luhmann gelegentlich auch Kritik eingebracht hat. So findet sich in jeder dieser Monographien eine umfassende Einführung in die systemtheoretische Denkfigur, was diejenigen dankbar stimmen dürfte, die mit einem dieser Themen den Erstkontakt wagen. Andere werden jedoch damit beginnen, das bereits Bekannte zu überblättern. Luhmann begründet diese Strategie praktisch, indem er darauf hinweist, dass jemand, der sich für die Wirtschaft interessiert, sich ja nicht für Kunst interessieren muss; und die an Systemtheorie interessierten Leserinnen und Leser könnten ja an den bekannten Stellen etwas schneller lesen (vgl. Horster 2005: 44).

Legt man nun aber die Teilsystemstudien nebeneinander, gibt die systemtheoretische Argumentationsstruktur eine Reihe an Vergleichsmöglichkeiten vor. Diese helfen, die wesentlichen Aspekte dieser Form der Beobachtung von Gesellschaft besser zu verstehen. So entwickelt Luhmann, nachdem er einen gesellschaftlichen Kommunikationszusammenhang als soziales System identifiziert hat, für jedes System einen so genannten Code, vermittels dessen das System seine Kommunikation spezifiziert.

> »Soziologisch wichtig ist vor allem, daß auch dies eine Ausdifferenzierung der Kommunikationsprozesse bewirkt. Ereignisse müssen nun in codierte und nichtcodierte unterschieden werden. Codierte Ereignisse wirken im Kommunikationsprozeß als Information, nichtcodierte als Störung (Rauschen, noise).

> Die Codierung muß als operative Vereinfachung von Information und Mitteilung durch Alter und Ego gleichsinnig gehandhabt werden. Das erfordert eine dafür ausreichende Standardisierung – auch dies ein Unterschied zur Umgebung, der auffällt und Aufmerksamkeit auf sich zieht.« (Luhmann 1984: 197)

Das System geht dabei so vor, dass es seine Operationen – also seine ›Aktivität‹ – ausschließlich nach einem Ja-Nein-Schema ordnet. Ein solches soziales System ›sieht‹ nur das, was es aufgrund seiner Innen-Außen-Unterscheidung mithilfe der Codierung beobachten kann. Infolge sozialen Wandels ist vorstellbar, dass ein System über mehrere solcher Unterscheidungen verfügt beziehungsweise dass sich die Relevanz der Codierungsweise verschiebt. Im Wesentlichen ist jedoch eine binäre Codierung maßgebend. Beim Wirtschaftssystem wäre das die Unterscheidung von ›Haben‹ und ›Nichthaben‹, beim Recht die Differenz von ›rechtmäßig‹ und ›unrechtmäßig‹, bei der Wissenschaft ›wahr‹ und ›unwahr‹, bei der Politik der Unterschied zwischen ›Macht haben‹ (Regierung) und ›Macht nicht haben‹ (Opposition) oder bei der Medizin der zwischen ›krank‹ und ›gesund‹. Das Kunstsystem weist nach Luhmann eine Veränderung der zentralen Codierung auf. So unterscheidet es traditionell zwischen ›schön‹ und ›hässlich‹, in jüngerer Zeit jedoch zwischen ›innovativ‹ und ›alt‹ (vgl. Reese-Schäfer 1999: 186 f.; Schneider 2009: 361).

Hinzu kommt, dass jedes Teilsystem über ein eigenes symbolisch generalisiertes Kommunikationsmedium verfügt. Medien im Allgemeinen bezeichnet Luhmann als Errungenschaften, die an »jenen Bruchstellen der Kommunikation ansetzen und funktionsgenau dazu dienen, Unwahrscheinliches in Wahrscheinliches zu transformieren« (Luhmann 1984: 220). Neben der Sprache, die akustische und optische Zeichen zur Vermittlung von Sinn bereitstellt, identifiziert er Verbreitungsmedien wie Schrift, Buchdruck oder Funkübertragung. Die symbolisch generalisierten Kommunikationsmedien verwenden – als dritte Mediengattung – Verallgemeinerungen, um, wie Luhmann sagt, den »Zusammenhang von Selektion und Motivation zu symbolisieren« (ebd.: 222). Im Teilsystem Wirtschaft ist dieses Medium beispielsweise Geld, im Rechtssystem Recht in Form von Gesetzen, in der Wissenschaft sind es die wissenschaftlichen Erkenntnisse, in der Religion der Glaube, der Liebe die Erotik und so weiter (vgl. hierzu auch Reese-Schäfer 1999: 186 f.).

Wie wird Gesellschaft konzeptualisiert?

Gesellschaft wird in der Theorie sozialer Systeme nicht als territorial und zeitlich begrenztes Kollektiv verstanden, sondern als umfassendes Kommunikationssystem, jenseits dessen keine Kommunikation denkbar ist (Luhmann 1984: 60 f.). Luhmann verwendet Gesellschaft als Begriff für die »Einheit der Gesamtheit des Sozialen« (ebd.: 555). Als umfassendes Sozialsystem gibt es im Fall von Gesellschaft keine soziale Umwelt. Die Gesellschaft wächst beziehungsweise gewinnt an Komplexität durch die Kommunikationen innerhalb ihrer Teilsysteme. Luhmann charakterisiert dies wie folgt:

> »Die Einheit des Gesellschaftssystems kann bei einem solchen Sachverhalt nichts anderes sein als diese selbstreferentielle Geschlossenheit. Gesellschaft ist das autopoietische System par excellence. Gesellschaft betreibt Kommunikation, und was immer Kommunikation betreibt, ist Gesellschaft. Die Gesellschaft konstituiert die elementaren Einheiten (Kommunikationen), aus denen sie besteht, und was immer so konstituiert wird, wird Gesellschaft, wird Moment des Konstitutionsprozesses selbst.« (Ebd.)

Wie gestaltet sich das Verhältnis von Mikro- und Makroanalyse?

Soziale Systeme sind als Kommunikationszusammenhänge auf jeder Ebene des Sozialen anzutreffen. Unterhalb des Sozialen erkennt Luhmann die psychischen Systeme, die er als ›Personen‹ bezeichnet – und nicht als Individuen oder Subjekte. Sie entziehen sich der Sozio-Logik. Man kann sie zwar beobachten, aber ihre Systemstruktur erschließt sich eher der Psychologie, der Luhmann an dieser Stelle das Feld überlässt. Die ›kleinste‹ für die Theorie sozialer Systeme relevante Einheit ist somit das Interaktionssystem, wobei Luhmann Interaktion als die Kommunikation unter Anwesenden begreift. So lange eine Interaktion andauert, man also miteinander spricht und das jeweils Gesagte für relevant erachtet, besteht das System fort. Durch Anschlussmöglichkeiten in der gemeinsamen Kommunikation kann sich ein Interaktionssystem auch länger erhalten und zu einer Beziehung werden. Die am Gespräch Beteiligten können den gemeinsam gesponnenen Faden zu anderer Zeit wieder aufnehmen und strukturieren so den weiteren Ablauf ihres Systems. Denkbar wäre beispielsweise, dass A und B immer, wenn sie sich treffen, über C lästern. Tritt C nun hinzu, verlassen (hoffentlich) A und B dieses System und sprechen mit C über etwas anderes. Damit endet die Interaktionssequenz der Beziehung von A und B – eine neue Interaktionssequenz mit einer anderen Beziehungskonstellation beginnt. Zieht C weiter, können A und B wieder ihre zuletzt unterbrochene Kommunikationsstruktur aufnehmen.

Was hier mit Blick auf die soziale Mikroebene gezeigt wurde, setzt sich auf der Mesoebene der Gruppen und Organisationen fort, denn auch hier werden spezifische Strukturen durch Kommunikation gebildet. Organisationen funktionieren über Mitgliedschaft, bei denen sich die Einzelnen auf bestimmte systemische Kommunikationsregeln einlassen. Wenn sie anderes kommunizieren, ist dies irrelevant oder wird als unpassend empfunden. Unpassend wäre dann wieder eine Reaktion des Organisationssystems auf ein bestimmtes Umweltereignis, das als Störung des Systems identifiziert wird. Hierzu gehört in manchen Organisationen die Liaison zwischen Mitarbeitenden, die, weil sie für den geregelten Ablauf der Kommunikation ein Risiko darstellen könnte, als unerwünscht sanktioniert wird.

Auch auf der gesellschaftlichen Makroebene gelten die Regeln der Systemtheorie: Grenzziehung, Komplexitätsreduktion, Sinnproduktion, Kommunikation über Kommunikationsmedien sowie nach Maßgabe binärer Codes. Bei den gesellschaftlichen Teilsystemen handelt es sich um ›evolutionär‹ ausgebildete Funktionssysteme, die als umfassende Kommunikationszusammenhänge spezifische Probleme bearbeiten. Die Klammer um diese Teilsysteme ist ›die‹ Gesellschaft.

In einer Zeit, in der Kommunikation aufgrund informationstechnischer Möglichkeiten den Globus umspannt, ist es nur konsequent, von einer ›Weltgesellschaft‹ zu sprechen. Welt und Gesellschaft stehen in einem wechselseitigen Verweisungsverhältnis, denn wenn die Gesamtheit aller Kommunikationen als Gesellschaftssystem begriffen wird, schließt das die Vorstellungen von ›Welt‹ mit ein.

> »Rein faktisch mögen mehrere Gesellschaftssysteme existieren, so wie man früher von einer Mehrzahl von Welten gesprochen hat; aber wenn, dann ohne kommunikative Verbindung dieser Gesellschaften, oder so, daß, von den Einzelgesellschaften aus gesehen, eine Kommunikation mit den anderen unmöglich ist oder ohne Konsequenzen bleibt.« (Luhmann 1997: 145)

Damit wäre allerdings Welt nur mit Gesellschaft gleichgesetzt. Luhmann ergänzt diesen Gedanken indes durch eine weitere Beobachtung. Indem sich die einzelnen Funktionssysteme in der globalisierten Welt weiter ausdifferenzieren und nicht vor territorialen Grenzen halt machen, erfolgt eine Umstellung der Zeitperspektive auf das Schema von Vergangenheit und Zukunft. Ging es in territorial begrenzten Kontexten noch um eine primäre Orientierung am Vergangenen und damit um die Frage nach der Identität, richtet sich in einem entgrenzten Zusammenhang die Orientierung auf eine Zukunft, die immer auch anders (kontingent) sein kann. Steuerungsprobleme können damit nicht mehr mit Blick auf eine Tradition gelöst werden. Es gibt unterschiedliche und teilweise kaum vermittelbare Perspektiven, die sich jedoch kommunikativ erreichen. Gleichwohl findet keine Angleichung oder Vereinheitlichung statt, denn was von den Zentren der Weltgesellschaft – zum Beispiel den Finanzmärkten – ausgeht, kann und muss regional zu unterschiedlichen Strukturbildungen führen (vgl. Luhmann 1997: 808).

> »Das Weltsystem realisiert [...] die Gleichzeitigkeit aller Operationen und Ereignisse und ist dadurch, da Gleichzeitiges kausal nicht kontrolliert werden kann, in einer unkontrollierbaren Weise effektiv. Es bleibt deshalb keine andere Wahl [...], als von der Vollrealisation einer Weltgesellschaft auszugehen.« (Ebd.: 809)

Wie wird die Veränderung beziehungsweise die Entwicklung von Gesellschaft gedacht?

Die Veränderung von Gesellschaft begreift Luhmann im Zusammenhang allgemeiner Überlegungen zum sozialen Wandel beziehungsweise – wie er betont – zum Strukturwandel, der sich aus dem Prozess funktionaler Differenzierung ergibt. Am Verständnis des Wandels offenbart sich, was insbesondere die kritisch-theoretischen Positionen zu stören scheint: Luhmann differenziert zwischen einem unbestreitbaren Wandel, der immer stattfindet, und der Proklamation des Wandels, wie sie seit der Aufklärung als politisches Instrument eingesetzt wird. Die Diskussion über sozialen Wandel beziehe sich in erster Linie auf den Gegensatz zwischen konstanten und variablen Strukturen, wobei als Problem immer wieder die Änderungsresistenz in den Blick komme. Dieser Beharrungskraft sozialer Verhältnisse sei dann – in unterschiedlicher Radikalität – mit Veränderungsbestrebungen zu begegnen. Eine solche normative Tendenz infrage stellend will Luhmann dagegen genau bestimmen, worin Wandel und Veränderung überhaupt bestehen können. Als Hauptproblem erkennt er dabei, dass die Unterstellung eines irgendwie kohärenten Veränderungsprozesses nicht notwendig gegeben sein muss und dass es sich bei dem allenthalben zu konstatierenden Veränderungsgeschehen auch um unverbundene und vor allem unkoordinierte Einzelereignisse handeln könnte.

> »Das Einzige, was [...] als schlechthin unveränderbar zu gelten hat, ist das auf einen Minizeitpunkt bezogene Ereignis. Unveränderbar ist nur das, was so schnell vergeht, daß für Änderungen keine Zeit bleibt. Die Schranke für Strukturänderungen liegt demnach nicht in Strukturen mit besonderen Qualitäten, die sich gegen Änderungen sperren; sie liegt in den Problemen der selektiven Kombination von sofort wieder verschwindenden Ereignissen; sie liegt also in der Funktion der Strukturen.« (Luhmann 1984: 473)

Nachdem Luhmann die Mehrzahl der vorliegenden soziologischen Theorien zum gesellschaftlichen Wandel als theoretisch unzureichend zurückgewiesen hat, greift er für seinen eigenen Ansatz auf die autopoietische Reproduktion aller Systeme zurück. Jedes System hat nur zwei Alternativen: Aufhören oder Weitermachen, wobei die Substanz des Systems über Strukturmuster ständig reproduziert werden muss. Die revolutionäre Forderung, die durch den Ausruf ›Das System muss weg!‹ zum Ausdruck gebracht wird, kann sich nur gegen eine bestimmte Konstellation innerhalb eines in der Regel politischen Machtgefüges und damit vorrangig gegen Personen richten. Das gesellschaftliche Teilsystem der Politik endet selbst bei einer erfolgreichen Revolution damit keinesfalls. Im Gegenteil ist es mitunter erschütternd, wie wenig sich an den Strukturmustern des Politischen ändert, wenn lediglich eine Elite durch eine andere ausgetauscht wird. Ein hartes Argument gegen die unter anderem von Habermas vertretene kritische Theorie liegt dann beispielsweise in der folgenden Aussage:

> »Strukturänderung setzt Systemerhaltung voraus, so viel ist immer klar gewesen. Daraus folgt schon, dass Änderung und Erhaltung nicht durch verschiedene Theorien (etwa ›progressive‹ einerseits und ›konservative‹ anderer-

> seits) erklärt werden können, sondern jede Theorie immer beides behandeln muss.« (Luhmann 1984: 474)

Was nun den Wandel angeht, ist die Autopoiesis die Voraussetzung jeder Strukturveränderung – sofern man die Möglichkeit des ›Aufhörens‹ ausschließt. Durch die Veränderung muss also, gleichgültig, ob konforme oder abweichende Anschlussoperationen stattfinden, das weitere Operieren des Systems gewährleistet sein. Nur eine erfolgreiche Strukturänderung kann dann die Grundlage für neue Erwartungen sein. Hinzu kommt, dass sich Veränderungen laufend ›automatisch‹ ereignen. Mitunter werden Strukturen erst dann bewusst beziehungsweise wird erst dann ihre Veränderung gefordert, wenn sie problematisch werden.

Wandel findet aus systemtheoretischer Sicht fortlaufend und im Zuge der Anpassung von Systemen an ihre Umwelt statt, wobei anzumerken ist, dass es sich – aufgrund der autopoietischen Selbstbezüglichkeit des Systems immer auch um eine Anpassung der (vom System wahrgenommenen) Umwelt an das System handelt. Jede Anpassung ist aus systemtheoretischer Sicht Selbständerung im Sinne einer spezifischen Lesart der Evolutionstheorie, die davon ausgeht, dass Systeme, im Gegensatz zu Organismen, von Störungen aus der Umwelt zwar irritiert, allerdings nicht zur Anpassung gezwungen werden können. Man kann damit sagen, dass jedes fortbestehende System bereits ›angepasst‹ ist. Mit anderen Worten kann sich ein System nur autopoietisch verändern, wenn es von seiner Umwelt irritiert wird – allerdings nur solange die Umweltbedingungen Anschlusskommunikationen gestatten. Was das System an neuen internen Anschlüssen hervorbringt, kann als Variation zur Weiterentwicklung seiner Erwartungsstruktur beitragen. Die Evolution des Gesellschaftssystems entspricht dabei der Evolution seiner Teilsysteme (Baraldi et al. 1997: 54). Mit anderen Worten steht die Veränderung von Gesellschaft dabei am Ende einer Kette teilsystemischer Veränderungen einerseits und der Selbstanpassung des Gesellschaftssystems andererseits.

Lern- und Kontrollfragen

- Worin unterscheidet sich Luhmanns systemtheoretischer Ansatz von der strukturfunktionalistischen Systemtheorie nach Talcott Parsons?
- Welchen Stellenwert hat Kommunikation in der Theorie sozialer Systeme und warum werden hier Begriffe wie Individuum und Subjekt problematisch?
- Wie bleiben Sozialsysteme bestehen und wie erzeugen sie – auch mit Blick auf teilsystemische Differenzierungen – Sinn?

Literatur

Primärliteratur

Habermas, Jürgen/Luhmann, Niklas (1971). Theorie der Gesellschaft oder Sozialtechnologie. Frankfurt a. M.: Suhrkamp.

Luhmann, Niklas (1968). Zweckbegriff und Systemrationalität. Über die Funktion von Zwecken in sozialen Systemen. Tübingen: J. C. B. Mohr (Paul Siebeck).

Luhmann, Niklas (1976 [1964]). Funktionen und Folgen formaler Organisation. Berlin: Duncker und Humblot.

Luhmann, Niklas (1984). Soziale Systeme. Frankfurt a. M.: Suhrkamp.

Luhmann, Niklas (1988a). Die Wissenschaft der Gesellschaft. Frankfurt a. M.: Suhrkamp.

Luhmann, Niklas (1988b). Die Wirtschaft der Gesellschaft. Frankfurt a. M.: Suhrkamp.

Luhmann, Niklas (1989 [1975]). Legitimation durch Verfahren. Frankfurt a. M.: Suhrkamp.

Luhmann, Niklas (1993). Das Recht der Gesellschaft. Frankfurt a. M.: Suhrkamp.

Luhmann, Niklas (1995). Die Kunst der Gesellschaft. Frankfurt a. M.: Suhrkamp.

Luhmann, Niklas (1997). Die Gesellschaft der Gesellschaft. Zwei Bände. Frankfurt a. M.: Suhrkamp.

Luhmann, Niklas (2000a). Die Politik der Gesellschaft. Frankfurt a. M.: Suhrkamp.

Luhmann, Niklas (2000b). Die Religion der Gesellschaft. Frankfurt a. M.: Suhrkamp.
Luhmann, Niklas (2002). Das Erziehungssystem der Gesellschaft. Frankfurt a. M.: Suhrkamp.
Luhmann, Niklas (2008). Die Moral der Gesellschaft. Frankfurt a. M.: Suhrkamp.

Sekundärliteratur

Baraldi, Claudia/Corsi, Giancarlo/Esposito, Elena (1997). GLU. Glossar zu Niklas Luhmanns Theorie sozialer Systeme. Frankfurt a. M.: Suhrkamp.
Dimbath, Oliver (2016): Einführung in die Soziologie. Paderborn: Wilhelm Fink (UTB).
Horster, Detlef (2005). Niklas Luhmann. München: C. H. Beck.
Kiss, Gábor (1977). Einführung in die soziologischen Theorien II. Opladen: Westdeutscher Verlag.
Reese-Schäfer, Walter (1999). Niklas Luhmann zur Einführung. Hamburg: Junius.
Schneider, Wolfgang Ludwig (2009). Grundlagen der soziologischen Theorie. Band 2: Garfinkel – RC – Habermas – Luhmann. Wiesbaden: VS Verlag für Sozialwissenschaften.
Stichweh, Rudolf (1999). Niklas Luhmann (1927–1998). In: Kaesler, Dirk (Hg.): Klassiker der Soziologie. Von Talcott Parsons bis Pierre Bourdieu. München: C. H. Beck, S. 206–229.

7.2 Ulrich Beck: Reflexive Modernisierung

Der im Januar 2015 verstorbene Ulrich Beck gilt als einer der prominentesten und gleichzeitig einflussreichsten zeitgenössischen Soziologen und Publizisten Deutschlands, dessen Arbeiten weit über die deutschen Grenzen hinaus große Beachtung und Anerkennung fanden und finden. Berühmt wurde er nicht nur durch sein Werk *Die Risikogesellschaft*, das er 1986 unmittelbar *vor* der Katastrophe von Tschernobyl fertigstellte und in dem er fast prophetisch auf grenzüberschreitende atomare und klimatische Gefahren in den Gegenwartsgesellschaften hinweist. Auch mit seiner Theorie reflexiver Modernisierung stößt er eine weltweite Debatte über die ungeplanten Nebenfolgen aktueller gesellschaftlicher Veränderungsprozesse an. Beck gibt sich nicht damit zufrieden, seine Thesen nur für das akademische Feld zu formulieren. Sein Anliegen ist es, auch das breite Publikum und die Politik auf die Folgen reflexiver Modernisierung wie Entgrenzung, Zunahme der Unsicherheiten, Unkontrollierbarkeit und Nicht-Kompensierbarkeit entstehender Schäden und so weiter aufmerksam zu machen. Dabei gelingt es ihm stets, mit seinen Themen den Nerv der Zeit zu treffen. Er setzt sich mit großem Engagement für die Europäische Union – eine aus seiner Sicht erste und kühne Antwort auf Transnationalisierung beziehungsweise Kosmopolitisierung – ein. Und er selbst lebt vor, was er lehrt: Kosmopolitismus und Globalität.

Auch wenn Beck als kritischer Soziologe vor allem die Gefährdungspotenziale gegenwärtiger gesellschaftlicher Veränderungen in den Blick nimmt, so strahlt er dennoch Zuversicht und Optimismus aus und betont stets die mit dem Wandel zugleich verbundenen gestiegenen Chancen auf Selbstbestimmung. Mit Witz und einer großen Portion Selbstironie stürzt er sich immer wieder in Diskussionen mit seinen schärfsten Kritikern, um aus ihnen zu lernen.

Zur Person

Beck wird am 15. Mai 1944 in Stolp/Pommern (heute Slupsk/Polen) geboren. Nach der Übersiedlung seiner Familie in den Westen wächst er in Hannover auf. 1966 beginnt er in Freiburg ein Studium der Rechtswissenschaften, wechselt dann aber nach einem Semester an die Ludwig-Maximilians-Universität in München und studiert Soziologie, Philosophie, Psychologie und Politikwissenschaften. Von 1972 bis 1979 arbeitet er dort als wissenschaftlicher Mitarbeiter, wird 1972 zum Dr. phil. promoviert und sieben Jahre später in Soziologie habilitiert. Anschließend lehrt er als Professor zunächst in Münster und dann in Bamberg. 1992 kehrt er nach München zurück. Dort bleibt er bis zu seiner Emeritierung im Jahre 2009. Darüber hinaus lehrt er als Gastprofessor von 1995 bis 1998 in Cardiff (Wales) und ab 1997 an der *London School of Economics and Political Science* (LSE). 2011 wird er zusätzlich Professor der Pariser Wissenschaftsstiftung *Fondation Maison des Sciences de l'Homme* (FMSH). Von 1999 bis 2009 ist er Sprecher des DFG-Sonderforschungsbereiches 536 *Reflexive Modernisierung*, in dem seine Theorie interdisziplinär auf der Basis eines breiten Themenspektrums empirisch und theoretisch weiterentwickelt wird. Beck werden mehrere Ehrendoktorwürden europäischer und außereuropäischer Universitäten und zahlreiche Preise verliehen. Er ist mit der Familiensoziologin Elisabeth Beck-Gernsheim verheiratet. Am 1. Januar 2015 stirbt er überraschend im Alter von 70 Jahren in München.

Die erklärte Absicht Becks ist es, die »sich heute schon *abzeichnende Zukunft* ins Blickfeld zu heben« (Beck 1986: 12, Hervorh. i Orig.). Es geht ihm nicht um die Entwicklung einer universellen Gesellschaftstheorie – die es aus seiner Sicht gar nicht geben kann –, sondern um die Frage nach der Struktur je spezifisch gesellschaftlicher Bedingungen in einer sich verflüssigenden Moderne. Von der eigenen Disziplin wird ihm häufig vorgeworfen, eher zeitdiagnostische Analysen als präzise und trennscharf formulierte Konzepte und Theorien zu entwerfen. Er hingegen betont gerade die Wichtigkeit offener Kategorien, um überkommene, sogenannte ›Zombie-Kategorien‹ zu überwinden, die nicht in der Lage wären, die neue Realität adäquat zu beschreiben. Seine Arbeiten sind stark beeinflusst von der angelsächsischen Diskussion über Modernisierung, Enttraditionalisierung und Globalisierung. Es schwingt eine Nähe zum *angelsächsischen Pragmatismus* mit, die sich in seinem empirisch-analytischen Ansatz und seiner Fokussierung auf aktuelle politische Themen widerspiegelt. Beck rekurriert immer wieder auf klassische Referenzautoren wie Marx, Elias, Simmel und Weber – insbesondere in seinen früheren Arbeiten –, und auch der *Existenzialismus* Jean-Paul Sartres schlägt sich in seinen Thesen nieder. Dennoch sind es auch Gegenwartsautoren, die sich mit unterschiedlichen Wegen in die Moderne beschäftigen – wie zum Beispiel Shmuel N. Eisenstadt (2002a), Shalini Randeria (2009) oder Arjun Appadurai (2005) –, die seine Arbeiten beeinflussen.

Neben einer Vielzahl von Büchern veröffentlicht er unzählige Aufsätze, Zwischenrufe und Interviews zu fast allen gesellschaftlichen Fragen (die in Großbritannien und Frankreich vermutlich noch aufmerksamer gelesen werden als in Deutschland). Weniger im akademischen ›Elfenbeinturm‹ als in öffentlichen Arenen sieht er sein Hauptbetätigungsfeld. Seine Appelle sollen die Menschen motivieren, sich als verantwortungsbewusste gesellschaftliche Akteure zu fühlen und die Handlungsspielräume zu nutzen, die ihnen eine reflexiv moderne Gesellschaft bietet. Als eines der wichtigsten Werke Becks gilt allen voran die *Risikogesellschaft*, mit der er 1986 eine Gesellschaftsanalyse vorlegt, die sich einige Monate nach ihrem Erscheinen durch die Reaktorkatastrophe in Tschernobyl in Teilen als eine Beschreibung der Realität liest. Auch wenn die Ökologieproblematik in diesem Buch einen wichtigen Stellenwert einnimmt, so wäre es dennoch verkürzt, Becks Gegenwartsdiagnose hierauf zu reduzieren. Ebenso thematisiert er Individualisierungs- und Globalisierungsprozesse sowie die Entgrenzung der Politik unter dem Stichwort der Subpolitisierung. Große öffentliche Aufmerksamkeit erntet er auch mit seinem Buch *Die Erfindung des Politischen*, das sieben Jahre später erscheint und in dem er – nach dem Ende des West-Ost-Konflikts – eine Neubestimmung allen staatlichen und politischen Handelns skizziert. In diesem Buch – wie auch schon in *Gegengifte: Die organisierte Unverantwortlichkeit* von 1988 – vertieft er sein theoretisches Fundament, das er in der *Risikogesellschaft* angelegt und als *reflexive Modernisierung* beschrieben hat. Im Unterschied zum erst genannten rückt er hier die politischen Konsequenzen gesellschaftlicher Veränderungen in den Mittelpunkt und weniger die neue Globalität von Risiken und Gefahren. Weniger häufig rezipiert ist eine knappe, aber sehr gelungene Abhandlung seiner Gesellschaftstheorie (auf circa 50 Seiten) in der Einleitung zum Buch *Die Modernisierung der Moderne*, das im Jahre 2001 erschien. Gemeinsam mit Wolfgang Bonß und Christoph Lau fasst er hier wesentliche Fragmente der Theorie reflexiver Modernisierung zusammen. In seiner späteren Schaffensphase beschäftigt sich Beck vor allem mit der Überwindung eines – wie er es nennt – ›methodologischen Nationalismus‹, um die Strukturen der neuen Welt, die aus seiner Sicht kosmopolitisch sind, sichtbar zu machen. In seinem Buch *Macht und Gegenmacht im globalen Zeitalter* aus dem Jahre 2002 behandelt er verstärkt Fragen zur Herrschaft. Er beschreibt eine Verschiebung der Machtzentren in Bereiche, in denen man sie in der Regel nicht vermutet. In *Der kosmopolitische Blick oder: Krieg ist Frie-*

den von 2004 vertritt er die These, dass die Nationalstaaten aus ihrem Inneren heraus – als ungesehene Nebenfolgen – kosmopolitisiert werden, womit er auf zunehmende ›Entortungs-‹ beziehungsweise ›De-Territorialisierungs‹-Tendenzen hinweist. Aus seiner Sicht ist eine historisch neue Situation entstanden, in der sich die Menschen zugleich als Teil einer (gefährdeten) Welt und ihrer jeweiligen lokalen Lagen sehen. Er diagnostiziert eine wirkungsmächtige Zunahme an realen und/oder wahrgenommenen Interdependenzen und Synthesen von Globalem und Lokalem auf allen gesellschaftlichen Ebenen (vgl. Beck 2004).

Fragestellungen und Erkenntnisse

Zentrale Themen der Beck'schen Gesellschaftsanalyse sind der – wie er es nennt – zweite Individualisierungsschub, die Veränderung gesellschaftlicher und individueller Unsicherheiten – Stichwort (Welt-)Risikogesellschaft – und eine mehrdimensionale Globalisierung beziehungsweise Kosmopolitisierung. Er behauptet einen durch diese Prozesse initiierten und in ihnen sich vollziehenden institutionellen und alltagspraktisch wirksamen ›Meta-Wandel‹ (Beck 1993), der in der sogenannten *reflexiven Moderne* mündet. Um einen systematischen Überblick über die Beck'schen Konzeptionen zu geben, werden im Folgenden zunächst seine Vorstellungen zu den einzelnen Themen präsentiert, die aber auch bei der Beantwortung der Leitfragen eine wichtige Rolle spielen.

Individualisierungstendenzen als Ergebnis eines allgemeinen Modernisierungsprozesses werden schon von Klassikern wie Durkheim, Weber und Simmel diagnostiziert. Nach Beck spitzen sie sich allerdings im 20. Jahrhundert weiter zu, sodass er von einem *zweiten, radikalisierten Individualisierungsschub* spricht, dessen Beginn er in den 1960er Jahren sieht. Dieser gilt ihm als einer der zentralen Veränderungsprozesse, der zu einschneidenden Veränderungen sowohl auf subjektiver als auch auf gesellschaftlicher Ebene führt (vgl. Beck 1986: 206). In der *Risikogesellschaft* beschreibt er ihn anhand dreier Dimensionen: der Freisetzungsdimension, der Entzauberungsdimension und der Kontroll- und Reintegrationsfunktion (vgl. Beck 1986: 206). Unter *Freisetzung* versteht er die »*Herauslösung* aus historisch vorgegebenen Sozialformen und -bindungen im Sinne traditionaler Herrschafts- und Versorgungszusammenhänge«, wie ständischen Einbindungen, Großfamilien (ebd.,

Hervorh. i. Orig.). Mit anderen Worten: Er beschreibt für die Individuen einen Verlust an Eindeutigkeit und Klarheit hinsichtlich ihrer Zugehörigkeit zu gesellschaftlichen Institutionen wie beruflicher Arbeit (Stichwort Entstandardisierung der Erwerbsarbeit), der – auch geschlechtsspezifischen – Rollenverteilungen, den Zugehörigkeiten zu sozialen Klassen und Milieus und so weiter. Die *Entzauberungsdimension* drückt sich nach Beck im »*Verlust von traditionalen Sicherheiten* im Hinblick auf Handlungswissen, Glauben und leitenden Normen« aus (ebd., Hervorh. i. Orig.). Fokussiert wird hier der Verlust von als selbstverständlich erlebten Überzeugungen und vermeintlichen gesellschaftlichen Gewissheiten, wie beispielweise klassenkulturelle oder familiale Lebensverlaufsmuster einer sogenannten ›Normalbiographie‹, tägliche Zeitrhythmen oder klassenspezifische Vorstellungen mütterlicher Pflichten und Aufgaben. Im Sinne Becks erfolgt eine Abwertung des alltäglichen wie beruflichen Erfahrungswissens und eine Aufwertung des Theorie- beziehungsweise des Überprüfungswissens, was in einer Umstellung auf Berechenbarkeiten und einer instrumentellen Kontrollrationalität münde. Damit wird die Lebensgestaltung für das Individuum zu einem risikoreichen Unterfangen, bei dem es sich immer weniger auf vorgegebene, unhinterfragt selbstverständliche Normen und Modelle beziehen kann, aber dennoch Entscheidungen treffen muss. Im Sinne der Theorie wird Individualisierung sowohl als eine Gefährdung des Individuums als auch als seine Befreiung interpretiert. Mit ihr werden *riskante Freiheiten* verbunden, was sich im Titel eines Buches von Beck und Beck-Gernsheim aus dem Jahre 1994 widerspiegelt. In den Worten Becks ausgedrückt: Die »Individuen werden innerhalb und außerhalb der Familie zum Akteur ihrer marktvermittelten Existenzsicherung und ihrer Biographieplanung und -organisation« (Beck 1986: 209). Die von Beck als dritte Dimension der Individualisierung bezeichnete *Kontroll- und Reintegrationsdimension* definiert er als »eine *neue Art der sozialen Einbindung*« (ebd., Hervorh. i. Orig.), die er sich folgendermaßen vorstellt:

> »Die freigesetzten Individuen werden arbeitsmarktabhängig und deshalb bildungsabhängig, konsumabhängig, abhängig von sozialrechtlichen Regelungen und Versorgungen, von Verkehrsplanungen, Konsumangeboten, Möglichkeiten und Moden in der medizinischen, psychologischen und pädagogischen Beratung und Betreuung. […] Individualisierung wird zur fort-

geschrittensten Form markt-, rechts-, bildungs- usw. -abhängiger Vergesellschaftung.« (Ebd.: 210)

Wie am Zitat ersichtlich bedeutet Individualisierung bei Beck – entgegen vieler Missverständnisse – nicht Atomisierung, sondern neue Formen und Möglichkeiten sozialer Einbindung, die sich insbesondere aufgrund der zunehmenden Arbeitsmarktabhängigkeit der Individuen ergeben.

Im Sinne Becks muss neben den drei vorgestellten Dimensionen zusätzlich zwischen der Individualisierung auf der Ebene der *objektiven Lebenslage* und der des *subjektiven Bewusstseins* unterschieden werden (vgl. ebd.: 207). Seine Ausführungen bezieht er vorrangig auf die objektiven Lebenslagen. Er versteht Individualisierung vor allem als »historisch-soziologische, als gesellschaftsgeschichtliche Kategorie [...], die in der Tradition der Lebenslagen- und Lebenslaufforschung steht« (ebd.).

Aufs Engste verknüpft mit der Individualisierung ist aus seiner Sicht eine Veränderung der individuellen und gesellschaftlichen *Unsicherheitslagen*. Er diagnostiziert steigende Uneindeutigkeiten und Ambivalenzen sozialer Wirklichkeiten, was er als einen Grundzug der reflexiven Moderne begreift (Beck 1986). Das bedeutet nach ihm auf individueller Ebene – wie oben angedeutet – *riskante Freiheiten*. Auf gesellschaftlicher Ebene entstünden Unsicherheit und Ratlosigkeit, da konstitutive Denk- und Handlungsrahmen der klassischen ersten (Industrie-)Moderne aufgehoben würden (Beck 1993). Es ergäbe sich die Frage: »Wie kann man unter Bedingungen zivilisatorisch hergestellter Unsicherheit überhaupt Entscheidungen treffen?« (Beck/Bonß/Lau 2001: 12) Beck unterscheidet differierende Formen von Unsicherheiten, die er je spezifischen historisch-gesellschaftlichen Epochen zuschreibt. Als *neue* Risiken in der reflexiven Moderne gelten Beck »Modernisierungsrisiken und -folgen, die sich in irreversiblen Gefährdungen des Lebens von Pflanze, Tier und Mensch niederschlagen«, nationalstaatliche Grenzen unterlaufen und zu übernationalen und klassenunspezifischen »Globalgefährdungen mit neuartiger sozialer und politischer Dynamik« werden (ebd.: 17 f.). Diese neuen Risiken werden gleichzeitig als kognitive Konstruktionen verstanden (vgl. Beck/Bonß/Lau 2001: 33). Sie seien Ergebnisse von Definitionen, die – relativ unabhängig vom jeweiligen tatsächlichen Risikogehalt – durch wissenschaftliche Experten, politische Akteure, Betroffene oder Nutznießer formuliert würden und die Grundlage für Entscheidungen in der reflexiven Moderne bildeten.

Seit Mitte der 1990er Jahre wendet sich Beck verstärkt den Globalisierungs- und Transnationalisierungsprozessen zu, die er als Formen der Überschreitung und Entgrenzung national gefasster gesellschaftlicher Struktur- und Handlungszusammenhänge versteht. Er entwirft eine *kosmopolitische Soziologie,* mit der er sich von existierenden Vorstellungen einer territorialen Bindung von Gesellschaften abgrenzt und damit eine eigene, markante Position in der Soziologie einnimmt (vgl. auch Poferl 2011: 752). Aus seiner Sicht muss das – von ihm so benannte – ›Container-Modell‹ von Gesellschaft sowohl auf gesellschaftlicher als auch auf sozialwissenschaftlicher (Beobachter-)Ebene aufgegeben werden, um gegenwärtige Entwicklungen angemessen beschreiben zu können. Als Container-Modell bezeichnet er das Denken in nationalstaatlichen Kategorien, das von einer territorialen Bindung von Gesellschaft ausgeht und mit Vorstellungen nationaler Abschließbarkeit, Homogenität, Gleichheit und Ähnlichkeit verknüpft ist. Nach ihm können auf dieser Basis »real existierende Pluralitäten von Arbeit-, Familien-, Lebensformen noch Entgrenzungen (zum Beispiel im Bereich der Unternehmensorganisationen, der Rechtsräume, der kulturellen Identitäten, der sozialen Beziehungen) [...] [nicht, Anm. der Verf.] gesehen werden« (ebd. 755). Beck entwirft das empirisch-analytische Instrumentarium eines methodologischen oder – wie er es nennt – ›realistischen Kosmopolitismus‹, um wahrgenommene Interdependenzen und reale Synthesen von Globalem und Lokalem untersuchen zu können (vgl. Beck 2004). Grundlegend ist seine Annahme einer zunehmenden De-Territorialisierung, die die Grundlagen der einfachen Moderne auflöse. Tendenzen einer De-Territorialisierung sieht er in allen gesellschaftlichen Bereichen. Besonders ausführlich beschäftigt er sich aber mit dem Beispiel der Modernisierungs*risiken* als Produkte der »industriellen Fortschrittsmaschinerie«, die nationalstaatliche Grenzen unterlaufen und zu übernationalen Gefährdungen würden (Beck 1986: 29). Sein kosmopolitischer Blick umfasst die Prinzipien der Interdependenzen, der Anerkennung der ›Andersheit der Anderen‹, des Perspektivenwechsels, der Vermischung lokaler, globaler, historisch gewachsener und neuer Kulturen, aber auch das Prinzip der Unlebbarkeit einer grenzenlosen Weltgesellschaft, was neue Grenzziehungen erfordere. Beck spricht von einer ›inneren Globalisierung‹ gesellschaftlicher Lebens- und Handlungsräume und schlägt einen Kosmopolitismus mit ›Wurzeln und Flügeln‹ vor (Beck 2000).

Wie wird Gesellschaft konzeptualisiert?

Wie oben angedeutet will Beck keine universelle Gesellschaftstheorie entwickeln. Er will vielmehr die ›neue Grammatik des Sozialen und Politischen‹ unter Bedingungen fortschreitender gesellschaftlicher Modernisierung entschlüsseln und insofern eine auf einen spezifischen Zeitraum bezogene Modernisierungstheorie entwerfen. In diesem Sinne beschreibt er die reflexiv moderne Gesellschaft als eine ›globale Gefahrengemeinschaft‹, in der zunehmend zivilisatorische Selbstgefährdungen neuartiger Qualität und ungeahnten Ausmaßes gesellschaftliche Struktur- und Handlungszusammenhange bestimmen (vgl. Beck 2002a). Während man einfach moderne Gesellschaften durch ihre Klassengegensätze und ihre hierarchische Strukturierung charakterisieren könne, zeichnen sich die reflexiv modernen durch ihre selbstproduzierten Gefährdungen aus, die tendenziell jeden betreffen könnten, was ihn zu folgendem Zitat veranlasst: »Not ist hierarchisch, Smog ist demokratisch.« (Beck 1986: 48) Unter dem Stichwort der Neuvermessung der Ungleichheit unter den Menschen betont er eine Individualisierung und Transnationalisierung sozialer Ungleichheiten auf der Basis globaler Risiken (vgl. Beck 2008b).

Diese neuen Risiken beziehungsweise Gefährdungen wiederum konzeptualisiert er als nicht geplante, ungesehene *Nebenfolgen* weitergehender Modernisierungsprozesse, die einfach moderne Institutionen aufheben beziehungsweise in ihr Gegenteil verkehren würden. Beck beschreibt Nebenfolgen dabei als den zentralen Motor gesellschaftlicher Entwicklung. Die Wichtigkeit von Nebenfolgen wird auch von anderen Modernisierungstheoretikern erkannt (vgl. zum Beispiel Berger 1988: 224). Während Nebenfolgen in anderen Modernisierungstheorien allerdings mit bereits existierenden Problemlösungsstrategien (mehr Wissenschaft, mehr Technik und so weiter) bewältigt werden können, stellen sie bei Beck bewährte grundlegende Handlungsprinzipien und Entscheidungslogiken in Frage und führen zu einem Strukturbruch innerhalb der Moderne, der nach ihm als Folge der Modernisierung selbst verstanden werden muss. Er argumentiert:

> »Es geht nicht um externe Nebenfolgen, sondern um *interne Nebenfolgen der Nebenfolgen* industriegesellschaftlicher Modernisierung. Es geht, beispielhaft gesprochen, gar nicht um ›Rinderwahnsinn‹ als solchem was er Tieren und Menschen antut, sondern darum, welche Akteure, Verantwortliche, Märkte etc. dadurch ›elektrisiert‹, in Frage gestellt werden, möglicherweise zusammenbrechen, und welche Turbulenzen mit ihren schwer eingrenzbaren Kettenwirkungen dadurch in den Zentren der wirtschaftlichen und politischen Modernisierung unfreiwillig und ungewollt ausgelöst werden.« (Beck 1996: 27, Hervorh. i. Orig.)

Wie gestaltet sich das Verhältnis von Mikro- und Makroanalyse?

In der Beck'schen Argumentation gestaltet das Individuum der ersten, einfachen Moderne seinen Lebenslauf aktiv, aber immer im Rahmen vorgegebener gesellschaftlicher Muster wie Beruf, Familie, Geschlecht, Nachbarschaft et cetera (vgl. Beck/Bonß/Lau 2001: 42 ff.). In diesem Fall spricht er von einer begrenzten Souveränität beziehungsweise berechenbarer Subjektivität, da individuelle Entscheidungen stets durch vertraute, kollektive Lebensmuster strukturiert und begrenzt wurden. Für die reflexive Moderne hingegen beschreibt er vor dem Hintergrund zunehmender Individualisierung die Auflösung dieser Muster – die er als Subjektgrenzen versteht –, mit der Konsequenz, so Beck, Bonß und Lau, dass »[d]ie Frage: was gehört zu mir? nicht länger kollektiv [...] sondern individuell beantwortet werden« muss (ebd.: 43). In Abgrenzung zu postmodernen Argumentationen geht er von der Notwendigkeit neuer, subjektiver Grenzziehungen aus, um handlungsfähig zu bleiben. Und aufgrund der Vernetztheit der Individuen würden subjektive Grenzüberschreitungen oder Grenzaufhebungen der oder des einen Grenzsetzungen und Grenzvorgaben für den anderen bedeuten. »Individualisierungstäter« würden so zugleich »Individualisierungsopfer« (ebd.). Die Folge ist im Sinne Becks eine Auflösung beziehungsweise Verschiebung individueller Verantwortung.

> »Wenn nicht mehr klar ist, wer oder was zu mir gehört, wo ich zu verorten bin und darüber nicht nur ich, sondern auch andere entscheiden, dann entstehen Konflikte um die Zuschreibung von Verantwortung, für deren Lösung Verfahren, Regeln und sichere Wissensgrundlagen fehlen.« (Ebd.: 44)

Das Individuum sei »Resultat und Produzent seiner Vernetzung. [...] Es kann nicht länger als *Herrscher* über seine Umwelt innerhalb vorgegebener Grenzen gedacht werden, es ist nicht länger der Kontrolleur und Garant von Sicherheit und Ordnung.« Dennoch bleibe es oder werde sogar mehr denn je der »*fiktive* Entscheider, Autor seiner selbst und seiner Biographie« (ebd., Hervorh. i. Orig.). Beck spricht hier, gemeinsam mit Bonß und Lau, vom Entstehen einer – wie sie es nennen – »Quasi-Subjektivität«, die kontrafaktisch aufrecht erhalten würde, um weiterhin den Anschein eines autonom agierenden Subjektes aufrecht zu erhalten (vgl. ebd.).

Wie wird die Veränderung beziehungsweise die Entwicklung von Gesellschaft gedacht?

Ausgangspunkt der Argumentation Becks ist die – von vielen Modernisierungstheoretikern kritisierte – Diagnose eines *Epochenbruchs* beziehungsweise zumindest einer einschneidenden Zäsur innerhalb der Moderne, was die Basis für seine Differenzierung zwischen einer ersten, *einfachen* und einer zweiten, *reflexiven Moderne* bildet. Beck beschreibt einen Meta-Strukturwandel, bei dem zentrale Kernbestände der ersten Moderne – ihre »Grundunterscheidungen und Schlüsselinstitutionen« (Beck/Bonß/Lau 2001: 11) – im Zuge einer radikalisierten Modernisierung von innen her aufgelöst würden. Das Besondere des Wandels liegt aus seiner Sicht einerseits darin, dass nicht nur einzelne Bereiche, sondern *konstitutive* Denk- und Handlungsrahmen der ersten Moderne aufgehoben und ersetzt würden (vgl. auch Poferl 2011: 751). Es käme zu einer radikalen Umgestaltung der Grundlagen gesellschaftlichen Zusammenlebens, wie veränderten Arbeits- und Lebensformen, politischen Ordnungs- und Handlungskonzeptionen, Veränderungen der Natur- und Geschlechterverhältnisse und so weiter (Beck 1993).

Andererseits würden die Muster durch die fortschreitenden Modernisierungsprozesse selbst in Frage gestellt. Es handele sich um eine *Selbsttransformation der Moderne*, oder anders formuliert: Es seien die Imperative der Moderne selbst, die den ehemals erdachten »institutionellen Lösungen« ihre Legitimationsgrundlage entzögen (vgl. ebd.). Die Selbsttransformation ergebe sich aus einer Radikalisierung der Moderne, in der letzte vormoderne Grundlagen aufgelöst würden, wie beispielsweise die Strukturen der klassischen Familie durch die fortschreitende Individualisierung und die damit verbundene Veränderung der geschlechtsspezifischen Arbeitsteilung. Mit dieser These wendet er sich gegen das Konzept weitergehender Modernisierung, wie es beispielsweise im deutschen Sprachraum von Wolfgang Zapf (1991) vertreten wird. Dass er dennoch vom Weiterbestehen der Moderne – in Abgrenzung zu postmodernen Theorien – spricht, begründet er mit der Gleichzeitigkeit von Kontinuität und Bruch. Es seien die *Basisprinzipien* der Moderne wie Staatlichkeit, das Postulat der Egalität, individuelle Reproduktion durch Erwerbsarbeit und funktionale Inklusion, die konstant blieben, während die institutionellen Umsetzungen dieser Prinzipien – die *Basisinstitutionen* – immer weniger geeignet seien, gültige »Modernisierungsimperative« (Beck/Bonß/Lau 2004: 21) zu erfüllen. Als zentralen Motor der Entwicklung sieht er die *Nebenfolgen* der Errungenschaften der Moderne, die sich in ihr Gegenteil verkehren und/oder nicht-intendierte, oft nicht gesehene Folgen zeitigen würden.

Beck diagnostiziert eine Gleichzeitigkeit von Auflösungsprozessen erstmoderner Verhältnisse und die Herausbildung neuer Strukturen als ein weiteres Charakteristikum der reflexiven Moderne. Diese Doppelbewegungen versucht er mit seiner vielfach verwendeten Formel des »Sowohl-als-auch« auf den Punkt zu bringen, was die unauflösbare Ambivalenz und die Uneindeutigkeit reflexiv moderner sozialer Wirklichkeit symbolisieren soll. Dieses »Sowohl-als-auch« grenzt er von einem »Entweder-oder« der ersten, einfachen Moderne ab, die sich nach ihm durch (wahrgenommene) Eindeutigkeit und Sicherheit auszeichnet. Beck erweist sich als ein Gesellschaftstheoretiker, »den im Kontext einer verflüssigten Moderne nicht vorrangig das Flüchtige, sondern die Frage nach der Struktur [...] interessiert« (Poferl 2011: 759).

Lern- und Kontrollfragen

- Welche Themenfelder behandelt Beck im Rahmen seiner Theorie und wie lauten seine zentralen Aussagen hierzu?
- Wie lässt sich der Meta-Wandel innerhalb der Moderne nach Beck analytisch fassen?
- Welche reflexiv moderne Subjektkonzeption entwirft Beck?

Literatur

Primärliteratur

Beck, Ulrich (1986). Risikogesellschaft. Auf dem Weg in eine andere Moderne. Frankfurt a. M.: Suhrkamp.

Beck, Ulrich (1988). Gegengifte: Die organisierte Unverantwortlichkeit. Frankfurt a. M.: Suhrkamp.

Beck, Ulrich (1993). Die Erfindung des Politischen: Zu einer Theorie reflexiver Modernisierung. Frankfurt a. M.: Suhrkamp.

Beck, Ulrich (1996). Das Zeitalter der Nebenfolgen und die Politisierung der Moderne. In: Ders./Giddens, Anthony/Lash, Scott: Reflexive Modernisierung. Frankfurt a. M.: Suhrkamp, S. 19–112.

Beck, Ulrich (Hg.) (2000). Freiheit oder Kapitalismus. Ulrich Beck im Gespräch mit Johannes Willms. Frankfurt a. M.: Suhrkamp.

Beck, Ulrich (2002): Macht und Gegenmacht im globalen Zeitalter. Frankfurt a. M.: Suhrkamp.

Beck, Ulrich (2004). Der kosmopolitische Blick oder: Krieg ist Frieden. Frankfurt a. M.: Suhrkamp.

Beck, Ulrich (2008a). Der eigene Gott. Von der Friedensfähigkeit und dem Gewaltpotential der Religionen. Frankfurt a. M.: Verlag der Weltreligionen.

Beck, Ulrich (2008b). Die Neuvermessung der Ungleichheit unter den Menschen. Frankfurt a. M.: Suhrkamp.

Beck, Ulrich (2009). Eröffnungsvortrag zur Abschlussveranstaltung des SFB 536 am 28.05.2009 in Tutzing, bisher unveröffentlichtes Manuskript.

Beck, Ulrich/Beck-Gernsheim, Elisabeth (1994). Riskante Freiheiten. Frankfurt a. M.: Suhrkamp.

Beck, Ulrich/Bonß, Wolfgang/Lau, Christoph (2001). Theorie reflexiver Modernisierung – Fragestellungen, Hypothesen, Forschungsprogramme. In: Beck, Ulrich/Bonß, Wolfgang (Hg.): Die Modernisierung der Moderne. Frankfurt a. M.: Suhrkamp, S. 11–59.

Beck, Ulrich/Bonß, Wolfgang/Lau, Christoph (2004). Entgrenzung erzwingt Entscheidung. Was ist neu an der Theorie reflexiver Modernisierung? In: Beck, Ulrich/Lau, Christoph (Hg.): Entgrenzung und Entscheidung. Was ist neu an der Theorie reflexiver Modernisierung? Frankfurt a. M.: Suhrkamp, S. 13–62.

Sekundärliteratur und weitere im Text zitierte Literatur

Appadurai, Arjun (2005). Modernity at Large. Cultural Dimensions of Globalization. Minneapolis: University of Minnesota Press.

Bonß, Wolfgang (1996). Die Rückkehr der Unsicherheit. Zur gesellschaftlichen Bedeutung des Risikobegriffs. In: Banse, Georg (Hg.): Risikoforschung zwischen Disziplinarität und Interdisziplinarität. Von der Illusion der Sicherheit zum Umgang mit Unsicherheit. Opladen: Westdeutscher Verlag, S. 165–192.

Eisenstadt, Shmuel N. (2002). Multiple Modernities. New Jersey: Transaction Publishers.

Poferl, Angelika (2011). Ulrich Beck: Für einen »Kosmopolitismus mit Wurzeln und Flügeln«. In: Moebius, Stephan/Quadflieg, Dirk (Hg.): Kultur. Theorien der Gegenwart. Wiesbaden: VS-Verlag, S. 746–762.

Randeria, Shalini/Eckert, Andreas (Hg.) (2009). Vom Imperialismus zum Empire: Nicht-westliche Perspektiven auf Globalisierung. Frankfurt a. M.: Suhrkamp.

Zapf, Wolfgang (1991). Modernisierung und Modernisierungstheorien. In: Die Modernisierung moderner Gesellschaften. Verhandlungen des 25. Deutschen Soziologentages in Frankfurt a. M. 1990. Frankfurt a. M.: Campus, S. 23–39.

7.3 Zygmunt Bauman: Ordnung versus Ambivalenz

Zygmunt Bauman gilt als ein Klassiker der Soziologie der Postmoderne. Ihm ist es gelungen, das Konzept der Postmoderne gesellschaftstheoretisch fruchtbar zu machen. Er spürt vor allem den gesellschaftlichen Veränderungen im Zuge der Modernisierung nach, indem er ihre jeweiligen Verhältnisse von Ordnung und Freiheit beziehungsweise Chaos in den Blick nimmt. Sein Ziel ist die Ausarbeitung einer Soziologie moderner gesellschaftlicher Ordnungsformen. Er beschreibt Ambivalenz als den zentralen Gegenstand moderner Gesellschaften. Aus eher zeitdiagnostischer Perspektive interpretiert er die Gegenwart als *Flüchtige Moderne*, in der Gewissheiten zerfallen, Unsicherheiten an ihre Stelle treten und Flexibilität zur zentralen Maxime wird.

Zur Person

Zygmunt Bauman wird 1925 in Posen, Polen, geboren. Als Sohn jüdischer Eltern leidet er unter dem Antisemitismus. Zu Beginn des 2. Weltkriegs flieht die Familie nach Russland. 1943 tritt Bauman in die polnische Armee ein. Er wird Offizier, zudem überzeugtes Mitglied der polnischen Arbeiterpartei und nach Aussage seiner Frau Janina (Bauman 1986: 45) ebenso überzeugter Kommunist. 1948 heiratet er Janina und hat mit ihr 3 Kinder. Neben seiner militärischen Karriere studiert er Philosophie und Sozialwissenschaften. 1954 beginnt er seine wissenschaftliche Laufbahn als Mitarbeiter an der Universität Warschau. Er bekommt 1961 eine Assistenzprofessur im Bereich Soziologie internationaler Beziehungen und lehrt parallel dazu an der *London School of Economics*. Aufgrund einer antisemitischen Kampagne wird er 1968 aus dem polnischen Universitätsdienst entlassen. Er emigriert mit seiner Familie über Israel, Kanada, die USA und Australien nach England, um schlussendlich 1971 eine Professur an der Universität von Leeds anzunehmen (vgl. Junge 2006: 17). Dort lehrt er bis zu seinem Ruhestand 1990. Im Alter von 91 Jahren stirbt er im Januar 2017 in Leeds.

Baumans Denken ist stark geprägt durch die Tradition des Marxismus und seiner Kapitalismuskritik (vgl. Junge/Kron 2014: 6). Diese verbindet Bauman mit einem phänomenologischen Blick, den er sich vor allem durch die Arbeiten von Georg Simmel und Alfred Schütz aneignet. Unter Rückgriff auf

Jacques Derrida und Michel Foucault dekonstruiert er die modernen *Erzählungen* (Erklärungsmodelle), um sich daran anschließend mit Fragen nach der Zukunft von Nationalismus, Gemeinschaft und Globalisierung zu beschäftigen. Hier entdeckt er starke Parallelen zum Diskurs um die reflexive Moderne, wie ihn zum Beispiel Ulrich Beck, Anthony Giddens und Scott Lash führen, und wird dadurch auch im deutschen Sprachraum bekannt. Getragen wird sein gesamtes Werk vom Grundgedanken des Wiederbelebens eines naturalistischen Humanismus im Sinne der Aufklärung, so beschreibt Junge (2006: 12) Baumans zentrales Anliegen. Sein umfassendes Ziel ist die Entwicklung einer emanzipatorischen Soziologie, die (kritische) Interpretationsangebote macht und nicht den Anspruch erhebt, gestalten zu wollen. Letzterem hat sich aus seiner Sicht die moderne Soziologie verschrieben. Baumans kritischer Blick ist vor allem auf ein elementares Merkmal der Moderne – die Dominanz instrumenteller Vernunft – gerichtet. Aus seiner Sicht wird dadurch eigenverantwortliches Handeln untergraben und *unmoralischem* Denken Vorschub geleistet. Ende der 1980er Jahre wird er weit über sein Fach hinaus durch seine Thesen zum Zusammenhang von Moderne und Totalitarismus weltbekannt.

Werden seine Arbeiten im zeitlichen Verlauf betrachtet, dann zeigt sich, dass in seinen frühen Werken das Thema klassenstrukturierte Gesellschaften überwiegt. In späteren Werken widmet er sich vor allem der zunehmenden Entstabilisierung von Gesellschaften im Sinne ihrer Entstrukturierung, der Verflüchtigung ehemals stabiler Ordnungen und er fragt immer deutlicher nach den Möglichkeiten für ethisches Handeln unter diesen Bedingungen. Dennoch zeigt sich, dass er seine ihm wichtigen Themen in allen Schaffensphasen immer wieder neu bearbeitet, jeweils vor dem Hintergrund des sich verändernden gesellschaftlichen Kontexts, was Junge (2006: 15) als eine hermeneutische Wiederannäherung bezeichnet.

Von den vielen Themen, die Bauman in seinen Büchern bearbeitet, soll hier nur auf seine Überlegungen zur Gesellschaftstheorie eingegangen werden, wie sie vor allem in seinen Werken *Moderne und Ambivalenz* (1995), *Unbehagen in der Postmoderne* (1999), *Dialektik der Ordnung* (1992) und *Flüchtige Moderne* (2003a) dargelegt werden. Dabei hat er weniger eine allgemeine Gesellschaftstheorie im Blick, sondern konzentriert sich auf die Veränderungen im Zuge der Modernisierung.

Fragestellungen und Erkenntnisse

Thematisch sind die Arbeiten Baumans weit gefächert. Aber eine Figur durchzieht alle seine Überlegungen zu modernen Gesellschaften: die Ambivalenz beziehungsweise die Ambiguität, gepaart mit Unsicherheiten im Denken und Handeln. Den Kern seiner hier sozialtheoretischen Argumentation bildet die Annahme der Allgegenwart von Ambivalenz und Ambiguität, die er als Folgen von Klassifikationsproblemen begreift. Damit knüpft er an das klassische ›Hobbesian problem of order‹ (Parsons 1937) an, das besagt, dass der Mensch einen Orientierungsrahmen braucht, um sinnhaft handeln zu können. Oder mit anderen Worten: Um zumindest ein gewisses Maß an Kontrolle über das Chaos in der Welt zu erhalten, müsse er auf Wissensordnungen zurückgreifen können, an denen er sich in seinem Deuten und Handeln orientieren kann.

Diesen Wissensordnungen lägen Klassifizierungen zugrunde, sodass Dinge und Ereignisse jeweils eindeutig einer Klasse zugeordnet werden könnten. Ein Problem – das allerdings erst im Zuge der Modernisierung gesehen würde – entstehe mit dem Auftreten von Ambivalenz, das Bauman als »die Möglichkeit, einen Gegenstand oder ein Ereignis mehr als nur einer Kategorie zuzuordnen« begreift (Bauman 1995a: 13). Das Hauptsymptom dieser »Unordnung«, so argumentiert Bauman,

> »ist das heftige Unbehagen, das wir empfinden, wenn wir außerstande sind, die Situation richtig zu lesen und zwischen alternativen Handlungen zu wählen. Weil die Erfahrung der Ambivalenz von Angst begleitet wird und Unentschiedenheit zur Folge hat, erfahren wir sie als Unordnung – und werfen entweder der Sprache Mangel an Genauigkeit oder uns selbst sprachlichen Missbrauch vor.« (Ebd.)

Und er führt weiter aus, dass keine Wissensordnung perfekt sein könne, da sie stets zugleich ausgeschlossene weitere Phänomene erzeuge, die sich der Klassifikation entzögen beziehungsweise die die Klassifikation selbst ihrerseits in Frage stellten. Das bedeutet für ihn: Jede Klassifikation, die erzeugt wird, um Eindeutigkeit und damit verbunden Handlungssicherheit zu stiften, erzeugt gleichzeitig neue Uneindeutigkeiten und Unklarheiten und kann damit niemals perfekt sein. Dennoch bilden für ihn Wissensordnungen die

Grundlage jeglichen Handelns. Vor allem in *Culture as Praxis* (1973) greift er diese Thematik grundlegend auf. Er sieht Wissensordnungen in der Kultur verankert und beschreibt sie als sprachliche Codes, die durch Benennung Ordnung erzeugen. Mit der Benennung würde gleichzeitig die Vielfalt möglicher Deutungshorizonte reduziert und dadurch würde Handeln und Deuten ermöglicht.

Bauman arbeitet häufig mit den Begriffen *Ambiguität* und *Ambivalenz* und auf den ersten Blick mag es so scheinen, dass er sie in gleichem Sinne verwendet. Junge (2014: 80) weist allerdings zu Recht auf die Notwendigkeit ihrer systematischen Unterscheidung hin, um Baumans Erklärungen zu gesellschaftlichen Veränderungen nachvollziehen zu können. *Ambiguität* steht bei Baumann für das sprachtheoretische Problem der Mehrdeutigkeit bei der begrifflichen Einordnung eines Phänomens, so Junge (2007). *Ambivalenz* hingegen begreift Bauman als ein Bewertungsproblem, das allerdings erst im Zuge der Modernisierung zum Thema wird. Beide Begriffe sind jedoch eng miteinander verwoben, da die Vieldeutigkeit eines Phänomens von einer Ambivalenz auf der Handlungsebene begleitet wird. Um die Problematik unvollkommener Wissensordnungen zu veranschaulichen und zu erklären, greift Bauman häufig ein Phänomen aus dem Bereich der Vergesellschaftung auf, das des *Fremden*. Aus seiner Sicht sprengt dieser das dichotome Schema von Freund und Feind und erzeugt entsprechend Ambivalenz und Unbehagen. Baumann beschreibt:

> »Gegen diesen behaglichen Antagonismus, dieses von Konflikten zerrissene Zusammenspiel von Freunden und Feinden rebelliert der Fremde. Die Bedrohung, die er mit sich bringt, ist erschreckender als die, die man vom Feinde fürchten muss. Der Fremde bedroht die Vergesellschaftung selbst, die Möglichkeit der Vergesellschaftung.« (Bauman 1995a: 75)

Die Bedrohung entsteht, da der Fremde sowohl über Eigenschaften eines Freundes als auch eines potenziellen Feindes verfügen kann. Daher ist er kaum zu klassifizieren *(Ambiguität)* und in der Moderne entsteht damit unvermeidlich eine Spannung auf der Handlungsebene: Denn wenn nicht klar ist, wie man den Fremden einschätzen beziehungsweise im Sinne der Bauman'schen Argumentation kategorisieren soll, dann können auch keine Handlungsorientierungen daraus abgeleitet werden (*Ambivalenz*). Angesichts dieses Beispiels wird schon ansatzweise deutlich, welche große Bedeutung diese sozialtheoretische Argumentation für Bauman auf gesellschaftlicher Ebene hat.

Wie wird Gesellschaft konzeptualisiert?

Was den Begriff Gesellschaft angeht, so lehnt Bauman diesen als übergeordnete Kategorie ab. Er spricht lieber von Ordnungen im sozialen Raum oder von Gesellschaftlichkeit, da mit dem Gesellschaftsbegriff aus seiner Sicht keine postmodernen beziehungsweise *flüchtigen* Entwicklungen beschrieben werden können (Bauman 1995a).

Baumans Überlegungen zur Gesellschaftlichkeit (1995b: 169 ff.) basieren zudem auf der Annahme, dass zwei Menschen allein keine Gemeinschaft bilden können, in der sie sich wechselseitig anerkennen und als zugehörig erleben. Dieses Gefühl würde voraussetzen, dass die Andersheit des Anderen aufgehoben werden könne. Das sei aber nur möglich, so Bauman, wenn ein Dritter ins Spiel kommt, an dem Andersheit gemessen werden kann. »Gesellschaft beginnt sensu stricto mit dem Dritten.« (Bauman 1995b: 169) Gesellschaftlichkeit entstehe also erst, wenn eine Grenze gezogen werden könne, die jemanden aus- und andere einschließe. Mit der Existenz des Dritten sei allerdings auch jeder gezwungen, sich zu entscheiden, wem er sich zugehörig fühlen und mit wem er interagieren wolle, da er sich nicht gleichzeitig beiden widmen könne. Es entstehe für ihn eine ambivalente Situation. Und um diese erträglich zu machen, reduziere die Gesellschaft die Offenheit durch Strukturen in Form von Erwartungen und Handlungsroutinen. Bauman unterscheidet dabei zwischen der Sozialstruktur als sozialem Prozess der Strukturierung und ihrer Manifestation auf der Deutungsebene in Form kollektiver »Haltungen, Standpunkte und Denkweisen« (Bauman 1995c: 146). Es würden überindividuelle Gewissheiten gebildet, die das Handeln der Menschen anleiten würden.

Hier kommt bei Bauman der moderne Nationalstaat ins Spiel. Dieser habe es sich zur Aufgabe gemacht, eindeutige Klassifikationen zu schaffen, die er für sein Territorium durchzusetzen beabsichtige. Dabei gehe es ihm vor allem darum, die Freund/Feind-Dichotomie zu stärken. Er wäre zur Beseitigung von Ambivalenz »primär dazu bestimmt, mit dem Problem des Fremden, nicht mit dem der Feinde fertigzuwerden«, so Bauman (1995: 86).

Damit sind Wissensordnungen nach Bauman nichts Natürliches, das einfach hingenommen werden muss, sondern sie werden aktiv erzeugt und gestaltet und sind daher auch immer hinterfragbar. Er betont:

> »Die Entdeckung, dass Ordnung *nicht natürlich* ist, war die Entdeckung der *Ordnung als solcher*. Der *Begriff* der Ordnung trat gleichzeitig mit dem Problem der Ordnung ins Bewusstsein, der Ordnung als eine Sache von *Entwurf* und *Handlung*, [...] Ordnung als Problem tauchte erst im Kielwasser der Beunruhigung über Ordnung auf, als eine Reflexion auf die ordnenden Praktiken.« (Bauman 1995a: 18, Herv. i. O.)

Am Beispiel des modernen Staates zeichnet Bauman ein Bild der Schaffung gesellschaftlicher Ordnung, das er aufgrund seines umfassenden Anspruchs höchst kritisch hinterfragt. Dabei knüpft er an die Tradition der Frankfurter Schule an, entwickelt sie jedoch in eine andere Richtung weiter (vgl. Beilharz 2014: 232). Der Staat greife steuernd und gestaltend in das gesellschaftliche Leben ein und übernähme die Deutungsmacht über Grenzziehungen und über Klassifizierungen. Er sähe seine Aufgabe darin, auf rationalen Gründen aufbauend, wissenschaftsbasiert und vernunftgesteuert Recht zu setzen, Ordnung zu definieren, Chaos durch Einheit, Anarchie durch Gesetzestreue und Natur durch Kultur zu ersetzen (Bauman 1995a: 29). Nichts solle dem Zufall überlassen bleiben. Eine rationale Ordnung biete den Mitgliedern der Gesellschaft Verhaltenssicherheit und erlöse sie von Zweifel und Ambivalenz.

In seiner Beschreibung des modernen Staates greift Bauman die Rationalisierungs- und Bürokratietheorie Max Webers (1976) auf. Er begreift Bürokratie als das perfekte und auch als das wesentliche Herrschaftsinstrument des modernen Staates. Entgegen der Einschätzung Webers, der der Bürokratie auch positive Seiten hinsichtlich ihres Potenzials zur Demokratisierung abgewinnt, zeichnet Bauman ein ausschließlich problematisches Bild (vgl. Junge 2014: 78; Imbusch 2014: 132). Aus seiner Sicht realisiert sich Bürokratie im *Gehäuse der Hörigkeit* und verhindert systematisch moralisches Denken, »das nach moderner Definition ›irrationalen Handlungskriterien‹« zuzuordnen sei (Bauman 1992: 208). Der Staat sei darauf ausgerichtet, »Dinge zu zwingen, anders zu sein, als sie waren« (Bauman 1997: 226).

> »Die rational geplante Gesellschaft war die erklärte *causa finalis* des modernen Staates. [...] Der Entwurf, angeblich von der höchsten und unbezweifelbaren Autorität der Vernunft diktiert, stellt die Kriterien bereit, um die bestehende Realität zu bewerten.« (Bauman 1995a: 35)

Um das Ordnung-Schaffen zu veranschaulichen, greift Bauman häufig die Metapher des Gärtnerns auf. Der Staat als Gärtner, so Bauman, behandle die Gesellschaft wie einen Garten, der kultiviert und gepflegt werden müsse. Die Parallelisierung von Garten und Gesellschaft hat er von Michael Foucault übernommen. Wie Foucault (1992: 40 f.) sieht er den Garten als einen Raum strukturierter Ordnung, in dem Abweichler auszusondern seien, um das Fortbestehen der Gesellschaft zu sichern. In diesem Territorium wolle der Staat Ordnung schaffen, es vor Verwilderung schützen und damit jegliche Ambivalenz und Fremdheit beseitigen. Wie ein Gärtner züchte er; er lege Beete an, zöge Pflanzen auf und schneide sie zurecht. Dabei würden die aus Sicht des Staates nützlichen Pflanzen gehegt und gepflegt, während das Unkraut

> »entfernt oder samt Wurzeln herausgerissen werden mußte. Die Bedürfnisse der nützlichen Pflanzen (wie sie vom Entwurf des Gärtners vorgesehen waren) wurden befriedigt, während den Bedürfnissen derer, die zu Unkraut erklärt worden waren, die Grundlage entzogen wurde. Beide Kategorien wurden zu Objekten des Handelns erklärt und beiden die Rechte sich selbst bestimmender Handelnder verweigert.« (Bauman 1995a: 35 f.)

Das allem übergeordnete Ziel sei die Vernichtung von Ambivalenz durch eindeutige Klassifizierungen und Grenzziehungen. Baumans Kritik am Gesellschaftsentwurf der Moderne entzündet sich an der Deutungshoheit des Staates über die Klassifizierungen, und seiner Macht, sie, nachdem er diese einmal festgelegt hat, durch Überwachung und Normierung umzusetzen. Es wäre dann »eine Sache von kühler Berechnung von Kosten und Nutzen – eine Kunst, in der der moderne Geist ebenfalls brillierte« (Bauman 1995a: 35 f., 46 f.). Nach Bauman wurden in diesem Sinne nur noch die Mittel hinterfragt, mit denen die Ziele effizient erreicht werden sollten, nicht aber die Ziele selbst. Und indem den Menschen gleichzeitig ihr Recht auf Selbstbestimmung entzogen würde, käme es zum Verlust individueller

Verantwortung. Als moralisches Handeln gelte nur noch das Handeln, das funktional im Sinne des übergeordneten staatlichen Zieles wäre, nicht aber ein an individuellen moralischen Maßstäben orientiertes Handeln (Bauman 1992: 207 ff.; vgl. Kron 2000: 216 f.). Neben vielen Parallelen zu Foucault weicht Bauman hier in gewisser Weise von der Foucault'schen Lesart ab, da dieser vor allem die Selbstkontrolle der Subjekte in der Moderne in den Mittelpunkt rückt.

Wie gestaltet sich das Verhältnis von Mikro- und Makroanalyse?

Dass für den Gesellschaftstheoretiker Bauman auch die Mikroebene große Bedeutung hat, zeigt sich schon an der sozialtheoretischen Fundierung seiner Überlegungen zur Gesellschaft. Bauman geht davon aus, dass sich große soziale Zusammenhänge in den konkreten Alltagspraxen und Lebensformen der Menschen widerspiegeln. Inspiriert durch seinen phänomenologischen Blick beschreibt er eine Vielfalt an Alltagsphänomenen als Beispiele für veränderte gesamtgesellschaftliche Rahmungen. Seine theoretischen Konzepte zur Gesellschaft versucht er auf der Basis mikrosozialer Prozesse empirisch zu konkretisieren (vgl. Junge 2006: 113). Besonders anschaulich sind Baumans Ausführungen zur Mikroebene beispielsweise in *Flaneure, Spieler und Touristen* (1997). Ähnlich wie Simmel verwendet er hier einen eher essayistischen Schreibstil. Er skizziert verschiedene Lebensformen als Ausdruck gesamtgesellschaftlicher Veränderungen. Anders als Simmel präsentiert er sie jedoch in typologisierter Form und unterlegt sie mit theoretischen Konzepten anderer Autoren, was es erleichtert, ihren theoretischen Kern zu erfassen (vgl. Junge/Kron 2014: 7).

Als Ausdruck zunehmender Auflösungstendenzen der modernen Ordnungssysteme und Deutungshoheiten auf der Mikroebene beschreibt er metaphorisch den *Spaziergänger* als eine typisch postmoderne Lebensform:

> »Spazierengehen, die menschliche Realität als eine Reihe von Episoden zu proben – als Ereignisse ohne Vergangenheit und ohne Konsequenzen. Es bedeutet außerdem, Begegnungen als *Ver*gegnungen einzuüben, als Begegnungen ohne Auswirkung: die flüchtigen Bruchstücke des Lebens anderer Leute [...] Der Spaziergänger praktizierte das Leben ›als ob‹.« (Bauman 1997: 150 f., kursiv im Original)

Auch der Typus des heimatlosen *Vagabunden* wird von ihm postmodern ausbuchstabiert: »Wohin der ›Vagabund‹ sich auch wendet, er bleibt ein Fremder. [...] Für den Unsteten ist es besser, sich nicht zu sehr an einen Ort zu gewöhnen.« (Bauman 1997: 155) Er streift nach Bauman ohne ein klares Ziel durch sein Leben und weiß nicht, welchen Weg er wann gehen wird. Auch der *Tourist* sei ständig unterwegs. Auch für ihn gäbe es kein konkretes Ziel für seine Reise. Im Unterschied zum Vagabunden könne er allerdings frei wählen wohin er gehe. Überall gern gesehen, bleibe er aber nirgends. Diese Lebensformen spiegeln für Bauman die gesamtgesellschaftlichen Veränderungen einer Zunahme von Ambivalenz wider. Er grenzt sie ab von der typischen Lebensform in der Moderne, der des *Pilgers*, dessen Leben auf eine feste, zukünftige Bestimmung hin ausgerichtet sei (Bauman 1997: 136).

Wie wird die Veränderung beziehungsweise die Entwicklung von Gesellschaft gedacht?

Nach Bauman bildet sein vielfach verwendetes Konzept der *Ambivalenz* auch die Basis zur Erklärung sozialer Dynamiken. Er unterscheidet zwischen verschiedenen Phasen des (oftmals fehlenden) Auseinandersetzens mit Ambivalenz. Am Beispiel der historischen Entwicklung von vormodernen Zeiten, über Moderne, Postmoderne hin zur Flüchtigen Moderne identifiziert er sowohl auf gesamtgesellschaftlicher als auch auf Mikroebene sich wandelnde Formen des Umgangs mit Ambivalenz. Er beschreibt die sich verändernden Strategien in nahezu typologisierter Form als eine Abfolge.

Der Zeit *vor der Moderne*, deren Ende er nicht genau datieren will, kann er sich aus seiner Sicht eigentlich nicht nähern, weil er sie notwendig immer mit modernen Maßstäben misst. »Am Ende werden wir, statt diese ›andere Welt‹ zu *rekonstruieren*, nicht mehr tun als ›das andere‹ unserer eigenen Welt zu *konstruieren*.« (Bauman 1995a: 18, kursiv im Original) Dennoch startet er den Versuch, die Vormoderne zu beschreiben. Er begreift sie als eine Zeit, in der Ordnung kein bewusster Gegenstand der Reflexion war.

> »Wenn es wahr ist, daß wir, die Modernen, Ordnung als eine Sache des Entwurfs denken, bedeutet dies nicht, daß die Welt vor der Moderne hinsichtlich des Entwurfs gleichgültig gewesen sei und erwartet hätte, daß Ordnung sich von allein und ohne Hilfe einstellen würde. Jene Welt lebte ohne eine solche

> Alternative; sie wäre überhaupt nicht jene Welt, hätte sie Gedanken darauf verschwendet.« (Bauman 1995: 19)

Entsprechend blieb das Phänomen der Ambivalenz – das seinen Ursprung in mehrdeutigen Beschreibungen hat *(Ambiguität)* – in vormodernen Zeiten im Verborgenen.

Ganz anders zeichnet Bauman das Bild der *Moderne*. Er sieht sie als eine Welt, bei der die Differenz zwischen Ordnung und Chaos *gesehen* wird und damit quasi das Ende der Vormoderne einläutet. Ihre zentrale Aufgabe sehe sie darin, Ordnung zu schaffen. Dabei würden nicht verschiedene Ordnungsformen reflektiert, sondern Ordnung wäre der

> »Kampf der Bestimmung gegen die Mehrdeutigkeit, der semantischen Präzision gegen Ambivalenz, der Durchsichtigkeit gegen Dunkelheit, der Klarheit gegen Verschwommenheit. […] Ordnung: Die einzige Alternative ist das Chaos. […] Das Andere ist die Ungewißheit, jener Ursprung und Archetyp aller Furcht.« (Bauman 1995a: 19)

Das Andere, das Ungeordnete, so Bauman, wird jetzt zur Natur erklärt, der man nicht trauen und die man nicht sich selbst überlassen kann. Sie ist »etwas, das *beherrscht, unterworfen, neu gemacht* werden muß, damit es von Neuem an menschliche Bedürfnisse angepaßt werden kann« (Bauman 1995a: 20, kursiv im Original). Und er resümiert: »Wir können sagen, daß die Existenz modern ist, insoweit sie durch *Entwurf, Gestaltung, Verwaltung* und *Technologie* aufrechterhalten wird.« (Bauman 1995a: 20)

Wie schon angedeutet, sieht Bauman den modernen Ordnungsanspruch sehr kritisch. Unter anderem in seinem (mit vielen Preisen und Auszeichnungen versehenen) Buch *Dialektik der Ordnung* (1992) formuliert er die These, dass der Holocaust im Nationalsozialismus »als charakteristisches modernes Phänomen zu sehen ist, dessen Erklärung innerhalb des Kontextes moderner kultureller Tendenzen und technischer Entwicklungen zu suchen ist« (Bauman 1992: 12). Aus seiner Sicht handelt es sich bei ihm nicht um einen deutschen Sonderweg, sondern um die Konsequenz der Durchsetzung moderner Prinzipien. »Die Gärtner-Züchter-Chirurgen-Ambitionen waren in keiner Weise spezifisch deutsch«, betont Bauman (1995a: 48). Er beschreibt ein Zusammentreffen moderner Technisierung, Rationalisierung und Bürokratisierung und den Anspruch des radikalen Ordnung-Schaffens als zentrale Voraussetzungen für den Holocaust. Damit stellt er sich der weit verbreiteten These entgegen, dass es sich bei ihm – und bei der Gewalt insgesamt – um »Rückfälle in die Barbarei« handelt (vgl. Joas 1994). Für ihn ist er vielmehr Resultat der »gärtnerischen Aktivität« des Staates zur Beseitigung von Ambivalenz. Er beschreibt:

> »Der moderne Geist wusste, wo er ankommen wollte, und auch, was nötig wäre, um dorthin gelangen zu können. [...] Diese Aufgabe verlangte kühle Köpfe und kräftige Hände. Unterwegs musste viel zerstört werden, doch diese Zerstörung war schöpferisch. Es bedurfte der Rücksichtslosigkeit, um das Ziel zu verfolgen und zu erreichen, doch das Erhabene des Ziels ließ Gnade zu einem Verbrechen und Skrupellosigkeit zu Menschenfreundlichkeit werden.« (Bauman 1997: 59 f.)

Am Holocaust wird nach Bauman sichtbar, dass der moderne Versuch, »Ambivalenzen auszulöschen [...] genau zu definieren – und alles zu unterdrücken oder zu eliminieren, was nicht genau definiert werden konnte oder wollte« als gescheitert betrachtet werden muss (Bauman 1995a: 20 f.). Ambivalenz könne auch nicht mit moderner Gewalt vernichtet werden.

> »Die unmögliche Aufgabe wird durch die foci imaginarii der absoluten Wahrheit, der reinen Kunst, der Menschlichkeit als solcher, der Ordnung, der Gewissheit, der Harmonie, des Endes der Geschichte gestellt. Wie alle Horizonte können sie niemals erreicht werden.« (Ebd.: 23)

Damit wird aus der Sicht Baumans zugleich der Übergang in die *Postmoderne* eingeleitet. Sie sei die letzte Phase der Moderne, da sie in ihrem Kern im modernen Denken angelegt sei. Ihr zentrales Kennzeichen sei die Zunahme uneindeutiger Klassifikationssysteme. Nach Bauman sind die *Einsicht* in das – unvermeidliche – Scheitern des Versuchs vollständigen Ordnung-Schaffens, die *Anerkennung* der zunehmend sichtbar werdenden Dominanz von Ambivalenzen und Ambiguitäten wesentliche Merkmale postmoderner Auseinandersetzung mit ihr. Alle Wahrheiten würden damit allein zu Deutungsangeboten. »Die Postmoderne [...] strebt nicht danach, eine Wahrheit durch die andere, einen Schönheitsmaßstab durch einen anderen, ein Lebensideal durch ein anderes zu ersetzen. […] Sie bereitet sich auf ein Leben ohne Wahrheiten vor«, so Bauman (1995c: 7). Mit dieser Argumentation schließt er an seine ursprünglichen sozialtheoretischen Überlegungen zu Wissensordnungen an, die nie perfekt sein könnten, da kein Klassifikationssystem alle Phänomene eindeutig zuordnen und die Erzeugung von Klassifikationen selbst Ausgeschlossenes produzieren würde. Zunehmend würden auch die Rolle und die Ambitionen des Staates als Gärtner verblassen, der ursprünglich alle sozialen Verhältnisse hatte ordnen wollen. Der um sich greifende Zweifel drücke sich vor allem im Schwinden der Deutungshoheit des Nationalstaates aus, es komme zu einer *Privatisierung* der Auseinandersetzung mit Ambivalenzen und Ambiguitäten (vgl. auch Junge 2014: 87). Dennoch würde an der Bildung von Ordnungssystemen festgehalten, auch wenn ihre Fehlerhaftigkeit anerkannt würde.

Hier zeigen sich deutliche Parallelen zu Becks Konzeption einer *Reflexiven* oder *Zweiten Moderne*, die ebenfalls noch in die Moderne eingeordnet wird, da sie auf den Entwicklungen der (Ersten) Moderne beruhe. Während Beck allerdings die nicht geplanten, ungesehenen Nebenfolgen mit ihren neuen Risiken und Gefährdungen als zentralen Motor gesellschaftlicher Entwicklung sieht, ist es bei Bauman die Anerkennung beziehungsweise die Akzeptanz einer Dominanz der Ambivalenzen, die immer deutlicher und sichtbarer würden. In seinem Buch *Unbehagen in der Postmoderne* (1999) beschreibt Bauman die Situation so:

> »*Postmoderne Männer und Frauen haben ein Stück ihrer Sicherheitsmöglichkeit gegen ein Stück Glück eingetauscht.* Das Unbehagen in der Moderne erwuchs aus einer Art Sicherheit, die im Streben nach dem individuellen Glück zu wenig Freiheit tolerierte. Das ›Unbehagen der Postmoderne‹ entsteht aus einer Freiheit, die auf der Suche nach Lustgewinn zu wenig individuelle Sicherheit toleriert.« (Bauman 1999: 11, Hervorh. i. Orig.)

Mit dem Beschreiben der *Flüchtigen Moderne* – im Original *Liquid Modernity* – im Jahre 2000 hat Bauman noch einmal eine kategoriale Wende vollzogen, so beschreiben es Junge und Kron (2014: 10). Ihren Ausdruck findet sie unter anderem in der Verwendung seiner Begriffe: Während er seine zeitdiagnostischen Befunde vorher als postmoderne Phänomene beschreibt, spricht er nun von einer *Flüchtigen Moderne*, die sich durch sich auflösende

Vergesellschaftungszusammenhänge auszeichne. Bei der Betrachtung der *Flüchtigen Moderne* wechselt er zugleich auch seinen Blickwinkel grundlegend. Im Mittelpunkt stehen nun die Konsequenzen einer sich verflüchtigenden Moderne auf der Mikroebene. Den Ausgangspunkt bildet der Befund des zunehmenden Auflösens selbst der Ordnungsversuche, die schon als unvollkommene erkannt und akzeptiert worden waren (Junge/Kron 2014: 11). Bauman spürt den Folgen nach, die sich ergeben, wenn Ambivalenzen und Ambiguitäten voll und ganz auf der Individualebene bewältigt und gemanagt werden müssen, wenn der Einzelne gefordert ist, sich im unendlichen Chaos zurechtzufinden. Oder mit anderen Worten: wenn die Auseinandersetzung mit Ambivalenzen und Ambiguitäten zur Privatsache wird.

> »Alles ist auf die Ebene des Individuums heruntergebrochen. Die einzelnen müssen entscheiden, was sie wollen, was sie können und für welches Ziel sie ihr Können einsetzen wollen – zur größtmöglichen Befriedigung natürlich.« (Bauman 2003a: 77)

Problematisch an dieser Situation erscheint ihm vor allem, dass es sich weniger um eine selbst gewählte Freiheit als um eine Oktroyierung von ausschließlicher Selbstverantwortung handele (vgl. Kron 2014: 330). Zudem müsse der Mensch unter Bedingungen handeln, die er kaum beeinflussen könne.

> »Das Wesen der ›Individualisierung‹ besteht weniger in der Freisetzung der Individuen von Zwängen und der Erweiterung von Wahlmöglichkeiten als in der Abkopplung individueller Entscheidungen und Handlungen vom Wirken des Systems als Ganzem. [...] Wenn der systemische Rahmen individueller Selbstkonstitution außerhalb der Reichweite individueller Entscheidungen liegt, [...] dann obliegt es den Individuen und den ihnen zur Verfügung stehenden Ressourcen, mit den Konsequenzen fertig zu werden (oder auch nicht).« (Bauman 2000: 209)

Mit seinem verstärkt empirischen Fokus auf die Gestaltungen konkreter Lebensführung und Lebenspraxis knüpft er an seine frühen sozialtheoretischen Überlegungen an und verbindet sie mit der Handlungsebene. Die Wirkungen der *Flüchtigen Moderne* versucht er empirisch zu plausibilisieren, indem er zum Beispiel die Flüchtigkeit heutiger Beziehungsarrangements beschreibt (*Liquid Love* 2003b) oder die Veränderung des modernen Identitätsproblems hin zu einem Identifikationsproblem (*Identity* 2004). Ein Phänomen in der sich ständig verändernden, instabilen Welt beschäftigt ihn aber ganz besonders, das des Ausgeschlossenen, das des Abfalls. Nach Bauman beschleunigt sich in der *Flüchtigen Moderne* die Produktion von Abfall beziehungsweise von Ausgeschlossenem. Insbesondere dem von ihm so bezeichneten »menschlichen Abfall« widmet er seine Aufmerksamkeit. »Die Produktion ›menschlichen Abfalls‹ – korrekt ausgedrückt: nutzloser Menschen« ist nach ihm eine Konsequenz der Moderne (Bauman 2005: 12). Darunter versteht er zum Beispiel Langzeitarbeitslose, Sozialhilfeempfänger oder im sozialen Prozess Gescheiterte. Und das Problem sei, dass Gesellschaften der *Flüchtigen Moderne* immer weniger in der Lage seien, ihren Abfall zu beseitigen. Mit seinen Ausführungen zur *Flüchtigen Moderne* zeichnet Bauman ein zunehmend düsteres Bild der Zukunft, das den eher positiv gestimmten Tenor seiner Ausführungen zur Postmoderne relativiert.

Im Vergleich zu den Klassikern dieses Bandes beschäftigt sich Bauman relativ wenig mit der Gesellschaft ›allgemein‹. Ihm geht es vielmehr um eine adäquate Beschreibung moderner gesellschaftlicher Entwicklungen, bei denen er zwischen der *Moderne* – mit der darin implizierten postmodernen Phase – und der *Flüchtigen Moderne* unterscheidet. Er entwickelt das Konzept der *Flüchtigen Moderne* als seine spezifische Lesart einer Post- oder Nachmoderne, die sich von den Konzepten anderer Autoren, wie zum Beispiel der *Reflexiven Moderne* von Beck abhebt.

Lern- und Kontrollfragen

- Warum könnten aus Baumans Sicht Klassifikation und Ambivalenz als zwei Seiten einer Medaille bezeichnet werden?
- Wie beschreibt und erklärt Bauman soziale Dynamik?
- Welchen ›Wahrheitsanspruch‹ erhebt Bauman mit seiner emanzipatorischen Soziologie und warum?

Literatur

Primärliteratur

Bauman, Zygmunt (1973). Culture as Praxis. London: Sage Publications Ltd.

Bauman, Zygmunt (1992). Dialektik der Ordnung. Hamburg: Europäische Verlagsanstalt.

Bauman, Zygmunt (1995a). Moderne und Ambivalenz. Das Ende der Eindeutigkeit. Frankfurt a. M.: Suhrkamp.

Bauman, Zygmunt (1995b). Postmoderne Ethik. Hamburg: Hamburger Edition.

Bauman, Zygmunt (1995c). Ansichten der Postmoderne. Hamburg: Hamburger Edition.

Bauman, Zygmunt (1997). Flaneure, Spieler, Touristen. Essays zu postmodernen Lebensformen. Hamburg: Hamburger Edition.

Bauman, Zygmunt (1999). Unbehagen in der Postmoderne. Hamburg: Hamburger Edition.

Bauman, Zygmunt (2000). Ethics of Individuals. In: Kron, Thomas (Hg.): Individualisierung und soziologische Theorie. Opladen: Leske+Budrich, S. 209–235.

Bauman, Zygmunt (2003a). Flüchtige Moderne. Frankfurt a. M.: Suhrkamp.

Bauman, Zygmunt (2003b). Liquid Love. On the Frailty of Human Bonds. Oxford: Polity.

Bauman, Zygmunt (2004). Identity. Conversations with Bendetto Vecchi. Oxford: Polity.

Bauman, Zygmunt (2005). Verworfenes Leben. Die Ausgegrenzten in der Moderne. Hamburg: Hamburger Edition.

Sekundärliteratur

Bauman, Janina (1986). Winter in the Morning. A young Girl's Life in the Warsaw Ghetto and beyond. 1939–1945. Great Britain: Virago.

Beilharz, Peter (2014). Baumans Moderne. In: Junge, Matthias/Kron, Thomas (Hg.): Zygmunt Bauman. Soziologie zwischen Postmoderne, Ethik und Gegenwartsdiagnose. Wiesbaden: Springer VS, S. 231–245.

Foucault, Michel (1992). Andere Orte. In: Barck, Karl-Heinz/Gente, Peter/Paris, Heide/Richter, Stefan (Hg.): Aisthesis. Wahrnehmung heute oder Perspektiven einer anderen Ästhetik. Leipzig: Reclam, S. 34–46.

Imbusch, Peter (2014). Schattenseiten der Moderne: Zygmunt Baumans Perspektive auf den Stalinismus. In: Junge, Matthias/Kron, Thomas (Hg.): Zygmunt Bauman. Soziologie zwischen Postmoderne, Ethik und Gegenwartsdiagnose. Wiesbaden: Springer VS, S. 130–163.

Joas, Hans (1994). Der Traum von der gewaltfreien Moderne. In: Sinn und Form, Jg. 46, H. 2, S. 309–318.

Junge, Matthias (2006). Zygmunt Bauman: Soziologie zwischen Moderne und flüchtiger Moderne. Eine Einführung. Wiesbaden: Springer VS.

Junge, Matthias (2014). Ambivalenz: eine Schlüsselkategorie der Soziologie von Zygmunt Bauman. In: Junge, Matthias/Kron, Thomas (Hg.): Zygmunt Bauman. Soziologie zwischen Postmoderne, Ethik und Gegenwartsdiagnose. Wiesbaden: Springer VS, S. 69–86.

Junge, Matthias/Kron, Thomas (2014). Zygmunt Bauman. Soziologie zwischen Postmoderne, Ethik und Gegenwartsdiagnose. Wiesbaden: Springer VS.

Kron, Thomas (2000). Die Unordnung aushalten – Zygmunt Baumans Plädoyer für eine postmoderne Moral. In: Schimank, Uwe/Volkmann, Ute (Hg.): Soziologische Gegenwartsanalysen I. Opladen: Leske + Budrich, S. 215–226.

Parsons, Talcott (1937). The Structure of Social Action. New York: The Free Press.

Weber, Max (1976). Wirtschaft und Gesellschaft. Tübingen: Mohr.

Schluss – und Versuch einer Synthese

Der vorliegende Band einer Einführung in die Gesellschaftstheorie zeigt, dass es keine übergreifende oder universale Theorie der Gesellschaft gibt – auch wenn dieser Anspruch gelegentlich erhoben wurde. Er macht aber durchaus auch deutlich, dass sich Traditionslinien einer soziologischen Gesellschaftstheorie ausmachen und systematisch darstellen lassen. Wir haben dies über eine chronologisch-historische Entwicklungslinie getan, die in insgesamt sieben Abschnitten jeweils drei soziologische Gesellschaftstheorien zusammenstellt, welche einerseits für eine bestimmte Zeit und andererseits für eine spezifische Zugangsweise oder Perspektive stehen. Darüber können dann auch weitergehend gesellschaftstheoretische Programme über Zeithorizonte und Einzelperspektiven erkannt, ausgewiesen und zueinander in Beziehung gesetzt werden. Schließlich sind größere Theoriebögen und -zusammenhänge zu entdecken, welche dabei helfen, Verbindungslinien zwischen den Ansätzen offenzulegen und für deren weitere Ausarbeitung zu werben. Wir können daher zum Schluss feststellen, dass es trotz der offensichtlichen Unterschiede in den konkreten Zugangsweisen und Perspektiven möglich ist, grundlegende Muster auszumachen, die es erlauben, die einzelnen, in den sieben Sektionen vorgestellten Gesellschaftstheorien zueinander in Beziehung zu setzen und Ansatzpunkte einer möglichen Entwicklungsgeschichte zu entdecken.

Im Ergebnis dieses analytischen Arrangements wird es möglich, erkenntnistheoretische ›Programme‹ zu identifizieren und das Nachdenken über Grundmerkmale der Gesellschaftsanalyse sowie der Strukturierung von Gesellschaften historisch-kritisch zu rekonstruieren. Das systematische Fragen nach epistemologischen Grundlagen hebt die wissenschaftliche Gesellschaftstheorie von populären Zeit- und Gegenwartsdiagnosen oder zeitgeistigen Manifesten.

Die von uns besprochenen soziologischen Gesellschaftstheorien lassen sich in diesem Sinne als mehr oder weniger starke Ausprägung dreier Kriterien sehen und als Theoriefamilien ordnen. So kann die Landschaft der soziologischen Gesellschaftstheorie erstens neu danach vermessen werden, ob sie *Wandel* oder *Beharrung* als Ausgangsproblem thematisiert und entsprechend Modelle von sozialen *Dynamiken* oder *Gleichgewichten* oder von Restabilisierungsprozessen vorlegt. Vor allem die frühen Gesellschaftslehren der Aufklärung wie auch die daran anschließenden klassischen soziologischen Gesellschaftstheorien zu Beginn des 20. Jahrhunderts haben die Ordnungsperspektive eingenommen, wohingegen dann spätere Ansätze zwischen stabiler Ordnung und Wandel schwanken. Ein starker Fokus auf Ordnungsbildung und soziale Integration findet sich von Thomas Hobbes bis Max Weber, Talcott Parsons oder Niklas Luhmann. Dagegen werden Dynamiken und Entwicklungsperspektiven, oft auch mit Blick auf Konflikte in den Arbeiten von Karl Polanyi, Max Horkheimer und Theodor W. Adorno sowie auch bei Ulrich Beck behandelt.

Zweitens zeigt unsere Rekonstruktion, dass soziologische Gesellschaftstheorien sich nach den jeweils als zentral angesehenen Faktoren: *materiell* oder *ideell* unterscheiden lassen und vor allem auch danach, ob die Erklärungen eher auf der Ebene des Individuums, auf der der Gesellschaft oder am Wechselspiel zwischen diesen beiden Ebenen ansetzen. Für alle hier referierten Gesellschaftstheorien lässt sich fragen, ob, warum und welche Handlungs- und Menschenmodelle beziehungsweise Strukturlogiken verwendet werden, und ob oder wie beide Ebenen verbunden werden. Darüber hinaus lässt sich kennzeichnen, zu welchem Grad und mit welchem inhaltlichen Argument die jeweiligen Theorien die Ausbildung von Gesellschaft und deren Merkmale eher über Individuen oder Strukturen oder eben aus deren spezifischer Verbindung folgern. Eine starke Bezugnahme auf die Fähigkeiten und Motive der Individuen in Verbindung mit sozialen Kontexten findet sich in den frühen Gesellschaftslehren, aber auch bei einigen ›Klassikern‹ der Soziologie, wie bei Georg Simmel, Max Weber, Norbert Elias oder aktueller auch bei James Coleman. Dagegen stehen eher makrotheoretische Ansätze, die Gesellschaften als Systeme mit einer eigenen Logik (Parsons, Luhmann), als Entfremdungszusammenhang (Horkheimer und Adorno) oder als eine das Handeln unbemerkt prägende Struktur betrachten (Bourdieu, Foucault).

Drittens konnten wir zeigen, dass die Gesellschaftstheorie und die Analyse der modernen westlichen Gesellschaft das zentrale ›Gemeinschaftsprojekt‹ der heutigen Soziologie darstellt. Dieser Befund kann und darf aber nicht darüber hinwegtäuschen, dass wir an dem einem Pol *kritisch-aufklärerische* Ansätze und an dem anderen *kritisch-rationale* Analysen erkennen. In beiden Lagern finden sich Analysen mit hohem empirischem und politischem Gehalt über die Wirkungsweisen und die Effekte zentraler Institutionen, Strukturen und Logiken der modernen westlichen Gesellschaften. Das macht die nach wie vor hohe gesellschaftliche Praxisrelevanz der Soziologie aus, auch wenn sie im einen Fall mit normativen Grundlagen und im anderen Fall auf Basis von – ihrem Selbstverständnis nach – ›wertneutralen‹ Aussagen arbeiten. Die von uns dargestellten jüngeren Arbeiten bieten daher auch wichtige Untersuchungen von Globalisierungsprozessen, des Wandels des Nationalstaats, aber auch über den Bedeutungszuwachs von Wirtschaft, Markt und Organisationen sowie die Herausbildung neuer sozialer Handlungs- und Lebensformen. Vor allem kritische Analysen machen mehr denn je auf neue Mechanismen der Macht- und Herrschaftsausübung und damit auf neue Entfremdungslinien aufmerksam. Dem stehen andere neuere Arbeiten gegenüber, die einer rationalistischen Analyse folgend positive Koordinationseffekte von Märkten aber auch von Organisationen aufweisen. Viele Gesellschaftsanalysen halten die moderne Gesellschaft für verbesserungsfähig und -würdig und suchen nach sozialen Formen für deren Um- und Ausgestaltung, münden aber in durchaus unterschiedliche Bewertungen zentraler Institutionen wie Märkte, Bürokratien, Verfassungen und Organisationen. Die eine Seite möchte die modernen Gesellschaften eher ›reformieren‹, wogegen die andere die Überwindung gesellschaftlicher Missstände mit Hilfe radikaler Transformationen vorantreiben möchte und an der Vorstellung einer besseren – oder verbesserbaren – Welt festhält. Für letztere Position stehen klassischerweise Karl Marx und seine Adaptionen etwa bei Karl Polanyi, Max Horkheimer und Theodor W. Adorno oder Pierre Bourdieu, und für die erstere Max Weber, Theodor Geiger und James Coleman.

Wer sich mit der soziologischen Gesellschaftstheorie auseinandersetzt, ist bisweilen mit der Schwierigkeit konfrontiert, zentrale Tendenzen ausmachen oder Kulminationspunkte ihrer gemeinsamen Orientierung identifizieren zu wollen. Wir haben im vorliegenden Band den Versuch unternommen, eine chronologisch-systematische Ordnung vorzulegen, welche die Anfänge und wichtige Entwicklungsschritte sowie die damit verbundenen Themen und Perspektiven grob skizziert. Daraus konnten wir abschließend drei Kriterien gewinnen, die wir als Hilfsmittel verstanden wissen wollen, um die vorgestellten – sowie auch andere, hier nicht entfaltete, Ansätze – vergleichen und hinsichtlich ihrer Kontraste, Gegensätze, Entwicklungen oder Widerlegungen nachvollziehen zu können. Das kann helfen, Gesellschaftstheorien als mehr oder weniger starke Ausprägung und Mischform dieser drei Kriterien in Theoriefamilien zu verorten und sich damit Linien, Wege und Pfade in der Theorienlandschaft selbst zu erschließen sowie auch die Aufzeichnungen anderer besser zu verstehen.